高等职业教育财经类规划教材·教学改革示范系列

U0735558

市场营销原理与实务
——任务导向教程

SHICHANG YINGXIAO YUANLI YU SHIWU

文腊梅　韦林华　　主　编
任　滨　刘　瑛　　副主编
　　　　纪锐森

电子工业出版社
Publishing House of Electronics Industry
北京·BEIJING

内 容 简 介

本教材以市场营销活动流程为导向，以产品营销计划为主线，将市场营销活动划分为 11 个任务：任务一为树立现代市场营销观念，任务二为把握市场导向的战略计划，任务三为分析市场营销环境，任务四为管理市场营销信息，任务五为分析消费者市场与生产者市场，任务六为目标市场定位，任务七为制定产品策略，任务八为制定价格策略，任务九为制定分销渠道策略，任务十为制定促销组合策略，任务十一为制定直销和网络营销策略。

本教材既适合作为高职院校营销类、商务类专业及其他相关专业教材，也适合作为企业营销与推广人员、产品销售人员和管理人员培训教材和参考读物。

图书在版编目（CIP）数据

市场营销原理与实务：任务导向教程/文腊梅，韦林华主编. —北京：电子工业出版社，2015.6
ISBN 978-7-121-26186-2

Ⅰ. ①市… Ⅱ. ①文… ②韦… Ⅲ. ①市场营销学－高等学校－教材 Ⅳ. ①F713.50

中国版本图书馆 CIP 数据核字（2015）第 116271 号

策划编辑：张云怡
责任编辑：郝黎明
印　　刷：北京京华虎彩印刷有限公司
装　　订：北京京华虎彩印刷有限公司
出版发行：电子工业出版社
　　　　　北京市海淀区万寿路 173 信箱　邮编　100036
开　　本：787×1 092　1/16　印张：21.25　字数：544 千字
版　　次：2015 年 6 月第 1 版
印　　次：2019 年 12 月第 4 次印刷
定　　价：43.00 元

高等职业教育财经类规划教材
编审委员会

前　言

　　《市场营销原理与实务——任务导向教程》是一本基于营销工作过程的任务导向式教材，旨在为高职高专市场营销相关课程提供一本知识新、实践指导性强的教学用书。本教材 2005 年以《市场营销实务》为名出版；2009 年修订再版，同年被评为全国普通高等教育精品教材。

　　从 2008 年开始，教材编写团队成员就开始对高职市场营销专业课程体系进行研究，逐渐形成了"5+1"核心能力培养课程体系。其中"5+1"是指市场营销实务、消费者行为分析实务、商务谈判实务、市场调查实务和营销策划实务共 5 门专业技能核心课程，以及 1 门创业实务专业拓展课程。经过 6 年来的教学改革与实践，教学模式基本确定，教学内容基本完善，取得了较好的教学效果。先后出版了《市场营销实务》《市场调查实务》和《商务谈判实务——项目教程》三部教材。这些教材均是教学团队"十二五"期间课程教学改革研究成果的体现，在教学实践中不断得以改进与完善，受到了业界同行的肯定和认可。

　　鉴于市场营销理论和实践的不断发展，结合近五年来专业教学实践中发现的问题和课程教学改革取得的成果，本教材在全国高等教育精品教材基础上，通过大量的市场调研，深入企业了解实际的营销岗位变化与发展情况，分析其岗位对应用型人才所需知识、能力和素质的要求，对实际营销活动流程进行解析与归纳，重构了课程教学内容，以满足高职市场营销课程教学对"工学结合，校企合作"实用教材的需要。

　　在确定教材的编写体例、大纲和内容的过程中，我们通过实地研讨、专家座谈和院校走访等多种形式，了解企业实际的营销岗位变化与发展情况，分析各岗位对应用型人才所需知识、能力和素质的要求，最后与兄弟院校一线教师和企业营销与管理人员共同解析实际营销活动流程，重构了课程教学内容。本教材在体例与内容方面具有的主要特色如下。

　　第一，在教材体例上，突出校企合作、工学结合的特点，以营销活动流程为主线，按照"目标明确、步骤具体、结果必然"的原则，创新性地构思了"1 个目标，3 个步骤，1 个结果"的逻辑框架，如下表所示。

1 个目标	建立有价值的顾客关系和顾客满意		
3 个步骤	步骤一 理解市场及顾客需要和欲望	任务 1	树立现代市场营销观念
		任务 2	把握市场导向的战略计划
	步骤二 设计顾客导向的营销战略	任务 3	分析市场营销环境
		任务 4	管理市场营销信息
		任务 5	分析消费者市场和生产者市场
		任务 6	目标市场定位
	步骤三 构建和传递卓越顾客价值的营销方案	任务 7	制定产品策略
		任务 8	制定价格策略
		任务 9	制定分销渠道策略
		任务 10	制定促销组合策略
		任务 11	制定直销和网络营销策略
1 个结果	从顾客那里获得顾客终身价值		

第二，在教学内容的组织上，按照项目化教学的思路，以完成"产品营销计划"这一项目为主线，采取任务方式编排内容。每项任务由任务目标、理论指导、实训操练 3 部分组成。任务目标中的知识目标、能力目标对应理论指导和实训操练，以确保项目总目标的达成。密切关注营销发展动态，通过理论指导部分将先进的营销理论引入教材，如直销和网络营销，这样既使得营销组合策略内容更加丰富，又体现了高职教材的高等性和职业性的双重特点。

第三，在教材的编写方法上，充分考虑教育对象的知识与能力结构，强调内容的通俗与生动：每项任务均设有"案例导入"，核心理论辅以"案例启示"，项目实训注重"案例分析"；通过案例引起学习者的兴趣，从而引导学生轻松、牢固地掌握市场营销的基本知识与基本原理。本书对教材案例进行了全面修改，选择符合时代特点且有代表性的企业案例，既保证案例具有真实性、前沿性和可读性，又可以拓宽读者的知识面和营销视野。

第四，本教材最突出的特点就是对营销实践活动的指导具有可操作性。每项任务都有一个实训操练模块，该模块内至少包括两类实训项目：即案例分析和实际操作。每个实训都设计了实训内容、实训准备、实训组织和实训评价 4 个部分。案例分析采用最新的实际资料，为实际操作提供了参考范例，使得学生更容易进入职业角色。

本教材由长沙民政职业技术学院的文腊梅教授负责教材整体框架的设计、教学内容的甄选、实践教学模版的确定；由文腊梅和柳州城市职业学院韦林华担任主编；由湖南邮电职业技术学院任滨、湖南安全技术职业学院刘瑛和长沙民政职业技术学院纪锐森担任副主编。教材编写的具体分工为：文腊梅负责编写任务 1、2、5、6；韦林华负责编写任务 3、4；任滨负责编写任务 7、8；刘瑛负责编写任务 9、10；纪锐森负责编写任务 11。

本教材的正式出版，得到了电子工业出版社王沈平老师的大力支持与帮助，在此表示由衷的感谢！

由于高职教育的不断发展，对课程教学和教材建设不断提出新的要求，教材改革日新月异。由于受作者水平和能力的局限，书中尚有许多不足之处，恳请读者不吝赐教。

文腊梅　2014 年 12 月

于长沙　香樟园

目　录

任 务 一
树立现代市场营销观念

任务目标

知识目标

1. 了解市场营销的定义及营销过程;
2. 理解市场营销的核心概念;
3. 认识市场营销观念发展的过程;
4. 把握市场营销观念的新发展。

能力目标

1. 树立现代市场营销观念;
2. 能运用营销理论进行案例分析。

模块 一 理论指导

案例导入　京东商城:创造顾客价值并保持良好的顾客关系

京东商城是国内知名线上家电销售平台,由于京东商城的出现,使得线下家电超市国美和苏宁面临巨大挑战。有人说京东商城能够战胜国美和苏宁这种线下家电"超级航母",关键还靠价格,只有京东自己知道要在这么短时间内战胜这些线下老大,靠的绝不仅仅是价格优势。

价格是国美的优势之一,那么对大家电来说,售后和网点同样能够影响用户。否则,仅仅依靠价格,用户不可能大量地涌向京东商城。没有保障的大件商品在不少用户眼中,并不是能轻易下订单的商品。那除了价格外,一定还有能获取用户信任的部分,而这些部分,并没有那么容易复制。京东商城为了做到完善,分四步搭建一个购物闭环,创造顾客关心的价值,并保持良好的顾客关系。

第一步,京东商城建立了一套自有的订单模式。在这套模式中,京东商城优先给用户提供了"货到付款"的支付方式,这能十分有效地赢得那些对网购没有信心的用户的信任。很多用户愿意在京东商城购物，其中一点就是因为支付的便捷。对于用户来说，没有什么比货到付款更安全的交易了，这一点就是国美也无法做到。而京东商城先签收后付钱，将整套订单体系有序地执行，本身就帮助用户形成了简单而且容易接受的购物习惯。

第二步，在京东商城的平台上购买产品，数据库起到了很大的作用。通过分析产品销量、价格、用户评分，京东商城能将最合适的产品展示给用户。数据库变化决定了产品的变化，而用户就是最好的导购，因此在京东商城的产品排列中，用户往往花很少的时间就能找到适合自己的产品。同时，京东商城制定的满包邮制度，让很多用户需要在结算时凑单，鉴于这一情况，京东商城专门整理出适合凑单的商品，对用户的购物车进行分析，给出合理价格的产品，这些都在用户心中树立了不错的品牌形象。

不仅如此，在京东商城购物时会看到许多数据：多少用户会在这个分类里选择某一款产品，某款产品被打上了什么样的标签，以及你所购买的这类产品可能需要购买其他什么产品匹配使用。京东商城依靠强大的数据分析和推荐体系，帮助用户很快地获取了产品信息。对于用户来说，少量的停留时间，较快的下单速度就是京东商城购物的特征之一。

第三步，为了解决网点问题，京东商城建立了自有物流。国美的成功离不开自有配送机制，而且时间的把控也是其强项。京东商城为了打破国美配送机制，建立了一套详细的自有物流网络。国美的配送时间一般为三天内，而京东商城则将这个时间缩短到一天内。"211限时达"工程的建立，成功地给京东商城打上了"快"的标签。不光是在配送上的快速，京东商城庞大的体系也要求退货和配送一样快速。因此，在京东商城购物，对于用户来说，风险度降低，信任度无疑得到了提高。

京东商城为了树立品牌形象，给物流人员配备了专门的服装，给产品制作了品牌的包装。这些都是帮助京东商城走进了许多几乎不参与网购的人群，营造口碑氛围帮助京东商城更好地扩展的方法。另外，京东商城的用户中，25～35岁的人群占到56%，企业管理者和普通职员占到了70%。可以这么理解：京东商城的会员是互联网购买人群的主力，具备较强的购买能力，同时还是经济能力最强的一批用户，京东商城抓住了这个群体用户，顺利地将事业范围扩大。

第四步，挑战售后政策。在我国规定的三包和保修政策中，家电产品的"7天""15天""一年"的时间要求在国美这类商城中已经成为了定势。在京东商城看来，这显然不够；因此，在这个基础上，京东商城提出了"30天包修包换"政策，而其他三包政策都按照家电厂商提出的进行。京东商城的大气魄让用户的信任感升级，对比线下商店，京东商城的售后更为完备，也让用户更加信任这个平台。

从以上几点可以看出京东商城的策略。如果说和线下第一的国美进行比较，国美价格低，京东商城以价格对之；国美配送快，京东商城亦以配送快对之；国美售后好，京东商城同样建立完善的售后服务体系。

从国美到京东商城，同样的商品，同样的售卖，一个时代到另一个时代，一种形式演绎出不同的结果。替代与被替代，都有很深的因素，依靠互联网的京东商城并不仅仅赢在互联网这个平台上，更是赢在深层次地理解用户、认识用户上。换句话说，也就是赢在不断创造顾客价值和保持客户关系上。

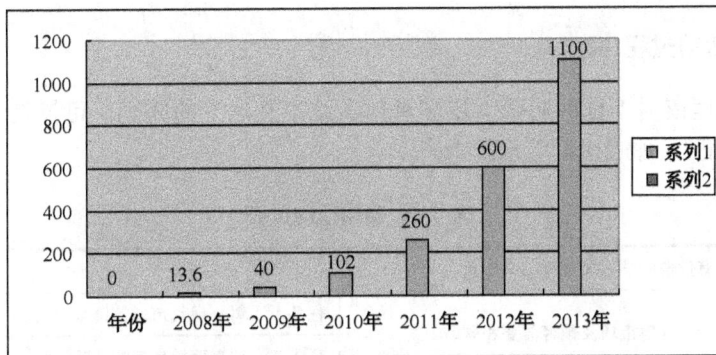

京东商城历年平台销售额　　单位：亿元

（资料来源：陈光锋编著《互联网思维，商业颠覆与重构》，改编）

思考：

1. 市场营销的核心是什么？
2. 京东商城为顾客创造了哪些价值？它是如何保持顾客关系的？

　　如今成功的公司，像京东商城一样，它们都是以顾客为中心的，都持有为顾客创造价值的营销理念，通过开发满足顾客需要的产品，选择有效的定价、方便顾客购买的渠道和促销方式，比竞争者能更好地满足顾客需要，并与顾客建立良好关系，从而从顾客身上获得价值回报。

一、了解市场营销的定义及营销活动过程

（一）市场营销的定义

　　什么是营销？许多人认为营销就是推销、广告和销售。这是因为我们每天都受到电视广告、海报、网络、电话推销等各种商业活动的影响。然而值得强调的是，推销、广告和销售只是营销的冰山一角，是众多营销活动中的一部分，而且并不是最重要的部分。市场营销不是简单的推销、广告或销售，而是由一系列商务活动综合而成的，包括市场调研、目标市场选择、产品开发、定价、分销渠道设计、促销活动及客户关系管理等。

　　世界著名营销专家菲利普·科特勒（Philip Kotler）在他的《市场营销原理》（14版）一书中这样定义营销，营销是通过创造和交换产品及价值，从而使个人或组织满足欲望和需要的社会和管理过程。这是一个相对宽泛的定义，没有具体描述企业市场营销的目的和核心。从企业这个比较狭义的角度来讲，营销就是为了比竞争者更好地满足顾客的需要，在某种利润水平下让顾客满意，实现企业自身的目标，而开展一系列商务活动的过程。由此可见，营销的核心就是满足顾客需要，让顾客满意。营销的两个目标包括向顾客承诺高价值来吸引新顾客，以及让顾客满意来留住现有顾客。京东商城利用数据库分析，提供适合的产品为用户凑单包邮提供参考，其目的不仅是为了利润，更是为了创立网络品牌形象，建立良好的客户关系，留住老顾客，吸引新顾客。更深一层，营销可以定义为：企业为了从顾客身上获得利益回报，创造顾客价值和建立牢固顾客关系的过程。

（二）营销活动过程

营销活动过程依据"目标明确、步骤具体、结果必然"的原则，可概括为"1 个目标、3 个步骤、1 个结果"，如表 1-1 所示。

表 1-1　营销活动过程

1 个目标	建立有价值的顾客关系和顾客满意	
3 个步骤	步骤一　理解市场及顾客需要和欲望	任务一　树立现代市场营销观念
		任务二　把握市场导向的战略计划
	步骤二　设计顾客导向的营销战略	任务三　分析市场营销环境
		任务四　管理市场营销信息
		任务五　分析消费者市场和生产者市场
		任务六　目标市场定位
	步骤三　构建传递卓越顾客价值的营销方案	任务七　制定产品策略
		任务八　制定价格策略
		任务九　制定分销渠道策略
		任务十　制定促销组合策略
		任务十一　制定直销和网络营销策略
1 个结果	从顾客那里获得顾客终身价值	

营销活动过程的简单模型如图 1-1 所示，5 个方框分别对应课程教学的 5 个单元，涵盖了营销活动所要完成的 11 项任务。本教材正是依照营销工作过程的这一基本流程精心设计了课程教学的整体框架，同时按照工学结合的指导思想选择了相应的教学内容。

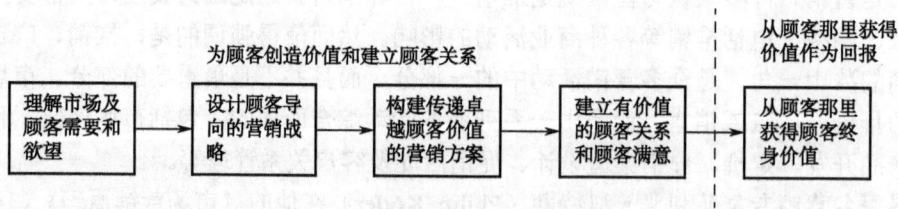

图 1-1　营销活动过程的简单模型

二、理解市场营销的核心概念

作为营销人员，首要任务就是了解顾客的需要和欲望以及他们所要面对的市场，下面就探讨关于顾客与市场的五组核心概念：需要、欲望和需求；营销供给物（产品、服务和体验）；顾客价值和顾客满意；交换和关系；市场。

（一）需要、欲望和需求

人类的需要和欲望是市场营销的出发点。所谓需要，是指没有获得某些满足的一种感受状态。如人们为了生存，有食物、衣服、房屋等生理需要，人们在满足了生存的基本需要后，又会有更高级的需要，如归属感、尊重和自我价值实现等心理需要，这些需要不是营销人员创造的，而是人类所固有的。

所谓欲望，是为了满足需要的特定指向物，是指想得到某种东西或想达到某种目的的要求。欲望受社会文化和人们个性的限制。一个饥饿的美国人可能想要一个汉堡包、一袋炸薯条和一杯可乐饮料；而一个饥饿的中国北方人可能想要一碗饺子、或一个馒头、一碟大蒜。欲望会随着社会条件的变化而变化，如科技进步、新产品的不断涌现，使人们的欲望开始升级；过去，天气热时，人们想拥有一台电扇，而现在人们更希望拥有空调。市场营销者能够影响消费者的欲望，如建议消费者购买某种可以满足其特定需要的产品。

所谓需求，是指对于有能力购买并且愿意购买某个具体产品的欲望。当具有购买力时，欲望便转化成需求。人们就是依据他们的欲望和支付能力来选择并购买最大限度满足其欲望的产品的。将需要、欲望和需求加以区别，其重要意义在于阐明这样一些事实，即市场营销并不能创造需要，需要是早于市场营销活动出现之前而存在的；市场营销者及社会上的其他因素只能影响人们的欲望，并向人们提供满足需要的各种特定产品，通过提供富有吸引力的产品、制定适应消费者支付能力的价格和选择使之容易得到的渠道来影响需求。

善于营销的企业总是尽可能地深入了解顾客的需要、欲望和需求。它们认真进行消费者研究，分析大堆的消费者数据，努力接近顾客。包括首席执行官在内的宝洁企业高管通过拜访顾客，在顾客家中同他们商讨购物细节。宝洁的品牌经理经常同终端顾客一起生活一到两周，以获得如何更好地改善顾客生活的灵感。

（二）营销供给物（产品、服务和体验）

消费者的各种需要和欲望通过营销供给物得到满足。营销供给物就是指提供给某个市场来满足消费者某种需要或欲望的任何东西，包括产品、服务、信息和体验等的组合。人们通常用产品和服务这两个词来区分实体物品和无形物品。实体物品是有形的，是为顾客提供服务的载体，人们可以拥有它，如购买的化妆品就可以带回家。服务是无形的，它是一种劳务或一个过程，人们不可能拥有它，如医院、民航、银行、饭店等提供的服务。

从广义的角度讲，营销供给物还包括其他元素，例如，人员、地点、组织、信息和思想等。湖南卫视打造的《爸爸去哪儿》定位为亲子活动，影响了80、90后的年轻父母，获得了极高的收视率，它营销的是一种观念、思想，也营销了许多地点。《爸爸去哪儿》节目组到过的地方，都成为了旅游景点。

人们购买实体物品不仅在于拥有它们，更在于用它们来满足我们的欲望。人们购买化妆品不仅是看中了精美的化妆品盒，更是为了满足获得美丽的欲望。所以，实体产品实际上是向我们传递服务的工具。如果生产者关心产品甚于关心所提供的服务，那么就会陷入困境。生产者过分钟爱自己的产品，往往会忽略顾客需购买产品以满足某种需要这一事实。人们往往不是为了产品实体而购买产品，而是为了通过购买这种实体来获得自己所需要的服务。市场营销者的任务，是向市场展示产品实体中所包含的利益或服务，而不能仅限于描述产品的形貌。否则，企业将导致"市场营销近视症"。即在市场营销管理中缺乏远见，只注重自己的产品质量的提高，不注意市场需求的变化，最终使企业经营陷入困境。

案例启示

一个消费者在市场上寻找钻头时，人们一般以为这个人的"需要"就是钻头。其实，这个人的需要是打一个"洞"，他是为了满足打洞的需要才购买钻头的。作为企业，如果持前者看法，充其量只能在提供更好的钻头上去动脑筋，这样并不能保证企业在市场上占绝对的竞争优势，而持后者看法的企业，也许能创造出一种比钻头更好的、更便宜的打洞工具，从而有可能使企业在市场上占据更有利的竞争地位。总之，消费者购买的是产品对某种需要、欲望和需求的"满足"，消费者需要的是实现某种效能和利益，而不仅仅是产品本身。

（三）顾客价值和顾客满意

顾客面对众多可以满足某种特定欲望的产品和服务，他们如何在这些产品和服务中作出选择呢？顾客一般根据自己对产品和服务的感知价值和较高的满意度形成期望，并作出相应的购买选择。顾客总是选择能提供给他最高感知价值的公司的产品，如果对选择的产品和服务满意，就会重复购买，还会将其对产品和服务的体验告诉其他人；不满意的顾客则会转向竞争对手，并且向其他人批评这种产品和服务。

顾客感知价值（又称顾客让渡价值），是指顾客将拥有或使用某种产品的总利益与为之付出的总成本进行衡量后的差额价值。有些顾客以价格来判定产品和服务的价值，认为价格越贵的东西价值越高，所以有许多人喜欢购买高价格的名牌产品，而对于那些经济承受能力有限的顾客，则认为性价比高的产品价值越高，特别是在经济不景气的情况下，价值意味着以可承受的价格购买到优质产品。在苹果推出 iPhone 智能手机后，受到了我国国内众多高消费群体，特别是年轻白领的青睐。它功能强大、外形特别，让购买得起的顾客感受到其使用价值；同时，其品牌知名，非普通消费者若能购买得起，可获得某种精神价值。

iPhone 价格昂贵，让许多年轻的消费者不能承受，小米的出现正好填补了这一市场空隙。小米手机，模仿了苹果的功能、时尚的外形，价格却只有其 30%～40%，这对于那些追求时尚而价格承受能力有限的年轻消费者来说，小米带给他们的就是超值享受，因此，小米智能手机一经上市，就受到众多年轻消费者的热捧。

同样功能的不同产品，都受到了各自目标顾客的青睐，如果你要问苹果手机与小米手机哪种更物有所值？对于很多消费者来说，这是很难回答的问题，也是没有答案的，这完全是一个个人感知价值的问题。图 1-2 描述了顾客感知价值的构成。

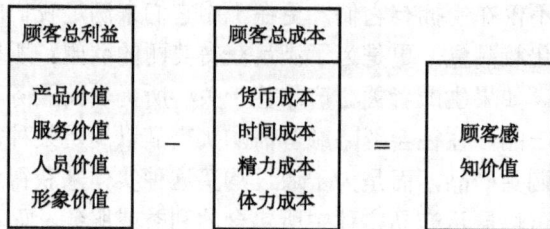

图 1-2　顾客感知价值构成图

需要指出的是，顾客通常并不能很精确地分析出某种产品的价值和成本，他们一般根据他们对某一产品的感知价值行事。现在企业面临的挑战就是如何改变顾客对自己产品的感知价值，我们可以从两个方面着手：一是提高顾客感知的总利益，提高产品带给消费者的使用效用；提高附加服务；改善企业员工，特别是营销人员和管理人员营销理念，提高员工素质；开展公关活动，建立企业品牌，提高企业整体的形象。二是降低顾客感知付出的总成本，可以降低产品价格，直接减少支付的货币成本；开辟适当的营销渠道方便购买，减少时间成本；做好营销沟通，让营销信息准确地传播给消费者，确保营销信息的对称性，降低精力成本；做好售后服务，减少体力成本。

顾客满意取决于产品的感知使用效果，这种感知使用效果与顾客的期望密切相关。如果产品的感知使用效果低于顾客的期望，他们就不满意；如果产品的感知使用效果与顾客的期望一致，他们就满意；如果产品的感知使用效果高于顾客的期望，他们就非常满意。成功营销的企业总是努力使得顾客满意，因为较高的顾客满意度能够取得较高的顾客忠诚度，进而使企业取得更好的业绩。公司究竟怎样才能让顾客满意呢？

聪明的公司总是在宣传产品功能或在服务上有所保留，仅向顾客承诺它们能够保证的基本服务，而实际却向顾客提供更多、更好的服务，让顾客在使用产品或接受服务中获得意外惊喜，这样就可以让顾客非常满意。满意的顾客不仅会重复购买，而且会成为营销伙伴和"顾客传道者"，顾客会把他们的良好体验通过口碑宣传告诉其他顾客。

致力于使顾客满意，为顾客创造额外的价值和良好的服务，这已经成为一些企业整体文化的一部分。例如，美国的丽思卡尔顿（Ritz-Carlton）酒店，现已在全球 24 个国家开设分店，中国的北京、上海、香港等国际化都市都有开设，丽思卡尔顿酒店处于世界酒店行业顾客满意度排名前列。企业信条高度概括了企业使顾客满意的理念。酒店承诺为顾客提供"鲜活灵动的视觉感受，臻于佳境的体验，即使顾客尚未表达的要求和愿望也要予以满足"。这家酒店经常会让入住的客人得到意想不到的服务，他们的细心会让人惊讶和感动，不需要任何询问，酒店会知道你早餐时需要点辣椒酱；需要加长型睡床；需要特殊的枕头；当你抵达房间时，透气窗已经为你开好。每一天，从前台员工到维修员和保洁员，都细致观察和记录顾客的习惯和偏好，然后准备一张能够满足每一位顾客额外需求的清单，以便给顾客提供个性化服务。

（四）交换和关系

当人们决定以交换方式来满足欲望和需求时，营销就出现了。所谓交换（Exchang）是指通过提供某种东西作为回报，从别人那儿取得所需所欲之物的行为。交换的发生必须具备五个条件：①至少有两方；②每方都有被对方认为有价值的东西；③每方都能沟通信息和传送物品；④每方都可以自由接受或拒绝对方的产品；⑤每方都认为与另一方进行交换是适当的或称心如意的。具备了以上五个条件，就有可能发生交换行为。

营销人员的目的就是想让人们对营销行为作出反应，这种反应不仅仅是购买或交换某种物品或服务。例如，政治候选人想引起的反应是选票，慈善组织想要的反应是捐款、捐物，学校想要的反应是良好的招生和就业，社会团体想要的反应是人们接受某种观点。

营销包括与想要某种产品、服务、思想或其他事物的目标人群建立和保持合理交换关系的所有活动。营销目标除了吸引新客户和创造新的交易，还要保持老顾客，并通过他们使公司的业务有所增长。因此，营销人员必须保证传递优质的顾客价值，从而建立牢固的顾客关系。

关系（Relationship），实质是指客户关系管理（Customer Relationship Management，CRM），这是现代营销理论中最重要的观念。狭义的客户关系管理是一种顾客数据管理活动，它通过管理单个消费者的具体信息和顾客"接触点"来最大限度提高顾客忠诚度，简称这一系列活动为CRM活动。而大多营销者则是从广义角度来理解客户关系管理的，即认为客户关系管理是通过传递优质的顾客利益和满意度来建立和保持有价值的顾客关系的整个过程。它处理的是关于获得、保持和增加顾客的所有方面的事情。建立持久顾客关系的关键是创造优质的顾客价值和较高的满意度，满意度高的顾客更容易成为忠诚的顾客，并且可给企业带来更多的业务。

（五）市场

市场（Market），指某种产品或服务的实际购买者和潜在购买者的集合。这些购买者都具有某种欲望和需要，并且能够通过交换得到满足。因此，市场包含三个基本因素，即有某种需要的人、满足这种需要的购买力和购买欲望。用公式来表示就是：

市场=人口+购买力+购买欲望

市场的这三个因素是相互制约、缺一不可的，只有三者结合起来才能构成现实的市场，才能决定市场的规模和容量。例如，一个国家或地区人口众多，但经济不发达，居民收入很低，购买力有限，则不能构成容量很大的市场；相反，经济十分发达，居民购买力很强，但人口极少的区域，也不能形成大规模市场。只有人口既多，购买力又强时，才能成为一个有潜力的大市场。中国改革开放近三十年来，经济迅速发展，国民收入稳步上升，居民购买力显著提高，已经成为名副其实的世界级大市场，吸引着全世界投资者和企业的目光。

营销就是要通过管理市场来形成有价值的顾客关系。建立这些关系需要大量的工作，卖者必须寻找买者，确认其欲望，为其设计适当产品或服务，确定价格并进行促销、储存和运输。因此，消费者研究、市场调查、产品开发、产品分销、产品定价、产品促销以及售后服务等活动构成了营销的核心内容。

人们通常认为营销活动是由卖者发起并运行的，和购买者关系不大，但事实并非如此。当消费者按其支付能力寻找所需产品，与企业互动以获取信息并作出购买决策时，消费者就是在进行营销活动。特别是在当今电子技术发达的时代，从网站到在线社交网络，再到手机，都使消费者的权力提升并使营销成为一种真正意义上的互动活动。买者可以根据自己的喜好来设计个性化产品，并自己定价，通过网络发布信息寻找制造商或卖家，买者也可以通过网络进行团购，向卖方展示规模与势力。营销者不仅需要考虑"我们怎样才能找到顾客"，还需要考虑"顾客怎样才能找到我们"，甚至是"我们的顾客怎样才能找到彼此"。图1-3展示了现代营销系统的主要参与者。

现代营销系统展示了某一公司在面对竞争者的情况下为市场和最终用户提供服务的整个流程。此公司和竞争者都在研究市场，把产品信息直接地或通过营销中介间接地传送给最终用户，同时与顾客互动以了解他们的需求，通过满足顾客需求和建立顾客关系，获得顾客价值回报。在这个系统中，所有成员又都受到市场环境因素的影响。系统中的每一个参与者都为下一个参与者创造价值。因此，一个企业成功与否不仅取决于自己的工作，还取决于整个价值链满足最终用户需要的程度。例如，国美电器超市不可能单独保证出售低价格的电器，除非供应商也提供低成本的货物。同样，宝马的制造商也无法单独对汽车购买者提供高质量的汽车拥有体验，除非它的经销商也能提供优质的销售服务。

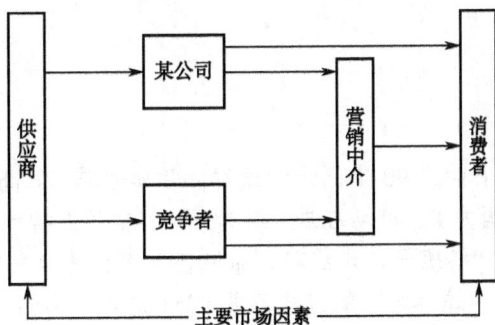

图 1-3　现代营销系统

三、认识市场营销观念的演变过程

市场营销观念，是指企业在进行市场营销活动，开展市场营销管理的过程中，处理企业、顾客和社会利益三者之间关系所依据的指导思想和行为准则。通常这三者的利益是相互冲突的，企业应该用怎样的思想来指导营销？企业一般可以采取以下五种观念，即生产观念、产品观念、推销观念、市场营销观念和社会营销观念。这五种观念是随着市场经济环境变化而发展的，大致可以划分为两个阶段，即传统营销观念阶段（包括生产观念、产品观念和推销观念），现代营销观念阶段（包括市场营销观念、社会营销观念）。

（一）传统营销观念阶段

1. 生产观念（Production Concept）

生产观念是指导销售者行为的最古老的观念之一。这种观念产生于 20 世纪 20 年代之前。企业经营哲学不是从消费者需求出发，而是从企业生产出发的。其主要表现是"我生产什么，就卖什么"。生产观念认为，消费者喜欢那些可以随处买得到而且价格低廉的产品。生产观念导向的企业致力于提高生产效率和广泛的分销覆盖面，扩大生产，降低成本以扩大市场。例如，美国汽车大王亨利·福特曾傲慢地宣称："不管顾客需要什么颜色的汽车，我只有一种黑色的。"显然，生产观念是一种重生产而不考虑消费者需求差异的传统的销售观念。

生产观念是在卖方市场条件下产生的。在资本主义工业化初期、第二次世界大战末期和战后一段时期内，由于物资短缺，市场产品供不应求，生产观念在企业经营管理中颇为流行。我国在计划经济的旧体制下，由于市场产品短缺，企业不担心其产品没有销路，工商企业在其经营管理中也奉行生产观念，具体表现为：工业企业集中力量发展生产，不需要考虑市场需求，实行以产定销；商业企业集中力量抓货源，工业企业生产什么就收购什么，工业企业生产多少就收购多少，也不重视收购的产品是否完全满足消费者的需求。这种观念在短缺经济时代是适应的，并且通过单一产品生产可以扩大生产规模，提高产品质量，降低单位产品成本，使企业处于市场垄断地位，最大限度地获得利润。可见，生产观念在一定条件下是合理的，有指导作用。然而，一旦市场形势发生变化，卖方市场条件向买方市场条件转变，生产观念显然就不合时宜，它容易导致企业过度集中于自身运作，而失去了对真正目标——满足顾客需求和建立顾客关系的把握，成为企业发展的严重障碍。因此，企业在新形势下必须用新的观念来指导。

案例启示

计算机生产商联想在上世纪 90 年代开始通过低劳动力成本、高生产效率和广泛分销，在竞争白热化、价格敏感的国内 PC 市场占据领导地位。其创始人柳传志在企业经营管理上总结了许多成功的经验，诸如"搭班子、定战略、带队伍"等论述非常精辟且实用。

2005 年 5 月，联想以"蛇吞象"的方式兼并 IBM 的 PC 部门，并经过几年的整合后，成为当时中国第一家真正意义上的世界 500 强企业。但在 2009 年一季度出现了巨额亏损，使得联想步入巨大的发展危机之中。已经退隐多年的柳传志不得不再次出山并成为联想的董事局主席，而杨元庆再次转任 CEO。联想的巨额亏损原因有很多方面，诸如外部需求紧缩，成本上升等。联想由于长期以来在国内市场处于领导地位，过度集中自身运作，只注重企业内部的经营管理，忽视了对市场与竞争的研究，没有对满足顾客需求和建立顾客关系进行很好的把握。

现在，联想已经度过了危机，回到了产品与技术创新的路线上来，回归到满足顾客需求的本质上来。联想公司及员工郑重承诺，以下四个核心价值观是他们一切工作的基础：

成就客户——致力于客户的满意与成功；

创业创新——追求速度和效率，专注于对客户和公司有影响的创新；

精准求实——基于事实的决策与业务管理；

诚信正直——建立信任与负责任的人际关系。

从案例中可以看出，联想已经把成就客户放在了企业核心价值观的首位，这标志着企业开始从长期的生产观念向市场营销观念转变，企业已经重视到为顾客创造价值和建立良好的客户关系的重要意义。

2. **产品观念（Product Concept）**

产品观念也是一种古老的指导企业市场营销的思想。这种观念认为，消费者最喜欢高质量、多功能和具有某些创新特色的产品。在这种观念下，企业总是致力于生产优质产品，并不断加以改进，使之日臻完善。

他们认为，买者欣赏精心制作的产品，能够鉴别产品的质量和功能，并愿意花较多的钱买质量上乘的产品。因此，许多企业的工程师关起门来设计出自认为是无可挑剔的高质量产品，没有去分析是否能迎合市场需要。产品观念最容易导致"营销近视症"，铁路管理当局认为乘客需要火车而非运输，他们忽略了航空、公共汽车、轿车的日益增长带来的挑战；胶卷生产企业只在想方设法提高产品质量，开发新的胶卷与对手竞争，却看不到不需要胶卷的数码技术带来的挑战，柯达就是因为没有把握好进入数码领域的时机，而被后来者抛得老远，其品牌价值大大降低；实体零售书店不断增加书架，改善购书环境，提高迅速查阅书名等附加服务，但却忽视了网络书店带来的冲击。这些组织只将注意力放在自己的产品上，而不是放在市场需要上，在市场营销管理中缺乏远见，只看到自己的产品质量好，看不到市场需求在变化，致使企业经营陷入困境。

案例启示

北京时间 2012 年 1 月 19 日下午，"黄色巨人"柯达在纽约申请破产保护，这一消息让许多出生于 50～60 年代的摄影爱好者震惊。曾经，柯达在营销、品牌方面的建树是业界的经典案例，那时，人们可以从电视、电台和平面广告上看或听到"这是柯达一刻，别让它溜走""柯达串起每一刻"等广告词，并深深刻进了脑海。柯达曾经统领了摄影行业，但却未能及时赶上数码相机等现代技术的潮流。如今逼迫柯达走向绝路的数码相机，还是由柯达发明的。当索尼、佳能公司运用现代数码技术将无须胶片的数码照相机产品推向市场时，柯达仍不舍其在胶卷领域的霸主地位，沉浸在如何生产出更好的胶卷上，将竞争对手局限为日本富士和中国乐凯等同类产品生产者，而忽视了数码照相产品提供者，患了典型的"营销近视症"。人们将柯达今天的衰落，归咎于其在胶卷业务领域所取得的巨大成功。在历史的变革中，成功者为光环所累，容易缺乏改革创新的动力和勇气。"柯达害怕放弃传统的胶片市场导致短期利润下滑，迟迟没有下决心进行转型。"前微软和谷歌公司全球副总裁李开复曾评论，"有远见的领导应知如果自己不蚕食自己，就会被别人蚕食。"当柯达意识到企业面临危机时，已经失去了进入数码领域的最佳时机。虽然，柯达 CEO 佩雷斯将重心更多地转向了消费产品和商业打印机，但仍然未能重建柯达自 2007 年来就丢失的年盈利能力，也没有阻止公司的现金流失，甚至无法向其员工和退休员工支付大量的退休金和其他社会福利。"黄色巨人"曾经辉煌的历史，致使柯达面对产业技术革新和营销模式改变仍然无动于衷，最终埋葬在自己编织的帝国梦中。

3. 推销观念（Selling Concept）

推销观念，产生于 20 世纪 20 年代末至 50 年代前，是为许多企业所采用的另一种传统的销售观念，表现为"我卖什么，顾客就买什么"。这种观念认为，消费者通常表现出一种购买惰性或抗衡心理，如果让其自行抉择，他们不会足量购买某一企业的产品。因此，企业必须主动推销和积极促销，利用一系列有效的推销手段和促销工具去刺激消费者大量购买。推销观念在现代市场经济条件下被大量用于推销那些非渴求物品，即购买者一般不会想到要去购买的产品或服务，如保险或百科全书。在这类行业中，企业必须善于追踪可能的购买者，向他们灌输产品的种种优点以完成销售。这种观念虽然比前两种观念前进了一步，开始重视广告及推销术，但其实质仍然是以生产为中心，因为它更关注促成交易而非建立长期获利的顾客关系，建立在强力推销基础上的营销有着高度的风险。这种观念假定顾客是情感型的，只要听了推销人员的几句好话，就会喜欢这种产品，并且经不住诱惑而购买产品；即使不喜欢，他们也不会在朋友面前说产品的坏话，或向消费者组织抱怨。他们甚至会忘记对曾经购买过的产品的种种不满意，不久后又会去购买这种产品。这种假设是站不住脚的。有一项研究报告指出，上当的顾客会对 10 个或更多的熟人讲该产品的坏话，而且坏消息总是传得很快。

（二）现代营销观念阶段

1. 市场营销观念（Marketing Concept）

市场营销观念认为，实现企业目标的关键在于正确确定目标市场的欲望和需要，并能比竞争者更有效地满足顾客的欲望和需要。在市场营销观念下，得到顾客的关注和顾客价值才是销售和获利之路。与以产品为中心的"生产和销售"观念不同，市场营销观念以市场为导向，以满足消费者需求为出发点，即"顾客需要什么，就生产什么"。营销工作不是为你的产品找到合适的顾客，而是为你的顾客生产合适的产品。市场营销观念是作为对上述诸观念的挑战而出现的一种新型的企业经营理念。

这种观念在 20 世纪 50 年代中期商品经济十分发达的资本主义社会出现并基本定型。随着社会生产力的迅速发展，市场状况表现为供过于求的买方市场，同时广大居民个人收入迅速提高，有可能对产品进行选择，企业之间为实现产品的销售致使竞争加剧，许多企业开始认识到，必须转变经营观念，才能求得生存和发展，市场营销观念正是在这种市场形势下应运而生，成为新形势下指导企业营销活动的指导思想。市场营销观念的出现，是企业营销观念发展史上的一次革命，它不仅从形式上，更从本质上改变了企业营销活动的指导原则，使企业经营哲学从以产定销转变为以销定产，第一次摆正了企业与顾客的位置。

推销观念和市场营销观念很容易混淆，推销观念代表了传统营销观念，是由内向外进行的，它起始于工厂，强调企业当前的产品，进行大量的推销和促销以便获利。着眼点在于征服顾客，追求短期利益，从而忽视了谁是购买者及为什么购买的问题。

与此相反，市场营销观念是由外向内进行的。正如美国西南航空公司首席执行官所说，"我们没有营销部，只有顾客部"。营销观念强调顾客的需要，注重协调影响顾客的所有营销活动，按照顾客的价值和满意状况建立与顾客长期的互惠关系并由此获利。图 1-4 将推销观念和营销观念进行了对比。

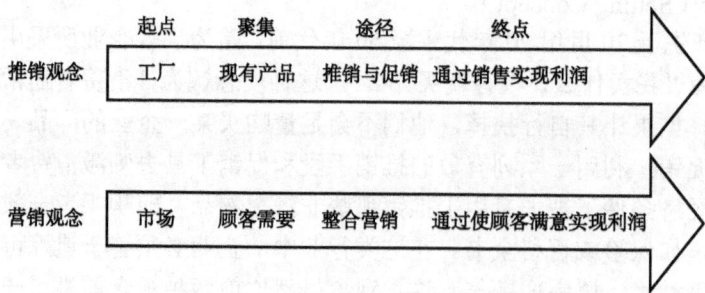

图 1-4　推销观念与营销观念对比

市场营销观念并不是简单地对顾客已经表达的愿望和明显的需求作出响应，而是通过对现有顾客进行调查，了解他们的愿望和潜在的需求，收集顾客意见和建议，寻找开发新产品和服务的点子，检测被提议产品的改进程度。这些顾客导向的营销通常适用于有明显需求、顾客知道自己想要什么的情况。

但许多情况下，顾客并不知道自己想要什么，或者什么需要满足。例如，在 20 年前，有多少人知道在家里需要手机、数码相机、平板电脑，知道汽车可用卫星导航，足不出户，可以通过网络买到自己想要的东西？我们把这种情况称为驱动顾客的营销，企业要比顾客更了解他们的需求，创造在目前以及将来都能满足现有需求和潜在需求的产品和服务，驱动营销的目标是在顾客知道他们想去哪里之前引导顾客走向那里。

案例启示

海尔在上世纪 90 年代推出了两款非常有特色的洗衣机，一款命名为"小小灵童"，另一款则命名为"大地瓜"。在设计这两款新洗衣机前，海尔的洗衣机已在国内市场销量名列前茅，但唯独上海市场情况不是很好，市场占有率排在国内一般品牌之后，海尔的市场营销人员没有放过这一细节，于是组织了专门的用户"咨询问卷"调查，收到 5 万份回信。他们从中发现了上海用户大多不购买海尔的原因，这不是质量问题，也不是价格问题和服务问题，而是由于上海的家庭规模小，且大部分家庭住房面积较小，海尔的洗衣机规格太大，占用空间太多，加之使用成本太大。市场营销人员将收集的信息反馈给产品开发部门，引起了海尔总部的重视，经过几年的开发，于 1996 年，海尔推出了"小小灵童"，现在这款小型洗衣机不仅满足了上海消费者需要，而且在南方其他城市也深得用户欢迎。另一款"大地瓜"洗衣机的产生也是消费者与维修人员反馈回来信息的结果。当年，海尔大功率的洗衣机在西南农村市场销售较好，但维修率很高，维修人员反应，西南农民用大功率洗衣机洗番薯，大量的泥沙导致排水口堵塞，造成洗衣机故障，为此，海尔从农民用户的实用需求出发，加大了出水口，专门开发了一款"大地瓜"洗衣机。

2. 社会市场营销观念（Societal Marketing Concept）

社会市场营销观念产生于 20 世纪 70 年代后期，是对市场营销观念的修正和补充。一方面在资源短缺、环境恶化、人口爆炸性增长、世界性饥荒和贫困、社会服务被忽视的年代，人们提出单纯的市场营销观念是不是一个适当的企业目标呢？另一方面，是对以保护消费者权益为目的的消费者主义运动的反思，单纯的市场营销观念提高了人们对需求满足的期望，消费者眼下的过渡消费是对将来可持续消费的威胁和对孙子后代消费的掠夺。出现了满足眼前利益与长远利益的矛盾，导致产品过早陈旧，环境污染更加严重，也损害和浪费了一部分物质资源。

想一想如今的瓶装水行业，人们可能认为瓶装水公司是方便、美味、健康产品的提供商。它的包装上也印有天然湖泊或冰山"绿色"标志。然而，制造、罐装、运输数以亿级的塑料瓶导致了大量二氧化物的排放，导致全球气候变暖进程加快。而且，塑料瓶也产生了极大的回收和垃圾处理问题。可见，瓶装水行业虽然满足了顾客的短期需要，却产生了环境污染问题，从而违背了社会长远利益。

社会营销观念认为，企业的任务是确定各个目标市场的需要、欲望和利益，并以保护或提高消费者和社会福利的方式，比竞争者更有效、更有利地向目标市场提供能够满足其需要、欲望和利益的物品或服务。社会市场营销观念要求市场营销者在制订市场营销政策时，要统筹兼顾企业利润、顾客需求和社会利益，在三者之间寻求重合与平衡，如图1-5所示。

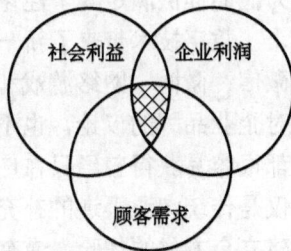

图 1-5　社会营销观念

社会营销观念，既能发挥企业特长，在满足顾客需求的基础上获取经济效益，又符合社会整体的利益，因而具有强大的生命力。不少企业通过采用和实践社会营销观念，获得了可观的社会效益和经济效益。如海尔顺应全球保护环境的大趋势，积极开发绿色家电，不断推出环保产品，发展绿色销售通路，推出了无氟冰箱、节电冰箱等产品，早在2000年，海尔依托海尔网站，整合物流、商流、资金流成立了电子商务公司，在产品上实现量身定做。顾客可以在网上定做自己喜欢的样式。海尔在继续坚持通过满足消费者和用户需求及欲望而获取利润的同时，更加合理地兼顾消费者和用户的眼前利益与长远利益，更加注重解决满足消费者和用户需求与社会公众利益之间的矛盾。海尔的这种经营理念也得到了社会的普遍认同，其品牌资产价值不断升值，2013年，中国最有价值品牌100榜揭晓，海尔以855.26亿元的品牌价值连续9年蝉联榜首。

四、把握市场营销的新趋势

市场每天都在发生变化，惠普公司的理查德·洛夫（Richard Love）评论说："变化的速度如此之快，以至于能根据变化作出改变的能力已经成为一种竞争优势。"市场的变化要求为其提供产品和服务的企业的营销战略和策略也必须随之改变。下面我们重点讨论随市场变化而发展的四种营销趋势：数字时代、迅速全球化、可持续性营销、非赢利组织营销的增长。

（一）数字时代

新兴的技术创造了新的数字时代。计算机、电信、网络和其他数字技术的快速发展对企业为顾客创造价值的方式带来巨大的改变。现在，不管远近我们都能相互联系，曾几何时，获取世界上的重大新闻需要几天时间或几个星期，但是现在通过卫星传播，我们可以即时看到现场实况。以往，与远方的人通信需要几个星期，但是现在通过电话、电子邮件和网络可以随时联系。

数字时代为营销者提供了用来了解和跟踪顾客，根据顾客需要定制产品和服务新方法，并且与顾客进行广泛沟通或一对一的沟通。通过电视会议，总部设在香港的公司营销总经理不需要乘坐飞机，就可以同在北京、纽约及全球其他地区分公司营销人员交流公司的营销战略。一个直销人员只需要点击几下鼠标，就可以借助网上的数据服务了解你，包括你驾驶什么汽车，喜欢什么品牌服饰以及去超市经常采购的食物等。营销人员利用今天功能强大的计算机和网络技术，可以开发出非常详细的数据库，并利用这些数据帮助他们瞄准每一位顾客，为他们提供满足其个性化需要的产品或服务。

数字技术带来了新一代沟通、广告和客户关系构筑的工具，如网络广告、视频分享工具、微信、微博、网络游戏和在线社交网站等。数字时代的变化意味着营销者不能再控制消费者对企业品牌的议论，也不能期待消费者总是听从企业的宣传。新数字时代的消费者随时随地都很容易获得曾经只在广告或品牌网站中传播的信息，并随时与朋友圈分享。新数字媒体不仅是传统沟通渠道的补充，更是营销者构建顾客关系的一种重要的工具，为企业与顾客之间建立全方位的体验。最有影响力的数字技术应属互联网，国际电信联盟发布《2014年信息与通信技术》报告显示，到今年年底，全球互联网用户数量将达到30亿，其中2/3来自发展中国家。截至 2013 年 12 月，我国网民规模达 6.18 亿，互联网普及率为 45.8%。表 1-2 是 2013 年 12 月 CNNIC 中国互联网信息中心对于中国网民使用网络情况的数据统计。

表 1-2　2012—2013 中国网民对各类网络应用的使用率

应用	2013 年		2012 年		年增长率
	用户规模（万）	网民使用率	用户规模（万）	网民使用率	
即时通信	53 215	86.2%	46 775	82.9%	13.8%
网络新闻	49 132	79.6%	46 092	78.0%	6.6%
搜索引擎	48 966	79.3%	45 110	80.0%	8.5%
网络音乐	45 312	73.4%	43 586	77.3%	4.0%
博客/个人空间	43 658	70.7%	37 299	66.1%	17.0%
网络视频	42 820	69.3%	37 183	65.9%	15.2%
网络游戏	33 803	54.7%	33 569	59.5%	0.7%
网络购物	30 189	48.9%	24 202	42.9%	24.7%
微博	28 078	45.5%	30 861	54.7%	9.0%
社交网站	27 769	45.0%	27 505	48.8%	1.0%

（资料来源：CNNIC 中国互联网络发展状况统计调查 2013.12）

很显然，在线营销已经成为目前增长最快的营销形式之一，许多传统企业已经意识到互联网带来的颠覆，除了专门从事网络营销的企业之外，大多数"砖块+水泥"型企业现在已经成为"水泥+鼠标"型企业。这些企业进入电子商务领域以吸引新顾客，并同现有顾客建立了更紧密的关系。

对于企业来说，要认识到在互联网上是可以直接面对全部用户的，因此用户接收到信息的速度是均等的，这与传统的信息传播方式不一样。在互联网中，信息量巨大，我们可以借用互联网树立企业的基本形象，在配合企业产品的情况下，快速吸引用户的眼球。

总的来说，互联网具有无界限、全民化、信息化、传播速度快等特点。企业如何利用这些特点来进行营销呢？

首先，对于互联网的无界限性，企业可以走近用户，甚至与用户成为同一阵线。在这一点上，天猫"双十一"做得非常成功。"双十一"是阿里巴巴电子商务公司为了推广天猫所打造的一个购物狂欢节。通过互联网让用户认识天猫与淘宝 C 店的区别，前者是"正品、企业"的定位，后者是"低价、便宜"的代名词，前者是有保证的，后者有可能充斥假货。为了让用户认识天猫，在"双十一"推出"五折正品"的价格足以刺激用户的眼球。2009 年，第一届"双十一"销售额仅为 0.5 亿元，之后每年递增，2013 年"双十一"天猫商城交易额突破 350 亿元。

其次，利用互联网的全民参与度，可以调动用户的思维，帮助企业进行产品推广。例如，大众就曾经发起过"大众自造"的活动，许多用户都曾参与到这个活动中，有不少优秀的设计产品是根据用户的意见选拔出来的。由于活动的主体是用户，而整个活动避开了价格的劣势，旨在发挥创意，因此大众所打造的这场轰轰烈烈的活动取得了不俗的成绩。互联网的全民性给企业提供了大量的原生用户，如何利用好这些用户，调动用户的积极性，得到用户认可，是企业可以挖掘的方向。

再次，互联网上充满了信息，同时还拥有极快的传播速度。对于企业来说，正是互联网的这种属性，才能在短时间内迅速传播自己的理念，树立口碑。在互联网上，有不少"良心推荐"等优秀的推广案例。只要是产生于互联网的信息，都具备传播的能力，因此，在互联网上建立口碑的速度更快。

（二）迅速全球化

今天，几乎所有的企业，无论大小，都以某种程度参与全球竞争。例如，社区里一家水果专卖店，它出售的红富士苹果可能是从日本进口的，而红心猕猴桃则是从新西兰进口的，国产水果面临来自全球其他国家水果的激烈竞争。这种竞争还体现在网上零售商发现自己收到了世界各地的订单，而中国的消费品制造商可以通过网络将新产品推广到国外新兴的市场，跨境电子商务已经成为目前开拓国际市场的新营销战略。

我国企业在国内面临着来自跨国公司高超的营销策略的挑战。沃尔玛、家乐福、必胜客等跨国零售商在中国市场上比其对手做得更好，宝洁的日化用品在我国日化市场处于领先地位。同时，我国许多企业也开始了全球化运作，在世界各地生产并销售它们的产品，海尔、联想、华为都在海外有研究中心、并设立生产基地，产品销往全世界。如今，许多企业已经不再仅向全球市场销售本地制造的产品，它们还向海外供应商购买产品和生产要素。

因此，世界各国的管理人员现在都在以全球化而不是本地的视角看待企业所在的行业、竞争者和营销机会。他们都被同样一些问题所迷惑：究竟什么是国际市场营销？它与国内市场营销有什么差别？全球的竞争和势力会如何影响到我们的企业？我们应当在多大程度上走向世界。

（三）可持续性营销——企业的社会责任和道德

营销人员必须重新考虑企业与社会价值观、社会责任以及我们生活的地球的关系。随着全球消费者权益保护运动和环保运动的兴起，今天的营销人员需要践行可持续性营销活动。企业的道德观和社会责任几乎是每个企业都在讨论的热门话题。现在很少有企业会忽视日益高涨，同时要求越来越苛刻的环保运动。企业的任何活动都会影响顾客关系，如今，顾客希望企业以对社会和环境负责任的方式传递价值。

社会责任和环保运动在未来对企业的要求将越来越严格。有些企业抵制这些运动，只有在法律强制或消费者大声疾呼的情况下才予以考虑。许多有远见的企业已经开始践行它们对周围世界的职责，并把对社会负责的行动看作是一个机会，将可持续性营销视为谋求企业更好的发展的途径。

（四）非赢利组织营销的增长

近年来，营销也成为许多非赢利组织的主要战略之一。例如，大学、医院、博物馆、体育馆、慈善组织等。一国的非赢利组织彼此间在社会支持和成员数量方面竞争激烈，而完美的营销活动可以帮助非赢利组织吸引成员和社会支持。

我们看看高考后，各大学的招生宣传，有的大学宣传在招生前就开始了，通过开放校园，接待家长参访，设立招生宣传网站，到各省、市高中学校进行填报志愿及专业宣讲等，有的学校向高考成绩好的学生提供全额奖学金，为困难学生开辟绿色通道，这一系列方式都是在营销大学，希望在生源逐年下降的招生环境下，能够吸引成绩优秀的学生，提升大学声誉。

政府部门也对营销表现出日益浓厚的兴趣，新领导上台，到各地视察，慰问困难群众，体现亲民姿态，为推行新政制订营销计划。政府为鼓励人们节约能源、关心环境、禁止吸毒，也在规划社会营销方案。政府通过公开财政收支，设立群众监督等营销方式，为自己树立良好的公众形象。

小结

成功的企业都强调以顾客为中心，并强调市场营销观念。营销的目标就是建立和管理有价值的顾客关系，并从中获得利益回报。

1. 营销的定义及营销活动过程

简单地说，营销就是企业通过创造顾客价值和建立牢固的顾客关系，从而从顾客身上获得利益回报的过程。

营销过程包括1个目标、3个步骤和1个结果，营销活动的1个目标就是建立有价值的顾客关系和顾客满意；3个步骤分别为理解市场及顾客需要和欲望、设计顾客导向的营销战略和构建传递卓越价值的营销方案；1个结果就是从顾客那里获得顾客终身价值。

2. 市场营销相关的五组核心概念

与营销相关的五组核心概念是：需要、欲望和需求；营销供给物（产品、服务和体验）；顾客价值和顾客满意；交换和关系；市场。

需要是指人们得不到满足而感到生理与心理的失衡状态；欲望是指当人类需要由文化和个性影响后所出现的形式；当考虑到支付能力时，欲望就转换成需求。企业通过推行价值方案来满足需求，价值方案是指企业承诺给顾客带来满足他们需求的一组利益。价值方案通过营销供给物传递给顾客价值，与顾客建立了长期的交换关系。

3. 市场营销管理的五种不同观念

市场营销管理可以分为五种不同的观念，这五种观念的演变与市场营销环境关系紧密，可以划分为传统的营销观念（生产观念、产品观念和推销观念）和现代营销观念（市场营销观念和社会营销观念）两个阶段。生产观念认为管理的任务就是强调生产的数量和效率，以降低成本和价格。产品观念认为，顾客喜欢质量、性能和创新的东西，只要产品足够好，就可以卖得掉。推销观念认为顾客不会自动了解企业产品的信息，企业必须进行大力的宣传和促销，才能激起消费者的欲望。而营销观念则认为企业进行生产之前，必须深入了解目标顾客的需要、欲望和需求，提供比竞争对手更有效、更有价值的营销方案，才能让顾客满意。社会营销观念认为企业不仅要考虑自身利益和顾客需求，还应考虑社会福利，即保证企业利益、顾客需求和社会福利三者达到平衡。

4. 市场营销发展的四大趋势

新数字时代的到来、迅速全球化、更多社会责任和道德要求以及非赢利组织营销的增长是未来营销发展的主要趋势。

新数字时代到来。在新的营销环境下，企业可以利用计算机、网络和电信等技术来了解和跟踪顾客，针对顾客需求创造合适产品和服务。利用社交网站来推广和宣传企业产品，树立品牌形象，通过互联网与目标顾客建立互动联系，开展电子商务。

迅速全球化。经济的全球化和数字技术的发展，使得营销人员可与他们全世界的顾客和营销合作伙伴进行即时连接。每个企业，无论大小，都面临全球竞争，这既是机会，也是挑战。

更多社会责任和道德要求。随着自然环境的日益恶化、消费者观念的进步，营销人员必须在企业营销中更多关注对社会和环境方面的影响。同时，企业必须做保护环境、给社会带来福利的事业，不仅要满足眼前顾客的需求，同时要考虑社会的持续发展和子孙后代的需要。

复习与思考

1. 什么是营销？举例说明你对营销定义的理解。

2. 市场营销的五组核心概念包含哪些内容？讨论企业如何创造顾客价值和让顾客满意。

3. 五种不同的营销管理观念及特征是什么？你认为苹果公司在营销 iPhone 和 iPad 这样的产品时，应该采取哪种营销管理理念？

4. 传统市场营销观念与现代市场营销观念存在哪些区别？举例说明现实中企业仍坚持传统的营销观念的现象。

5. 互联网给营销者和消费者带来了哪些影响？举例说明使用互联网营销的成功案例。

模块二 实训操练

实训一：案例分析

一、实训内容

认识市场营销核心概念及现代市场营销观念。

二、实训准备

1. 授课老师提前布置案例分析资料；

2. 分组开展案例讨论，以 4～5 人为一组；

3. 熟悉案例资料内容及案例背景；

4. 围绕案例资料提出的问题进行初步讨论。

三、实训组织

1. 授课老师指导按小组布置好课堂讨论座次；

2. 由组长组织小组讨论，对讨论过程进行记录；

3. 记录员整理小组讨论结果，提炼出核心观点；

4．每组派一名代表陈述讨论结果；

5．授课老师引导小组间进行观点辩论，激发创新思维；

6．授课老师对讨论进行点评。

四、实训评价

1．将案例讨论作为平时成绩；

2．老师评价和组长评价各占 50%；

3．评价标准

（1）课前准备充分，课堂组织认真；（3分）

（2）课堂讨论积极，团队协作较好；（3分）

（3）运用理论正确，考虑问题全面；（2分）

（4）表达陈述流利，提出观点新颖。（2分）

【案例分析】

宝洁为顾客创造价值

创造顾客价值和建立有意义的顾客关系听起来有些高深，尤其是对于像宝洁这样销售日化用品及一次性婴儿纸尿裤之类的低卷入度消费品公司而言。对于"你会与一种洗衣粉品牌建立持久的情感联系吗"这个问题，宝洁公司的回答永远是"会"。

以宝洁公司的产品汰渍为例。60多年前，汰渍革命性地改变了整个行业，作为第一种运用人工合成剂清洁衣物的洗衣粉，汰渍的确能够更好地清洁衣物。数十年来，汰渍的市场营销人员一直将该品牌定位为拥有卓越的效能的产品，并运用具有视觉冲击力的广告展示衣物清洁前后的比较。但汰渍对于顾客而言，不仅仅是去除旧牛仔裤上的污渍，它还有更深远的意义。

数年来，宝洁公司一直致力于发现和培育顾客与其产品的深度联系。几年前，宝洁公司全球营销总裁斯登格尔要求公司的品牌必须"与消费者直接对话"，而不是一味地推销产品利益。"我们需要思考消费以外——深入而直接地理解品牌在消费者生活中的角色和意义，"斯登格尔说。之所以这样做，是因为宝洁很清楚竞争对手可以很快地复制产品利益，比如去污能力，然而，它们无法方便地复制消费者对某种产品的感情。因此，宝洁公司真正的优势在于其品牌与顾客之间的关系。

遵循这一要求，汰渍的营销团队认为，其品牌需要传递新的信息。汰渍品牌的市场份额尽管已经很大，但几年来一直停滞不前。而且，多年来其围绕产品功能的广告令人印象深刻，消费者感到汰渍品牌自以为是、非常男性化。如今，汰渍亟须与其核心顾客——女性消费者沟通，以赢得她们的芳心。

所以，汰渍的营销团队首先需要深刻理解女性与洗衣粉的情感联系。要做到这一点，传统的焦点小组访谈法和问卷调查法显然不行。长期同宝洁公司合作的广告商盛世与宝洁的市场营销经理、战略制定者一起，进行了为期两周的消费者调研；选择一些女性消费者，与她们形影不离、观察她们工作、购物和做家务，旁听她们谈论重要的事；甚至进入到她们的家庭与其一起生活，但并不与消费者直接谈论她们的洗衣习惯和做法，只与她们聊生活，感悟她们的需要，理解洗衣粉在他们生活中意味着什么。

他们通过这种与消费者的深度接触获得了大量真实的信息。宝洁的营销者充分了解到，汰渍和洗衣服在消费者生活中并不是最重要的事情，但女性对自己的衣物充满了情感。"一位离异的肥胖女性描述当她穿上那件超性感行头在男友面前亮相，博得一声尖叫时，脸上满是喜悦。"宝洁的一位客户经理说道，"日复一日，服装在女性生活中总有些特殊意义，能够通过各种联想打动她们。女性喜欢照顾衣物，因为它们充满了情感、故事、感情和记忆。生活中的各种衣物都可以让她们来表达个性，展现自己作为女性的不同侧面和看法。"这些顾客行为影响到品牌所传达的所有信息。宝洁的营销者决定，汰渍应该不仅仅解决女性的洗衣问题，而是在她们真正关心之处——感动生活的衣物上进行差异化。

现在来看看汰渍在我国市场的广告变革，最早的广告由小品演员郭冬临代言，强调汰渍的功能"有汰渍，没污渍"，强调汰渍的价格"汰渍，只要三块九"，但现在的广告由著名电影演员海清代言，海清在中国消费者心中是好媳妇、好妻子和好妈妈的代表，消费者看到汰渍的广告，就会联想到对家人的关爱、感情和美好记忆，汰渍不仅仅能够清洁衣物，更包含了女性的一份感动和情感。

所以，回到最初的问题：你会与一种洗衣粉品牌建立持久的情感联系吗？市场成功的事实不容置疑，至今没有其他洗衣粉品牌能够超越汰渍，宝洁公司的这一旗舰品牌在竞争激烈的洗衣粉市场占领的份额高达令人难以置信的43%。这种成功源自于对顾客的深刻理解和将品牌与顾客生活的紧密联系。

讨论问题：

1. 顾客对洗衣粉的欲望和需求是什么，对这三个概念加以区分，每个概念对宝洁公司有什么启发？

2. 五种营销管理观念中的哪一种更适合宝洁公司？

3. 宝洁的汰渍洗衣粉为顾客创造了哪些价值？

4. 宝洁在构建顾客关系方面还能继续保持成功吗？为什么？

实训二：体验营销

一、实训内容

通过参观零售企业与亲身购物体验来感受顾客让渡价值和顾客满意等营销理念。

二、实训准备

1. 授课老师有选择地联系当地几家比较大的零售企业；

2. 学生通过网络了解企业的相关信息，调查当地老百姓对企业的评价；

3. 选择不同的时间去参观企业，并通过购物体验服务；

4. 将观察与体验到的企业经营服务的感受记录下来。

三、实训组织

1. 授课老师组织班级学生重点参观1～2家零售企业；

2．请零售店的店长或其他管理人员谈谈企业的经营观念；

3．以 4～5 人为一组分享本次营销体验的收获与感想；

4．写一篇你对市场营销的理解的认识实践报告。

四、实训评价

1．课前准备充分，收集资料全面；（2分）

2．积极参与活动，观察体验仔细；（2分）

3．课堂讨论认真，体验营销深刻；（3分）

4．完成报告及时，内容真实可靠。（3分）

任务二
把握市场导向的战略计划

任务目标

知识目标

1. 理解公司战略计划及其四个步骤；
2. 认识营销战略和营销组合的关系；
3. 了解营销计划的构成要素。

能力目标

1. 学会如何规划业务组合，如何制定成长战略；
2. 掌握制订营销计划的程序和方法。

模块一 理论指导

案例导入 沃尔玛的中国发展战略

沃尔玛百货有限公司由美国零售业的传奇人物山姆·沃尔顿先生于 1962 年在阿肯色州成立。经过五十多年的发展，沃尔玛公司已经成为世界最大的私人雇主和连锁零售商，多次荣登《财富》杂志世界 500 强榜首并当选最具价值品牌。每周，超过 2 亿名顾客和会员光顾沃尔玛公司分布在 27 个国家的 69 个品牌下的 10 994 家分店以及遍布 10 个国家的电子商务网站。沃尔玛公司 2014 财政年度销售金额达到 4730.76 亿美元，全球员工总数约 220 万名。沃尔玛于 1996 年进入中国，在深圳开设了第一家沃尔玛购物广场和山姆会员商店。与在世界其他地方一样，沃尔玛在中国始终坚持"尊重个人、服务顾客、追求卓越、始终诚信"的四大信仰，专注于开好每一家店，服务好每一位顾客，履行公司的核心使命——"为顾客省钱，让他们生活得更好"，不断地为其顾客、会员和员工创造非凡体验。目前，沃尔玛在中国经营多种业态和品牌，包括购物广场、山姆会员商店、中型超市等，截至 2014 年 4 月 30 日，已经在全国开设了 400 多家商场、7 家配送中心和 9 家鲜食配送中心，创造了约 9 万个就业机会。2014—2016 年，沃尔玛将加速在中国的发展，选设 110 个新址，包括商场及配送中心。加大在二、三、四线市场的发展，新创造超过 19 000 个工作机会，以更好地服务在中国城镇化进程中新兴的消费群体。这些新举措将把沃尔玛（中国）带入新的发展阶段。公司将进一步强化企业文化，夯实各项基础工作，加强食品安全监管，强化价格优势，强调合规管理，提升员工队伍建设，并将继续专注于经营好每一家店，为顾客提供优质的商品和服务，实现沃尔玛在中国业务的可持续发展。沃尔玛在中国的经营始终坚持本地采购，目前，沃尔玛（中国）与数以万计的供应商建立了合作关系，销售的产品中本地产品超过 95%。同时，沃尔玛（中国）注重人才本土化，鼓励人才多元化，特别是培养和发展女性员工及管理人员。目前，沃尔玛（中国）超过 99.9%的员工来自中国本土，商场总经理全部由中国本土人才担任，女性员工占比超过 60%，管理团队约 40%为女性。2009 年，公司成立了“沃尔玛（中国）女性领导力发展委员会”，以加速推动女性的职业发展。2013 年初，公司又成立沃尔玛女性领导力学院，更好地推动了女性领导者在公司的成长与发展。沃尔玛（中国）致力于成为地道的中国企业公民，并希望通过企业社会责任和可持续发展活动帮助中国人民生活得更好。其企业社会责任重点体现在妇女经济自立、支持教育、营养与健康及回馈社区四个方面。自进入中国以来，沃尔玛在全国范围内累计向各种慈善公益事业捐献约7700 万元人民币的资金和物品，沃尔玛（中国）员工在社会公益事业方面投入累计 21 万多个小时。沃尔玛赢得了中国消费者，特别是家庭主妇的信赖，成为家庭生活用品一站式采购的首先。

与沃尔玛一样，今天成功的企业都能够采取以顾客为导向的营销策略和计划，为顾客创造价值，开展可持续营销活动，承担更多的社会责任，在目标顾客中树立值得信赖的形象，从而建立牢固的顾客关系。然而，企业的这些营销战略和计划必须服从更广泛的企业整体战略规划的指导，因此，为了了解营销的作用和地位，我们必须先明确企业整体的战略规划过程。

思考：
1. 沃尔玛跨国零售企业的中国营销战略是什么？
2. 沃尔玛零售商的公司使命和总目标是如何体现到它的营销战略中的？

在任务一中，我们已经探讨过企业为顾客创造价值，以期获得顾客回报的营销过程。现在我们要深入认识市场营销过程的第二步和第三步，即如何设计顾客导向的市场营销战略和制订市场营销计划。首先，了解企业的整体战略计划；接着，讨论在整体战略计划指导下营销人员如何与企业内外部人员密切合作以为顾客服务；然后，制订营销战略和计划，即明确营销人员如何选择目标市场、进行产品定位、开发营销组合方案和管理营销活动。

一、了解公司整体战略计划

为公司的长期生存和发展选择公司整体战略这项艰巨的工作称为战略计划。制订战略计划的核心就是根据公司自身特定的竞争优势、机会、目标和资源寻求最合理的策略，使组织的目标和能力与组织面临不断变化的营销环境之间保持平衡。

战略计划为公司中其他的计划工作指明了步骤和阶段。一般来说，公司通常会制订年度计划、长期计划和战略计划。年度计划和长期计划用以安排公司的当前业务，并且考虑如何保持这些业务的增长。与此相反，战略计划涉及的是公司如何利用其不断变化的环境中的机会的问题。

在公司层级上，公司首先界定其整体目标和使命（图 2-1）；这个使命接下来就被转化为详尽的支持性目标以引导整个公司的发展；然后，公司的管理者决定什么样的业务组合和产品最适合公司，对于各项业务和各种产品应当分别给予多大支持；与此相应，各个业务和产品单位都要制订详尽的营销计划和其他部门计划，以支持公司的整体战略。因而，营销计划要在业务单位、产品和市场三个不同层次上制订。公司针对特定的营销机会会制订诸多详细的计划，而这些营销计划反过来又会支持整个公司的战略计划。

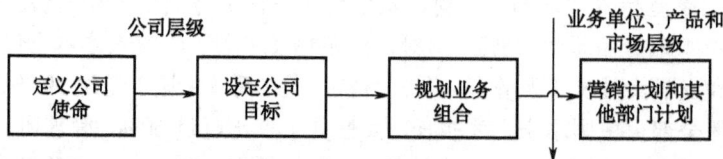

图 2-1　战略计划的阶段和步骤

（一）确立以市场为导向的公司使命

一个组织之所以存在，是为了完成一定的事情。作为营销者在制订公司的营销计划之前，必须弄清这样几件事情：我们的业务是什么？谁是我们的顾客？顾客看重什么？这些貌似显而易见的问题是公司不得不回答的最困难的问题。成功的公司总是不断地提出这些问题，并且认真地回答这些问题。

对这些问题的正式回答，将其称为公司的使命陈述。使命陈述，是对公司目的的表述，即公司在大环境中想要完成的事情。清晰的使命陈述能够起到"看不见的手"的作用，指引公司员工行动。

传统营销观念时代，公司总是用产品或技术来定义其业务，但现代营销观念下，许多公司是以市场为导向并且从顾客需求角度来定义业务、陈述公司使命的。

下面是几个通过对比产品导向定义和市场导向定义来陈述公司使命的例子，如表 2-1 所示。

表 2-1　产品导向定义和市场导向定义陈述公司使命的对比

公　司	产品导向的定义	市场导向的定义
联想	我们生产电脑	我们从事开发、制造及销售最可靠的、安全易用的数字技术产品
京东	我们提供网购平台	我们让购物变得简单、快乐
海尔	我们生产家电	我们致力于成为全球领先的美好生活解决方案提供商
耐克	我们出售运动鞋和服装	我们带给世界上每一个运动员灵感和创新（如果你有身体，你就是运动员）
露华浓	我们制造化妆品	我们出售生活方式和自我表达，成功和地位，回忆、希望和梦想
迪斯尼	我们经营主题公园	我们创造梦幻：一个体验地道的美国风格的地方
沃尔玛	我们经营折扣店	我们提供每日低价，让普通人有机会买到与有钱人相同的东西

上表对同一公司使命的不同陈述给企业员工、消费者和广大公众的感觉是迥然不同的。以市场为导向陈述公司使命不仅给员工带来一种使命感和自豪感，能激励员工努力工作，也

让消费者和广大公众认识到公司的社会责任和价值所在。产品和技术终将过时，但基本的市场需要会永远延续下去，以市场为导向定义公司使命，便于公司在更宽的范围内调整业务单位、保证公司的持续发展。

管理人员应当避免将组织的使命定义得过于狭窄或过于宽泛。一个铅笔制造商如果说自己在从事通信交流工具的生产，那么它的使命陈述就太宽泛了。使命应当有弹性，符合组织的目标，假如我国一所高职院校把自己的使命说成是为国家培养高科技的研究型人才，那么它就是在自欺欺人。使命应当明确而有针对性，许多使命陈述就是为了公关的目的而写的，不仅针对性差，而且缺乏对实践切实可行的指导性。

组织的使命应当与其市场环境相适应。如果现在的快餐厅还强调其使命是能够让顾客省时、省力，那就不能完全满足现代消费者的要求，随着经济的发展，人们生活水平的不断提升，外出用餐除了选择省时、省力之外，更注重卫生和健康，由此可见，人们越来越重视生活的品质。组织应当将其使命建立在自己独特能力的基础上。最后，使命陈述应当有鼓舞力。一个公司的使命不应该仅仅被说成是提高销量、赚取更多的利润，利润只是从事有益活动的回报。相反，使命应该关注顾客和公司为顾客所创造的体验。所以，麦当劳的使命不是"成为世界上最好的和盈利最多的快餐馆"，而是"成为顾客最喜欢的地方和最喜欢的就餐方式，"如果麦当劳实现了这一以顾客为核心的企业使命，那么利润就会自然而然地产生。公司的使命还要有激励作用，让雇员感到他们的工作是重要的，而且对人们的生活有贡献。例如，迪斯尼公司的目标是"让人们愉快"。沃尔玛公司的使命是"给普通人机会，让他们能和富人买到同样的东西"。

你能为现实中的公司陈述使命吗？如格力公司的使命应该怎么定义？你所就读的学校使命又怎么定义呢？

（二）设定公司目标

使命是一个长远的、方向性的东西，使命需要转化成为各个管理层具体支持性的目标，各部门才能开始制订行动方案。每一个经理都必须有目标，并且为目标的实现负责。例如，某农产品开发与生产公司把使命定义为创造"丰富的食品和健康的环境"，它寻找一种在保护环境的同时，又有助于养活全世界快速增加的人口的方法。

公司的使命引出了不同级别的目标，包括业务目标和营销目标。农产品研究与开发公司的整体目标就是创造更有利于环保的产品，并且使它们以更低的成本更快地投放市场。对于公司的各个组成部分而言，农业部门的目标是提高农业生产率，通过研究新的无须喷施化学药品的抗虫、抗病的农作物来减少化学污染。但是，研究花费高昂而且需要有越来越多的利润再投资到研究计划中，所以提高利润就成了另一个重要的业务目标。利润可以通过增加销售额或降低成本的方式来提高；也可以通过提高市场份额，开发国外市场，或者双管齐下来提高。这些目标于是成为公司当前的营销目标。

市场营销战略和项目的制定必须支持这些营销目标的实现。公司可以通过采取促销活动或提高产品的可得性，提高自己现有市场份额。联想通过收购 IBM 的 PC 部门，在国内和海外分设研发基地，来提高技术研发能力和开发新产品；通过加强生产管理，提高劳动效率，降低成本来获得价格优势，扩大国内市场份额，借助 IBM 的品牌知名度和销售渠道顺利打入国外 PC 市场。这些就是联想的市场营销战略。每项市场营销战略都必须详尽、具体地定义。比如，加强产品促销可能需要更多的销售人员、广告和公关活动，如果要进行产品促销，就必须清楚说明这些方面的目标。这样，公司的使命就转化成为当前的一系列目标。

（三）规划业务组合

在确定了公司的任务和目标之后，公司的管理者就要开始对业务组合（Business-portfolio）——构成企业的业务和产品的集合——作出安排和规划，充分发挥公司的优势，规避劣势，以便更好地适应环境中的有利机会。首先，公司应对当前的业务组合进行分析，评估各业务经营效果、发展潜力和对公司的吸引力；其次，决定哪些业务应当增加投资，哪些应当减少投资，以及哪些应当停止投资。

1. 当前业务组合分析

企业总是希望向盈利水平高的业务投入更多的资源，逐步减少或停止对盈利水平低甚至开始亏损的业务的投入。

如何对当前公司的关键业务进行分析和评估呢？我们可以采用波士顿咨询集团分析法。波士顿咨询集团是美国一家著名的管理咨询公司，该公司建议建立"增长—份额矩阵"，对公司所有战略业务进行分类，如图 2-2 所示。

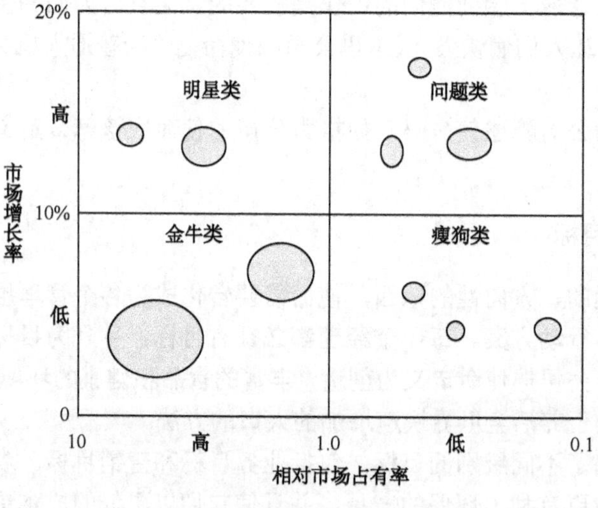

图 2-2　波士顿矩阵

矩阵的纵轴表示市场增长率，用来衡量市场吸引力，横轴表示相对市场占有率，用来衡量企业在市场中的实力和竞争地位。相对市场份额，表示企业各业务单位的市场占有率与同行业最大竞争对手的市场占有率之比。以 1.0 为分界线，分为高低两部分，1.0 以上表示相对市场占有率高，1.0 以下表示相对市场占有率低。如果相对市场占有率为 0.2，则表示其市场占有率为最大竞争对手市场占有率的 20%；如果相对市场占有率为 3.0，则表示其市场占有率为最大竞争对手市场占有率的 3 倍。图中的 10 个圆圈代表企业的 10 个业务单位，圆圈的位置表示各业务单位市场增长率和相对市场份额的高低，圆圈的大小表示该业务单位的销售额的大小。

波士顿矩阵按市场增长率和相对市场份额两个指标把企业当前业务分为四大类：

（1）明星类业务。这类业务增长率和相对市场份额都较高，企业需要经常给予大量的资金投入以支持其发展。当市场增长率开始下降时，明星类业务就由现金投入者转变为现金收入的"金牛类"业务了。

（2）金牛类业务。这类业务市场增长率相对较低，但市场份额高，企业在此时已经站稳市场，无须多少资金投入就能维持其市场份额。金牛业务产生大量现金，供企业支付各种费用并支持其他业务单位需要的资金投入。

（3）问题类业务。这类业务市场增长率高，但相对市场占有率低，属于前途命运未卜，发展前景不明确的业务。问题类业务又分两种情况：一是新业务，有发展前途，需要大量投入使之迅速成长为明星业务；另一种情况是处于衰退期的业务，企业可以采取放弃、淘汰策略。管理部门需要通过周密考虑来确定哪些问题业务应当加以扶持，使之转变为明星业务，而哪些业务应当淘汰、放弃。

（4）瘦狗类业务。这类业务市场增长率和相对市场占有率都低，它可能产生足够的现金来满足自身的需要，但不足以成为大量现金的源泉。企业让其保持现状，不再追加投入。

从以上的矩阵图中可以看出，该公司10项业务单位中，有2项明星类业务、2项金牛类业务、3项问题类业务和3项瘦狗类业务。圆圈的面积与战略业务单位的销售额成正比。该公司目前经营状况良好，公司有两项规模较大的金牛类业务保证了明星业务和问题类业务的投资来源；公司应该在有前途的明星业务上进行投资，使之转化为金牛类业务，而对其瘦狗业务和问题业务应采取果断措施，放弃、淘汰或追加投入。

一旦企业明确了战略业务单位的类型，就要确定各业务在企业中扮演的角色，并对各业务单位的发展采取相应的战略。主要有四种战略可供选择：①企业可以增加对业务的投资，发展其市场份额；②保持当前的投入水平，维持战略业务单位的市场份额；③收缩投资，不考虑长期效果，尽量榨取短期现金流；④企业可以通过出售、淘汰或将资源转移他用来放弃某些业务单位。

企业战略业务单位在成长—份额矩阵中的位置是会随时间推移而发生变化的。一些问题类业务，通过追加投入，如果成功就会转化成明星业务，然后当市场增长率下降时，又变成金牛类业务，最后会慢慢衰退变成瘦狗类业务，走向其市场生命周期终点。因此，企业需要不断开发新产品，发展新的战略业务单位为明星类业务，明星业务类业务不断成长为金牛类业务，确保企业有源源不断的现金流入。

成长—份额矩阵虽然给企业业务分析带来了革命性的指导，但也有其局限性。这种方法实施起来费力、费时、成本昂贵；管理部门可能发现要确定企业哪些业务是战略性业务，测量其相对市场份额和增长率非常困难；这种分类仅针对现有业务，对于未来业务发展方向很难预见。因此，仅供企业管理部门和营销机构参考。

2. 制定成长和削减战略

新产品除了评价当前的业务，规划业务组合还涉及寻找公司将来要考虑的业务和产品，制定公司业务发展战备，即企业成长战略。营销对于公司实现有利可图的成长负有主要责任，营销必须识别、评价和选择市场机会，并且为捕捉这些市场机会制定战略。确定成长机会的一种有效工具就是产品—市场扩展方格，如图2-3所示。这里我们以海尔为例进行分析。

	现有产品	新产品
现有市场	市场渗透	产品开发
新市场	市场开发	多元化

图 2-3　产品—市场扩展方格

案例启示

海尔是我们国内家电行业的一面旗帜,海尔品牌是中国的十大国际知名品牌之一;2013 年,中国最有价值的品牌的研究结果在法国巴黎揭晓,海尔以 992.29 亿人民币的品牌价值连续 12 年居首。从 1984 年创业至今,海尔集团成功经过了名牌战略发展阶段、多元化战略发展阶段、国际化战略发展阶段、全球化品牌战略发展阶段四个发展阶段,现正进入网络化战略阶段。

阶段一,专业化名牌之路。1982 年初创期,海尔的资金和管理实力,决定它只能先做好一种业务,海尔选择了冰箱,因为当时国内制造的冰箱质量还不高,进口冰箱价格贵,而改革开放使人们变得富裕,对高质量家电的需求增加,海尔决定制造国内名牌,引进了德国技术和先进的管理理念,3 年后,海尔冰箱成为国内市场占有率较高的名牌。

阶段二,多元化发展之路。海尔借冰箱的品牌名向洗衣机、空调等业务领域发展,借助国内一些国营企业经营不善,国家对国营企业进行改造的机会,大量地兼并,进入新的领域,如兼并杭州荷花洗衣机生产企业,利用其生产场地和销售网络,成功进入洗衣机行业。

阶段三,海外扩张之路。开发新市场,90 年代中期,海尔首先将冰箱推向海尔技术引进国——德国,并一举获得成功,之后推向东南亚国家和地区,打开了广阔的海外市场。

阶段四,全球化之路。21 世纪经济的全球化以及互联网全球一体化,给海尔利用自身资源去整合全球的资源创造了机会,海尔整合全球的研发、制造、营销资源,创全球化品牌。利用互联网时代营销的碎片化,企业从"以企业为中心卖产品"转变为"以用户为中心卖服务",创造了用户驱动的"即需即供"模式。

阶段五,网络化之路。互联网时代的到来颠覆了传统经济的发展模式,而新模式的基础和运行则体现在网络化上,市场和企业更多地呈现出网络化特征。在海尔看来,网络化企业发展战略的实施路径主要体现在三个方面:企业无边界、管理无领导、供应链无尺度。海尔继续深化在全球化战略阶段探索出来的"人单合一双赢"模式。

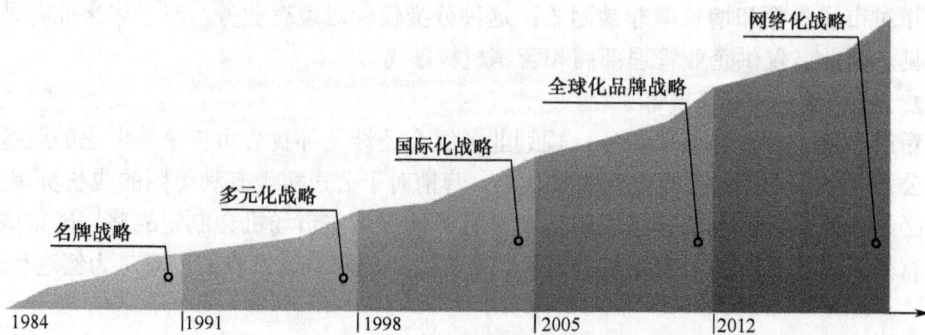

网络化战略

全球化品牌战略

国际化战略

多元化战略

名牌战略

1984　　1991　　1998　　2005　　2012

现在从产品—市场成长方格理论来看，海尔的管理层应在企业将来的成长中采取怎样的策略呢？

一是市场渗透策略。市场渗透是指在现有产品情况下，通过提高销售额来实现公司成长的一种战略。公司可以通过营销组合策略的优化促进增长，即调整其产品设计、广告、定价和分销渠道策略。例如，海尔在原有产品线之下不断增加新的款式、规格和技术创新，增加了线上销售渠道，开展各类促销活动，如采取以旧换新策略，吸引一批老顾客重新购买，增加现有顾客的购买量。海尔白色家电近年来市场份额连续排在全球家电市场前列。

二是市场开发策略。海尔在 90 年代就成功进入海外市场，实现了新市场的开发。2008年，世界范围的金融危机一直到今天仍在影响全球的经济发展，海外市场销售受到一定影响，国家出台刺激内需的财政政策和新农村建设相关政策给国内需求带来了机会。海尔通过开发适应农村市场的家电产品，开展送家电下乡活动给企业新市场注入了活力。2012年，海尔全面实施网络化战略，线上、线下多渠道，实现市场全球化。

三是产品开发策略。海尔不断开发新产品，满足消费者变化的需求，与竞争对手差异化竞争，如电视机从直角平面、高清数字电视、液晶电视、等离子电视到今天的智能电视，每次产品更新换代，海尔都走在行业前列，引领市场潮流。2013 年，欧睿国际（Euromonitor）全球家电市场调研数据显示，海尔再次蝉联全球大型家电第一品牌，全球品牌零售量份额占比达到 9.7%。从 2009 年起，连续五年来，海尔大家电全球市场份额排名第一，其中冰箱占比 16.8%，洗衣机占比 13.3%，冷柜占比 19.9%，酒柜占比 15.5%。

四是多元化发展策略。海尔从 1995 年之后不断涉足新的领域，现已在数码、电脑、移动通信设备领域占有一席之地，海尔在生物制药和地产领域也有投入。不过海尔在多元化发展中一定要谨慎，必须考虑企业的使命，否则会损害现有品牌的形象，而且会分散资金，失去核心竞争力。

企业不仅要为它们的业务组合制定成长战略，也要制定削减战略。一个公司要放弃产品或市场的原因有很多种，有可能是营销环境发生变化使得公司的部分产品或市场利润减少，也有可能是公司增长得太快，或者进入了它缺少经验的领域。当公司不经过适当的调研就进入多个国外市场，或者当公司引入了一个并不能提供优质的顾客价值的新产品时，也可能发生上述情况。

当公司发现旗下品牌或业务无法赢利或不再适合公司的整体战略时，就应该对其谨慎地调整、回收或者去除。弱势业务经常需要管理层给予不成比例的大量关注。管理者必须将精力集中在有前途的增长机会上，而不是浪费在追逐流行和时尚的项目上。

二、认识营销战略与营销组合

公司的战略计划明确了公司将要从事哪些业务以及各项业务将要达到的目标。接着，在各个业务单位内必须进行更细致的计划。每个业务单位中的主要职能部门包括营销、财务、生产、人力资源等部门，必须共同合作才能完成战略目标。

在各业务单位中，营销在帮助公司实现整体战略目标方面起着重要作用。如图 2-4 所示，展示了营销在公司中的职能和活动，也表明了营销战略管理的主要内容和营销组合。

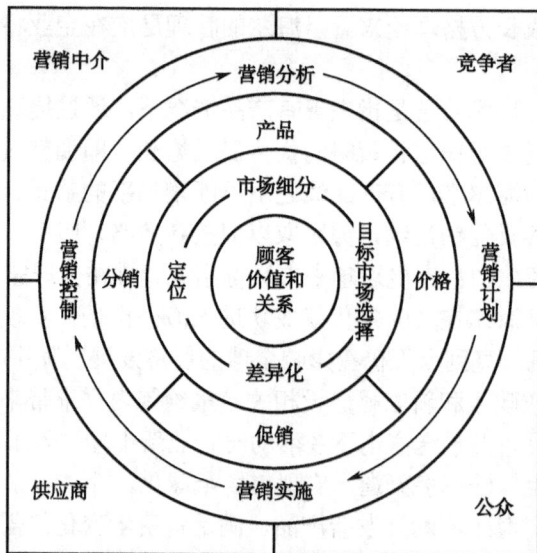

图 2-4　营销战略和营销组合

从图上看出公司的目标是以顾客为中心，为顾客创造价值，并建立有利可图的顾客关系。如何才能实现公司的目标呢？那就是通过营销战备——市场细分、目标市场选择，企业决定应为哪个顾客群体提供产品和服务。那么怎样为目标顾客服务并与竞争对手区分呢？实施差异化和市场定位是企业参与竞争的必需。企业首先要界定整个市场，然后将其划分成若干个更小的子市场，选择其中最有前景的子市场，集中力量重点为这些子市场服务并满足其需要。

在营销战略指导下，公司通过产品、价格、分销和促销形成营销组合。为了寻找最好的营销组合并付诸实施，公司开展营销分析、制订营销计划、组织营销实施、进行营销控制，并通过对这一系列营销活动管理，最终实现公司的营销战略目标。

公司在开展系列营销活动中，都必须考虑外部环境因素，要以内部可控制的营销组合去适应外部环境的变化和把握市场机会。

（一）确定顾客导向的营销战略——目标市场定位

公司要在竞争激烈的市场中取胜，必须提供比竞争对手更好的产品和服务、让渡更多的价值、让顾客满意，才能从竞争对手那里赢得顾客。

但任何公司都不可能使所有的消费者需要得到满足，同时也不可能满足某类消费者在一定时期内所有的需要。因此，营销战略必须明确目标消费群体在哪里，明确他们的消费特点是什么。

每个公司都必须面对整个市场进行细分、从中选择公司最有优势的细分市场作为目标，然后制定具体营销战略，使自己能够比竞争对手更有利可图地为选定的目标市场服务。进行目标市场营销必须经过四个步骤：市场细分、选择目标市场、差异化和市场定位。

1. 市场细分

市场由种类众多的消费者、产品和需要构成，营销人员必须确定哪些细分市场能为公司实现目标提供最好的机会。可以根据地理、人口统计、心理和行为因素对消费者进行分组，并采取不同的方法为这些消费者服务。将市场划分成为具有不同需要、特征或行为的用户的独特群体的过程，叫做市场细分，被细分出来的一个个独特的消费群体称为子市场。

　　每个整体市场都有子市场，但是并非所有细分的方法都同样有效。例如，对感冒药品按性别分成男性感冒药市场和女性感冒药市场可能就没有多大意义。市场细分必须把具有明显需求差异的消费者划分开，而把具有相似需求的消费者放在一起。例如，服装市场按性别差异，男性消费者构成男性服装市场，而女性消费者则构成女性消费市场，即使分成男性和女性市场，仍然没法提供具体服装，因为服装还与年龄、消费者的价格承受能力等因素有关。因此，服装这一种消费品，可以细分出若干个子市场。至今，还没有一家公司能够满足所有消费者对服装的全部需要。因此，服装公司的明智之举就是集中精力重点满足一个或数个细分市场的特定需要。

　　2.　选择目标市场

　　公司在明确了细分市场之后，就可以进入给定市场中的一个或多个细分市场。选择目标市场涉及评估各个细分市场的吸引力并进入其中的一个或几个。公司选择的细分市场应该使自己能够有利可图地创造最大顾客价值，并且能够长期保持。

　　资源有限的公司可以采取集中目标市场营销策略，考虑进入一个或少数几个特别的细分市场，或做市场的补缺者，进入一些大公司忽视的目标市场。这种战略可能会限制销售额，但是利润可能很可观。长沙的爱尔眼科医院占据了湖南的眼科医疗市场，它在与省级大型医院和全国其他地区眼科医院的竞争中取得了优势地位。百度专注于搜索引擎市场，而腾讯则专注于即时通信市场，阿里巴巴专注于电子商务市场。

　　一个公司也可以选择几个相关的细分市场，针对每个市场的消费者需求的特点，提供不同的产品、价格、渠道和促销组合，即采取差异化的目标市场营销策略。例如，宝洁公司在洗发水市场开发了多个品牌，分别满足了不同发质和不同消费水平的细分市场需求。而实力更雄厚的公司，可能采取定制服务，以每位大客户为目标市场，谋求覆盖整个市场。它们希望自己能够成为所在产业中的"通用汽车公司"。通用汽车公司声称，为每一种"人、钱包和个性"制造汽车。

　　3.　差异化和市场定位

　　公司在决定进入哪些细分市场之后，必须决定它如何为每个细分市场提供差异化的产品和服务，以及自己在这些细分市场中要占据什么位置。一种产品的定位是指产品相对于竞争对手在消费者的头脑中所占据的位置。如果人们感觉某种产品与市场上的另一种产品十分相像，那么消费者就没有理由去购买它。

　　市场定位是相对于竞争对手的产品而言的，其目的是要在目标消费者心目中为自己的产品占据一个清晰、独特而且理想的位置。因此，营销人员对定位进行策划，使他们的产品与竞争对手的产品相区别，并且在其目标市场上能给予公司最大的战略优势。例如，海尔提供的质量是"零缺陷"、服务是"真诚到永远"的钻石级服务。海尔的市场定位就是高品质、优质服务。

　　企业在进行产品市场定位时，首先要明确可能的顾客价值差异，为定位找出竞争优势。为了获得竞争优势，企业就必须为选定的细分市场提供更大的价值，要么把价格降得比竞争对手低，要么为顾客提供更多的利益以使更高的价格物有所值。总之，企业有效的营销活动必须从差异化开始，与竞争对手相比要能够向消费者提供更多的价值。企业一旦选择了理想的定位，就必须采取强有力的措施与消费者沟通，向他们传达这种定位。企业整体营销方案应当对选定的定位战略提供支持。

（二）制定营销组合策略

公司确定了营销战略，即明确目标市场和市场定位之后，接下来的任务就是思考如何比竞争对手更好地满足目标顾客的需要，以占领目标市场。影响目标市场的营销因素有许多，但把其整合起来，可以归集为四组变量，即"4P"：产品（Product）、价格（Price）、分销渠道（Place）和促销（Promotion）。将 4P 进行有效整合，可形成不同的营销组合策略，因此，也称 4P 为营销组合。如图 2-5 所示，每个 P 中又包含了一系列要素。

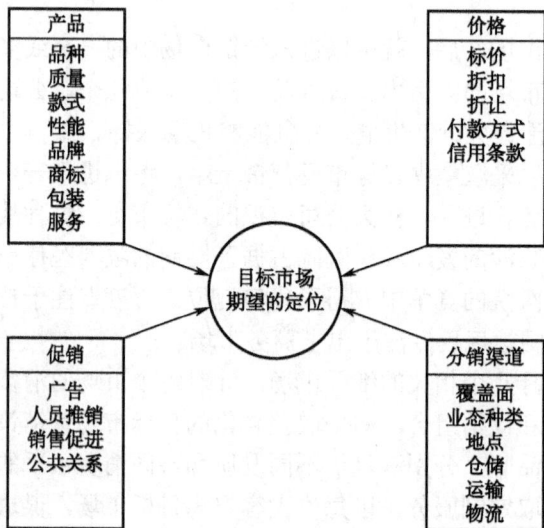

图 2-5 "4P"营销组合

产品是指公司向目标市场提供的物品和服务的组合。海尔的"小王子"冰箱提供了为食物保鲜的核心功能，以及送货上门和忠诚到永远的服务。

价格是消费者获得产品所需支付的货币数量。海尔根据"小王子"的产品定位、制造成本、同类产品的竞争价格，为家电超市或批发商提供了一个销售参考价格。海尔为了提高产品竞争力，有时会制定一些季节性的促销价格，或鼓励经销商采取一些数量折扣或销量返点的价格策略，或根据经济环境变化采取提价或降价的价格调整策略。

分销渠道是指公司为使产品从生产地迅速转移到目标顾客手中而选择的销售途径和路线。海尔拥有庞大的经销体系，主要依靠省级代理、批发和零售，以及海尔的直接专营店，海尔现在已经开通了线上销售渠道，线上、线下销售渠道的结合，使得海尔产品在全球范围内顺利销售，为海尔获得全球家电销售市场份额排列第一，提供了一个畅通的平台。

促销的实质就是与消费者进行充分沟通，一方面传达产品的价值和利益，另一方面传达产品市场定位，最终说服目标顾客购买。有时促销活动并不能立竿见影，达到提高销售额的目的，但对树立企业形象，与顾客建立长期的关系十分重要。如海尔除了在电视上做广告之外，还有大量的开支用于赞助体育比赛和其他一些重要活动。

有效的营销计划将所有的营销组合要素整合成为一个协调一致的计划，通过向消费者让渡价值来实现公司的营销目标。如果说选定目标市场是营销战略，那制定营销组合便构成了公司的营销战术。这些组合因素就是用以确定目标市场定位的工具。

有营销学者对 4P 的观念提出了批评，他们认为强调产品、价格、分销和促销，是站在卖方的角度，而不是从买方的角度来看市场的。从买方的角度来看，他们提出了 4C 的营销组合新概念，如表 2-2 所示。

表 2-2　4P 与 4C 营销组合对比

4P	4C
产品（Product）	顾客解决方案（Customer Solution）
价格（Price）	顾客的成本（Cost to the Customer）
分销（Place）	便利（Convenience）
促销（Promotion）	沟通（Communication）

持 4C 营销组合观念的营销者认为，公司如果站在顾客的角度考虑问题，就应该不要先卖你能生产的产品，而是要考虑为顾客提供能解决问题的方案，提供顾客所需要的效用和利益；不要先考虑企业的定价策略，而是要了解消费者为满足其需要与欲望肯付出的成本。如对消费者而言，汉堡包的成本不是快餐店的制造、销售成本，而是自己心目中认为该店的汉堡包值多少钱，其还要加上到该店花费的时间等；不要先考虑渠道的选择，而是要考虑如何给消费者带来购物的方便，营销工作者要了解不同类型消费者的购买方式、偏好，调整原有的销售渠道，为顾客提供实实在在的便利；不要先考虑怎样促销，而是要考虑怎样与消费者进行充分沟通，了解消费者的需要和需求，把自己的真实资讯如实地传达给消费者，并且根据消费者信息的反馈调整自身的生产经营策略。其实，用现代市场营销观念来分析，4P 与 4C 是同一概念的不同表达方式，4C 最终还必须通过提供顾客需要的产品，通过开发方便购买的渠道，制定顾客能支付的价格，并采取各种有效形式与顾客沟通，实现促销目标。当然，最好的营销人员会先以 4C 去思考，将结果作为构建 4P 的基础。

三、掌握营销活动管理过程

企业市场营销工作包括两方面的内容，一是开展营销活动，二是对营销活动过程的管理。在任务一中我们明确了营销活动过程五步骤，而管理营销活动过程需要四种营销管理职能，即分析、计划、控制和实施，如图 2-6 所示。

公司首先制定整体战略计划，然后，将公司范围的战略计划转化为部门、产品或品牌的营销计划或其他计划。通过实施，公司将计划转化为行动。控制就是对执行计划的情况做出评价。最终，通过营销分析为其他营销活动提供信息和评估。

1. 营销分析

管理营销职能始于对公司情况的全面分析，公司必须分析其市场和营销环境，以发现有吸引力的机会并规避环境中的威胁。公司必须分析自己的优势和劣势，以及当前的和可能的营销行动，决定哪些机会自己能够最好地把握并实现。营销分析为其他营销管理职能提供信息。

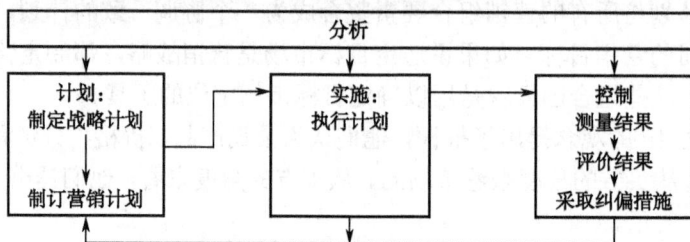

图 2-6　营销活动管理

2．营销计划

通过战略计划，公司可确定各个业务单位所从事的活动。营销计划所涉及的是制定有助于公司实现整体战略目标的营销战略。每个业务、产品或品牌都需要详尽的营销计划，以便有规划地实现它的目标。营销计划是营销过程中最重要的产出之一。然而，营销计划是怎样编制的呢？应该怎样对它加以控制？现在我们站在产品经理的角度来讨论产品计划或品牌计划的主要构成要素，如表 2-3 所示。

表 2-3　一个营销计划的构成要素

构 成 要 素	内 容 描 述
1．执行概要	营销计划文件开始部分，要对本计划的主要目标和建议事项进行简短的总结和概括，便于高层管理者能迅速把握计划的要点。在执行概要之后紧接着是内容的目录表
2．当前营销形势	第二部分，关于市场、产品、竞争、分销和宏观环境的背景数据。这些数据来自于产品经理手中的产品事实报告。 市场分析：界定市场和市场的各子市场，进而评价营销环境中可能影响顾客购买行为的顾客需要和其他因素。 产品分析：显示产品线中主要产品的销售额、价格和毛利。 竞争分析：确定公司的主要竞争对手，并评估它们的市场定位以及为产品质量、定价、分销和促销所制定的战略。 渠道分析：评价近期的销售趋势和主要分销渠道的其他发展动态
3．机会和威胁分析	在总结当前营销形势后，产品经理需要辩论这种产品线所面临的主要威胁和机会，企业自身的优势和劣势，存在的问题
4．目标	在了解了问题之后，产品经理必须对营销计划的财务目标和营销目标做出决策
5．营销战略	概述业务单位为实现营销目标的总体营销思路，以及目标市场定位和营销开支水平的具体情况，还要说明每个营销组合要素的具体战略，以及每项战略是如何对已经分析出的威胁、机会和关键问题作出回应的
6．行动方案	将营销战略转化为具体的行动计划，必须回答以下问题：将做什么？什么时候做？谁来做？费用是多少？

（续表）

构 成 要 素	内 容 描 述
7. 营销预算	营销预算，实质上就是预计的损益表。收入主要是预计销售量与平均价格之积，支出主要是预期的生产成本、分销成本和营销费用。二者之差为预计利润。营销预算一经高层批准，就是采购计划、生产计划、人员计划和营销活动开展的基础
8. 控制	营销计划的最后部分要概述控制，监督计划执行的具体措施。一般目标和预算按月或季来制定，上一级管理层每期审查计划进展。有时控制要准备应对特殊情况的权变计划

3. 营销实施

制定好的战略只是成功营销的开端。如果不能得到恰当的实施，再出色的营销战略也没有多大意义。营销实施是为实现战略营销目标而将营销计划转化为营销活动的过程。实施包括日复一日、月复一月地将营销计划有效付诸执行的活动。营销计划解决的是实施营销活动的理由和营销活动的内容问题，而实施解决的是由谁、在何时、何地、如何做的问题。

许多管理者认为，"把事情做好"（实施）与"做正确的事"（战略）是同样重要的，甚至是更重要的。事实上，二者对于成功同样重要。公司可以通过有效的实施获得竞争优势。一个公司的战略可能与另一个公司基本相同，但要是能够在市场上更快、更好地实施，就能尽快取胜。然而，实施工作还是比较难做的——想出好的营销战略经常要比把这些战略付诸实施更容易。

在这个相互联系日益增加的世界，营销系统中各个层次上的人们必须通力合作来实施营销计划和战略。例如，在百得（Black & Decker）公司，电动工具产品的营销实施需要组织内外成千上万人日复一日地决策和行动。营销经理对目标市场、品牌、包装、定价、促销和分销进行决策。他们与工程部门人员探讨产品设计，与制造部门人员讨论生产和存货水平，与财务部门人员商讨融资和现金流。他们还与外部人员合作，比如与广告代理商策划广告活动，制订媒体方案以寻求公众支持。销售人员敦促家居货栈公司、沃尔玛和其他零售商为百得的产品做广告，提供充足的货架空间，并且使用公司展示。

成功的营销实施取决于公司是否能将其员工、组织结构、决策和薪酬系统、企业文化等很好地融合到一起并形成有凝聚力的行动项目来支持其战略执行。公司在所有层级上都必须配备那些具有所需能力、激情和个性特征的人员，公司的正式组织结构在营销战略实施中具有重要的作用，它的决策和薪酬系统也很重要。如果公司的薪酬体系会因为短期利润成果给经理报酬，那么他们就不会再有什么动力朝着长远营销目标的方向努力工作。

最后，公司的营销战略要成功地实施，就必须与公司文化、组织成员共享的价值观和信念相适应。一项对美国最成功的公司的研究发现，这些公司都有以市场导向的强烈使命感为基础的狂热组织文化。在沃尔玛、微软、花旗银行、宝洁和迪斯尼这样的公司，员工共享着一个强烈的愿景，他们在心中非常清楚什么对他们的公司才是有利的。

4. 营销控制

由于在营销计划实施的过程中会发生许多意想不到的情况，营销部门必须经常进行营销控制。营销控制包括评估营销战略和计划的实施结果，并采取纠偏措施确保目标实现。营销控制包括四个步骤。管理部门首先设定特定的营销目标；然后测量其在市场上的绩效，并评价造成期望绩效与实际绩效差距的原因；管理部门最后采取纠偏措施，缩小实际绩效与目标的差距。这可能需要修改行动计划，甚至变更目标。

运行控制就是依据年度计划检查当前的绩效，并在必要时采取纠偏措施。其目的在于确保公司实现其在年度计划中设定的销售、利润和其他目标。运行控制还要确定不同产品、地域、市场和渠道的盈利水平。

战略控制就是检查公司的基本战略是否与公司的机会相匹配。营销战略和计划会很快过时，每个公司都应当定期重新评价其整体市场策略，这种战略控制的主要工具是营销审计。营销审计是对公司的环境、目标、战略和活动进行全面的、系统的、独立的和定期的考察，以确定存在问题的领域和机会。审计为行动计划提供了有益信息，从而提高了公司的营销绩效。

营销实施、营销控制和营销审计的具体内容将在任务十中进行详细的分析和实训操练。

小结

本任务中，我们重点讨论了市场导向的战略计划，以及企业整体战略计划下的营销战略和营销组合，讨论了营销计划的要素和营销管理职能。我们对现代营销的功能有了一个基本的了解。

1. 制定企业范围的战略计划的四个步骤

企业范围的战略计划又称企业整体战略计划，是为了企业的长期生存和永续发展制定的企业发展的方向和总目标。包括四个步骤：①定义公司使命；②设定公司目标；③规划业务组合；④制订职能计划。企业的使命应当是市场导向的、现实的、具体的、有激励作用的，并与市场环境相适应。

2. 规划业务组合，制定成长战略和削减战略

规划业务组合，首先，要对当前业务进行分析；其次，要对未来业务做出规划。规划业务组合时，要明确哪些业务需要加大投入，哪些业务要保持现状，哪些业务要削减投入或放弃、淘汰，哪些新业务需要开发。

对于当前业务分析可以利用美国波士顿咨询集团提出的成长—份额矩阵进行业务分类。一般可将企业现有业务分为四类，即明星业务、金牛业务、问题业务和瘦狗业务。不同业务类型在业务组合中的地位及对企业业贡献大小不同，业务规划就是对这些组合进行投入决策。业务组合分析是对现有业务的评价，而规划业务组合更重要的是考虑企业将来业务成长与发展。确定业务成长机会的工具是产品—市场扩展方格，这一工具为企业业务发展提供了四种成长路径：市场渗透、市场开发、产品开发、多元化。

3. 顾客导向的营销战略和营销组合

顾客导向的营销战略是指企业以顾客价值和关系为中心，通过市场细分、目标市场选择、市场差异化和市场定位，为目标市场顾客传递价值并建立顾客关系。要为目标市场提供价值和服务，必须动用 4P 营销组合工具，即产品、价格、分销和促销。

4. 营销管理职能

营销管理职业包括四个内容：营销分析、营销计划、营销实施和营销控制。

营销分析是指对企业情况的全面分析，包括企业所处的宏观环境因素（人口、经济、文化、自然、技术等）和微观环境因素（供应商、营销中介、竞争者、公众等），通过对企业环境进行 SWOT 分析，找出企业发展的机会和威胁，优势与劣势，为营销决策提供信息。

营销计划主要构成要素有执行总结、当前营销情况、威胁和机会、目标和问题、营销战略、行动方案、预算和控制。制定战略比其实施往往要容易，好的战略只有付诸实施才有价值。制定正确的战略，并将战略计划付诸实施，就需要严密的控制，要制订营销计划实施的方案、对执行结果进行定期检查，适时调整计划，

确保各项目标的完成。

复习与思考

1. 解释以市场导向陈述使命的意义和特征是什么？

2. 请同学们为百度、中国移动、中国电信三家公司定义公司使命，并与这三家企业已有的使命陈述进行比较，讨论哪个更合适。

3. 什么是市场定位以及如何实施市场定位？描述娃哈哈矿泉水、农夫山泉、可口可乐饮料的市场定位。

4. 营销战略的含义是什么，公司是如何确定营销战略的？

5. 营销组合的内容是什么？4C 将取代 4P 吗？为什么？

6. 营销计划的主要构成要素有哪些？请描述各要素的具体内容。

7. 简述营销管理的四项职能。

模块二 实训操练

实训一：案例分析

一、实训内容

通过公司战略计划认识营销的地位，认识公司战略与营销战略的关系。

二、实训准备

1. 授课老师提前布置案例。

2. 学生熟悉案例资料及案例的背景。

3. 个人独立思考，分析案例。

三、实训组织

1. 4～5 人一组，开展课堂讨论。

2. 组长组织讨论并记录同学发言。

3. 每组派代表陈述小组讨论的结果。

4. 老师及时引导小组间不同观点的辩论。

5. 老师进行最后点评。

四、实训评价

1. 准备充分，课堂组织认真。（3分）

2. 发言积极，原理运用正确。（2分）

3. 观点明确，陈述表达清晰。（3分）

4. 团队协作，发挥集体精神。（2分）

【案例分析】

星巴克咖啡：蒸蒸日上

1983年，霍华德·舒尔茨迸发出了把欧洲风味的咖啡引入美国的想法。他相信，人们应该放慢脚步，"闻闻咖啡的清香"，多享受生活。这个想法的结果就是星巴克，一个在美国掀起细细地享受咖啡的时尚连锁店。星巴克出售的不仅是咖啡，更是一种体验。有位分析家说："我们享受的是星巴克的环境——美妙的音乐、舒适柔软的座椅、好闻的香味、咝咝的蒸汽。"而星巴克的CEO舒尔茨则说："我们的业务不是填肚子，而是填思想。"

星巴克现在是广为人知的超值品牌，而以前，这还是个仅仅经营便宜货的行业。随着品牌的树立，星巴克的销售额和利润就像爪哇咖啡杯里的热气一样冉冉上升。每周有7000万顾客光顾其18 000家店铺。从1992年到现在，它的股票已经狂涨到原来的3028%还要多。

星巴克的成功招来了一大批形形色色的东施效颦者，从Caribou咖啡这样的直接竞争对手到快餐经营商（比如麦当劳的Mc咖啡），甚至还有折扣商店（沃尔玛的Kicks咖啡），几乎每家公司都在大力兜售自己的咖啡品牌。20世纪90年代初期，美国只有200家咖啡店，现在有1400多家。为了在这个过于"咖啡因化"的市场上保持显著成长，星巴克已经酝酿推出一项雄心勃勃、多面出击的成长战略。让我们审视一下这一战略的关键要素。

发展更多的店铺：星巴克超过86%的销售额来自其店铺。所以，不足为奇的是星巴克正投身在广开店铺的大潮中。目前，星巴克在全世界62个国家拥有超过18 000家门店，200 000多名伙伴（员工）。星巴克的战略是到处开店，在西雅图，每9400人就有一家星巴克；在曼哈顿，每12 000人有一家。星巴克于1999年1月，在北京中国国际贸易中心开设中国大陆第一家门店。目前，星巴克在中国60多个城市运营超过1001家门店，预计到2015年，运营1 500家门店，到时中国将成为星巴克除美国本土外的第二大市场。星巴克在全球密集地铺满这么多店铺引起了一份出版物的讽刺报道："在现有星巴克的洗手间里开了一家新星巴克。"尽管看来似乎没有星巴克的地方已经所剩不多，但仍然有充足的拓展空间。公司的最终目标是在全世界开2.5万家咖啡店。

加强对星巴克的体验：除了开办新店面，星巴克还扩展了每家店所提供的食品种类，以便让顾客更频繁地被吸引进来，并在店里待得更久，买得更多。星巴克中国店充分尊重中国历史悠久的传统文化，在门店设计、地方食品和饮料供应等方面，完美地将当地习俗融合到星巴克体验之中。星巴克进入中国市场以来，先后推出了多种深受中国消费者喜爱的具有中国特色的饮料、食品和商品。包括星巴克月饼、星冰粽、黑芝麻抹茶星冰乐、中式星巴克茶、芒果鸡肉卷、豆腐蔬菜卷，以及专为中国春节和中秋节设计制作的生肖储蓄罐和随行杯等。与此同时，星巴克在门店设计方面也更多地融入本土元素，如北京的前门店、成都的宽窄巷子店、福州三坊七巷店等，都以浓郁的当地特色为顾客带来了独特的星巴克门店体验。

为了让顾客待得更久，星巴克现在各家店铺内提供无线上网接口，可以让顾客在店内下载音乐，也可以让顾客在品尝拿铁咖啡的时候播放他们自己的CD。没有现金？没问题，只要离开时出示你已预付款的星巴克卡（被称为"你钱包里的星巴克店"）就可以了，或者使用你的 Duetto 星巴克 Visa 卡（一种信用卡，也可用作现金卡、储值卡或回报卡）。

新的零售渠道：在美国销售的绝大多数咖啡，都是在店内购买然后拿回家饮用的。为了满足这部分需求，星巴克也已经挤入了超级市场。星巴克与卡夫达成了共享品牌的协议。根据这项协议，星巴克负责烘焙和包装咖啡，卡夫则负责分销。除了超级市场，星巴克还想出了一系列令人耳目一新的方法进入新市场。下面是一些典型事例：霍斯特马里奥特公司（Host Marriott）在美国多座机场开设星巴克咖啡厅，数家航空公司也为其乘客提供星巴克咖啡。Westin 和 Sheraton 酒店为顾客提供袋装的星巴克咖啡，供他们在房间内冲调。Borders 书店和 Target 商店在大多数店面里设置了星巴克咖啡厅。星巴克还通过商业目录和消费者名单销售美食家咖啡、茶、礼品等与之相关的产品。还有，星巴克的网站 Starbucks.com——已经成为"生活方式入口"，在那里出售咖啡、茶、咖啡冲调用具、CD、礼品和收藏品。

新的产品和店铺概念：星巴克已与数家公司达成合作关系，将自己的品牌扩展到新的领域。比如，星巴克与百事公司合作，将星巴克的品牌贴到瓶装的 Frappuccino 饮料和 DoubleShot 浓咖啡饮料上。星巴克冰激凌通过与 Breyer 公司合资的方式开展市场营销，现在已成为咖啡冰激凌的领导品牌。此外，星巴克还开始审视新的店铺概念。在旧金山，星巴克试验了 Circadia 这个概念——这是一种波希米亚风格的咖啡屋，铺着老旧的地毯，除了饮用特制的咖啡外，可以在网上高速冲浪，还有现场演奏的音乐。

尽管到现在，星巴克的成长战略取得了巨大成功，但是一些分析家表示了强烈关注。星巴克的高速扩张有什么问题吗？有些分析家担心星巴克已经将自己的品牌过度扩展。"人们花 350 美元去购买一杯星巴克咖啡，是因为人们认为这应当是一个超值产品，"一位批评者说："当乘坐飞机时，发现机上提供的也是星巴克品牌的咖啡，你就会心生狐疑了。"其他一些人担心，追求这样一种宽广的成长战略，星巴克会把自己的资源摊得太薄或失去战略的核心和焦点。

其他一些人则对星巴克坚信不疑，有些人注意到了星巴克和麦当劳的相似之处。麦当劳靠销售不起眼的汉堡包而取得了惊人的成功。事实上，与处于相同发展时段上的麦当劳相比，星巴克的店铺更多、收入更高、股票回报更出色。不过，星巴克要想达到麦当劳今日的规模，还有很大的发展空间。

只有时间能够说明，星巴克能否成为下一个麦当劳，这完全取决于星巴克管理成长的成效。舒尔茨说："如果把我们的行动比作一场九局的游戏，那么我们现在才刚到第二局，我们只是刚开始接触到新市场、新顾客和新产品。"现在，一切都蒸蒸日上，但是星巴克要注意，不要热过了头。

讨论问题：
1. 星巴克的主要营销战略是什么？成功的关键是什么？
2. 请你定义星巴克公司的使命和公司目标？分析其业务组合？
3. 如果你是星巴克的营销管理者，请用产品—市场方格工具，探讨星巴克下一步应该采取怎样的业务增长战略？
4. 参观学校所在城市的一家星巴克，实际感受其带给消费者的体验。

实训二：设计"产品营销计划"项目

一、实训内容

明确产品营销计划的构成要素，将产品营销计划作为本学期学习的整体项目，将这一整体项目按构成要素分解成相应的任务，然后，按理论学习的推进，平行完成各项任务，最终形成完整的产品营销计划书。

二、实训准备

1．在授课老师指导下选定一家真实企业进行研究。
2．明确制订产品营销计划必要的资料和数据。
3．有计划地开展资料收集和数据分析。

三、实训组织

1．授课老师明确制订产品营销计划是本课程的学习项目。
2．分解制订产品营销计划的所有任务。
3．成立项目学习小组，以4～5人为一组。
4．明确组内学习任务的分工协作、任务组织安排。
5．设计好企业需要了解的情况和问题。

四、实训评价

1．小组分工明确，内部协调一致；（3分）
2．制定了各任务执行的具体安排表，明确时间、负责人和要求；（3分）
3．电话联系所选企业的营销主管或其他联系人，预约参访企业时间。（4分）

【附件1】

2013年上学期《市场营销基础》课程实训任务布置（仅供参考）

分组	联系企业	联系人	联系电话	实训时间及要求（联系企业调查/制作PPT汇报）			
				第10～13周	第14～15周	第16～17周	第18～19周
1	湖南英氏营养食品有限公司，芙蓉路明城国际36楼3608	戴阳	××××××××××	市场营销环境分析：①当前营销环境分析；②机会、威胁、优势、劣势分析；③目标和问题	市场营销战略：①市场细分和目标市场定位；②4P战略组合方案	行动计划：做什么？何时做？谁负责？费用多少	产品营销计划书：整合前面任务，形成完整的产品营销计划书
2	玛丽莱钻石商场，长沙劳动西路425号兴威新嘉园	王佳琨	××××××××××				

（续表）

分组	联系企业	联系人	联系电话	实训时间及要求（联系企业调查/制作 PPT 汇报）			
				第 10～13 周	第 14～15 周	第 16～17 周	第 18～19 周
3	湖南恒温工程设备有限公司，伍家岭南，长沙银行三楼	付此航	××××××××××				
4	湖南拉菲酒业有限公司，长沙万家丽中路 68 号，华晨双帆国际大厦 5F	张总	××××××××××				
5	长沙影美摄影器材数码商行，火车站电脑城二楼	资红梅	××××××××××	市场营销环境分析：①当前营销环境分析；②机会、威胁、优势、劣势分析；③目标和问题	市场营销战略：①市场细分和目标市场定位；②4P 战略组合方案	行动计划：做什么？何时做？谁负责？费用多少？	产品营销计划书：整合前面任务，形成完整的产品营销计划书
6	湖南泉江环保科技有限公司，长沙市国家级长沙经济技术开发区东四路 6 号泉江大厦	张总	××××××××××				
7	长沙浩盛食品有限公司，红星玖凯龙 4 楼	苏辉	××××××××××				
8	梦洁家纺股份有限公司，高桥（沃尔玛边上）专卖店	吴霜	××××××××××				

建议：老师尽量选择本专业往届毕业生就业的企业，充分利用校友资源；
老师要建立专业校友群，经常与毕业生保持联系以获得更多支持。

【附件 2】

索尼克掌上电脑：一个实例

索尼克（Sonic）是一家创业公司，由两位对 PC 市场很有经验的创始人于 18 个月前创立，该公司的第一个新产品是一种多功能的个人数字助理（Personal Digital Assistant，PDA）Sonic1000，也就是我们常说的掌上电脑。索尼克准备进入一个日渐成熟的 PDA 市场，与著名 PDA 品牌奔迈（Palm）、惠普（HP）、联想（Lenovo）、索尼（Sony）、华硕（Asus）、戴尔（Dell）、爱国者（Aigo）、宏碁（Acer）等实力强大的厂商竞争。在中国 PDA 市场，虽然联想（Lenovo）占领导者地位，但由于索尼克公司的新产品具有独特的产品特性和增值的价格，因此，仍然具有竞争力。索尼克公司的主要目标群体是针对要求使用方便、通信功能强大的无线 PDA 产品的高端产业用户和消费者。索尼克公司的产品经理，负责制订了一个新产品中国市场年度营销计划。

这个计划的营销目标是：第一年取得中国市场 3%的份额以及 24 万套产品销量。第一年销售收入 2.88 亿人民币，亏损控制在 800 万以下。第二年实现盈亏平衡。新产品上市要加大广告、促销力度，第一年营销预算为销售收入 5%，即 2000 万元。

一、市场状况

PDA（Personal Digital Assistant），又称为掌上电脑，可以帮助我们在移动中完成工作、学习、娱乐等。按使用来分类，分为工业级 PDA 和消费品 PDA。工业级 PDA 主要应用在工业领域，常见的条码扫描器、rfid 读写器、POS 机等都可以称作 PDA；消费品 PDA 包括的比较多，智能手机、平板电脑、手持的游戏机等。

随着网络时代的到来，信息爆炸式增长，人们对方便地储存、沟通和交换信息的需求日益增强，特别是专业人士、学生和一些企业用户。索尼克公司正是看好这一趋势，开始创立公司，并开发第一款多功能的新产品 Sonic1000。

Sonic 的市场主要由那些需要在移动中方便地储存、沟通和交换信息的消费者和企业用户所构成。在第一年中所瞄准的具体细分市场包括专业人员、学生、公司、企业家以及医疗用户。

下表表明 Sonic1000 将如何服务于目标消费者和企业细分市场的需要。

顾客需求和 SonicPDA 相应的产品特征/利益

瞄准的细分市场	顾客需求	相应的产品特征/利益
专业人士（消费者市场）	在移动中保持联络	在任何地方可收发信息的无线电子邮件系统；在任何地方进行语言交流的手机功能
学生（消费者市场）	在移动中录入信息；可运行多种功能；表达风格和个性	声音识别，无须手写录入；与众多应用软件和外部设备相兼容，从而方便、划算地执行多种功能；不同颜色和式样的可更换外壳，用户表达时尚观点
公司用户（产业市场）	在移动中输入和查找关键数据；用于公司的专用任务	与广泛使用的软件兼容；可定制，以适应不同的公司任务和网络
医疗用户（产业市场）	更新、查找和更改医疗记录	无须手写输入，无线记录和交换信息，以减少文书工作并提高生产效率
企业家（产业市场）	组织和查找联系人，安排日程表细节	无须手写输入，无线上网查找日程表和地址簿，轻松查看信息和与人联络

PDA 购买者们可以在基于两种不同的操作系统的各个款式中选择，一种是由 Palm 建立的，另一种是微软建立的。Sonic 采用了占市场主导地位的 Palm 系统，因为数以万计的软件程序和外围硬件设备与这个系统兼容。产品的广泛使用和日益增加的竞争已经导致了更低的价格和更低的利润率。更低的价格有助于实现 PDA 在低端消费市场中的销售，但降低了毛利润。拥有第一代 PDA 的顾客正在购买新的、高端的多功能产品。

索尼克的产品经理需要制订一个营销计划，让新产品迅速进入市场，并在短期内达到盈亏平衡，收回投入，再开发更新产品。

二、产品状况

第一款产品 Sonic PDA 1000，提供了以下标准性能：

1. 语音识别功能，可以不用手持发出指令和进行沟通。

2. 内置式手机功能。

3. 无线上网和电子邮件功能。

4. MP3 音乐下载和播放器功能。

5. 全面的组织和沟通功能，包括日历、地址簿、记事本、互联网浏览器、电子邮件程序、文本和即时信息程序。

6. 可容纳所有与 Palm 兼容的外围设备的连接器。

7. 运行所有与 Palm 兼容的应用程序的能力。

8. 更精细的颜色显示。

9. 输入键盘。

10. 用于和 PC 同步数据的设备。

11. 可更换的不同颜色和样式的壳体。

掌上电脑市场的技术更新换代速度很快，索尼克公司要想在这一市场上持续发展，就必须不断开发新产品，增加更多的功能。

三、竞争状况

越来越多的计算机和手机厂商的进入已经对产业成员形成了压力，使它们不断地增加产品特色并削减价格。来自专门进入文本和电子邮件服务的设备的竞争也是一个因素。2013 年，中国国内掌上电脑市场十大品牌排名：

惠普 HP	1939 年始创于美国，世界财富 500 强企业，世界品牌 500 强，行业领导品牌，跨国大型企业，惠普（中国）有限公司
华硕 ASUS	成立于 1990 年，世界财富 500 强企业，全球领先的 3C 解决方案提供商之一，上市公司，华硕电脑股份有限公司
戴尔 DELL	1984 年创立于美国，世界财富 500 强企业，全球领先的 IT 产品及服务提供商，戴尔（中国）有限公司
奔迈 Palm	全球首屈一指的掌上电脑供应商，三大主流移动设备操作系统之一，掌上电脑的领导厂商之一，惠普（中国）有限公司
联想 Lenovo	世界 500 强企业，中国驰名商标，中国名牌，全球 PC 领军企业，上市公司，大型跨国企业，联想集团有限公司
宏碁 Acer	1976 年创立于中国台湾，中国驰名商标，全球领先的个人电脑品牌，知名掌上电脑品牌，宏碁电脑（上海）有限公司
宇达电通 Mio	全球著名 GPS 卫星导航产品的领导厂商，全球最大 PDA 生产厂商之一，十大掌上电脑品牌，苏州宇达电通有限公司
名人 MEIJIN	创于 1993 年，中国驰名商标，世界上中文掌上电脑的先驱之一，中山名人数码科技有限公司

Sonic PDA 1000 的主要竞争者是 Palm、惠普、戴尔、联想，以下主要从产品特点、价格优势、竞争战略等方面了解竞争对手。

1. Palm。Palm 已经有一些财务上的困难，为了竞争而压低价格是其中的一个原因。它对 Handspring 公司的兼并推动了其产品开发的优势并扩展了它的产品组合。作为 PDA 产品最知名的厂商，Palm 几乎每个渠道都有很好的分销，并且正在从美国移动电话服务供应商中取得分销渠道。当前，Palm 产品缺乏在 Sonic1000 中所具备的某些语音识别软件。其价格分为中、低两个层次，中端价格为 2999 元，而低端仅为 1199 元。

2. 惠普。惠普公司以它的 IPAQPocket 系列设备瞄准了商务市场，该系列产品有很多都集成了无线功能，以配合公司用户。为了加强安全性，有一款产品允许通过指纹匹配和密码来访问。惠普公司有很好的分销渠道，而且其产品的定价低至 1999 元以下，高至 3999 元以上。

3. 戴尔。戴尔公司的基本型号 PDA 定价为 1189 元，然而该产品比与其竞争的 Palm 公司的产品大，而且它的标准特征性中缺少无线功能。这个向顾客直销的低价竞争者，每隔一段时间都发布新的、更小的型号。

4. 联想。联想是国内 PC 专家，多年专注于个人电脑领域，在消费者心目中享有良好信誉和品牌知名度。其开发的联想 ET280 是一款集掌上电脑与 MP3 播放、录音功能为一体的新型掌上电脑。它功能强大、造型美观，作为掌上电脑，它不仅具备掌上电脑的常用功能，而且还能够扮演"手机伴侣""互联网伴侣"和"电脑伴侣"的重要角色。可作为台式电脑的手写输入板，还可以与电脑轻松实现资料的互换，进而实现"移动"便携式"电子书"的功能；它可将网上资讯、电脑中的工作文件及阅读资料随身携带，加上其友好易用、丰富完备的 pda 功能，可称为掌上电脑的精华，其定价高达 3999 元，联想还有中低价格产品，仅售 1299 元。

尽管有激烈的竞争，Sonic 可以塑造一个明确的形象并得到所在细分市场的认可。和 Cellport Systems 公司签订的许可协议使得公司可以独家提供非手持情况下的声音识别功能，这是竞争优势的一个关键区分点。下表列出了一些竞争的 PDA 产品和价格。

选择的 PDA 产品与定价

竞 争 者	型 号	特 征	价格（元）
Palm	TungstemC	PDA 功能、无线上网、彩屏、微键盘	2999
Palm	M130	PDA 功能、彩屏、功能可扩展	1199
Handspring	Treo270	PDA 和手机功能、彩屏、微键盘、扬声器、无扩展槽	2899
联想	ET280	PDA 功能、MP3 播放、微键盘、电子书、无线上网	3999
戴尔	Axim X5	PDA 功能、电子邮件、彩屏、录音、扬声器、可扩展	1189
索尼	Clie PEG-NX73V	PDA 功能、数码相机、游戏、展示软件、MP3 播放器、录音功能、微键盘	2999

四、企业和产品的优势与劣势

Sonic 有一些强有力的优势，但我们的主要劣势在于缺少品牌知名度和形象，主要的机会是对有通信性能的多功能 PDA 的不断增长的需求。我们也将面临越来越激烈的竞争和不断下降的价格的威胁。

（一）优势

索尼克是由两位对 PC 市场十分有经验的创始人创建的新公司，他们对于市场情况十分了解，而且在电脑营销方面有很好的专业知识，由个人电脑转向个人数字助理（PDA）是非常有优势的，两个领域基本相通，目标消费群体有相同点，这对于新产品市场推广很有优势。另外，Sonic1000 这款新产品与竞争产品相比，具有以下优势：

1. Sonic1000 包含了能简单化使用和允许无手控操作的声音识别系统。它也提供了诸如内置式手机、无线通信和 MP3 等功能。

2. 目前有数以千计的与 Palm 操作系统兼容的外围设备和应用软件。我们的 PDA 可以与它们配合使用。

3. 我们的产品的定价低于竞争对手的其他多功能 PDA 的价格，而且其他产品都缺少声音识别功能，这使得我们对价格敏感的顾客具有优势。

（二）劣势

索尼克是 18 个月前才创建的新公司，资金需求大，新产品开发需要大量的投入。索尼克是直到 PDA 市场竞争者经历了淘汰和整合后，才进入该领域，进入时间晚，虽然从其他人的成功和错误中吸取了经验，但企业和产品的知名度不高，其新产品与竞争对手比存在以下不足：

1. 为了容纳更多功能的特性，Sonic1000 比其他的机型略重些。为了应对这个问题，我们强调多功能特性及增值的定价这两个有竞争力的优势。

2. 作为初创企业，Sonic 还没有在市场上建立品牌知名度或者形象，而其他竞争者已经有了较强的品牌认可度。

五、宏观环境（机会和威胁）

随着信息化时代的到来，人们对于多功能的个人数字设备需求越来越大，特别是专业领域的工作人员和大学生，都需要借助便捷、储存大、功能全的数字设备来获取信息和储存处理大量的数据资料。

1. 对具有无线上网附带移动电话功能的 PDA 的市场需求，预计将比仅有无天线上网功能的机型更快。在用户使用 PAD 进行工作以及学习方面，Sonic1000 有更好的市场前景，这是推动本产品发展的主要需求。而且，购买了入门级机型的顾客正在换购更高级的 PDA。

2. 使用 Palm 操作系统的 PDA 可以使用更多的外设设备，比如说数字相机和全球定位系统。那些对外周设备感兴趣的消费者和商务用户，将看到 Sonic1000 作为一个根据价值定价的设备，能够方便而且快捷地扩展以获得更多的功能。

3. 用于家庭和商务用途的与 Palm 兼容的各类软件，使 Sonic 的 PAD 可以满足通信和信息需求。

在将 Sonic1000 引入市场时，我们面临三个主要威胁：

1. 越来越多的公司正在进入中国 PAD 市场，而且它们的产品或多或少地提供 Sonic 的 PAD 所提供的特征和好处。因此，Sonic 的营销沟通必须强调自身清晰的差异化以及增值的定价。

2. 升级的竞争和市场份额策略正在压低 PDA 的价格，虽然 PAD 市场的利润率较低，我们的基本机型在第二年的销售中实现 10% 利润率的目标仍是现实的。

3. PAD 看起来能比早期的技术产品更快地到达它的生命周期的成熟阶段。我们公司应急计划以通过增加新的特征、瞄准其他细分市场以及调整价格来保持销售目标。

六、目标与问题

对于进入市场的前两年，我们已经制定了富于进取性但又可以实现的目标。

（一）总目标

第一年的目标，在Sonic1000进入市场第一年，我们的目标是获得中国PDA市场份额的3%，也就是产品销售数量达到24万单位。

第二年的目标，销售两款机型以取得6%的市场份额，并在这一年的年初实现盈亏平衡。

（二）存在的问题

我们的主要问题在于必须建立一个广受尊敬的品牌以及一个有意义的市场定位。我们将在营销上大量投资以创建一个突出创新、品质和价值的难忘且与众不同的品牌形象。我们也必须测量品牌知名度和反应，从而对应地根据需要调整我们的营销策略。

你是营销者：索尼克公司的新产品营销计划

每一个营销计划都必须包含公司的任务和目标，在所计划的时期内，它们指导着特定的战略和程序的实施，该营销计划还必须反映公司在什么领域内具有竞争实力。

你是索尼克公司的产品经理，你的职责是负责设计使命、审查公司目标并为公司在什么领域具有竞争实力这一问题提供建议。营销活动的目标已经确定了，如以上提供的"索尼克掌上电脑：一个实例"中所示。利用你所学过的营销知识、有关索尼克公司的数据和互联网，以及市场调查的信息资源，回答以下几个问题。

1. 索尼克公司的使命应该是什么？

2. 在行业前景明确的前提下，前面所建议的营销目标是否合理？访问中国情报网（http://www.askci.com），了解中国掌上电脑市场规模与发展趋势。

3. 百度搜索引擎中对掌上电脑前十大品牌的公司网站进行查询，了解近期新产品开发情况及企业相关信息。

4. 索尼克公司应该确定哪些非财务方面的目标？这些目标如何帮助索尼克在PDA行业树立品牌形象？

5. 你如何确定索尼克公司具有较强竞争优势的领域？

在回答完这些问题后，把公司使命和所有目标写进一个书面的营销计划中，同时把信息整理后写入营销计划执行概要。

任 务 三
分析市场营销环境

任务目标

知识目标

1. 理解市场营销环境的概念。
2. 掌握市场营销宏观和微观环境的构成要素。
3. 认识营销环境中存在的机会、挑战及企业的优势与劣势。

能力目标

1. 能分析不同时期营销环境的发展趋势。
2. 能运用 SWOT 分析法进行市场环境分析。

模块 一 理论指导

案例导入　摩托罗拉为何从手机的发明者沦落为衰败者

2011 年 1 月，摩托罗拉移动公司（Motorola Mobility）从当时陷入困境的通信公司摩托罗拉中剥离。2011 年 8 月，谷歌以每股 40 美元的价格收购摩托罗拉移动公司，总额约为 125 亿美元。2014 年 1 月 30 日，联想正式宣布斥资 29 亿美元收购摩托罗拉移动业务，预计将在年内完成并购。被华尔街的"恶狼"拆分，被科技新贵榨取专利，然后又在巨额亏损的情况下被一家中国公司收购。摩托罗拉曾经有过辉煌的历史，它何以沦落至此呢？让我们一起来回顾摩托罗拉走过的历程：

创立之初的企业文化。1928 年，33 岁的伊利诺伊州人保罗·加尔文（Paul Galvin）创办了摩托罗拉公司的前身。保罗和他的兄弟乔在公司里培养了一种促使人们不断发明创新，不断从失败中学习的风气。愿意承担风险，舍得在培训研发上进行投入，强调员工之间的相互尊重，这些都是摩托罗拉有口皆碑的优点。当时摩托罗拉的主要收入来源是面向企业的技术与设备，尤其是公共安全与国防领域的技术和设备，比如警方使用的双向无线对讲机，二战士兵配备的无线步话机，以及民防通信使用的微波无线电系统。电器工程师马丁·库伯（Martin Cooper）曾领导该公司开发了首款蜂窝电话，他表示，公共安全业务"是我们的核心业务"。在摩托罗拉工作不仅仅是在打一份工，而且也是在达成一项使命。

倡导内部竞争的初衷。1956年，保罗决定引退，于是他34岁的儿子鲍勃·加尔文（Bob Galvin）接掌了摩托罗拉。鲍勃和他参与挑选的继任者都坚定地认为，在竞争的推动下，公司可以百尺竿头更进一步。由于摩托罗拉当时缺乏外部竞争，公司就制造了一些内部竞争。比如，CEO会奖励业绩最好的部门，以此来促进各个部门互相竞争。在鲍勃执掌摩托罗拉的时期，这种内部竞争促使公司内两大具有互补性的业务蓬勃发展：一是摩托罗拉的通信部门，负责为政府和企业客户提供网络、无线电设备和电话；二是半导体部门，负责向通信部门提供芯片，后来还向苹果等其他公司提供芯片。

注入企业文化的毒素。在摩托罗拉的各种发明中，手机无疑是最变革性的。奥兰多·威尔森（Orlando Wilson）曾在1960至1967年间担任芝加哥警察局的局长，他提出的一个要求促使摩托罗拉发明了手机。当时芝加哥暴力犯罪活动十分猖獗。威尔森希望巡警能从警车里出来，在街上步行巡逻，但同时也能保持联络。于是，库伯等人设计出了一种手持电话，可以通过无线蜂窝网络保持联系。鲍勃意识到，除了警方巡逻之外，很多别的地方也可以把这种设备派上用场。因此，他拨出1亿美元来开发这种设备。1973年，库伯用一个靴子般大小的原型机拨出了第一通电话——拨给了竞争对手AT&T贝尔实验室，但直到1984年，摩托罗拉DynaTAC手机才做好了投放市场的准备。自那之后，手机业务就开始呈爆发式增长，它成了摩托罗拉公司整个产业以及美国的热点。1986年，鲍勃从CEO的职位上退休了。不过，手机也给摩托罗拉的企业文化注入了一种毒素。公司的公共安全部门负责出售警用、消防用设备，该部门的员工只能眼巴巴地看着手机业务部门的同事大把挣钱，大把花钱。手机部门的有些员工在拿到奖金当天，便去购买了豪车。手机业务迅猛发展的那段时期中，在一次庆祝派对上，手机部门的营销团队雇佣了男模来表演，这些男模涂上了绿色颜料，穿上做成美元符号的装束，大唱"我们在钱里呦"。

各自为政的时代。摩托罗拉的"部落战争"时代拉开了序幕。公司没有把网络技术和手机技术融合起来的计划。这两个部门在进行完全独立的运作，朝着完全不同的方向发展。在网络方面，摩托罗拉很早就开发了数字蜂窝技术，其数字网络专利带来了丰厚稳定的特许使用收入，但令人难以置信的是，摩托罗拉的手机部门却觉得自己没有必要急着从模拟技术转向数字技术，而摩托罗拉的网络工程师也觉得没有必要干等着。麦克·迪南诺（Mike DiNanno）1984年到2003年期间曾在摩托罗拉供职，他说："上世纪90年代，该公司有上千名网络工程师在使用高通公司制造的数字技术手机，而高通当时还是摩托罗拉在电信半导体行业中的一个死对头。网络部门的大楼里，连一部摩托罗拉手机都找不到。"迪南诺说，"尽管公司的另一个部门多年来一直在和高通死磕，当时公司的业绩还未受影响。但过了一段时间之后，恶果就显现了出来。"这只是公司从发明手机走向变卖移动通信业务，以后再也看不到摩托罗拉手机，如今手机市场被苹果和三星等后来者占据。当然，摩托罗拉手机产业之所以衰落，除了内部原因外，还有技术进步、竞争者的创新等外在因素的存在。

正如《芝加哥杂志》（Chicago Magazine）近日撰文所称，很多摆在眼前的事例说明，巨大的成功也可以招来巨大的麻烦，当摩托罗拉的管理层抛弃了数十年来的优秀企业文化时，当良性的内部竞争演变成恶性内斗的时候，该公司开始出现各种问题。

思考：

1. 企业经营中经常会面临哪些内、外环境因素影响？
2. 分析摩托罗拉手机业务衰落的真正原因是什么？

在任务一和任务二中，我们已经学习了市场营销的基本概念，营销活动过程的基本步骤，以及如何为目标顾客创造价值和建立牢固的顾客关系等。在任务三中，我们将深入探讨市场营销是如何在复杂多变的营销环境中进行的。营销环境因素主要包括公司的微观环境和宏观环境两个方面。微观环境的主体是供应商、中间商、顾客、竞争者和社会公众，这些主体可能协调一致形成企业优势，也可能相互冲突造成企业劣势；宏观环境的主要因素是人口、经济、自然、技术、政治和文化，这些因素可能给企业带来市场机会，也可能形成威胁，影响公司维持长久顾客关系的能力。从摩托罗拉的衰败中，我们可以了解到市场营销内外环境变化对公司发展影响深远。

一、明确分析市场营销环境的意义

10年前，摩托罗拉（Motolora）和诺基亚（Lumia）手机在中国市场是何等威风，销量在国内市场连续多年名列前茅，那时的60、70后都以拥有一款摩托罗拉手机或诺基亚手机为荣，而今，当日名牌消失得无影无踪。今日的80、90后对苹果手机（IPhone）和三星（SamSung）手机追逐的热情已经永远超出了当年的前辈们。从上面案例来看，似乎摩托罗拉手机业务衰落的主要原因是企业微观环境的因素，其实，一家公司的起落，原因是多方面的，例如，网络技术和半导体技术的发展，给竞争对手带来了新产品开发的机会，3G、4G甚至5G时代的到来给智能手机创造了潜在的市场空间。企业经营的现实中，类似的现象经常出现，从曾经在胶卷领域风光无限的黄色巨人柯达的陨落到如今摩托罗拉、诺基亚的不见踪影，都说明随着外部环境和内部条件的变化，企业如果不改变，或者不能以内部的改变来适应外部环境的变化，企业就会被淘汰。企业必须随时考察和分析它所面临的市场营销环境，并且主动去适应环境、利用环境，甚至去创造环境，以使企业更好地生存和发展，这就是市场营销环境分析的意义所在。

（一）市场营销环境的内涵

市场营销环境是指在营销活动之外，能够影响营销部门建立并保持与目标顾客良好关系的各种因素和力量的集合。摩托罗拉移动业务的失败就是公司没有适时地把握外部环境变化的机会，以及时调整内部环境因素去适应外部变化的结果。

与公司其他部门不同，营销部门必须把握趋势、寻求机遇。虽然公司里所有的管理者都应该关注外部环境，但是营销人员有两个专长，有可以利用的专业方法，那就是公司的营销信息系统和营销调研，可以帮助营销人员获得有关营销环境的信息，而且营销人员直接与用户和竞争对手接触，也可以更多获得用户和竞争对手的信息。正是通过这些系统的环境研究，营销人员才能调整营销战略，以适应市场中新出现的机会和挑战。

营销环境由微观环境和宏观环境组成。微观环境是指与企业紧密相连并直接影响其营销能力和效率的各种力量和因素的总和，主要包括企业本身、供应商、营销中间商、顾客、竞争对手和公众。由于这些因素直接影响和制约着企业的市场营销活动，并与企业的生产经营活动发生直接的经济联系，因此，又称微观环境为直接营销环境。宏观环境是由一些影响企业市场营销活动，但企业本身又无法直接左右的巨大的社会力量所组成。主要包括人口、经济、自然、技术、政治和文化因素。由于宏观环境因素主要以微观环境为媒介来间接影响和制约企业的市场营销活动，因此，宏观环境也被称为间接营销环境。

（二）市场营销环境的特点

1. 客观性

企业需要在特定的社会经济和其他外界环境条件下生存和发展。这种客观存在是不以人的意志为转移的，营销部门无法摆脱和控制营销环境，特别是宏观环境，企业难以按自身的要求和意愿随意改变它，如企业不能改变人口因素、政治法律因素、社会文化因素等。但是企业可以主动适应环境的变化和要求，制定并不断调整市场营销策略。善于适应环境的企业就能生存和发展，否则，就必然被淘汰。

2. 差异性

不同的企业受其所处环境的影响不同，同样一种环境因素对不同企业的影响也不相同。例如，中国加入世界贸易组织，意味着大多数中国企业可进入国际市场，然而不同的国家、民族、地区之间在人口、经济、社会文化、政治、法律、自然地理等各方面存在着广泛的差异性，经济环境的变化，对不同行业所造成的冲击并不相同。企业应根据环境变化的趋势和行业的特点，采取相应的营销策略。

3. 相关性

影响市场营销环境的各个因素是相互依存、相互作用和相互制约的。这是由于社会经济现象的出现，往往不是某一单个因素所能决定的，而是受到一系列相关因素影响的结果。例如，企业开发新产品时，不仅要受到经济因素限制，还有社会文化因素的影响和当时的社会生产力水平的制约，以及相关的政策法律，等等。

4. 动态性

营销环境是企业营销活动的基础和条件。营销环境不是一成不变的、静止的，它是不断变化的、动态的。当然，市场营销环境的变化是有快、慢、大、小之分的，有的变化快一些，有的则变化慢一些；有的变化大一些，有的则变化小一些。例如，科技、经济等因素的变化相对快而大，因而对企业营销活动的影响相对短且跳跃性大；而人口、社会文化、自然因素等相对变化较慢、较小，对企业营销活动的影响相对长而稳定。因此，企业的营销活动必须适应环境的变化，不断地调整和修正自己的营销策略，否则，将会使企业丧失市场机会。

5. 不可控性

影响企业市场营销环境的因素是多方面的，也是复杂的，并表现出不可控性。例如，一个国家的政治法律制度、人口增长及一些社会文化习俗等，企业不可能随意改变。

6. 可影响性

企业面对环境也并非无可奈何，企业可以通过对内部环境要素的调整与控制，对外部环境施加一定的影响，最终促使某些环境要素向预期的方向转化。"适者生"既是自然界演化的法则，也是企业营销活动的法则，如果企业不能很好地适应外界环境的变化，则很可能在竞争中失败，从而被市场所淘汰。许多成功企业的营销实践证明，企业经营成败的关键，在于不断调整企业战略和营销策略以适应市场营销环境的变化。

（三）分析市场营销环境的意义

虽然说市场营销环境具有客观性和不可控制性等特点，但企业在环境面前也并不是无能为力的，企业可以通过对环境的分析，寻找市场营销的机会，利用各种营销手段去改变企业所处的不利环境因素，通过调整营销组合去适应不断变化的外部环境。分析环境的意义就在于可使企业认清市场的机会和企业面临的挑战，充分挖掘企业自身的优势去适应环境变化。可用一个公式描述环境因素对企业营销活动的影响，即：

营销环境=市场机会+环境威胁

二、市场营销微观环境分析

营销管理的工作就是通过创造顾客价值和提高用户满意度来建立良好顾客关系，从而获得顾客回报。但是，建立良好顾客关系光靠营销部门是无法完成任务的。公司营销成功与否，取决于营销部门与其他部门、供应商、中间商、顾客、竞争对手和公众共同作用的好坏，它们共同组成了公司的价值传递系统。图 3-1 显示了公司微观环境中的主要参与者与营销部门的关系。

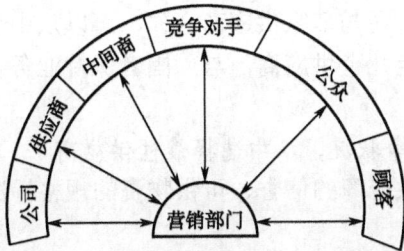

图 3-1 公司微观环境因素系统

（一）公司

公司是一个复杂的整体，内部由各职能机构组成，包括高层管理、生产部门、财会部门、营销部门、研发部门、采购部门等，所有这些部门既相互独立，又与其他部门发生联系，这些相互联系的部门组成了公司的内部环境。营销部门在制订营销计划时，必须兼顾其他部门。高层管理确定公司的宗旨和目标，制定公司的总体战略和政策。营销经理必须在高层管理制订的战略计划指导下做出营销决策。试想，如果没有高层的统一指挥协调，企业将是一盘散沙；如果没有计划和采购部门的保障，企业就会变成"无米之妇"；如果没有制造部，企业将无法"把米变成饭";如果没有财务部门的资金保障和核算,企业会"心中无数"。能否和这些部门协调一致,配合默契,将会影响到企业的营销管理决策和营销方案实施结果的好坏。所以现代企业都强调团队合作精神,新的营销理论认为企业内部员工之间应互为顾客。首先,股东、员工是企业的基本顾客。其次,生产部门是采购部门的顾客,销售部门是生产部门的顾客。再次,企业各职能部门之间,总是相互提供着服务,"提供"与"被提供"的事实构成了顾客关系。最后,在生产环节上,下一道工序是上一道工序的顾客。假如企业真正能做到员工之间互为顾客,那么企业内部各部门之间的各种矛盾和关系就容易处理了,企业就会有很强的凝聚力和市场竞争力。

就像摩托罗拉公司创建初期,部门之间相互补充,又相互竞争,形成良性竞争机制,激励公司向前发展;而后期部门间彼此隔绝,互不往来,内部形成恶性竞争,所以导致败落。

(二)供应商

供应商是指公司组织活动所需各类资源和服务的供应者,是公司整个顾客价值传递系统中的纽带。供应商所提供的资源主要包括资金、设备、原材料、能源、劳务等。供应商和公司之间是一种协作关系,二者配合密切与否,对公司市场营销管理的绩效会产生很大影响。如供货商提供的原材料质量会直接影响到公司产品的质量;供货商提供的材料数量与及时性会影响公司生产的正常进行;供货商提供的材料价格会影响公司的生产成本,从而影响产品的价格。所以,公司要搞好市场营销就要慎重选择供应商。选择供应商,可以从以下方面进行综合评估。

1. 多方面选择供应渠道,不能依赖任何单一的供应商

公司与供应商的关系很微妙,在利益上既相互依存又互相冲突。供应商可以向多家公司供货,公司也可以向不同的供应商订货。所以公司应与多家供应商建立联系,否则就会受制于某一固定供应商。同时,公司与多家供应商合作,可以从中选择最佳的供应渠道。如现在有些大公司采用竞标形式确定几个供应商,与入围者保持业务往来,让这些入围者互相之间形成一种竞争关系。

2. 了解、分析供应商竞争状况,从中选择最佳供应商

选择供应商时需要考察供应商的信誉、可供物资的规格标准、产品质量、交货及时性和准确性、价格、售后服务等。

3. 有区别地对待不同的供应商

公司应根据不同的供应者在物资、资金供应中的地位和作用,将供应商区别对待,对于那些为公司提供必需物资的极少数重点企业,应特殊对待,以保证各类资源得到有效、及时的供应。

今天大多数营销者把供应商视为创造和传递顾客价值的合作伙伴。例如,丰田公司认识到与供应商紧密合作的重要性,它甚至将"赢得供应商满意"纳入到了公司使命中。

案例启示

丰田公司的竞争者们经常因为自行其是、严厉苛刻的交易方式让供应商产生抵制情绪。

据一家供应商说，美国汽车制造商"为自己购买的零部件设置每年的成本缩减目标，为实现这些目标，他们不惜做任何事情，他们实行独裁统治，让情况一年不如一年"。与美国公司对待供应商恃强凌弱的态度不同，丰田公司与供应商合作，帮助他们实现更高的预期。丰田了解他们的企业，加入他们的改进活动，帮助供应商培训员工，给出日常的绩效反馈，主动了解供应商的关注点。丰田甚至评出表现最好的供应商并予以奖励。较高的供应商满意度意味着丰田可以依赖供应商帮助自己提高质量，减少成本，并加快新产品开发速度。即使最近丰田的几款车在美国市场由于加速器引发的意外事故而产生大量召回，公司也没有指责加速器配件供应商。相反，丰田将事故归罪于错误的零件设计，甚至发表声明支持这家"长期合作的重要供应商"。总之，培养满意的供应商，帮助丰田公司生产出低成本、高质量的汽车，进而会带来了更高的顾客满意度。

（三）营销中间商

营销中间商是指协助企业使其产品顺利到达目标顾客手中的企业或个人，包括经销商、物流配送公司、营销服务机构及金融机构。

1. 经销商

经销商是介于生产者和消费者之间，专门从事商品由生产领域向消费领域转移业务的经济组织，主要包括批发商和零售商，它们一般先购买商品，然后再转卖出去。经销商的主要任务是帮助企业寻找顾客，为企业的产品打开销路，并为顾客创造时间效用、地点效用和持有效用。在与经销商建立合作关系后，要对经销商的工作、渠道结构系统不断地进行监督管理，激励经销商更出色地完成任务。企业对经销商的激励可从五个方面来进行：①经济方面的奖励，如降低卖给经销商的商品的价格，或者提高佣金比例，可以调动经销商的积极性；②精神方面的奖励，如组织业绩出色的经销商参观、旅游或在企业内宣传媒介或地方报纸进行宣传，同样可以提高其积极性；③企业支持。企业对经销商的支持可以是多方面的。第一，企业可以为经销商培训推销人员和服务人员。第二，企业可以出资为经销商做广告，或与经销商联合做广告，促进销售。最后，在必要时，企业还可以向经销商提供信贷支持，帮助其度过暂时可能出现的财务困难；④沟通。企业与经销商不断沟通，如定期向经销商发送信函、企业简报、期刊等，这也是一种激励。企业与经销商的联系越密切，经销商销售企业产品的业绩就越出色；⑤协作。企业在处理与经销商的关系时，要更多地注意双方的协作，灵活地处理双方合作过程中产生的各种分歧，做到真诚相待、互惠互利，使经销商发挥最大的积极性。

今天公司选择经销商时不能再像以往那样从大量小型的、独立的经销商中任意挑选，它们面对的是大型的且不断发展的零售商组织，如沃尔玛、家乐福、国美、苏宁、京东商城、天猫商城。这些组织往往具有足够的力量操纵合作条款，甚至能将较小型的制造商排拒在大市场门外。

2. 物流配送公司

物流配送公司是协助营销企业储存产品和把产品从原产地运往销售目的地的企业，如仓储企业、运输企业等。仓储企业是在货物运往下一个目的地前专门储存和保管商品的机构，它所提供的服务可以针对生产出来的产品，也可以针对原材料及零部件。一般说来，企业只有在建立自己的销售渠道时，才会更多地依靠仓储公司。在委托中间商销售产品的场合，仓储服务往往由中间商去承担，仓储公司储存并保管要运送到下一站的货物。运输企业包括铁路、公路、货轮以及其他搬运货物的企业，它们负责把货物从一地运往另一地。企业主要通过权衡成本、速度、安全和方便性等因素，来选择成本效益最佳的运输方式。

3. 营销服务机构

营销服务机构涉及的范围比较广，包括广告公司、财务公司、市场调研公司、广告代理商及市场营销咨询公司，它们能够帮助企业确定目标市场并促销产品。在营销活动中，企业面对众多的服务机构，要从中进行比较，看他们之间谁最具创造性、服务质量最好、服务价格最适合等，从中选择最能适合本企业，并能有效提供本企业所需服务的机构。

4. 金融机构

金融机构主要负责为货物的购销提供资金和保险服务，包括银行、信贷公司、保险公司和其他协助融资或保障货物的购买与规避交易风险的公司。现代经济生活中，企业和金融机构有着不可分割的联系，如企业财产和货物要通过保险公司进行保险；企业间的财务往来要通过银行账户进行结算等。贷款成本的上升或信贷来源的限制会使企业的营销活动受到严重的影响。所以，企业必须和金融机构建立密切的关系，以保障企业资金渠道的畅通。

像供应商一样，营销中间商也是公司整个价值传递系统中的重要组成部分，在提高用户满意度上起着重要作用。因此，营销人员必须认识到公司与营销中间商合作的重要性，而不是简单地把它们当成销售渠道。例如，可口可乐公司在与麦当劳快餐连锁机构签订的全球独家饮料供应合同中，可口可乐不仅仅提供了软饮料，它还承诺了强大的营销支持计划。

可口可乐公司给每个零售伙伴分派跨职能团队，致力于了解企业经营的细微之处。可口可乐公司非常重视饮料消费者行为研究，并将其收集的资料、研究成果与合作伙伴进行分享。可口可乐公司甚至研究价目牌的设计，以便更好地了解什么样的布局、字体、字号、颜色和视觉效果能诱导消费者购买更多的食物和饮料。

（四）竞争对手

竞争对手是指与本组织存在利益争夺关系的其他经济主体。存在商品生产与商品交换的地方就存在竞争。企业要想在竞争中取得成功，就必须比竞争者能更好地满足消费者的需要与欲望。因此，企业不能仅仅迎合目标顾客的需要，而必须通过有效的市场定位，使企业产品与竞争产品在顾客心目中形成明显差异，从而取得竞争优势。企业的竞争对手包括生产和销售与本企业相同产品或服务的企业，潜在的进入者及替代品生产者、供应商等。一般说来，企业在市场上面临四种类型的竞争者。

1. 欲望竞争者

即提供不同产品，以满足顾客当前欲望的不同需求的竞争者。消费者的需要是多方面的，但购买力总是有限的，所以消费者就会有自己的消费预算，企业必须考虑如何促使消费者更多地选购自己的产品而非其他产品，这就和其他企业形成了一种竞争关系。例如，对洗衣机的生产厂家来说，生产经营彩电、空调、摩托车和音响等产品的厂商就是他的欲望竞争者。

2. 类别竞争者

即能同时满足购买者某种愿望的不同产品提供者。如为了满足自身娱乐的愿望，消费者可以购买录像机、音响、彩电或电子琴等；如消费者想吃东西，他们可选择水果、零食、饮料等不同类别的产品。能提供不同类别商品的厂商相互间是类别竞争者。

3. 产品形式竞争者

即能满足购买者某种愿望的同类产品的不同形式的产品提供者。如消费者想用饮料来满足目前吃的欲望，他可以选择汽水、果汁或纯净水等。这些饮料生产厂商之间就是产品形式竞争者。

4. 品牌竞争者

即能满足购买者某种愿望的同种形式产品的不同品牌之间的竞争者。如消费者决定要购买纯净水后，可以选择娃哈哈、农夫山泉、怡宝等；消费者购买手机时，可以选择的品牌有苹果、三星、小米、联想等。

没有一种营销战略对所有公司都适用，每个公司都应当根据自己的规模，以及与竞争对手相比在行业中的地位来制定恰当的营销战略。

（五）公众

公众是指对企业实现其目标的能力有实际或潜在的利益关系或影响的任何群体。每个企业的周围都有七类公众。

1. 金融公众

指关心并可能影响企业获得资金的能力的各种金融组织和社会集团，如银行、保险公司、投资公司和证券交易所等。

2. 媒介公众

指那些联系企业和外界的大众媒体，如报纸、杂志、广播电视、博客和其他网络媒体，这些媒介对企业的声誉有着举足轻重的作用。

3. 政府公众

指对企业市场营销活动有影响作用的相关政府机构。企业管理当局在制订营销计划时，必须认真研究与考虑政府政策与措施的发展变化，必须了解有关产品安全卫生、广告真实性、商人权利等方面的政策，以便和政府部门处理好关系。

4. 地方公众

指企业周围的公众团体，如邻里居民和社区团体组织，他们对企业的态度可以影响企业的营销活动。大公司常常创建专门处理地方社区事务并提供社区支持的部门或项目，如学校应该为社区提供培训、各类活动集会的场所，一些体育设施可以向社区居民开放，树立良好的公众形象，并做一个有社会责任的组织。

5. 民间公众

民间公众是指各种保护消费者权益的组织、环境保护组织、少数民族团体及其他群众团体。公司的营销决策可能会受到各种民间组织的影响，公司要建立专门的公关部门，经常保持与民间组织、消费者的接触。

6. 一般公众

一般公众并不购买企业产品，但深刻影响着消费者对企业及其产品的看法。企业需要关注一般公众对企业产品及经营活动的态度，争取在一般公众心目中建立良好的企业形象。

7. 内部公众

指企业内部从上到下的组织成员，包括董事会、经理、管理人员、一般职员等。内部公众对企业的影响有时很直接，而有时却是间接的、深远的。大公司通过新闻公告和其他方式向内部公众传递信息并给予激励。如果职工对自己所在的公司感觉良好，他们的积极态度也会影响到外部公众对本公司的态度。

企业的经营活动会影响周围的各种公众的利益，而公众也能促进或妨碍企业实现其经营目标，这主要看企业在公众心目中的形象，良好的公众形象是企业的一种无形资产，有利于企业的发展，而不良的形象会导致企业的失败。因此，企业的营销活动不仅要针对目标市场的顾客，而且要考虑到有关公众，采取适当措施和周围的公众保持良好关系。

（六）顾客

顾客通常是指用户、消费者，也可以是企业的目标市场，顾客是企业微观环境中最重要的因素。整个价值传递系统的最终目标，就是服务目标顾客并与他们建立牢固的关系。企业可能与以下五种顾客市场建立关系。

1. 消费者市场

消费者市场是由个人和家庭组成，他们购买产品和服务是为了满足个人或家庭需要。

2. 生产者市场

生产者市场是由那些购买产品和劳务用于生产其他产品或劳务以供出售、出租，从而取得利润的个人和企业所构成的市场。如生产、制造型企业购买原材料，酒店采购日化用品。

3. 中间商市场

中间商市场是指为了转卖、出租、取得利润而购买产品或劳务的批发商和零售商所构成的市场。

4. 政府市场

政府市场是指为了提供公共服务和履行政府职责而购买产品或劳务的政府和非赢利机构所构成的市场。

5. 国际市场

国际市场是指国外的消费者、生产者、中间商、政府机构等所构成的市场。

顾客是企业服务的对象，企业的一切活动都必须以它为中心，忠诚的顾客是企业最宝贵的财富，如何提高顾客的忠诚度是我们每个企业所面临的重要课题。

三、市场营销宏观环境分析

市场营销的宏观环境通常反映一个国家的经济、社会及其发展变化的状况。它对企业的影响是全面的、共同的，不会因为企业使命不同而有所不同。一般说来，企业只有通过调整内部的可控因素，适应企业宏观环境的变化发展，才能在复杂的营销环境中求得生存与发展。宏观环境因素既能给企业带来机遇，也能给企业带来威胁。图 3-2 列出了企业宏观环境中的六大因素。

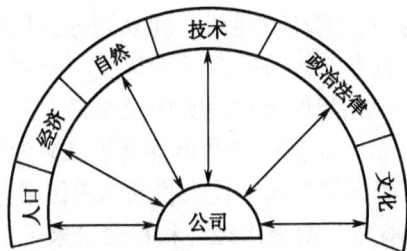

图 3-2　公司宏观环境因素系统

（一）人口环境

1. 人口与经济的关系

在社会经济活动中，人口既是生产活动的主体，也是消费活动的主体。人口通过生产及消费，与经济发生着密切关系，形成人口增长和经济发展之间相互依存、相互渗透、相互制约的对立统一的辩证关系。

人口首先是一种生产力。不过，作为生产力的人口，只是社会人口的一部分，即具有劳动能力、生产技能并与生产资料相结合进行生产活动的那部分人口，而不是全部人口。

人口又是一种消费力。人口的性别、年龄、民族、职业及地域等对消费力有一定的影响，当然对消费力起决定作用的是生产力发展水平。如果人口总数不变，那么生产力水平愈高，人均消费力就愈高，生产力水平愈低，人均消费力也愈低，但同一社会中不同阶层或不同社会集团人口的消费水平可能会有较大差距。由于人是构成市场的关键要素，因此营销人员对人口环境有特别的兴趣，时刻关注人口发展趋势、人口规模、人口结构及其相关变化。以下重点分析我国人口近期情况及变化趋势，为营销者提供参考。

2. 我国人口环境发展趋势

（1）人口总体规模持续增长。世界人口呈爆炸式增长，根据美国人口调查局的估计，截至 2013 年 1 月 4 日，全世界将有 70.57 亿人，预计 2030 年将超过 80 亿。2010 年，我国第六次人口普查统计数据显示，中国大陆有 13.4 亿人，并且每年以 660 万左右递增；截至 2014 年 10 月，我国人口已经达到 13.66 亿（中国大陆人口动态数据），我国人口已经占世界人口近 20%。

庞大的、高度多样化的人口既带来机遇，也形成挑战。一方面，人口数量与一国的国民收入一样，是决定市场容量的重要因素。如果收入水平不变，人口越多，则对食物、衣着、日用品的需求量越多，那么市场就越大。另一方面，人口的过快增长，也会给企业营销活动带来不利影响。如人口增长可能会导致人均收入下降，限制经济发展，从而降低市场吸引力。

（2）人口年龄结构的变化。我国按人口年龄统计来划分人口结构，2013 年的统计数据显示：0～14 岁人口，占总人口比例为 17.13%，数量为 23 316 万人；15～64 岁人口占总人口比例为 73.90%，数量为 100 557 万人；65 岁以上人口占总人口比例为 8.97%，数量为 13 199 万人。2000 年统计数据显示，对应人口年龄结构比例为 22.9%、70.2%、7%，显然，我国已经快速步入老龄社会，儿童比例下降了 5.77%，65 岁以上老年比例上升了 1.97%。营销者习惯于按世代来划分人口群，所谓世代划分是指不从消费者的生理年龄差异来细分，而是从社会角度，从消费者出生的年代与成长的环境经历不同来划分。按世代来划分的基本假设是出生于同一时代的人经历过共同的社会、经济、政治和历史，有着相似的价值观和行为。有人将我国人口划分为五个世代群，现在我们来讨论其中两个最大的年龄群，即中国婴儿潮一代和独生子女一代（或"80后"一代）对当前企业市场营销战略的影响。

中国婴儿潮一代，是比照美国婴儿潮一代来说的，美国婴儿潮一代是出生于1946—1964年之间，在上世纪70年代到90年代给美国经济和社会带来了巨大影响，为美国经济30年繁荣作出了杰出贡献的一代人，其人数规模达到7800万人，这代人现已步入退休年龄。而我国的婴儿潮比美国晚20年，大约在1962—1980年之间，即三年自然灾害之后，全面推行计划生育政策之前，这一阶段是中国人口增长高峰期，约有4亿多婴儿出生。有学者将其称为"中国婴儿潮一代"。截至2014年，1962—1980年所出生的婴儿潮人口的年龄在34~52岁之间，正是人生的黄金时期。

婴儿潮的时代"烙印"。中国的婴儿潮一代，由于其出生和成长在中国独特的历史时期，因而有着鲜明的时代特征。他们大部分出生在"文革"时期，在改革开放、经济转轨时期进入学校学习，在实行社会主义市场经济时期走上工作岗位。分析中国婴儿潮人口的成长过程，发现其生长环境以及价值取向，迥异于他们的前辈以及80年代后出生的独生子女一代。这批婴儿潮一代虽然大多出生在"文革"，但比前辈幸运的是，他们并未背负沉重的历史包袱，也没有耽误接受完整系统的教育。与独生子女一代不同的是，他们受到了两种体制、两种思潮的影响，在他们的价值观形成阶段，正处于新旧思潮碰撞、新旧体制变革的时期，现实环境和他们所接受的价值观之间产生了许多矛盾和冲突。他们中的一部分人有求知与变革的热情，但大多数人更愿意获得一份稳定的工作，待在一个安全的位置上；他们喜欢简单的人际关系，但往往表现出来的却是复杂的状态；他们喜欢储蓄，消费思想较保守，依赖经验，注重商品价值，但实际消费的时候却喜欢攀比和炫耀，从而成为消费新潮的主力。或许是一种巧合，这些婴儿潮带旺了中国经济。

人口与经济发展有着极为密切的关系，人口结构与变化往往会对我们的经济生活产生重要影响。事实证明，当婴儿潮一代进入生产和消费的旺盛期，对国民经济的影响是巨大的。从上世纪90年代开始，中国婴儿潮一代陆续进入结婚期、生育期、储蓄期和消费期。由于我国的晚婚晚育政策，使得中国婴儿潮一代的结婚和生子年龄大多往后延长了几年。民政部的有关数据显示，1995—2005年10年间我国办理的婚姻登记超过1亿对。这一期间婴儿潮一代对房屋以及家居产品的需求激增，从而导致各相关产业的扩张，而婴儿潮一代又为这些产业的扩张提供了充足的劳动力。中国的房地产、汽车产业乃至整个国民经济在这20年都得到了空前的发展。2014年，婴儿潮一代年龄在34~52岁之间，到2020年，在40~58岁之间，因此，中国婴儿潮一代在2015—2020年的未来5年间仍将具有较强生产力和消费力。他们大部分人已经拥有房产、汽车，有较稳定工作，收入较高，子女已经进入大学或者结婚年龄，因此，他们大量的消费是投资教育、送子女出国留学；或为结婚年龄的独生子女购房和购车出力；或者为了不降低退休后生活品质，寻找投资机会，做好退休准备；由于他们的子女多为独生子女，因此，这一代人会对退休或养老进行规划，他们特别重视健康，在旅游、保健等方面投入较大；女性则在保养、化妆品、高档服饰方面花费较高。

因此，针对年长的婴儿潮人群，也许没有比理财、保健和未来养老服务业更能令他们热衷的消费活动了。我们可以借鉴美国当年针对婴儿潮一代的营销策略，如美林集团公司（美国一家金融机构）针对年长的婴儿潮们启动的提供养老金规划的营销活动，来为中国的婴儿潮年长人群策划服务项目。

案例启示

美林的财富管理业务主管说："在这个行业，每个人都在谈论未来和退休时的状况。"但是新的美林退休规划项目谈论的是现在，即人们为退休做准备时面临的退休障碍。这项活动以"加倍关怀退休"为主题，鼓励 50 岁以上的老人"填写空白"，包括他们想要的职业生活和金融生活等多方面的生活，以便他们能集中于退休规划中最重要的事项。这项活动的"填补空白"的主题包括加倍关怀退休困惑、加倍关怀退休怯懦、加倍关怀退休猜忌。美林研究表明：自从 2008 年遭遇全球金融危机以来，经济衰退期的婴儿潮们对退休并不十分乐观，而且他们需要帮助制订退休计划。美林计划以个性化理财建议的形式提供帮助。美林正从理性和感性两个视角开展这一规划项目。这不仅仅关乎"数量"而且也涉及"生活目标"。美林理财管理主管说："这不仅仅是渴望在一个温暖的地方得到第二个家，这涉及同你的家人和朋友一起度过更多的时间，并且缓解因猜疑而产生的焦虑，这种焦虑是众多婴儿潮们现在正体会到的。"

美国相对于我国来说，社会保障体系要健全和完善，社会福利要好，他们都尽早地针对退休年龄的人进行退休规划项目营销，我国政府及金融机构完全可以借鉴他们的一些做法，为年长的婴儿潮们提供退休规划帮助，一方面可以减轻社会压力，另一方面可以保障退休者们的生活品质，同样也可减轻独生子女一代赡养父母的压力。

独生子女一代，这是对我国自从 1980 年全面推行计划生育政策后出生的人的总称。独生子女一代，也被称为"自我一代"，这代人受到了前所未有的溺爱和关心，进而出现了所谓的"小皇帝""小公主"综合征。每个家庭包括父母和两方的祖父母在内的六个家长可能都会放任目前近 6 亿独生子女的任性，父母会将其收入的 40%花费在宝贝子女身上。

当前从新生儿到年龄在 30 岁以内的"自我一代"，正影响着整个市场，从儿童产品到理财服务、手机服务以及奢侈品，无所不包。国外营销者早已经瞄准这一消费群体，例如，宝洁在中国日化市场占有领导地位之后，又在婴儿市场占领制高点，提供包括尿不湿、奶粉、婴儿沐浴露之类的用品。星巴克正把目标锁定我国"自我一代"，将自身定位成一种新式的轻松自在的聚会场所。

我国计划生育政策制造了被父母和爷爷奶奶溺爱的一代，同时也形成了过度消费的阶段。与传统集体主义观念相对，这些年轻人更认同个人主义。星巴克大中华区总裁说："他们不曾经历我们那代人的艰苦生活，因此，他们看待世界的角度是完全不同的。"星巴克顺应这一特点，提供定制化的饮品，个性化的服务，以及原创性的音乐合辑。一位分析人士说："在美国，大部分星巴克店提供外卖，而在中国则相反，年轻人以星巴克店为目的地，在那里一待就是几个小时，他们喜欢被人看成是时尚的和都市化的。"

独生子女一代又可细分为 80 后、90 后和 00 后。之所以这样划分，是因为随着社会发展加快，世代的间隔期会越来越短，价值取向和消费观念差异越来越大，营销者必须更加细分世代群。

现在80后一代已经长大，陆续成家立业，这代人的规模有9000多万，他们是国内市场的消费主力，80后一代是非理性、非秩序的感性群体。针对80后一代的特点，经营者应该注意以下几点：①80后极易受他人影响，因此建立一个同类群体，大家有共同兴趣及目的，通过口碑传播，最为有效；例如，专门设计和推出计算机及在线游戏，把品牌及产品巧妙混入其中，让参与者可与偶像一起做自己喜欢的事情。②80后对高科技产品及新鲜事物感兴趣，在广告传播方面，可多用通信或网络技术载体把流行文化送给他们，这对于腾讯的微信、移动的动感地等产品是正中下怀的；③80后对各种新媒体接受程度很高，网络对他们最有杀伤力；每天都在上网的他们，会支持在网上的各种活动，包括80后的作家、歌手、偶像，重点是他们参与选出来的，"快男"和"快女"如此成功，便是最好的证明。④"玩"是80后的生活主体，要打造80后娱乐新时代。既然知道他们喜欢什么样的媒体，又知道他们喜欢哪个偶像，知道他们爱参与体验，爱口口相传，那么将娱乐内容打造成体验式、参与式，通过载体让他们觉得好玩便是营销的关键。

90后一代，相比于逐渐成熟，甚至已经奔三的80后来说，他们的价值观、审美观、消费观都有很大的不同，这些特点使得诸多商家都摸不到头脑。这些孩子是在网络日益发达的时代出生和成长的，网络世界比现实世界对他们来说更重要，他们是赖在电脑前的"宅一族"。正是让传统商家最为头疼的一伙人，给了网络商家和网络媒体发挥的巨大空间。90后的主要喜好包括：①网络游戏。"不会玩网游，必须是落伍"是90后的口头禅，于是征途、魔兽世界等网游就成了90后挥霍时间的舞台。②视频网站。90后是"声色一族"，土豆网、优酷网、新浪播客给了他们太多参与的机会。③非主流论坛。受"哈韩""哈日"风潮影响，90后中出现了大量"大眼睛、长睫毛、奇特发色和发式、穿着个性"的非主流一族，他们聚焦在非主流论坛，张扬个性，互较长短。④网上商城。90后已经基本不去实体店购物，他们在计算机前"淘宝"或者"易趣"，90后与80后、70后相比，在购物消费上更大胆并且前卫，不仅购物数量惊人，而且很多高价品也会收入囊中。⑤手机网络，90后正好遇上智能手机时代，手机可以上网、听歌、看电影和视频，还可以拍照、玩游戏等，他们已经离不开手机，手机简直成了他们的另一半。针对90后的特点，所有的营销策略都只能以互动营销的方式共同指向极度想表现自己的90后一代，不是好的产品就能征服90后，不是父母的想法就能左右90后，不是自吹自擂的品牌就能搞定90后，甚至老师也面临挑战，如何与手机、网络竞争，将90后拉回课堂。

2000年后的新生一代，现在是0~14岁的年龄段，占人口比重为17.13%，有23 316万人，其规模不小。这一代人最大的特点是他们的父母成长在改革开放年代，一切顺利，没有受到经济的困扰，加上商品的极大丰富，00后的孩子在消费上更加追求品牌、奢华，他们的家长也不惜代价，从奶粉、尿布、童车到服装和各种电子产品都是最好的，他们可能是我们国家最早具有品牌消费理念的一代，家长们对教育投入也不惜血本，从早教培训、择校和特长培养到出国留学，因此，不仅是国内商家，许多的国外公司和教育机构也很看好这个市场。

（3）家庭结构的变化。家庭是购买、消费的基本单位，家庭的数量直接影响某些商品的需求量。据人口学家预测，世界人口在今后一段相当长的时间内趋于增长，但家庭规模会趋小，也就意味着家庭数量会增多。这种变化使较小的公寓，便宜和体积小的电器、家具等的需求增加；人们有更多的时间和金钱用于娱乐、旅游和自身消费等方面；同时，一些涉老的服务需求也日趋增多。据国家卫生计生委分析，我国家庭结构呈现五大变化趋势：

第一，家庭规模小型化。1982年，我国平均每户4.43人，到2010年，每户人数已下降至3.15人。

第二，家庭结构核心化。成员只有夫妻两人及未婚子女的"核心家庭"已经成为中国家庭的主要形式，目前核心家庭占中国全部家庭的比重超过70%。

第三，家庭类型多样化。非传统类型家庭在中国大量出现，特别是丁克家庭、单亲家庭及单人家庭数量增长尤为显著。其中，老龄化及预期寿命延长使得高龄独居户增加。另外，伴随着中国人口的大规模流动，还出现了大量的留守家庭和流动人口家庭。

第四，家庭关系松散化。家庭规模的缩小使家庭关系变得简单，家庭成员间相互支持力度减弱。

第五，家庭功能有所弱化。家庭的婚姻、生育、养老等传统功能有所弱化，抵御风险的能力下降。

这些变化给中国家庭发展带来了一些问题和挑战，也给商家和服务机构带来了商机。营销人员必须更多地考虑非传统家庭的特殊需求，因为现在这类家庭增长速度较快，每一种群体都有自己独特的需求和购买习惯。

单亲家庭增加，家政服务、看护孩子的服务需求增加，空巢家庭增加，对于休闲、老年娱乐、旅游的需求项目增加，中国计划生育政策下，现在失独家庭规模增加，预计会达到上千万个，加上独生子女，传统的养儿防老的思维已经不再现实，因此，社会养老服务需求巨大。许多商家看好养老服务市场，正在开发各种养老设施，建设不同层次的养老场所。

（4）人口的地理分布特点及区间流动性。地理分布指人口在不同地区的密集程度。人口的地理分布表现在市场上，就是人口集中程度不同，则市场规模大小不同；消费习惯不同，则市场需求特性不同。例如，西北部的人会购买更多的冬装，他们更喜欢吃面食。我国人口地理分布的特点：东南部地区人口密度大，西北部人口密度小。这种人口分布特征决定了各地区市场容量大小，销售网络的布局以及企业营销组合的方式。

自从我国进入改革开放时代以来，人口开始在国内大量地流动和迁移，主要是农村人口大量流入城市，尤其是大、中城市；内地经济不发达地区人口流向沿海发达地区；随着经济的不断发展，经商、学习、观光旅游等人口流动加速。人口的流动必然会引起购买力的变化、市场规模的变动和市场需求的变动。大量农村人口流向城市，并在那里定居，中小城市人口流向大城市，使得近20年来房产市场迅速发展。大城市的优质教育资源也是供不应求的，从幼稚园、初中到高中等阶段的教育都成为稀缺资源，教育培训机构迅速发展。现在大城市已不堪重负，导致房价居高不下、水污染严重、空气质量低下、交通拥堵。可以预见，再过5～10年，就像美国在20世纪50年代，人口大量从大城市离开，迁移到郊外一样，我国也会出现这种逆城市化现象。

营销者应该具有前瞻性，一些大卖场可以提前在郊外布局，而对于一些移动办公软件开发公司，也可以开始研究小型办公室和家庭办公室市场，提供电子通勤方案（在家中或是在别处的办公室工作，通过电话、传真、调制调解器或互联网处理事务）。当城市越来越拥堵，大量的上班族居住到郊外或中小城市时，越来越多的人会利用电子技术的便利性在家工作，使用个人电脑、智能手机、宽带网络接口处理工作事务。这种趋势将为互联及通信商家创造巨大商机。一项最新数据显示，美国有超过半数的公司支持某种形式的电子通勤方案，有590万美国人可以独自在家工作。美国许多商家正积极投身到电子通勤这一利润丰厚的市场。例如，思科旗下的网络会议分公司网讯公司（WebEx）协助远程办公，帮助通信交流。不论办公地点在哪里，人们都可以在网讯公司的协助下，利用计算机或智能手机实现在线会议和合作。召开一次高效的网络会议，你唯一需要的就是电脑或电话，不同工作地点的人们可以和其他人或小组通过幻灯演示、交换文档、共享桌面，还有音频和全动态视频等方式进行互动。

（5）更好的教育及更高的工资水平。随着经济的发展，我国公民接受高等教育比例迅速提高，2000年接受高中和中专教育的比例为11.4%，接受大专以上教育的比例为3.6%，而2013年这一指标分别提升到14.0%和8.9%，受教育人口的数量增加，将增加对高品质产品、书籍、旅游、个人电脑和互联网服务的需求。

近年来我国工资水平每年以7%～10%的速度递增，特别是接受过高等教育的专业人员的工资水平上升最快，2010年城镇单位就业人员平均年收入为36 539元，而2013年已经增加到51 474元，城镇集体单位就业人员工资2010年为24 010元，2013年提升到38 904元。工资水平提升，普遍的消费能力增加，尤其表现为对一些高消费品和休闲娱乐服务项目需求的增加。

（二）经济环境

一个市场的形成，除了人口外，购买力水平也是市场形成并影响其规模大小的决定性因素，它也是影响企业营销活动的直接因素。购买力水平会受到经济发展阶段、消费者收入水平、消费者支出模式以及消费者储蓄和信贷情况的影响。

1. 经济发展阶段

美国经济学家罗斯托（W.W .Rostow）把经济发展划分为五阶段：传统社会、起飞前准备阶段、起飞阶段、走向成熟阶段和大量消费阶段。罗斯托认为，处在前三个阶段的国家属发展中国家，处于后两个阶段的国家属于发达国家。处于不同发展阶段的国家或地区具有不同的经济特征，其消费者的需求模式会有较大差距，企业营销人员应针对不同的情况设计不同的营销策略。我国经历了三十多年的改革开放，经济得到了前所未有的发展，国家正走向成熟阶段，人们的消费水平显著提高。根据国际货币基金组织（IMF）公布的2013年各国国内生产总值（GDP）排名，美国仍为头号经济强国，其经济总量达到16.57万亿美元，紧接着是中国，经济总量为9.40万亿美元，接下来是日本，以经济总量5.99万亿美元，排名第三。由此，可以推断，我国经济发展带来了整体消费能力的增强，市场容量的扩大，成为了名副其实的世界大市场。

2. 消费者收入水平

消费者收入，是指消费者从各种渠道获得的货币收入，通常包括工资、奖金、退休金、红利、利息、租金和馈赠等。消费者收入水平直接影响市场容量和消费者的支出模式，从而决定社会购买力水平。但是，实际生活中，消费者不可能也不允许将所有的收入都用于个人消费支出，购买力只可能是收入的一部分。因此，研究消费者购买力时，必须注意以下几个问题。

（1）人均收入。人均收入是反映人们购买力的最重要的指标，是决定市场规模、商品消费档次的一个重要因素，一定程度上反映了一个国家人民生活水平的高低，同时也在一定程度上反映了商品需求的构成。人均收入高的国家和地区与人均收入低的国家和地区，在购买力和消费结构上存在很大的差异。企业营销者必须根据这种差异，制定出适合当地市场的营销策略。

2013 年，我国 GDP 总量排名世界第二，人均 GDP 也达到了 6629 美元，但跟世界发达国家与地区相比，还有很大差异，如美国人均 GDP 达到了 51 248 美元，中国香港人均 GDP 为 38 797 美元。从人均收入水平来看，我国在国际上仍处于较低水平，影响国家整体消费层次的提高。但我国地区差别、城乡差别，贫富差距较大，因此，整体消费结构是高、中、低多层次并存。

（2）个人可支配收入。个人可支配收入，是指从个人收入中直接扣除交纳个人所得税和个人交纳的各项社会保障支出后的余额。这部分收入或用于消费支出，或用于储蓄，是影响消费者购买力和消费者支出模式的决定性因素。2013 年，我国城镇居民人均可支配收入为 26 955 元，农村居民人均纯收入 8896 元，扣除价格因素实际增长分别为 7%和 9.3%，居民的购买力稳步提升，但衡量收入差距的基尼系数仍然很大，达到了 0.473，说明我国社会贫富差距拉大，这也进一步说明，我国消费市场呈现多元层次结构。

（3）个人可任意支配收入。这是在个人可支配收入中扣除衣、食、住、行等基本生活开支后剩余的部分。这部分收入是消费需求变化中最活跃的因素，人们一般用于购买高档耐用消费品和奢侈品，如汽车、电器、珠宝、旅游等。这部分收入的数额越大，人们的消费水平越高，给那些生产非生活必需品的企业，尤其是那些生产高档品和奢侈品企业带来了很大的机会。

需要指出的是，我们在分析消费者收入的时候，还要分清"货币收入"与"实际收入"的关系，在消费者的货币收入不变时，如果物价上涨则实际收入下降，物价下跌则实际收入上升。在消费者的货币收入增加时，如果通货膨胀率超过了货币收入增长率，则实际收入下降。实际收入才是真正影响消费者购买力和购买行为的关键因素。

3. 消费者支出情况

（1）消费者支出模式。消费者支出模式受消费者收入变化的影响，进而会影响一个国家或地区的消费结构。一般用恩格尔系数来反映这种变化。恩格尔系数的计算公式：

$$恩格尔系数=食物支出金额/家庭消费支出总额$$

一般说来，恩格尔系数越大，食物支出的比重就越大，则该国家或地区就越贫穷；反之，恩格尔系数越小，食物支出的比重就越小，则该国家或地区就越富裕。恩格尔系数是衡量一个国家、地区、城市、家庭生活水平高低的重要参数。根据联合国提出的标准如表 3-1 所示。

表 3-1　恩格尔系数标准

绝 对 贫 困	温 饱	小 康	富 裕	最 富 裕
60%以上	50%~59%	40%~49%	20%~39%	20%以下

根据国家统计局网公布的数据，2013 年，我国城镇居民家庭恩格尔系数为 35%，农村居民家庭恩格尔系数为 37%，由此，可以判断我国已经进入富裕社会阶段。人们开始对健康、

舒适、便捷、丰富等情感方面的元素更加关注，人们的需求也随之改变。饮食更讲究营养、绿色和就餐环境；穿着开始重视品牌，讲究款式、品质、时尚和个性；生活用品青睐科技含量高、时代感强的高档家电产品，手机、笔记本电脑普及率提高；住宅档次和品味不断提升；汽车进入家庭并逐步普及。

（2）消费结构。消费结构是指人们各种消费支出占总支出的比例关系，它的变化是企业开展营销活动的基本立足点。二战以来，西方发达国家的消费结构发生了很大变化：①恩格尔系数显著下降；②住宅消费支出比重增大；③劳务消费上升较猛；④消费开支占国民生产总值和国民收入的比重呈上升趋势。

而从我国的情况看，消费结构不尽合理，由于历史的原因，政府在住房、医疗、农产品等方面实行福利政策，从而引起了消费结构的畸形发展，并且决定我国居民的支出模式以食物、衣物等生活必需品为主。但随着我国经济发展及国家住房、医疗等体制改革的深入，人们的消费模式和消费结构都发生了明显的变化。调查显示，子女教育费用、养老、住房排在居民总消费的前三位。企业营销人员要重视这些变化，及时调整好自己的营销战略。

（3）消费者储蓄和信贷情况。储蓄，是指人们将一部分可任意支配收入存储待用，包括银行存款、债券、股票、保险、不动产等。当收入一定时，储蓄越多，投资机会越多，现实消费量就越小，但潜在消费量就越大；反之，储蓄越少，投资机会越少，现实消费量就越大，但潜在消费量就越小。企业营销管理人员必须要全面了解消费者的储蓄情况，尤其要了解消费者储蓄目的的差异。目的不同，潜在需求量、消费模式、消费内容、消费发展方向往往会不同，从而影响着企业目标市场的选择。

2013年年初，我国城乡居民储蓄存款余额接近40万亿人民币，储蓄率为51.3%，而日本储蓄率为13.1%，美国储蓄率为12%。这说明我国居民对未来的预期不是很看好，所以，大量储蓄以备待用，主要是为教育、住房、养老等做准备，由此，推出这些行业需求潜力较大。较大的储蓄也说明我国消费潜力很大，家庭大件更新换代的需求、服务消费的需求、新兴和高端消费的需求特别旺盛，从总需求角度来看，我国正处于消费升级阶段。

信贷，信贷主要是指消费者信贷，是金融或其他商业机构向有一定支付能力的消费者融通资金的行为。消费者信贷使消费者可以先凭信用取得商品使用权，然后再按约定期限分期归还贷款。一般来说，消费者信贷行为主要表现为短期赊销（日常用品）、分期付款（住房、汽车及高档用品）和消费贷款（信用卡）等。消费信贷一般会受到借贷利率、预期收入、信贷方便性、对物价上涨预期以及生活观念、社会文化等因素的影响。目前，我国消费者信用体系还不完善，消费信贷限制很严格，消费者想通过信贷提前消费并不容易。

（三）自然环境

自然环境是指营销人员需要投入的自然资源或是受营销活动影响的自然资源。自然资源是自然界提供给人类各种形式的物质财富，如土地资源、水力资源、森林资源和矿产资源等。我国改革开放30多年，在经历了经济高速发展的同时，自然资源被过度开发和使用，带来了许多环境问题，水土流失、空气和水污染都达到了危险水平，人们越来越关注环境问题。营销人员应当注意自然环境变化的几个趋势。

1. 自然资源日趋短缺

自然资源可分为三类：一是"无限"的、取之不尽的生态资源，如空气、风能、太阳能等；二是有限但可以再生的生物资源，如动物、草地、粮食、森林等；三是有限而且不能再生的矿物资源，如各种金属和非金属矿物等。

空气和水似乎是取之不尽的资源，但人们已经看到了远期的危险。空气污染问题在世界许多大城市中非常严重，近年来，我国北京、上海、天津、长沙等城市雾霾现象越来越严重；水资源短缺也已成为全世界一些地区的严重问题，到 2030 年，全球超过 1/3 的人口将没有充足的饮用水。

森林和食物这类可再生资源必须得到有效利用。石油、煤和各种矿物等不可再生资源面临严峻的挑战，尽管这些资源仍然可得，但利用这些日渐稀缺的资源生产产品的公司已经面临成本大幅提升的巨大压力。营销者应该从危机中寻找机会，一方面，企业通过技术革新，开发新产品，降低对稀缺资源的消耗，如近几年出现的变频空调，因为省电而深受消费者喜欢；另一方面，开发可替代的原材料和能源产品，如有一些企业开发太阳能、核能、风能和其他形式的能源，生物可降解包装材料的出现，可重复使用的购物袋等。

2. 自然环境污染加重

工业一直以来总是在破坏自然环境的质量。例如，化学废料和核废料，海洋中危险的汞含量，土壤和食物中化学污染物的数量，以及不能被土壤降解的瓶子、塑料袋和其他包装物。

我国经济高速发展的同时，带来了许多环境问题，例如，汽车工业发展、国内汽车的拥有量直线上升，不仅造成了严重交通拥堵，而且大量汽车尾气的排放，使得空气污染加重；农业经济发展，大量的农药、化肥的使用，不仅使得食物农药残留超标，而且导致农村水污染严重。

3. 政策干预日益加强

环境污染已成为举世瞩目的问题，各国政府都开始积极采用各种措施以加强对环境的保护。例如，美国政府规定，向美国出口的汽车，必须装有防污染装置，并要达到美国政府的汽车废气排放标准；欧洲各国的政府按汽车发动机的规格来征税；我国在 1989 年已经出台《中华人民共和国环境保护法》，2014 年 4 月，经过修订后的环境保护法，更加重视经济可持续发展，重视人与自然的和谐共生，对工业生产和农业生产的要求更加严格。例如，《环境保护法》第四十六条规定：国家对严重污染环境的工艺、设备和产品实行淘汰制度；任何单位和个人不得生产、销售或者转移和使用严重污染环境的工艺、设备和产品；禁止引进不符合我国环境保护规定的技术、设备、材料和产品。《环境保护法》第四十九条规定：各级人民政府及其农业等有关部门和机构应当指导农业生产经营者科学种植和养殖，科学合理施用农药、化肥等农业投入品，科学处置农用薄膜、农作物秸秆等农业废弃物，防止农业面源污染；禁止将不符合农用标准和环境保护标准的固体废物、废水施入农田；施用农药、化肥等农业投入品及进行灌溉，应当采取措施，防止重金属和其他有毒有害物质污染环境；畜禽养殖场、养殖小区、定点屠宰企业等的选址、建设和管理应当符合有关法律法规规定；从事畜禽养殖和屠宰的单位和个人应当采取措施，对畜禽粪便、尸体和污水等废弃物进行科学处置，防止污染环境。县级人民政府应负责和组织好农村生活废弃物的处置工作。

对于自然环境的保护，一些开明的企业所做的远远超过了政府规定，它们制定实施公司可持续发展战略，致力于创造地球可以永久负担的世界经济，它们响应消费者的需求，提供更多环保产品，以获得消费者的支持。今天的企业已经不仅仅局限于做慈善工作，越来越多的公司认识到良好的生态环境与经济健康发展之间的联系，它们意识到对环境负责就是对企业负责，因此，不仅在企业生产、销售中坚持环保，而且将环保理念传递消费者。例如，百事可乐公司在中国传播环保理念，从校园开始，在上海大学生中举办"百事环保校园行"活动，激发年轻人创意，培养环保意识。

案例启示

2011 年 11 月 6 日，百事环保盛典在上海东华大学激情上演，经过五个月的校园选拔，来自上海各大高校的 20 名入围者展开了火热 PK，最终来自东华大学、华东理工大学、复旦大学、上海视觉艺术学院等高校的"罐子哥""瓶子妹"等 6 名同学，夺得了环保达人和环保 T 台秀两项比赛的前三甲，上海百事可乐有限公司市场总监韩秀超先生亲临现场，公布了获奖名单，并坦言，百事品牌希望通过环保平台鼓励更多的年轻人拥有自己的蓝色梦想。

（四）技术环境

技术环境，是指影响企业生产经营活动的外部科学技术因素。科学技术是人类在长期社会实践中所积累的经验、知识和技能的总和。它是社会生产力中最活跃的因素，新技术使市场供求发生大幅度变化。一种新技术的出现会创造出一个新兴行业或一种新产品，也会取代一个旧行业或替代一种老产品，会给某些企业带来市场机会，同时也会给另一些企业造成严重威胁。网络技术出现，给电子商务企业带来了市场机会，但给实体零售业带来了巨大的冲击；数码技术的出现创造了数码产业，利用数码技术的制造商获得了空前的市场机会，但让传统化学成像企业受到巨大冲击，世界影像巨头柯达公司，在过去的 15 年内，市值从 300 亿美元直跌到 1.75 亿美元，2012 年 1 月 19 日，这个有着 132 年历史的黄色巨人不得不向美国政府提交破产保护申请。

技术环境变化非常迅速。试想一下，今天看来最普通的产品在 50 年前可能根本不存在，甚至在 30 年前，我国许多人对于数字通信、笔记本电脑、数码相机知之甚少，对云计算技术、智能手机、移动办公室更是闻所未闻。未来技术会怎样？我们都无法预料。

案例启示

中国台湾、美国正在研究的无线射频识别技术可让你购买的每个产品中都装有一个微型发送器，用来跟踪产品生产—使用—废弃的整个过程，这听起来有点吓人，但确实已经产生了，不久将会出现在像沃尔玛、家乐福这些大超市内。

当无线射频识别技术全面投入使用时，每一件商品都内含一个微型发送器，当你在购物中心的商品走道里徘徊时，货架感应器会侦测出你的选择，并且在你小推车的屏幕上播放广告，提供特价处理的相关商品信息。当你的购物车里放入了所购商品，感应器若侦测出你可能是为一个晚餐聚会购买商品，屏幕上就会建议你为这次筹划的晚餐搭配一瓶葡萄酒。当你离开商店时，出口感应器会自动统计你的消费金额，并自动记入你的信用卡。在家里，读取器会跟踪你冰箱里的食物情况，当储存的东西变少时，会自动更新购物单。为了计划周日的晚餐，你取出购买回来的速食羊肉串放入智能烤箱，烤箱会根据芯片上储存的说明，烹饪出美味的食物。这看起来似乎很遥远，但这种技术在几年前，台湾、香港都已研究成功了，不久就会出现在现实中。

许多公司已经开始使用无线射频识别技术（RFID）追踪商品经过的配送渠道的不同节点，现在物流公司普遍使用了这一技术后，你可以通过网络随时查到网上购买的商品，或物流寄送的货物的确切位置。沃尔玛大力支持向其配送中心运货的供应商在它们的托盘上应用RFID标签，至今有超过600家的沃尔玛供应商已经实行。也有服饰零售商应用RFID技术管理旗下大量零售店库存。每一个库存商品带有一个RFID标签，该标签在货物入库时被扫描。零售店在同一时间单品仅摆放一件商品在货架上，当商品被出售，售点RFID阅读器会通知库存系统，并督促员工新领取一件商品放到货架上，位于库房和货架之间的RFID阅读器会检测到这一过程。总之，这一系统创造了高效库存管理并能确保正确的商品总是在架。使用这种技术的服饰零售店比其他店的平均销售额高14%，库存空间降低15%。由于每天无须花5个小时或更多时间来人工查货，连锁店中使用这一系统的店铺可以少雇用20%～30%的雇员。

技术环境给企业营销带来了许多机会，同时也带来了许多挑战。如果旧产业忽略或抵制新技术，它们自身就会衰弱。因此，市场营销者应该密切关注技术环境变化，以免错失了新产品和市场机会。

同时，新技术的出现也给营销理念和营销方法带来了冲击。传统观念认为，营销就是营销人员向消费者传递产品或服务的信息，而网络技术的发展，完全改变了这种思维，现在的营销，完全是互动营销，有时候甚至是消费者主动营销，如通过网络寻找卖家，组织团购，进行反向定价。营销渠道由传统的实体店向实体店和网络虚拟店转化，线上、线下同时进行产品销售；沟通和促销的方式由传统的电视、广播、户外向网络、微信、社交网站、新浪播客等多媒体、自媒体转化。由于网络技术的发展，现在人人都成为了营销者，因此，营销面临的挑战很大。

（五）政治法律环境

政治法律环境是企业宏观环境的一个重要组成部分，世界各国有着不同的政治制度和法律制度，国际上及国家间存在着各种各样的条约、公约和协定，这些都会直接或间接地影响企业的营销活动。因此，分析企业营销的政治和法律环境，是企业制定市场营销决策的重要一环。

1. 政治环境

（1）政治的安定性。一国政治的安定性关系到该国政府政策的稳定性和持续性。国际营销企业最关心的是东道国政府的政策是否明确、合理且长期保持不变。诸如政权更替、暴动、罢工、骚乱等事件的发生会给国际企业带来消极影响，甚至有时外国公司可能成为东道国社会不满情绪和国内危机的替罪羊。政权更替频繁，意味着一国的政策、法规会随着政权的更替做相应的变化，从而导致政府政策的非持续性和不稳定性。企业在这类国家从事营销活动，就不得不频繁调整自己的政策。30年前我国对外开放，引进大量外资，许多跨国公司来到我国，他们对我国的政治环境非常关注，而今天，我国许多企业开始走出去，开拓国际市场，我们同样开始关注世界各国政治的安定性。

（2）政府的政策。一个政府的政策不仅会影响本国企业的营销活动，而且还会影响外国企业在本国市场的营销活动。这些政策中除经济政策外，还有诸如人口政策、能源政策、物价政策、财政政策、金融与货币政策等，这些都是企业在确定营销目标、调整产品结构时必须要考虑的。30 年前中国全面推行计划生育政策，造就了今天的独生子女一代，出现了 4-2-1 家庭模式，独生子女们的消费能力极强，特别是对现代电子产品需求量很大，对价格承受能力极高，所以苹果公司和三星公司都将目标市场瞄准了我国的 80、90 后一代人。

（3）国际关系。发展国际间的经济合作和贸易关系是人类社会发展的必然趋势，所以企业在进行市场营销活动时，除了分析本国和东道国政治环境外，还必须要分析国际关系。国际关系主要包括两方面的内容：一是企业所在国与营销对象国之间的关系；二是国际企业的营销对象国与其他国家之间的关系。中日关系对两国商品在对方国内的营销都有很大的影响，日本对中国出口的商品要求苛刻；同样，日货在中国市场也遇到许多阻力，2012 年出现的反日情绪，砸日系车事件，对日系车在中国的销售带来了不小的影响。

2. 法律环境

法律环境指国家主管部门及省、市、自治区颁布的各项法规、法令、条例等。法律是评判企业营销活动的准则，只有依法进行的各种营销活动才能受到国家法律的保护。所以企业开展营销活动，必须了解并遵守国家或政府颁布的有关经营、贸易、投资等方面的法律、法规。如果企业从事国际营销活动，则既要遵守本国法律制度，还要了解和遵守东道国的法律制度和有关的国际法规、国际惯例和准则。例如，德国禁止进口英国的割草机，因为英国的割草机达不到德国的噪声标准；而英国禁止进口法国牛奶，原因是英国牛奶习惯上以品脱为单位，而法国则以公升为单位，这不符合英国的习惯。无论市场所在国设定这些限制条件是出于何种目的、如何苛刻，企业都必须严格遵守。

随着我国经济体制改革的不断深入及对外开放程度的不断提高，我国对经济立法和执法日益重视。近年来颁布与修订的法规主要有《合同法》《中外合作经营企业法》《商标法》《环境保护法》《广告法》《公司法》《产品质量法》《食品安全法》《反垄断法》《价格法》《消费者权益保护法》等。我国影响市场营销的重要立法见表 3-2。企业必须对这些法律进行研究，才能保证自身严格按法律办事，同时又能运用法律的手段保护企业自身的权益。

表 3-2 我国影响市场营销的重要立法

立　法	目　的
《中华人民共和国合同法》 （1999-10-1 实施）	保护经济合同当事人的合法权益，维护社会经济秩序，促进社会主义现代化建设
《中华人民共和国消费者权益保护法》（修订版，2014-3-15 施行）	保护消费者的合法权益，维护社会经济秩序，促进社会主义市场经济健康发展
《中华人民共和国广告法》 （2014-9-1 修订）	规范广告活动，促进广告业的健康发展，保护消费者的合法权益，维护社会经济秩序，发挥广告在社会主义市场经济中的积极作用

（续表）

立　　法	目　　的
《中华人民共和国商标法》 （2013-8-30 修订）	加强商标管理，保护商标专用权，促使生产、经营者保证商品和服务质量，维护商标信誉，以保障消费者和生产、经营者的利益，促进社会主义市场经济的发展
《中华人民共和国反垄断法》 （2008-08-01 实施）	预防和制止垄断行为，保护市场公平竞争，提高经济运行效率，维护消费者利益和社会公共利益，促进社会主义市场经济健康发展
《中华人民共和国价格法》 （1995-5-1 实施）	规范价格行为，发挥价格合理配置资源的作用，稳定市场价格总水平，保护消费者和经营者的合法权益，促进社会主义市场经济健康发展
《中华人民共和国产品质量法》 （修订后 2004-9-1 实施）	加强对产品质量的监督管理，提高产品质量水平，明确产品质量责任，保护消费者的合法权益，维护社会经济秩序
《中华人民共和国食品安全法》 （2009-02-28 颁布）	保证食品安全，保障公众身体健康和生命安全
《中华人民共和国环境保护法》 （2014 修订通过，2015-1-1 实施）	规范公司的组织和行为，保护公司、股东和债权人的合法权益，维护社会经济秩序，促进社会主义市场经济的发展
《中华人民共和国专利法》 （2008 年修订实施）	保护专利权人的合法权益，鼓励发明创造，推动发明创造的应用，提高创新能力，促进科学技术进步和经济社会发展
《中华人民共和国公司法》 （2012 年修订，2014-3-1 实施）	规范公司的组织和行为，保护公司、股东和债权人的合法权益，维护社会经济秩序，促进社会主义市场经济的发展
《中华人民共和国中外合作经营企业法》 （2000-10-31 修订实施）	扩大对外经济合作和技术交流，促进外国的企业和其他经济组织或者个人按照平等互利的原则，同中华人民共和国的企业或者其他经济组织在中国境内共同举办中外合作经营企业
《中华人民共和国对外贸易法》 （2004-7-1 实物）	扩大对外开放，发展对外贸易，维护对外贸易秩序，保护对外贸易经营者的合法权益，促进社会主义市场经济的健康发展

　　工商立法的必要性主要有几个方面的原因：首先，是保护公司不受到来自其他公司的伤害。例如，可通过法律限定并避免不正当竞争的发生，通过国家颁布的《反垄断法》《价格法》《广告法》来规范公司的竞争行为。

　　其次，政府监管的目的是为了保护消费者，避免他们的权益受到不正当商业活动的侵害。如果没有法律，有的公司就会制造劣质产品，侵犯消费者的隐私，做虚假广告误导消费者，通过包装和价格欺骗消费者。这类不正当的商业活动已经被明确界定，并受到各种机构监控。

　　第三，政府监管的目的是保证全社会的共同利益不受到无规范商业活动的侵害，维护市场经济的正常秩序。获利企业的经营并不一定能提高生活质量，制定一些规则可以保证企业为其生产或产品的社会效益负责。

　　政府执法部门与公司营销活动有着密切关系，营销人员要与众多的政府执法部门打交道。例如，我国有对外贸易部门，从事进出口贸易工作的营销人员就必须了解我国进出口相关法律法规，并与对外贸易部门，如海关人员保持良好工作关系。国内市场经常会与工商管理部门、卫生监督部门、食品安全检验部门、价格管理部门、消费者保护协会、环境保护部门、税务部门等有工作关系。由于政府机构在执行法律时有一定的自主权，因此它们对公司的营销活动可能会有重要的影响。

新的法律及执法部门还会继续出现，营销经理们在策划其产品和营销方案时必须注意这些发展趋势。营销人员应当了解有关保护竞争、消费者和社会的主要法律，包括各地的不同行政管理实施条例。

（六）文化环境

文化是指一个社会或群体的民族特征、价值观念、生活方式、风俗习惯、语言文字、宗教信仰、道德伦理、教育水平、社会结构等的总和。文化是人类文明长期发展的结晶，不同的地域或民族产生了不同的文化环境，由此导致了消费者心理和行为上的千差万别，下列文化因素可能影响企业营销决策。

1. 语言文字

语言文字是人类最重要的交流工具，同时也是最重要的文化因素之一。市场营销管理人员一定要注意不同国家或地区在语言文字表达上的差异及其对消费者购买行为的影响。如美国新泽西标准石油公司曾用"Esso"和"Enco"两个品牌名，但"Enco"品牌的汽油初入日本时无人问津。原来，"Enco"在日语中听起来像"抛锚的车"。"白象牌"电池在我国曾经是名牌货，但英文中白象"White Elephant"的意思却是"华贵但却笨重和无用"。我国生产的一种扑克被命名为"马戏牌"，并把"马戏扑克"的汉语拼音印在盒子上，成为"Maxi Puke"。而"Maxi Puke"在英文中的意思是"最大限度地呕吐"，令顾客望而掩口。今日香港知名品牌金利来，最早品牌名为"金狮"，"金狮"用粤语说就是"尽输"，当然就没有人想买这样的产品。语言文字是传达产品或服务信息、宣传产品特征、表达消费诉求的重要工具，我国是一个多民族国家，民族语言十分丰富，地域十分广泛，地方方言非常多，如果营销人员对民族语言和各地方言缺乏了解，在区域市场开发中就必须聘请本土的营销人员加入到企业营销团队中来。

2. 宗教信仰

宗教信仰也是文化的重要组成部分，而且是处于文化深层的东西，它直接或间接地影响着人们的价值观念和行为，进而影响着企业所从事的营销活动。当产品与宗教信仰相冲突时，企业会招致损失，如我国曾向伊朗出口 10 万辆自行车，因为在车座所用皮革上没注意伊斯兰教的特殊要求，被伊朗进口商刁难。伊朗方面提出，车座所用皮革是不是牛皮，牛是否按伊斯兰教要求的方式屠宰，若不是，则要求退货或削价处理。如果能够得到宗教人士的认可，就能取得非常好的效果。例如，阿拉伯国家那些虔诚的穆斯林教徒，每日祈祷五次，每次祈祷时都要跪在地毯上，面向圣城麦加。1984 年，比利时地毯厂商范得维格，将扁平的指南针嵌入祈祷用的地毯上，指针始终指向麦加城。穆斯林教徒用这种地毯时，可以方便而准确地找到方向，虔诚朝拜。这种嵌有指南针的地毯一上市就得到了阿拉伯国家穆斯林教徒们的喜欢。

3. 教育水平

教育水平是指消费者受教育的程度。一个国家或地区教育水平的高低及其普及程度的差异，不仅会影响到市场营销调研、广告媒介的选择、产品说明的形式等营销活动和手段，还会影响企业产品的设计和生产、员工的招聘和培训、企业管理方式等。一般来说，教育水平高的地区，消费者对商品的鉴别能力强，容易接受广告宣传和接受新产品，购买的理性程度较高。因此，可以通过现代新媒体进行营销沟通，采用最新技术开发和设计产品，提供高品质、品牌效用好的产品到这些区域。而对于一些教育水平低的地区，如果用文字形式做广告，则难以收到效果，可以用电视、广播和当场表演形式，向这些区域推出适合操作、经济适用的产品。

例如，一家欧洲跨国公司在非洲撒哈拉沙漠南面的一些国家推销一种婴儿食品，产品包装上写明这种食品要用开水冲泡（因为在那些地方，饮用水一般都是未经消毒的）。但那里的人们多数是文盲，看不懂说明，而且也不知道把水烧开杀菌这一基本道理，或者根本不把杀菌当回事。因此，该公司销售的婴儿食品实际上成了病菌的载体。还有一家西方大公司也在非洲某国销售其婴儿食品。考虑到当地文盲众多，公司在食品标签上使用了一个婴儿头像。不幸的是，当地人看到这个标签后，以为容器里装的是绞碎了的婴儿肉！原来，当地的习惯做法是，产品标签上的图像是什么，就表示容器里装的是什么。

4. 价值观念

价值观念是指人们对社会生活中各种事物的态度和看法。价值观不同，则消费理念、生活方式不同，营销者要深入了解不同价值观人群的特点，制定相应的营销组合策略。

核心价值观具有持久性，一个人的核心价值观是在特定的社会成长环境下，经历长期的环境熏陶形成的，具有持久性，不能轻易改变。例如，我国 20 世纪 60~70 年代出生的人，生活勤俭、重孝道、喜欢储蓄、追求稳定工作；而 20 世纪 80~90 年代出生的人，信奉自由、追求个性、以自我为中心、追求变化的工作环境。这些观念会体现在对待生活的态度、消费行为方面。核心价值观由父母传给孩子，并通过学校、企业和政府加以巩固。

从属价值观是受到周围环境影响而形成的观念，相对容易改变。例如，信奉婚姻是核心价值观，而信奉早婚是从属价值观。营销人员要想改变人们的核心价值观几乎不可能，但却可以影响人们的从属价值观的变化。

社会的主要价值观通过人们对自己和他人的看法，以及对组织、社会、自然和宇宙的看法表现出来。

（1）人们对待自己的看法。人们在对待自己和他们的态度上存在很大差异。一些人追求个人生活的快乐、多变而且无负担；另一些人则通过参加各种社会团体、娱乐以及对事业或其他生活目标的追求来实现自我。一些人认为自己是分享者和组织者，而另一些人则视自己为个人主义者。人们把产品、品牌和服务作为自我表达的方式，购买与自己观点相匹配的产品和服务。

商家可以把他们的产品和服务定位在对这些自我表达认同的体现上。移动通信的校园品牌"动感地带"就是为了吸引那些刚脱离家长管束，渴望独立自主的大学生们，"我的地盘我做主"喊出了他们的心声，引起了他们的共鸣；而面对追求工作效率和通信质量的商务人士及公务人员则将通信产品定位为"信道好，才是真的好。"

（2）人们对待他人的看法。随着科技进步，互联网、智能手机的出现，再加上我国计划生育政策，独生子女现象，人与人之间有温度的交流越来越少，人们对待他人的态度正在发生转变。例如，近年来出现了"宅男""宅女"，除了上学、上班之外，很少出门，甚至连用餐都直接上网订购，因此，肯德基在我国的"宅急送"业务越来越大，今天的企业如果还没有"触网"，就有可能不被消费者接受。另外，受西方文化影响，人们的交往形式与传统有了很大差异，过去朋友聚会，总是习惯由某人做东买单，而现今80、90后们的聚会AA制被普遍接受，大学周边的快餐厅在菜单上打出广告——AA制是现代人的生活方式，目标瞄准的就是年轻群体。

（3）人们对待自然的看法。人们对自然界的态度各不相同，有人认为自然界有巨大的统治力量，有人与其相处融洽，还有人在寻求如何控制自然界。长期以来，人们一直以为自然资源是取之不竭的，并通过技术不断增强对自然资源的攫取。然而，随着自然环境的恶化，人们开始认识到自然是有限的、脆弱的，人类的活动可能损害它，无节制地消耗自然资源，可能会给地球带来毁灭性灾难。人们开始追求健康可持续的生活方式，消费自然的、有机的、营养的产品，对节能汽车和低碳环保产品的需求日益增加。美国在2008年已经开始进行绿色认证，从住宅、太阳能系统到家电，其市场规模已经达到1000亿美元，这种理念，在不远的将来就会出现在我国。食品制造商已经发现天然有机食品的市场规模扩大很快。我国大城市的一些大超市已经设立了天然有机食品专区和专柜。长沙的家乐福已经设置了有机蔬菜和自然肉食专柜，消费者开始接受天然的食品，关注健康生活方式。美国土地农场，这是一家种植并销售有机农产品的公司，它创建于1984年。当时，其创始人只想做些有意义的事情，他们种植有机农产品，提供给他们的家人、朋友和邻居。今天，土地农场已经发展成为世界上最大的有机蔬菜生产商，拥有3.5万英亩庄稼，每年销售4500万美元，产品供应全美75%的超级市场。

四、市场营销环境综合分析（SWOT）

按系统论的观点可知，企业与外部环境共同形成一个大系统。企业内部与外部环境是这一大系统中的两个子系统，两者必须相互配合，才能产生系统效应。而从企业角度看，外部环境这一子系统是企业不能控制的客观条件，处于不断变化中。所以，企业必须经常对自身系统进行调整，才能适应外部环境的变化。

外部环境的变化对任何一个企业产生的影响都可以从两方面进行分析：一是对企业市场营销有利的因素，即它对企业来说是环境机会；二是对企业市场营销不利的因素，即它对企业来说，是环境威胁。

进行市场营销环境分析的目的就是通过搜集大量的有关环境信息，并结合企业自身的优势和劣势，从中判定出企业面临的机遇和挑战，从而为企业营销战略、战术的制定、实施和调整提供依据。市场营销环境综合分析又可称为SWOT分析，通过这一分析，企业能够评价自身的整体优势（Strengths）和劣势（Weaknesses），以及市场带给自身的机会（Opportunities）和威胁（Threats）。

（一）外部环境分析（OT分析）

1. 市场机会分析

所谓市场机会是指营销环境中对企业市场营销有利的各项因素的总和，是可以使企业发挥优势的外部环境因素和趋势。发掘市场机会是企业市场营销管理的一项重要使命。有效地捕捉和利用市场机会，是企业营销成功和发展的前提。企业只有密切注视营销环境变化带来的市场机会，适时做出适当评价，并结合企业自身的资源能力，及时将市场机会转化为企业机会，才能开拓市场，扩大销售，提高企业市场占有率。需要指出的是市场机会是无限的，它并不全是企业机会。

分析和评价市场机会主要考虑两个方面：考虑机会给企业带来的潜在吸引力的大小；二是考虑机会出现的概率的大小，如图 3-3 所示。

潜在的吸引力 \ 成功概率	大	小
大	区域1	区域2
小	区域3	区域4

图 3-3　市场机会矩阵

区域 1：成功概率比较大且潜在吸引力大。这是企业最有利的市场机会，企业应竭尽全力谋发展。

区域 2：成功概率比较小但潜在吸引力大。企业应设法改善自身的不利条件。如企业成功概率小，有可能是企业内部组织管理不善、产品质量差、技术水平低、人员素质差等各方面原因，企业要想方设法来扭转企业的不利因素，从而改善企业自身条件。这样的话，此区域的市场机会就会逐步过渡到区域 1 而成为最有利的市场机会。

区域 3：成功概率比较大但潜在吸引力小。大型企业对这种机会一般不会积极加以利用，往往只是观察其变化趋势；而中小型企业往往可以利用，因为其产生的利润足够中小企业的生存和发展。

区域 4：成功概率比较小且潜在吸引力小。此时市场机会小，企业往往采取放弃策略，同时企业应积极改善自身的条件以适应新的环境。

案例启示

1875 年，美国罐头大王亚默尔在报纸上看到一条“豆腐块新闻”，说是墨西哥畜群中发现了病疫。有些专家怀疑是一种传染性很强的瘟疫，亚默尔立即联想到，毗邻墨西哥的美国加利福尼亚州、德克萨斯州是全国肉类供应基地，如果瘟疫传染至此，政府必定会禁止那里的牲畜及肉类进入其他地区，造成全国供应紧张，价格上涨。于是，亚默尔马上派他的家庭医生调查，并证实了此消息，然后果断决策：倾其所有，从加、德两州采购活畜和牛肉，迅速运至东部地区，结果一下子赚了 900 万美元。

从这则案例中我们可以发现企业要时刻关注市场环境的变化情况，善于捕捉对企业有用的信息，发现机会；同时，还要果断决策，适时把握机会，就可以盈利。

2. 环境威胁分析

所谓环境威胁是指营销环境中对企业营销不利的各种因素的总和。企业面对环境威胁，如果不果断采取营销措施，避免威胁的发生，其不利的环境趋势就会伤害企业的市场地位，甚至使企业陷入困境。因此，营销者要善于分析环境发展趋势，识别环境中潜在的威胁，并正确认识和评估威胁出现的概率大小、对企业的影响程度。为了方便分析问题，可采用威胁矩阵图进行分析，如图3-4所示。

区域1：威胁出现的概率大，影响程度大，企业必须高度重视，企业必须严密监视和预测其发展变化趋势，及早制定应变策略。

区域2：虽然出现概率低，但一旦出现，给企业营销带来的危害将特别大，因此，必须密切关注，及时把握发展趋势，采取应对策略。

区域3：虽然对企业影响不大，但出现的概率高，企业应该予以关注，准备应对措施。

区域4：出现概率小，影响也小，企业应主要注意观察其变化发展趋势，看其是否有向其他区域发展的可能。

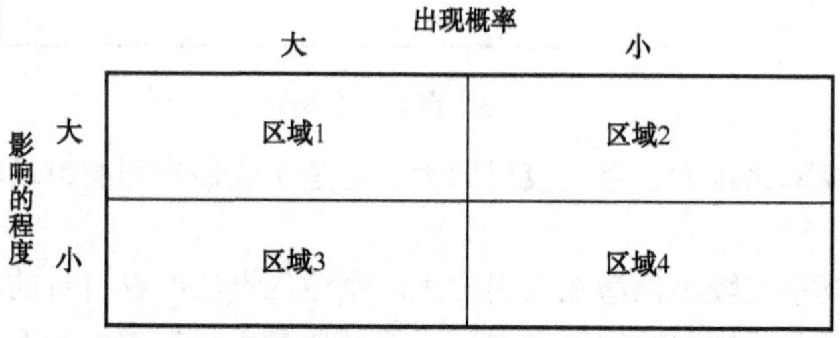

图 3-4　市场威胁矩阵

企业在对市场营销环境进行分析和评价的基础上采取相应的对策，把握市场机会，避免环境威胁。一般说来，企业对环境威胁可选用三种策略：

（1）反抗策略：即试图限制或扭转不利因素的发展。如通过各种方式促使政府通过某种法令或达成某种协议，或制定某项政策来改变环境的威胁。

（2）减轻策略：即通过调整市场营销组合，改变营销策略，以减轻环境威胁的严重性。

（3）转移策略：即在企业无法反抗或减轻所面临的环境威胁时，将产品转移到其他市场、或转移到其他盈利更多的产品行业。

对于任何一个企业来说，机会与威胁都是并存的，并且可能在一定条件下相互转化。当机会来临时，企业若把握好了，则能充分利用机会打败对手，发展、壮大自己；反之，企业则会渐渐失去优势，失去发展良机。同样，当企业面对威胁时，如果能灵活应变，则可以变不利为有利，为企业找到一个新的发展机会。

（二）内部环境分析（SW分析）

识别环境中有吸引力的机会是一回事，拥有在机会中成功所必需的竞争能力是另一回事。每个企业可按标准指标体系对企业优、劣势进行分析，下面提供一个关于公司绩效的优势/劣势分析检查表，这个表上有关于企业能力的四个主要方面，即营销能力、资金能力、制造能力、组织能力。每一要素都要按照特强、稍强、中等、稍弱或特弱分级，这种分级是相对本行业平均水平进行的。很显然，公司不应去纠正它的所有劣势，也不必对其优势全部加以利用。关键是企业应如何利用现有优势，并把握机会，利用优势克服威胁，创造条件改变劣势。如表3-3所示。

表 3-3　公司绩效的优势/劣势分析检查表

	绩效					重要性		
	特强	稍强	中等	稍强	特弱	高	中	低
营销能力								
1．公司信誉								
2．市场份额								
3．顾客满意								
4．顾客维系								
5．产品质量								
6．服务质量								
7．定价效果								
8．分销效果								
9．销售人员效果								
10．促销效果								
11．创新效果								
12．地理覆盖区域								
资金能力								
13．资金成本或利用率								
14．现金流量								
15．资金稳定								
制造能力								
16．设备								
17．规模经济								
18．生产能力								
19．高凝聚力员工队伍								
20．按时交货的能力								
21．技术和制造工艺								
组织能力								
22．有远见和有能力的领导								
23．高素质的员工队伍								
24．组织制度完善								
25．公司弹性和适应能力								

（三）综合环境分析

1．外部环境中机会与威胁综合分析

在企业实际面临的客观环境中，单纯的机会和威胁是很少的。往往威胁与机会同在，机

遇与挑战并存。根据综合环境中威胁与机会的不同，形成综合环境分析矩阵（图 3-5）。

机会大小 \ 威胁水平	大	小
大	区域1：冒险业务	区域2：理想业务
小	区域3：困难业务	区域4：成熟业务

图 3-5　综合环境分析矩阵

区域 1：冒险业务，机遇大，威胁也大。这种状况一般出现在新兴行业的产品研发时期，如果企业实力雄厚，且能把握时机，就有可能抓住机遇，进入新领域，获得竞争优势。例如，柯达其实最早研发成功了数码技术，但决策层却没有预测到未来市场发展趋势，丧失了进入数码行业的领先机会。

区域 2：理想业务，机遇大，威胁小。这种状况一般出现在有发展前景的新兴行业成长期，技术比较成熟，市场容量很大且近期无法满足，竞争者进入较少，所以很多企业争相进入。

区域 3：困难业务，机遇小，威胁大。这种状况一般出现在成熟行业衰退期，替代产品不断涌现，市场容量基本饱和，企业间的竞争非常激烈，甚至出现了过度竞争。

区域 4：成熟业务，机遇小，威胁也小。这种状况一般出现在一些传统行业，产品和技术都很成熟，市场竞争格局稳定，利润均衡，对新进入者吸引力不大。

企业应特别重视区域 2 的市场营销环境，把主要精力放在对这种环境的检测和改变上，同时也应该对区域 1 的市场营销环境引起一定的重视。要回避区域 3，保持区域 4，并且不断开发新产品，开辟新领域，保持企业可持续增长。

2. 内外环境综合分析（SWOT 分析）

SWOT 分析是一种对企业的优势、劣势和环境的机会、威胁进行的综合分析，在分析时，应该首先将企业内部因素中的优势和劣势集中起来，然后根据外部环境对这些因素进行评估，分析出有利于企业的机会和可能对企业发展存在的现实与潜在的威胁。营销分析的目标是将企业的优势同环境中具有吸引力的机会结合起来，同时减少或者克服企业劣势并降低环境威胁。通过企业内外环境因素的综合平衡，可以决定公司应该做什么、不应该做什么，以及什么时候做。

可以按以下步骤建立一个 SWOT 分析图（图 3-6）。

（1）识别出企业所有的优势因素，并分成两组。其中一组因素与行业中潜在的机会有关，而另一组因素则与行业中潜在的威胁有关；

（2）识别出企业所有的劣势因素，并分成两组。其中一组因素与行业中潜在的机会有关，而另一组因素则与行业中潜在的威胁有关；

（3）建立一个矩阵，每格占 1/4；

（4）将公司的优势和劣势因素与行业机会与威胁因素进行配对，找出企业能够把握机遇的优势和可以克服威胁的优势。

内部环境因素

	优势	劣势
外部环境因素 机会	区域1：利用这些	区域2：改进这些
外部环境因素 威胁	区域3：监视这些	区域4：消除这些

图 3-6　SWOT 分析

以上的 SWOT 分析图，可以为企业进行相应的决策提供依据：

（1）企业面对现有的市场机会，具有营销优势，利用这些机会，把握时机，这是企业真正的优势。

（2）企业目前所在的领域潜在机会大，但企业处于劣势。有两种选择：一是改变劣势，重新抓住机会；二是放弃机会，并不是所有的机会都是企业的，企业只需要发挥优势，而不必花太多精力去改变劣势。

（3）企业进入了一个威胁较大的行业，但具有较大营销优势，可以严密监视环境变化趋势，采取有利于企业的措施，充分发挥营销优势，变威胁为机会。

（4）企业对于市场威胁大、营销处于劣势的经营环境，应该立即采取放弃策略，另辟发展途径。

案例启示

某烟草生产企业面临如下市场环境：①发展中国家吸烟人数增加，中国有近 3 亿烟民；②烟草生产企业所在省将烟草业列为"十一五"支柱产业；③国家规定所有的香烟包装上都必须印上关于吸烟有害健康的警告；④有些国家的某些地方政府禁止在公共场所吸烟（香港禁烟令）；⑤研究发明用莴苣叶制造无害烟叶的方法；⑥医学界正在研制一种消除尼古丁的新方法；⑦烟草营销受国家烟草法律法规约束；⑧许多发达国家吸烟人数下降。

对市场营销环境因素进行分析，发现①、②是对烟草企业吸引力大、且成功率较大的外部环境因素；⑤的成功率较高，但市场吸引力不大，因为烟草由莴苣叶替代后，烟的品质发生改变，烟民不接受，没有需求；⑥的吸引很大，事实上许多烟草企业多年来一直致力于消除烟草内有害元素，但成功的可能性较低。

环境带给企业的威胁主要是④、⑧，会直接使烟草需求下降；③对烟民起到一定警示作用，潜在威胁大，但暂时烟民的意识没有提高，现实影响不大；⑦的影响并不大，企业不进行广告、促销，但利用公共关系树立烟草企业形象的成功率是很高的，因此，算不上威胁。

从综合环境分析矩阵图可以看出，烟草是一个冒险的行业，但目前在我国，特别是一些省将烟草列为传统产业中的支柱产业，是暂时的理想行业，但随着消费者健康意识的提高，人们会自觉戒烟，并且在香港一些地区出现了政府禁烟令。因此，烟草行业从发展趋势来分析，是一个高风险高回报的冒险行业，烟草企业应该适时把握机遇，并适时调整产品结构，开发新领域。

市场机会矩阵

潜在的吸引力	成功概率 大	成功概率 小
大	①②	⑥
小	⑤	0

市场机会矩阵

市场威胁矩阵

影响的程度	出现概率 大	出现概率 小
大	⑧④	0
小	③	⑦

市场威胁矩阵

综合环境分析矩阵

机会大小	威胁大小 大	威胁大小 小
大	①②⑧④	0
小		

综合环境分析矩阵

分析该烟草生产企业微观环境因素，找出企业内部的优、劣势，以便企业能以优势把握当前机会，并改进劣势。

建立公司绩效的优势/劣势分析检查表

	绩 效 水 平（分值）					重 要 性（权数）			期 望
	10	8	6	4	2	10	6	4	分值*权数
营销能力									
1. 公司信誉		8				10			80
2. 市场份额				4			6		24
3. 顾客满意		8				10			80
4. 顾客维系			6			10			60
5. 产品质量		8					6		48
6. 服务质量			6					4	24
7. 定价效果	10						6		60
8. 分销效果				4		10			40
9. 销售人员效果		8					6		48
10. 促销效果		8						4	32
11. 创新效果	10					10			100
12. 地理覆盖区域				4		10			40
资金能力									
13. 资金成本或利用率	10					10			100
14. 现金流量		8						8	64
15. 资金稳定		8						8	64
制造能力									

（续表）

	绩　效　水　平（分值）					重要性（权数）			期望
	10	8	6	4	2	10	6	4	分值*权数
16. 设备		8					6		48
17. 规模经济		8					6		48
18. 生产能力		8						4	32
19. 高凝聚力员工队伍		8				10			100
20. 按时交货的能力		8					6		48
21. 技术和制造工艺		8				10			80
组织能力									
22. 有远见和有能力的领导		8				10			80
23. 高素质的员工队伍			6			10			60
24. 组织制度完善		8				10			80
25. 公司弹性和适应能力			6			10			60

表格指标说明：

重要性为 10 的因素，期望值≥80 为优势因素，期望值≤60 为劣势；

重要性为 6 的因素，期望值≥48 为优势因素，期望值≤36 为劣势；

重要性为 4 的因素，期望值≥32 为优势因素，期望值≤24 为劣势。

以上企业优势主要表现在企业信誉、顾客满意、创新能力、企业资金能力和企业领导能力、企业凝聚力方面。企业劣势主要表现在员工素质、市场份额、顾客维系、服务质量、分销效果、地区覆盖及企业适应能力、应变能力方面。根据企业优、劣势及外部机会与威胁，做 SWOT 分析图。

	O 发展中国家吸烟人数增加，烟草业被列为支柱产业	T 政府禁止在公共场所吸烟，发达国家吸烟人数下降
S 公司信誉好；资金能力强；设备先进；领导能力强	SO 利用公司信誉和政策开发新产品，充分利用政府支持机会，树立品牌形象，开发国内市场，扩大市场占有率	ST 利用地方政府支持，游说政府制定有利于企业的政策；设立专门的吸烟室；限制外烟的进口
W 顾客满意度低；员工素质低；公司弹性\应变能力低	WO 加大公益投入，树立企业社会形象；提高员工素质；把握政策机会；向多元化发展	WT 重点放在国内市场和发展中国家市场；向相关产业转移，如向酒、食品行业转移

小结

公司必须随时观察并适应营销环境，以寻求机会和规避威胁。营销环境由所有影响公司在其目标市场有效运营能力的相关人员和因素组成。

1．影响公司顾客服务能力的环境因素

影响公司向顾客传递价值，提供服务的微观环境因素主要包括：公司自身环境——组成公司的各职能部门和管理层，因为它们影响营销决策。营销渠道企业——供应商和营销中间商，包括经销商、货物储运公司、营销服务机构和金融中介，它们相互协作，为顾客创造价值。竞争对手，因为有竞争对手就能促进公司与对手竞争，以提供更好的顾客服务。还有各类公众，公众的评价对公司的形象和潜在的市场有很大影响。最后是顾客因素，顾客的因素构成了五种类型的市场，即消费者市场、生产者市场、中间商市场、政府市场、国际市场。

宏观环境因素，是更广泛影响公司营销活动开展的外部因素，包括人口环境、经济环境、自然环境、技术环境、政治法律环境、社会文化环境。

2．人口环境及经济环境的变化如何影响营销决策

目前，我国的人口环境有如下特点：世界人口呈爆炸式增长，已经突破70亿大关，我国人口占世界人口近20%，已经达到13.66亿，中国人口开始步入老龄化；人口的地理迁移，我国城镇化率已经超过了50%，中国家庭规模趋小、形式走向多元化；中国公民受教育的整体水平提高。

经济环境是由那些影响购买力和购买方式的因素组成。我国居民经济收入普遍提高，整体消费水平和消费结构都呈上升趋势，但经济发展极不平衡，东部与西部、农村与城市不平衡，贫富差距拉大，富人更富，穷人更穷，中产阶级的规模过小，导致市场两极分化严重。

3．自然环境和技术环境的变化趋势

自然环境变化有三种趋势，即资源短缺日趋加重、环境污染更加严重、政府干预日益加强。人们对自然环境的关心给那些警觉的公司带来了市场机会。技术的进步既为一些企业带来了机遇，也给另一些企业带来了冲击。如果企业不能紧跟技术进步步伐，可能就会被市场所淘汰。

4．政治法律和社会文化环境的变化

我国政治稳定、政策透明，给企业营销发展带来前所未有的机会，国家正大力推行依法治国，给企业发展一个公平竞争的环境，同时，工商执法将更加严格、严肃。

文化环境是由社会中人们价值观、宗教信仰、教育水平、风俗习惯等因素组成的。随着我国的经济发展和网络时代到来，独生子女一代的核心价值观与前辈有较大差异，他们的观念更加前卫，以自我为中心、追求自由和个性，很容易接受新鲜事物，希望能够体现自我价值。

5．营销环境综合分析（SWOT分析）

营销环境分析的目标就是希望能够发挥企业优势去把握市场机会，规避威胁。企业不要把营销环境完全看成是不可控的外部因素，一味被动地服从，要积极地预测环境变化趋势，发现对企业有利的因素，并以企业优势去开发市场机会，争取主动权。

复习与思考

1．市场营销环境主要包括哪些因素，为什么说营销者在跟踪环境变化趋势方面具有优势？

2．讨论我国人口环境变化趋势，从营销角度分析这些趋势为企业带来了哪些机会和威胁？

3．讨论当前网络环境因素给企业带来的影响，列举企业利用网络环境获得成功的实例。

4．讨论当前营销人员必须关注的自然环境变化趋势，列举企业应对这些变化的实例。

5．讨论我国90后一代的核心价值观和从属价值观分别是什么，并用实例进行说明。说说企业如何向90后一代进行营销？

6．请利用SWOT分析方法来规划个人职业生涯发展的方向，发挥个人优势来把握职业发展机会。

实训操练

实训一：案例分析

一、实训内容

认识营销环境变化对企业营销活动的影响

二、实训准备

1. 授课老师根据学生认知水平选择适合的案例，提前布置给学生；
2. 学生利用课余时间熟悉案例资料，收集案例相关的背景材料；
3. 4～5人一组分组讨论，并记录讨论结论。

三、实训组织

1. 按小组讨论形式布置座次，同一小组成员坐在一起；
2. 每组由一名代表陈述案例的核心内容；
3. 每组由一名代表宣讲小组讨论的结论，小组其他成员补充；
4. 教师引导学生对不同的观点进行辩论，激发创新思维。

四、实训评价

1. 陈述者对案例内容十分熟练，表达清晰；（2分）
2. 宣讲内容观点明确，对环境影响因素分析透彻；（4分）
3. 积极参与辩论，具有创新性思；（2分）
4. 充分体现团队精神、集体智慧。（2分）

【案例分析】

农夫山泉标准门事件

2013年3月8日，消费者李女士投诉称，其公司购买的多瓶未开封农夫山泉380ml天然饮用水中出现了很多黑色不明物。发现这些水中的黑色不明物后，消费者李女士曾与农夫山泉联系，但是农夫山泉坚称产品合格的做法让她很气愤，也并未解答其黑色不明物究竟是何物的疑问。

3月15日，农夫山泉通过其官方微博作出回应称，细小沉淀物实为天然矿物元素析出所致。经第三方权威机构检测，符合国家标准中的各项安全指标，并不影响饮用，亦无安全问题。

3月25日，有网站爆料《农夫山泉丹江口水源地垃圾围城，水质堪忧》，将农夫山泉又一次推上风口浪尖。农夫山泉新闻发言人周力正告始作俑者和一些公关策划公司，商业竞争不能以消费者对食品安全的恐慌为代价。

4月11日，农夫山泉向中国网消费频道发声明回应称，农夫山泉饮用天然水的产品品质高于国家现有的饮用水标准，并指责华润怡宝蓄意策划抹黑农夫山泉。同时，农夫山泉还邀请媒体和消费者参观两者的水源和生产过程，以做比对。

4月12日，京华时报撰文称饮用水协会确认农夫山泉标准不及自来水。任何瓶装水企业都必须以国家强制性标准《生活饮用水标准》为底线，若不能执行则有违反国家食品安全法之嫌。

4月12日，农夫山泉微博发布关于质量与标准的声明——复《京华时报》报道，称指责农夫山泉标准不如自来水、浙江标准低于广东标准或者国家标准，是不严谨不科学的。

4月13日，京华时报再次撰文称农夫山泉质量声明混淆视听，自认自来水标准为底线，回避了其所执行的浙江标准中，重金属指标未达到自来水标准的问题。

4月14日，农夫山泉再发声明称京华时报无知。2011—2013年间浙江省质监局对农夫山泉天然水监督抽查共13批次，全部合格。京华时报拿整套标准中的几个指标做判定属强词夺理。

4月15日，京华时报发文称浙江部分指标是为农夫山泉特设。在农夫山泉发布声明自辩后，浙江质监局紧接着称"地方标准并不宽松"，中国民族卫生协会指出地方政府涉嫌袒护作假。

4月15日上午，农夫山泉通过微博警告京华时报"你跑不掉，也别想跑"，称信口开河的时代过去了，"农夫山泉产品标准不如自来水"这个问题必须给公众讲清楚。再次申明农夫山泉砷、镉、硒、硝酸盐和溴酸盐五项指标检测结果优于国标2～11倍。

4月16日，京华时报四度撰文称检测报告佐证农夫山泉不如自来水，称由上海某检测机构出具的检测报告显示其仍采用浙江地标，其中砷、镉、硒、溴酸盐的指标限值仍不及自来水标准。

4月16日下午，农夫山泉也发布声明四度回应京华时报，称137项内控指标的检测报告原本是企业机密、核心技术，但为了洗刷冤情不得不公布于众，京华时报根本不给农夫山泉辩白的机会。

4月17日，农夫山泉针对京华时报的连续跟踪报道在官方微博上多次发表声明，指责京华时报"连一个电话采访，一个普通解释、辩白的权利都不给农夫山泉"。而京华时报针对农夫山泉的相关声明在第一时间予以反驳，称他们不断与农夫山泉主动联系，但都未得到回应。农夫山泉不寻找自身问题，也不与本报沟通，却将莫须有的"不采访"罪名强加于本报，实在让人费解，并提供相关照片加以证明。

4月25日，随着"农夫山泉标准门"事件的不断升级，浙江卫生厅针对此次系列报道回复京华时报表示：国家标准或行业标准实施后，地方标准自行废止。浙江卫生厅将该回复以《关于对媒体反映瓶装饮用天然水适用标准情况的说明》为题挂在其官网上。而有关专家表示：这意味着农夫山泉公司所有正在生产的工厂必须立即整改。

5月2日，京华时报继续加大火力，陆续发表6篇评论敦促农夫山泉自省：①饮用水标准不是橡皮筋；②饮用水标准不可任人玩弄；③标准面前谁也跑不掉；④较真水标准关注健康权；⑤标准不透明，农夫山泉澄而不清；⑥企业自省才能留住市场。

5月6日下午3点，农夫山泉在北京就标准问题召开新闻发布会，实证自己标准严苛于

国标、地标，是目前国内执行最高饮用水标准的企业之一。农夫山泉已经向北京市中级人民法院提起诉讼，要求《京华时报》赔偿名誉权损失6000万元。

农夫山泉"标准门"事件连续27天，67个版面，《京华时报》对农夫山泉的报道堪称锲而不舍，在各界关注和讨论下，事件也持续发酵升级。

11月4日，农夫山泉派员上京举报《京华时报》，称《京华时报》今年4月10日至5月7日连续发表针对农夫山泉的负面新闻，捏造事实，进行虚假报道，对公司造成严重损害。当日，国家新闻出版广电总局已受理，目前，农夫山泉对于京华时报索赔额已由6000万元升至2亿。

讨论问题：

1. 导致农夫山泉出现被动局面，最终不得不退出北京市场的微观及宏观环境因素有哪些？

2. 农夫山泉公司的高层管理在处理标准门事件中出现了哪些问题？讨论面对诸如消费者、媒体机构、行业协会以及网络等外部环境时，企业应该如何发挥优势规避威胁？

3. 农夫山泉如果要重新唤醒消费者对"农夫山泉有点甜"的广告记忆，重新树立品牌形象，你有什么好的营销建议？

实训二：分析企业营销环境

一、实训内容

针对任务二中选定的企业开展营销环境综合分析。

二、实训准备

1. 由组长与企业联络人电话沟通，预约小组面访时间；
2. 拟订本次小组面访计划，包括需要收集的信息资料；
3. 做好面访准备，采访的录音笔和相机（可用智能手机）、记录本。

三、实训组织

1. 组长负责组织小组去企业，并向老师备案；
2. 小组成员利用课余时间整理分析收集的资料；
3. 小组共同确定准备重点研究的企业产品；
4. 对选定的企业产品进行营销环境综合分析（SWOT分析）；
5. 课堂分享各组企业面访体会、遇到的问题；
6. 老师对本次资料的收集与整理进行整体点评。

四、实训评价

1. 课后准备充分，收集资料真实；（3分）
2. 课堂讨论积极，团队协作较好；（2分）
3. 运用SWOT法，分析结论准确；（3分）

4．陈述表达流利，观点鲜明新颖。（2分）

【附件】

你是营销者：索尼克公司的新产品营销计划

每个公司都应该通过对大环境的了解，把握市场的关键机会和规避面临的风险，这项环境扫描将揭示影响消费者的需要、竞争及公司市场发展趋势和变化。

你如果是产品经理，请分析索尼克公司的外部环境，找出影响个人和企业用户掌上电脑市场变化标志。分析索尼克公司现在的环境，利用图书馆和网上资源找出关于索尼克公司大环境的以下问题的答案：

1．哪些人文环境因素会影响索尼克公司的目标市场，顾客年龄段是否为16～30岁？例如，可以链接到我国人口统计数据的网址（http://data.stats.gov.cn），点击人口，就可以了解我国年龄分布结构。

2．哪些技术革新潜在地影响了产品开发和顾客对现有产品的接受程度？浏览艾瑞数据中心的（http://www.icandata.com）《关于中国掌上电脑电脑（PDA）行业发展前景与营销战略报告》。浏览中华人民共和国商务部网站上的（http://www.mofcom.gov.cn）"产业技术专题"，了解掌上电脑技术的新发展，寻找技术创新趋势的工业来源。

3．经济趋势将会怎样影响产品线的发展阶段？浏览国家统计局（http://data.stats.gov.cn），国家数据统计下的GDP、社会零售总额等关键经济指标。

4．哪些政策和法律执行会影响索尼克公司及其竞争者？利用关键字搜索如"数字产品+国家政策""PDA+法律法规""数字产品+进口"，寻找PDA进口对国内市场的影响。

5．与同行交流，了解企业所面临的大环境带来的机会和面临的挑战。

在完成环境扫描后，分析这些结果对索尼克公司营销的市场效果及影响。根据你的导师指导，总结你的发现，写入营销计划中。

任务四
管理市场营销信息

任务目标

知识目标

1. 理解营销信息的含义与作用;
2. 了解营销信息的主要来源及营销信息系统的构成;
3. 认识市场调研的意义和内容。

能力目标

1. 能设计科学合理的调研问卷;
2. 初步掌握市场调研的基本步骤与方法;
3. 整理问卷调查的数据和资料。

模块一 理论指导

案例导入　宝洁为什么选择最先将洗发水打入中国市场?

宝洁在进入中国前的好几年就在《一个世界》节目里做广告宣传,宝洁为了开发中国市场,专门成立了中国市场研究部,市场调研人员接到的第一个研究任务就是在北京和上海这样的大城市进行宝洁的广告测试。调研人员把消费者请来,想方设法了解中国的消费者对于宝洁产品的印象,测试的结果是令人满意的,但是在另一个项目上,调研人员却遇到了麻烦。根据宝洁最初的打算,洗衣粉应该是进入中国市场的敲门砖,因为它更便宜,而且在其他发展中国家有类似的成功经验。但调研人员在广州等地花费了一年多的时间走访老百姓,天天和潜在的消费者待在一起,座谈、上门访问、产品试用等一系列手段统统用上了,但结果却并不是宝洁总部想要的:中国人对于宝洁的产品感觉不错,可是麻烦在于他们对洗衣服本身似乎没有多大的兴趣。

中国消费者的兴趣究竟在哪里?调查结果虽然让洗衣粉的经理们感到失落,但是却使海飞丝和飘柔的经理们感到振奋。因为他们知道了,中国人对头发很在意,这方面大有文章可做。当时的中国只有很少而且质量较差的洗发水,皂角仍在发挥着作用,男人们甚至用洗衣粉洗头，而头屑是中国人的大问题。人们对试用的海飞丝和飘柔非常感兴趣，关键是他们愿意为此花钱，让自己更漂亮、更有面子。就这样，成功的市场导航使得宝洁作出了正确的也是关键的第一步，即应把洗发水而不是洗衣粉作为第一个进入中国市场的产品。

思考：

1. 宝洁选择洗发水而不是洗衣粉最先打入中国市场的依据从何而来？
2. 营销信息和顾客洞察对企业经营决策的意义和作用是什么？

任务三探讨了市场营销环境对营销活动的影响，本任务我们将继续探索营销环境中的一些重要因素，即营销信息的获取和管理。这些信息直接对营销决策起指导作用。正如宝洁公司在决定是洗衣粉还是洗发水先进入中国市场时，不能凭上层主观臆断，而必须问消费者的需求，只有进行大量的市场调查，收集相关的资料和信息，才能制定正确的营销决策。

一、认识市场营销信息的作用

在市场竞争激烈的时代，企业竞争优势取决于其对市场和顾客需要与欲望的洞察（深度了解）程度，而这种洞察来源于有价值的营销信息。宝洁通过深入的市场研究获得了中国消费者对日化用品需求状况的准确信息，从而决策洗发水首先进入中国市场，这一决策直接为宝洁日后全面进军中国日化市场奠定了坚实的基础。

今天大部分营销经理绝对不缺乏信息，但是由于被海量信息淹没，缺乏足够的正确信息。因此，公司必须建立起有效的营销信息系统，以正确的形式、在正确的时点给管理者带来正确的信息，帮助他们创造出顾客价值和建立良好的顾客关系。

（一）营销信息的含义

市场营销信息属于经济范畴，是指在一定时间和条件下，同企业市场营销及与之相联系的多功能服务有关的各种消息、情报、数据、资料的总称，是对市场各种经济关系和营销活动的客观描述与真实反映。如未来市场营销环境的变化发展趋势、企业销售额变化、促销效果等。

市场营销信息除了具有一般社会信息的普遍性、可感知性、可处理性、可转换性、可传递性、有效性等属性以外，还具有其本身的特征，市场营销信息是多信源、多信宿、多信道、多层次的综合；具有双向流动性、时效性和活跃性等特征。这里要提出的是一般的消息而不是营销信息，因而必须通过营销人员与管理者对信息来源及真伪加以识别，经过整理与分析并加以提炼后的消息才能成为营销信息。

（二）营销信息的作用

在现代社会条件下，信息与知识在社会经济发展过程中的作用日益增强。市场营销信息对于企业营销活动的成功至关重要。概括起来表现在以下几方面：

1. 营销信息是企业营销决策的前提和基础

企业的营销决策，无论是营销目标、方向和战略决策，还是产品、渠道、定价、促销等战术决策，都依赖于信息。掌握系统、全面、真实的市场营销信息，决策过程才能做到心中有数，权衡利弊，选优抉择。否则，就是盲目的决策，必然导致决策的失误。

2. 营销信息是企业制订营销计划的依据

营销计划是企业落实营销决策、实现营销目标的具体方案和步骤。制订计划必须要对市场营销信息进行分析、研究，并根据所掌握的信息预测未来市场发展趋势。不了解市场营销信息，也就无法制订科学、合理的营销计划。

3. 营销信息是实现营销控制的必要条件

市场营销信息作为一种重要资源，能有效地引导企业营销活动向有利的方向发展。管理者借助营销信息，可科学地指挥营销活动，调整营销行为，实现营销目标。

4. 营销信息是增加企业盈利的重要资源

企业有效地利用市场营销信息，不仅可以凝聚企业的人力、物力、财力资源，而且有利于企业选择营销重点，创造营销绩效，开发新的产品和新的营销举措，获得更多的经济利益。

5. 营销信息是协调内外关系的依据

在企业营销系统及营销环境系统之间，不可避免地会产生矛盾、失去平衡，从而影响营销活动的正常开展。企业依据营销信息，及时采取措施，协调营销系统内部条件、外部环境和企业目标之间的关系，以实现企业营销系统与外部环境，以及与内外系统各要素之间关系的新平衡。

（三）营销信息的内容

企业市场营销信息是丰富多彩且瞬息万变的。与企业营销活动关系最为密切的信息主要有以下几方面。

1. 商品供求及其变化的信息

商品供求信息是市场的一种先导性预测信息，集中预示着潜在市场供应与需求双方未来的发展动态。工商企业掌握商品供求状况及变化趋势，对于营销决策至关重要。商品供应信息包括商品供应机构信息、供应地点和供应单位方面的信息、供应方式方面的信息、供应量方面的信息等，这些信息指导着广大消费者进行消费，提供了购买对象。商品需求信息包括总需求量方面信息、市场对商品需求的情况、消费者对企业和产品的评价等。消费者和市场对企业产品的需求情况及其变化趋势，直接关系到企业的生产经营、营销决策。企业处在为顾客传递价值的某个环节，既是一个买者又是一个卖者，因此整个供求情况及其变化趋势是企业最关心的营销信息之一。

2. 商品价格及其变化信息

商品价格直接影响着商品销售量和企业获利的大小。关注商品价格及其变化，依据价格变化预测市场供求发展趋势，是取得市场营销成功的秘诀之一。商品价格及其变化信息包括价格水平高低情况、影响价格变化的因素、竞争对手的价格水平和定价策略、替代产品价格及发展趋势、国际市场上同类产品的价格信息等。

3. 市场竞争情况及其发展趋势信息

市场竞争是商品经济社会必然存在的最普遍的经济现象。企业开展市场营销活动，必须积极参与市场竞争，在竞争中求得生存和发展，因此，必须掌握市场竞争情况及其发展趋势信息，包括竞争企业的情况信息、竞争产品情况信息、当前市场总的形势及竞争发展的趋势等，以便采取相应的对策。

4. 技术进步和新产品开发信息

科学技术进步必然会影响产品的更新换代和新产品开发，影响企业产品的市场生命周期和营销决策。企业了解和掌握的技术进步信息主要包括市场上新科学技术发展的动向和趋势、企业内部的科学技术成果、现在和未来可用于企业生产的科技成果情况、企业准备进行科技研究项目的进展情况、国内外已达到的科技水平情况，这些都决定着企业生产和经营什么及其相应规模。新产品开发信息包括试制新产品所需科学技术工艺和先进程度及其市场上是否有人开发，从技术、工艺上改进生产过程的信息，新产品发展趋势及消费者对其态度，国内外新产品上市情况信息等。

5. 与市场营销相关的其他信息

国际市场及其变化信息，国家政治经济变化情况，人口发展情况，以及企业的生产经营要素、成果、财务等管理情况等。这些信息都与企业营销活动、营销决策有着各种各样的联系。

上述营销信息的内容，相互联系、相互影响，构成了市场营销信息的内容体系，由于营销信息内容丰富、繁杂，因此，要加强营销信息的管理，建立科学合理的营销信息系统。

二、建立市场营销信息系统

（一）营销信息系统的含义

营销信息系统（Marketing Information System，MIS）指能够评估信息需求、开发所需信息并帮助决策者利用信息生成顾客和市场洞察，进而验证其有效性的人员和程序。图 4-1 显

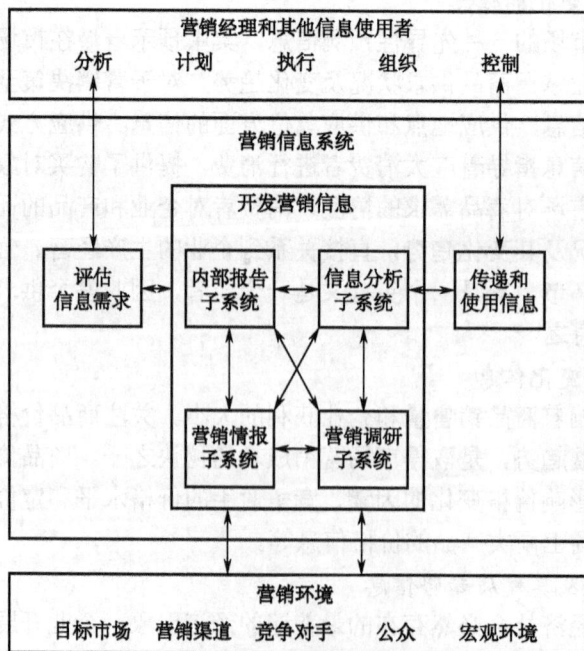

图 4-1　营销信息系统

示了营销信息系统，它的起点和终点都是营销决策者，包括营销经理，内部和外部合作者，以及其他人，他们都是信息的需求者。首先，该系统和信息使用者一起评估信息需求；其次，该系统在营销环境作用下通过公司内部报告、营销情报和营销调研三个子系统来开发所需信息。最后，通过信息分析子系统帮助使用者分析和利用信息，从而开发顾客洞察、制定营销决策，并管理客户关系。

（二）评估营销信息需求

营销信息系统主要服务于公司的营销部门和其他部门的管理者。然而，它同时也为外部合作伙伴提供信息，例如，供应商、中间商或者市场营销服务机构。沃尔玛的零售链系统为主要供应商提供从消费者购买特点和存货水平到过去 24 小时内每家门店所售商品的数量等各类信息。根据沃尔玛零售链系统提供的信息做出消费者洞察，发现现在越来越多的年轻爸爸会去采购宝宝用品如奶粉、尿不湿等，他们也会顺便购买一些啤酒来犒赏自己。将这个信息提供给商场的运营主管后，他及时调整货架商品陈列，将啤酒与尿不湿并排陈列，收到了不错的销售效果。

好的营销信息系统能够在管理人员想要得到的信息和他们真正需要、又能得到的信息之间找到平衡点。公司首先应该询问管理人员需要哪些信息。有些管理人员想要所有能得到的信息，而没有仔细思考自己真正的需要；而实际上，信息太多和太少一样有害。

还有一些管理人员忽略了他们应该知道的信息，或者他们可能不知道寻求某些本该了解的信息类型。例如，管理人员应该知道在博客或在线社交网站上消费者对公司品牌的讨论情况。由于他们不知道这些讨论的存在，他们也就不会想到要征询这类信息了。营销信息系统要监控营销环境，以便向决策者提供信息，使其能更好地了解消费者和作出重大营销决策。

有时，公司由于信息不可得或者营销信息系统自身的局限性而不能提供所需要的信息，例如，一位品牌经理想了解竞争对手明年的广告预算费用将如何变化以及这些变化对市场份额的影响。但关于预算计划的信息很可能得不到，即使有，公司的营销信息系统也可能达不到想象中的先进程度，无法预测出市场份额的变化。

获得、处理、储存和传递信息的成本会迅速上升，公司必须判断从额外信息中获得的顾客洞察给公司创造的价值与付出的成本是否平衡，而通常价值和成本是难以估算的。

（三）开发营销信息

市场营销管理者的信息可以从公司内部报告数据、市场营销情报和市场调研数据中得到。

1. 内部报告子系统

营销决策者经常使用的最基本的信息系统是内部报告子系统。这个内部报告子系统亦称内部数据库，内部数据库来源信息主要有会计部门编制财务报表，记录销售额、成本和现金流量；制造部门生产计划、出货和库存情况；销售部门报告中间商的反应和竞争对手的活动以及销售渠道伙伴提供的销售网点的数据；营销部门提供关于顾客人口统计特征、心理及购买行为的信息；顾客服务部门记录顾客满意度和服务问题。通过对这些信息的分析，可以向营销者提供强大的顾客洞察和竞争优势。

电子邮箱中有大量垃圾邮件，如大量各类会议邀请邮件、奶粉广告及 MBA 广告，大多数人对这些东西是完全没有需求的。而当当网则完全不同，电子邮件常会写道，新书上市，7折优惠！我确实喜欢它提供的新书系列，当当网是如何知道的呢？它通过对成百上千万在当当网上购买过书的顾客所留下的信息，进行归类，预测谁可能购买哪些书籍，在什么时候、什么价位。

深度挖掘这些数据，能够提供大量可行的对消费者购买模式的洞察。当当网能够基于消费者的全部消费习惯，选择目标市场。例如，总是最先购买新书的"消费先锋"，总是等到促销时才出手的"普通消费者"。网络营销总监说"我们甚至知道什么时候消费者需要购买新书了，于是就会给他们发邮件"，而消费者并不会感觉被窥视，反而惊叹所收到的信息如此精准。

比起其他信息来源，内部资料通常可以迅速获得，而且花费较少，但也存在一些问题，由于内部信息并非完全为了营销决策的目的收集的，因此，数据有可能不完备或形式不当。数据老化快，更新数据需要大量时间和精力，而且，大公司的海量信息需要尖端的设备和技术，以及高水平的数据分析人员。

2. 营销情报子系统

营销情报子系统是指与消费者、竞争者和市场发展相关的公开可得信息的收集和处理子系统。其目标是通过了解市场营销环境变化发展的趋势，提高营销战略决策正确性，评价并掌握竞争对手的行动，以及提供对机会和威胁的预警。内部报告子系统与营销情报子系统的主要区别在于前者为营销管理人员提供事件发生以后的结果数据，后者为营销管理人员提供正在发生和变化中的数据。

随着市场竞争加剧，越来越多的公司想探听竞争对手和市场行情，营销情报收集日益受到重视。情报收集的途径很多，主要可以通过以下途径来进行收集：①监听网络传闻，通过专业调研公司及互联网公司的帮助，例行监察消费者的在线聊天，追踪消费者对自家公司及竞争品牌的谈论内容。②直接观察顾客，许多企业派出受过培训的观察人员混入顾客群中，看他们如何使用和讨论公司的产品。③监测竞争对手活动及已发布的信息。如竞争对手新产品发布、专利申请、大型促销活动。竞争者通常会通过其年度报告、商业出版物、贸易展览会、新闻报道、广告及网页等方面泄漏其情报信息。④与供应商、中间商和关键客户交流，了解其与自家公司的合作规模以及与竞争对手合作的规模，对本公司和对竞争对手的合作态度。⑤与公司内部如经理、工程师、研究人员、采购员和销售员谈话，获得相关技术、市场行情等情报信息。⑥公司可以购买、分析竞争对手的产品，监视它们的销售，检查新的专利申请情况。甚至可以通过翻查竞争对手的垃圾箱来掌握竞争对手情报。如一家公司定期检查竞争对手的停车场，发现车位满时表明业务繁忙，半满时表明境况艰难。

互联网可以用来获取竞争对手的大量情报信息，利用搜索引擎，营销人员可以检索到特定竞争者的名称、活动或动态。大部分竞争者都把大量信息放在互联网上，以吸引顾客、合作者、供应商、投资者和加盟商，这些信息提供了大量关于竞争者的战略、营销、新产品、设备和其他事件的有价值信息。网上还有大量免费的数据，如百度提供的大数据分析，今天的营销者只要多点击几下网络就可以获得海量的竞争信息。

当然，任何技术都是一把双刃剑，互联网技术给营销者收集信息带来了便利，同时也给许多不法商家利用非法手段获得竞争对手情报信息来谋利提供了便利，导致市场情报的使用产生了一系列道德伦理和社会问题。所以，我们主张公司利用公开可得信息，而不是利用非法手段来窥视竞争对手。

3. 营销调研子系统

上述两个子系统的功能都是收集、传递和报告有关日常的和经常性的情报信息，但是企业有时候还需要对营销活动中出现的某些特定的问题进行研究，如企业希望测定某一产品广告的效果。市场营销调研系统的任务就是系统地、客观地识别、收集、分析和传递有关市场营销活动各方面的信息，提出与企业所面临的特定的营销问题有关的研究报告，以帮助营销管理者制定有效的营销决策。营销调研子系统不同于信息分析子系统，它主要侧重于企业营销活动中某些特定问题的解决。

营销调研子系统与内部报告子系统和营销情报子系统最本质的区别是：它的针对性很强，是为解决特定的具体问题而进行信息的收集、整理、分析，针对问题进行重点研究，如百度公司想知道网上搜索用户对其网站的新设计方案有何反应，或者苹果公司想知道有多少中国消费者以及什么类型的消费者愿意购买它的 iPhone6 智能手机。显然，对这些市场问题的研究，无论是内部报告子系统还是营销情报子系统都难以胜任，营销人员需要进行营销调研。

4. 信息分析子系统

信息分析子系统也称营销管理科学系统，它通过对复杂现象的统计分析、建立数学模型，帮助营销管理人员分析复杂的市场营销问题，做出最佳的市场营销决策。信息分析子系统由两个部分组成，一个是统计库，另一个是模型库。其中统计库的功能是采用各种统计分析技术从大量数据中提取有意义的信息。模型库包含了由管理科学家建立的解决各种营销决策问题的数学模型，如广告预算模型、厂址选择模型、竞争策略模型、产品定价模型以及最佳营销组合模型、产品销售预测模型，等等。这里不对信息分析子系统的内容进行深入研究。

三、组织市场营销调研

（一）营销调研的定义

营销调研就是系统地设计、收集、分析和报告与某个组织面临的特定营销问题有关的各种数据。公司在许多情况下都会用到营销调研，从目标市场定位、新产品开发、产品定价、分销渠道管理、促销活动方案制订、市场潜力和市场份额预测到顾客满意度和购买行为评估。

一些大公司拥有自己的调研部门，在营销调研项目上协助营销经理工作，宝洁、中国移动等许多大公司都会运用营销调研的方式。这些公司与小公司一样，通常雇用调研专家与管理层一起商议具体营销问题，进行营销调研的分析。而有时，公司只购买外部公司搜集的数据来辅助制定营销决策，如家电生产企业可能会购买家电研究机构的全国市场调研报告。

营销调研是一项技术性很强的工作，必须通过专业机构和采取严格程序，确保获得数据的真实性和可靠性。

（二）营销调研的步骤

根据营销调研活动中各项工作的自然顺序和逻辑关系，可把营销调研分为以下三个阶段：调查准备阶段、正式调查阶段和结果处理阶段。三个阶段又可进一步分为六个步骤：明确调研问题、制订调研计划、实施调研计划、落实调查方案、分析调查资料、提出研究报告，如图 4-2 所示。

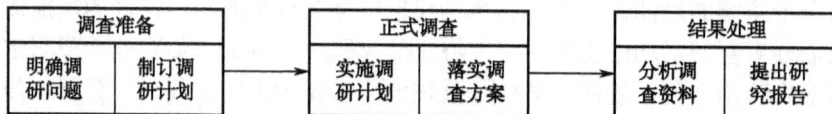

调查准备		正式调查		结果处理	
明确调研问题	制订调研计划	实施调研计划	落实调查方案	分析调查资料	提出研究报告

图 4-2　市场营销调研步骤

1. 调查准备

企业总会面临这样或那样的营销和管理问题，但一项调研的目标不能漫无边际。相反，只有将每次调研所要解决的问题范围圈定到一个确切的限度内，并与调研目标达成一致，才能有效地制订调研计划。因此，确定调研问题和调研目标便成为调研过程的第一步。

（1）确定调研问题和调研目标。确定问题和调研目标通常是调研过程中最为困难的一步。经理们可能知道营销出了错，却不知道具体原因。例如，在可口可乐的典型案例中，可口可乐公司调研问题确定过于狭隘，导致调研结果指导的营销决策失误，带来了灾难性后果。市场营销经理和调研人员必须密切合作，仔细地确定调研问题，并与调研目标达成一致。

确定了调研问题后，经理们与调研人员就要确立调研目标。营销调研目标可以概括为三种：一是探索性调研，目标是收集初步信息，确定问题并提出假设；二是描述性调研，目标是描述情况，如消费者购买行为的特征和态度；三是因果性调研，目标是检验因果假设，如促销费用增加，销量上升，看增加销售收入带来的利润是否能抵偿增加的促销成本？

问题和调研目标的综述引领整个调研过程，经理们和调研人员应将综述书面化，以确信他们在调研目的和预期结果上达成一致。

（2）制订调研计划。营销调研的第二步是确认哪些信息是必要的，制订收集信息的计划，并上报调研管理机构批准。

调研目标必须被转换为具体的信息需求，如某食品生产企业打算为其面条引入可在微波炉中加热的一次性碗状包装，并希望了解消费者会如何反应。新包装成本高，但消费者在微波炉中加热后食用，无须使用碗碟。这项调研可能需要下列信息：

① 目前面条食用者的人口特征、经济状况和生活方式。繁忙的职业夫妇可能发现新包装很方便而不在乎价格，孩子多的家庭可能希望价格低而不在乎洗碗。

② 消费者对面条的食用模式：吃多少，在哪里吃，什么时候吃。新包装可能对外出吃饭的人很理想，但对在家里给孩子做饭的主妇就不一样了。

③ 零售商对新包装的反应。如果不能得到零售商的认可，新包装产品的销售可能减少。

④ 对新旧产品销售的预测。新包装是带来新的销售，还是单纯替代现有包装销售？新包装会增加企业利润吗？

⑤ 调研计划需要用书面形式正式体现。调研计划的主要内容有：需要解决的营销问题和调研目标；需要收集的信息；计划要写明数据的来源、调查的具体方法、取得数据的手段、样本计划和所需要设备，调研结果如何帮助管理层作出决策，调研经费预算和调研效果预测。

2. 正式调查

正式调查阶段主要是实施调查计划、落实调查方案。这个阶段的任务是按调研计划要求

收集管理者所需要的信息资料。收集的信息包括两大类：一类是二手信息，另一类是原始信息。调研目标有时需要二手信息，有时需要原始信息，多数情况下两类信息都需要。

（1）收集二手信息。二手信息是指已经存在的为其他目的而收集的信息。二手信息的主要来源有：公司内部的数据库，商业数据服务机构和政府机构。如市场调研公司提供的调研报告，证券交易委员会数据库提供的上市公司的财务数据（http://www.csrc.gov.cn），统计部门提供的人口统计数据（http://www.stats.gov.cn），经济指标数据，专利局提供的专利和商标申报数据（http://www.sipo.gov.cn），还有互联网上海量的免费数据资料（http://bigengine.baidu.com）。

像百度大数据这类数据库需要收取一定费用，而行业协会、政府机构、商业出版物、新闻媒体都提供免费信息，只要能找到它们的正确网址就可以了。

网络搜索引擎非常有助于锁定二手信息来源，然而，它们有时也让人束手无策，效率低下。例如，婴儿用品企业的营销人员用百度搜索"促进婴儿牙齿发育生长的食品"，将会得到无数个相关的网页和相关信息。所以，设计好网络搜索的结构、关键词对从网络调查搜集信息是很重要的。

二手信息与原始信息相比，具有获取快、成本低的优点。并且二手信息有可能提供单个公司自己无法收集的信息，或者要花费大笔资金进行调研才能获得的信息。如食品公司要连续追踪零售店的账目，以便了解竞争品牌的市场份额、价格、产品陈列情况，信息成本将会很高；它可以购买信息资源公司的信息服务。像美国就有这样的公司，提供来自美国许多市场上装有扫描设备的超市的相关信息。

但二手信息也有局限，有时调研人员所需要的信息根本不存在，如面条生产企业需要了解消费者对新包装的反应，就不可能有二手信息，因为新包装产品还没有投放到市场。调研人员必须仔细评估二手信息的相关性（适合调研的需要）、准确性（可靠的收集和报告）、及时性（数据很新，且适合目前决策需要）和公正性（客观的收集和报告）。

（2）收集原始数据。调研人员通常从收集二手信息开始，确认问题和调研目标。但由于二手信息的局限性，许多公司必须收集原始数据。收集原始数据的主要方法如表4-1所示。

表 4-1　原始数据的收集方法

调 研 方 法	访 问 方 法	抽 样 计 划	调 研 手 段
观察法	邮寄	样本单位	问卷
调查法	电话	样本规模	仪器
实验法	面谈	抽样程序	
	网络		

① 调研方法，搜集原始数据的调研方法包括观察法、调查法和实验法。下面具体讨论各类调研方法的内容。

观察法，观察法是通过观察相关的人、行为和情况来收集原始数据。例如，消费品生产商可以通过到超市观察顾客行走的路线、关注的商品信息、查看商品的内容及最后购买决定来评估商品包装及包装说明描述内容、商品在超市陈列设计、促销活动方式。

观察法可以用来获得人们不能或不愿意提供的信息，如购物的习惯、价格的敏感性。例如，吉列公司在其实验室中使用高科技摄像机和其他设备观察男性和女性如何剃须，运用这些洞察设计新型剃须刀或其他剃须产品。

营销人员不仅要观察消费者做什么，还要关注消费者说什么。营销人员可以通过在博客、社交网站、微信群、百度贴吧、新浪播客上收听消费者的对话。观察这种不受任何干扰产生的自然信息反馈，可以为营销研究者提供那些通过正式性调查方法难以获得的真实数据。

观察法对调查人员素质要求很高，要求有敏锐的观察力，懂得消费者心理学，会使用适当的调研手段，如录像和录音仪器。但有些信息是不能通过观察获得的，如顾客的感觉、态度、动机和行为等。由于这些限制，调查人员还必须用其他数据收集方法。现在国外引入一种全新的观察法，称为人种志调研法，这种调研方法是让观察者在自然状态下，去观察消费者并与其互动。观察者可能是训练有素的人类学家、心理学家或公司调查人员和经理。我们看看下面这个调研实例。

案例启示

一家广告公司的调查人员走进一个酒吧，要了一杯可口可乐，然后，找到一个正好面向某个角落正在喝米勒啤酒的一群年轻人。这就是她的日常工作，在全国各地的酒吧闲逛，观看小伙子们与他们的朋友狂饮啤酒。

随着一个摄影机录下青年人的活动，女调查员密切关注着他们待在一起的亲密程度。她偷偷听着人们的故事，观察话题的主导者是如何由一个谈话转移到另一个谈话的。回到办公室，一个由训练有素的人类学家和心理学家组成的小组，仔细观看长达 70 多小时的影片镜头，这些影片是女调查员在 5 个条件相似的晚上于全美各城市的多个酒吧里拍摄的。一个重要的发现：成群的饮酒者们偏爱米勒啤酒，而米勒啤酒的主要竞争对手百威淡啤，则更多卖给那些独自一人的饮酒者。这个结论带来了米勒啤酒充满欢乐气氛的系列广告，镜头从一个米勒啤酒饮用者的奇特经历——在地铁中被逮到从一个盲人音乐演奏者的吉他箱中偷钱，或者在沙漠里搭上一个疯狂的卡车司机的便车——到讲述着自己的故事，用啤酒招待朋友。米勒啤酒的广告使得观众们得到了极高的娱乐和感情上的共鸣，给他们留下了很深的印象。

今天的营销者面对着许多困难问题：对一件产品顾客究竟是怎么想的，他们是如何向朋友们谈论这件产品？他们究竟是怎么使用它的？他们乐意告诉你吗？在很多情况下，传统的调查方法根本无法提供准确答案。为了得到更深刻的见解，国外的一些大公司和研究机构已经使用像人种志调查这样的先进方法，在与消费者自然相处和互动中寻找"消费真相"。

调查法，调查法是调查人员利用多种调研手段，如问卷和仪器，直接与被调查对象接触并收集原始数据。调查法是收集数据最常用的方法，最适合收集描述性数据。如调查消费者对某产品的认知、态度和偏好，就可以采取直接询问个人的方法获得数据。

调查法灵活便利，可以得到不同情况下的各种信息。调查几乎每一个营销问题和决策，都可以通过电话、邮件、面对面访问或互联网实施。

不过调查法也存在一些问题，有时设计的问题会被调查对象曲解，有时因为他们不记得或者根本没有想过他们做了什么以及为什么要那样做。有时被调查者不愿意回答陌生者访问，有时被调查者为配合调查人员，按调查者意图回答问题。还有，由于被调查对象事务繁忙可能抽不出时间参与调查，或认为调查侵犯了他们的隐私。

实验法，实验法适合用来收集因果信息。先要选择合适的被实验者分组，对于同样的事物，给予他们不同的处理方式，并控制不相关的因素，从而查看不同组间的被实验者的反应有何差异。如一种新的酒上市前，酒厂测试两种不同价格对其销量的影响。选择两个经济水平相当的城市，分别采取不同的价格，并排除除价格外的其他因素可能给销量带来的影响，那么，两个城市酒的销量差异就与价格因素相关。实验法一般只适合在小范围内进行调查，并且测试一个因素时，很难排除其他因素的干扰。

② 访问方法，信息可以通过邮寄、电话、面谈（个人采访）或网络来获得。四种访问方法各有优缺点，可分别适用不同的情况，见表 4-2。

表 4-2 四种访问方法优缺点比较

项　　目	邮　　寄	电　　话	面谈（个人采访）	网　　络
灵活性	差	好	非常好	好
数据质量	好	一般	非常好	好
对访问员影响的控制	非常好	一般	差	一般
样本控制	一般	非常好	一般	差
数据收集速度	差	非常好	好	非常好
问题回答情况	差	好	好	好
成本	好	一般	差	非常好

邮寄访问，对一些范围较广、内容较多的市场调查可将调查表或询问卷邮寄给被调查者，由其自行填答后寄回。邮递询问比较简便，被调查者可以有更多时间考虑和填写问卷，不受访问者的影响，成本也较低；但其回收率一般不高，除非配合采用一些奖励措施。为了方便对方寄回，且不给他们增添麻烦和费用开支，在邮寄调查表或询问卷上要事先支付邮资。最后，调查人员不能控制邮寄问卷的答卷人样本，即使有了一份好的邮寄名单，也说不准谁会填写问卷。为规避这一缺点，越来越多的营销者现在改用更快捷、灵活和便宜的电子邮件和网络调查。

电话访问，通过电话向调查对象询问有关问题、征求意见或收集反应。电话比邮寄问卷灵活，调查人员可以解释较难懂的问题，也可以根据得到的回答跳过某些问题或者深入调查某些问题。电话采访回收率比邮寄问卷高，还可以更好地控制样本。调查人员可以请求与符合特点的答卷人交谈，甚至可以点名访谈。不过，电话采访的单位成本要比邮寄问卷高，而且有时人们不愿和访谈者谈及私人问题。这种方法也会引起访谈者的偏见，他们不同的谈话方式、提问方法和其他差别都会影响被访问者的回答。最后，当今的消费者往往有电话黑名单或促销厌恶症，越来越多的调查回应是挂掉电话，而不是与电话访谈者攀谈。

面谈（个人采访），访问者直接面对调查对象，通过有目的的交谈，收集所需资料。它可以按调查人员事先拟好的调查项目进行交谈。因此，谈话内容明确，程序容易掌握；也可以是围绕一个中心议题，双方自由交谈、讨论，便于被调查者畅所欲言，甚至还能够了解到一些意外的信息资料，形式非常灵活。

当面询问可以采取两种形式：个人访谈和小组访谈。个人访谈，即调查人员与被调查者单独交谈，不受他人干扰，谈话可以更放开、更深入，谈话地点更灵活，可以在办公室、家里、街上或购物中心，但个人访谈费用较高，可能是电话访谈的三至四倍。小组访谈，即邀请一部分熟悉情况的人员在一起对某些议题集中交谈讨论，一次可以召集 6～10 人，由一个经过训练的人讲解一种产品、一项服务或一个组织。参加者一般都可得到一小笔报酬。主持人鼓励自由轻松的讨论，希望聚会能够反映真实情感和想法，同时主持人要使讨论聚焦主题，因此，也称为焦点小组访谈。

调研人员和营销者在单向玻璃后观察小组讨论情况，并将谈话内容记在纸上或进行录像，以便日后研究。现在，焦点小组调研人员甚至可以使用视频会议和网络技术将营销人员和远程焦点小组现场连接起来。使用摄像头和双向声道系统，同时运用遥控随意进行面部特写或对焦点小组切换角度，营销总裁可以在董事会场进行远程监听。

和观察法一样，焦点小组访谈已经成为洞察消费者想法和感觉的主要定性调研手段。不过，焦点小组访谈研究存在一些问题。为了节省时间和费用，焦点小组一般会控制规模，这样就很难得出一般性的结论。另外，消费者有时不愿意在他人面前敞开心扉谈及自己真实的情感、行为和意图。现在一些公司正开始修改焦点小组访谈设计，采取一种"沉浸式小组"，这种调查形式没有焦点小组主持人在现场，是由消费者直接或非正式地与产品设计者互动的小团体。也有其他调查人员在改变他们进行小组深度访谈的环境。为了帮助消费者放松，释放出更真实的反应，调查人员在被调查产品周围设置了更舒适、更放松的环境。例如，为了更好地了解女士如何剃除腿毛，一品牌剃毛刀生产商和广告代理商创意设计了"慢饮"会，如同和女伴之间的简单约会。

近年来，许多公司已经逐渐放弃了传统而正式的以数字为导向的调查方法和访问方式，取而代之的是更多地倾听消费者的方式。

网上调查，互联网调查、网上小组和实验以及在线焦点小组收集原始数据，已成为一种趋势，它是对传统调研技术的一种创新和替代。在线调查比起传统调查，表现出速度快、成本低、调查对象范围广泛等优点。在线调查的结果几乎与访问过程结束同时出来。一个软饮料公司进行了一项在线调查，以了解年轻人对于新的饮料包装创意看法。在 10～15 分钟的网上调查中，包含了对 765 个不同的商标和饮料瓶形状设计的众多问题。3～4 天内大约有 600 个年轻人参加了这项调查。在所有参加者参与完毕后的 5 天后，就获得了调查结果的详细分析。网上调查还可以接触到一些传统调查很难接触的人群，如单身、富有、受过良好教育的年轻人，公务繁忙的人，这些人很难在访问者指定时间内接触到，而网络没有时间、地点的限制，正好适应这类高收入人群。当然，网络调查也存在一些缺点，首先，被调查对象的确切身份无法确定，网上的身份大多是虚拟的；其次，上网人群的限制性，使得调查很难接触到社会各阶层的人，样本控制很差。更为重要的问题是消费者担心个人隐私被泄漏，一些不道德的调研人员会利用调查搜集到的电子信箱地址和隐私的调查对象资料，在调查结束后向其兜售产品。下面案例告诉我们如何通过网络收集顾客相关信息。

案例启示

由于迅速发展的博客世界、社交网络以及其他网络论坛，商家如今正在大量实时收集网络消费者的信息。所有的一切都是为了探索消费者在网络上所说和所做的——称赞、批评、建议、行动。具有前瞻性眼光的营销人员正从这种尚未被开发的、自下而上的丰富信息资源中，挖掘有价值的顾客洞察。

在线收集信息有一些最简单的做法，如浏览公司品牌网站或流行购物网站（如淘宝或京东商城）上的顾客评论。这些顾客评论丰富而具体，能体现了顾客对特定产品真实而直接的反应。京东商城对所卖出的每件商品都有顾客评论，而顾客们也高度依赖这些评论作出购买决策。现在很多企业都把客户评论部分加入自己的品牌网站。"当然，这是可怕的，在你的地盘上让消费者评论你的产品。"一位分析师说，"但无论是正面和负面的反馈，都能提供一些线索，如你所做的哪些是好的，哪些是有必要改进的。"负面评论还有先期预警的作用，产品问题或消费者误解等都需要迅速地妥善处理。

在更深的层次，营销者现在采取先进的网络分析工具去听取消费者评论和谈话，如博客、新闻文章、网络论坛以及社交网站。但是，除了监控消费者在网上说什么，企业也监视消费者在网上做什么。营销者精确、细致地考察消费者的网页浏览行为，并利用洞察结果来促使消费者进行个性化购物体验。百度就有一种追踪点击印记的技术，只要你在网上点击过什么东西，就会留下印记，通过对你点击的数据进行分析，找出规律，然后，向目标顾客进行精准营销。

某零售网站上的一个买家密切关注一款柔滑女士拖鞋。接下来，网上就出现了一条男性浴袍的推荐。这看起来似乎毫不相干，但事实证明，这恰好是她想要的东西。为什么会是浴袍呢？这个零售网站的行为分析数据来自鼠标点击的搜索查询，表明某些类型的女性买家在一周的特定时间可能购买男性用品。一个特定的客户在网站看什么，还可能取决于其他行为。例如，消费者似乎很赶时间的时候（上班时网购，鼠标迅速在各个屏幕页面上切换），可能会看到更简化的页面、带购物车和结账付款的便捷通道。相反，更悠闲的购物者（那些在家中或在周末购物，并浏览商品评论的人）可能会收到有更多功能、视频短片和比较信息的页面。这种分析的目标是让网站学会"像一个有血有肉的售货员那样精通业务，懂得察言观色。"

现在商家们已经认识到网络营销的重要性，许多实体店面临巨大挑战，它们必须转移到网上销售，但网络营销只有精确调查了网购者的行为和习惯，才能进行精准营销。

③ 抽样计划，营销调研人员要获得某类统计数据的调查，往往会涉及规模较大的一个群体，要逐一调查是不现实的，这时，可采取科学抽样方法，从总体中抽取样本，通过对样本的调查来推断总体的情况。因此，设计样本就成为抽样调查的重要内容。

设计样本需要确定三个问题：一是样本单位。如调查洗发水的市场竞争情况，调查的人员应该访问家庭妇女、零售店日化柜的营业员及相关人员。二是样本规模。大样本结果比小样本可靠，但并不是越大越好，一般抽样达到总体的1%就很可靠了。三是抽样过程。通常可以采取概率抽样和非概率抽样两种。采取何种抽样取决于调研项目的需要。概率抽样，每个总体成员都有机会进入样本，能确定样本误差的区间；但如果需要的样本太多，时间太多，就得采取非概率抽样。表4-3描述了不同的抽样类型。

表4-3　抽样类型

概率抽样	简单随机抽样	每个总体成员具有已知并相等的机会被选中
	分层随机抽样	统计总体被分成互不相容的几组（如按年龄划分），随机样本取自每个小组
	分群（地区）随机抽样	统计总体被分成互不相容的几组（如几个街区），调研人员从中抽出一组来调查

非概率抽样	任意抽样	调研人员选择最容易获得的总体成员，并从他们那里获得信息
	判断抽样	调研人员依自己的判断选择总体成员，因为他们有可能提供准确信息
	配额抽样	调研人员从每一类型的人中，各选规定数量的人来进行调查

④ 调研手段在收集原始数据时，调研人员主要采取两种手段：问卷和仪器。

问卷，问卷一直是调研中最普遍的手段，可有多种方法，在通常的面谈、邮寄、电话或网络等调查方式中都可以提出问题。调查问卷很灵活，有许多提问的方式，但设计问卷也有很多技巧。

仪器，尽管调查问卷被广泛应用于原始数据的收集，但对于消费者的习惯或行为、偏好等隐蔽性强的信息，还必须通过一些仪器进行观察，才能得到真实的数据。尼尔森调研公司在所选家庭的电视、机顶盒和卫星系统中装入个人收视记录器，记录家庭中谁看电视，看什么节目。零售商店使用收款台扫描仪来记录消费者的购买行为。还有一些仪器可以用来测量对象的身体反应，如眼球照相机可以用来记录被调查人的眼球移动情况，从而确定他们的眼球首先注意什么，以及对某件东西注意多久。IBM 正在完善一种"情感鼠标器"，通过测量使用者的血压、体温、活动和皮肤反应来了解使用者的情绪状态，通过这种鼠标器，当发现使用者的情绪低落时，网络营销人员可以在屏幕上展示其他不同产品。

（3）执行调研计划。调研人员按调研计划进行原始数据的收集。数据收集可由公司自己的调研人员进行，也可委托专业调研公司完成。调研过程中收集数据是花费最多，也最容易出错的。调查人员必须加强监督，保证计划正确执行，避免出现以下问题：与被访问者的联系障碍，被访问者拒绝合作或提供有偏差的信息，访问员出错或为图省事而走捷径，甚至弄虚作假。

3. 结果处理

对所搜集的资料、信息进行汇总、整理、归纳、分析、评价，并提出对策和措施，是整个市场调查工作的关键环节，是出成果的环节。这个阶段的主要工作是：

（1）整理调查资料。①审核。这是调查资料的净化工作。即对经调查访问所获得的原始资料进行汇总和筛选，检查问卷中的数据，看其是否准确和完整；检查问卷的逻辑关系，查看被调查者的回答是否前后矛盾；对于没有参考价值或资料内容相互矛盾的信息，都应毫不犹豫地剔除、摒弃。②归类。按调研问题和调研目标将资料划分出若干组成部分或议题，然后选择一组符号为代表，加以分类归档。资料分类要求清晰明了，避免含糊不清，词不达意。③分类与评价。即对资料的可信度与有效度进行评定，对某些重要的或具有特殊意义的资料或样本还应作解释和说明；应将调查资料转化为可以用计算机分析的形式。④统计与制表。对已选定的资料有目的、有系统地制成统计表或图形，以便分析、利用。

（2）编写调查报告。市场调研的最后一个步骤就是撰写一份高质量的研究报告，也就是以报告形式表达市场调研所获得的资料和结果，供委托者或本企业管理层营销决策参考。调研报告是研究工作的最终成果，也是制定市场营销决策的重要依据，市场营销调研报告的提出和报告的内容、质量，决定了它对企业领导据此决策行事的有效程度。调研人员需要解释自己的发现，得出结论并向管理部门报告。光是调研人员解释调研结果是不行的，他们可能是调研设计和统计的专家，但市场营销经理们则更了解问题以及所要做的决策。如果管理人员听信调研人员的错误解释，再好的调研也没有意义。同样，管理人员也会作出有偏差的解释，他们期待和自己想法一致的调研结果，拒绝与自己想法不一致的调研结果。因此，管理人员和调研人员必须通过合作来解释调研结果，形成有价值的调研报告。

（三）调查问卷设计

问卷调查是市场营销调研的重要手段。在大多数市场调查中，研究者都要依据研究的目的设计某种形式的问卷。调查问卷的设计是市场调研的一项基础性工作，其设计是否科学将直接影响市场调研的成功与否。

1. 调查问卷设计原则

（1）主题明确。根据调查目的，确定主题，突出重点。

（2）结构合理。问题的排序应有一定的逻辑顺序，符合被调查者的思维程序。

（3）通俗易懂。调查问卷要使被调查者一目了然，避免歧义，愿意如实回答。调查问卷中语言要平实，语气要诚恳，避免使用专业术语。对于敏感问题应采取一定技巧，使问卷具有较强的可答性和合理性。

（4）长度适宜。问卷中所提出的问题不宜过多、过细、过繁，要言简意赅，回答问卷时间不应太长，一份问卷回答的时间一般不多于30分钟。

（5）适于统计。设计时要考虑问卷回收后的数据汇总处理，便于计算机进行数据统计处理。

2. 设计调查问卷的步骤

设计调查问卷要求有清晰的思路、丰富的经验和极大的耐心。设计调查问卷的过程应当遵循符合逻辑的原则。设计调查问卷的基本步骤为：

（1）确定需要的信息。在问卷设计之初，研究者首先要考虑的就是要达到研究目的、检验研究假设所需要的信息，从而在问卷中提出一些必要的问题以获取这些信息。

（2）确定问题的内容。确定了需要的信息之后，就要确定在问卷中要提出哪些问题或包含哪些调查项目。在保证能够获取所需信息的前提下，要尽量减少问题的数量，降低问题的难度。

（3）确定问题的类型。问题的类型一般有封闭式问题和开放式问题两种。封闭式问题提供了所有可能的答案，答题者只要按个人意愿进行选择就可以了。封闭式问题有多项选择和二分问题，这种问题应答者便于回答，资料和结果也便于整理，但答题者受到答案限制，有时可能不能完全表达出应答者的意见。开放式问题是让答题者自由回答，不受答案限制，可以了解更多真实情况，在探索性调研中更为有用。开放式问题分为完全开放式问题和半开放式问题两种：如洗发水公司调查新产品试用者中，可能会简单地问，"您觉得这种洗发水还有哪些方面需要改进？"这就是全开放式问题。而如果提这样一个问题，"您选择洗发水时，考虑的首要因素是_____。"这就是半开放式问题。

（4）确定问题的词句。问题的词句或字眼对应答者的影响很大，有些表面上看差异不大的问题，由于字眼不同，应答者就会做出不同的反应。因此，问题的字眼或词句必须斟酌使用，以免引起应答者不正确的回答。

（5）确定问题的顺序。问题的顺序会对应答者产生影响，因此，在问卷设计时，问题的顺序也必须加以考虑。原则上，问题应该容易回答并具有趣味性，涉及应答者个人的资料应最后提出。

（6）问卷的试答。一般在正式调查之前，设计好的问卷应该选择小样本进行试答，其目的是发现问卷的缺点，改善和提高问卷的质量。

3. 调查问卷的构成

调查问卷是否完善，是否切合实际，将直接影响到市场调查的效果。许多调查人员在做市场调查时都十分重视问卷的设计工作。一份完善的问卷，通常由以下几部分构成：

（1）前言。问卷的开头部分又叫前言，主要说明调查主题、调查目的、调查意义，向被调查者致谢，等等。

（2）问卷应有编号，以便分类统计和归档，便于计算机对数据的加工和处理。编号常设计在问卷首页的右上角上。

（3）问卷开头有问候语。问候语既可起到导语的作用，又便于被调查者消除顾虑，了解调查的目的和内容，积极合作。

（4）正文。问卷的主体部分或核心部分称为正文。它依据调查主题，设计了若干问题，要求被调查者回答，由于这部分对搜集翔实可靠的资料至关重要，所以一般要在有经验的专家指导下完成设计。

（5）附录。附录是问卷的最后部分，这部分可以是对某些调查问题的附带说明，也可以是将要收集的被调查者的个人信息填写列表。还可以再次向被调查者致意，总之，附录可随调查目的的不同而设计不同的内容，但结构要合理，正文应占到整个问卷的三分之二到五分之四，前言和附录只占少部分。

案例启示　　　试使用"××洗发水"后的调查问

尊敬的女士/先生：

您好！我们是××洗发水公司的调研人员，正在进行一项新产品试使用情况的调查，目的是了解公众对新产品的反映情况，以便进行改进，并为消费者提供更好的新产品。你的回答无所谓对错，只要真实地反映了你的情况和看法，就达到了本次调查的目的。希望您能积极参与，调查要耽搁您一些时间，请您谅解。请您在选定的答案上打"√"，在横线上填写您的真实想法。谢谢您的支持和合作！

问　　题	回　　答
1. 请问本产品您用了几次？	1. 0～2 次 2. 3 次 3. 4 次 4. 5 次
2. 如果您用的次数少于 3 次，请您写出其原因？	原因：
3. 请问您是否按照说明来使用？如果不是，请您写出您使用的方法？	1. 是 2. 不是

续表

问　　题	回　　答
4. 请问您对本试用品的评价如何？	1. 非常好 2. 好 3. 一般 4. 不好 5. 很不好
5. 您对本试用品的香味感觉如何？	1. 非常好 2. 好 3. 一般 4. 不好 5. 很不好
6. 您认为本产品还要在哪些方面加以改进？	建议：

附：您的个人信息。

性别_____年龄_____职业_____

四、如何分析和使用营销信息

从内部报告子系统、营销情报子系统和营销调研子系统中获得的信息通常需要更多分析。经理们要运用这些信息获得有助于营销决策的消费者和市场洞察。

一旦信息被处理和分析，必须在正确的时间传递给合适的决策制定者。信息的分析和使用可通过以下两个方面进行。

（一）客户关系管理

如何更好地分析和使用单个顾客的数据，这是一个非常专业的问题。公司通过客户关系管理（Customer Relationship Management，CRM）软件系统来处理单个客户的具体信息，仔细管理顾客接触点，分析顾客的购买行为及其影响因素，从而制定出更好的营销组合策略，建立牢固的顾客关系。

客户关系管理由复杂的软件和分析工具组成，可从各个来源收集顾客信息，进行深度分析，并将结果应用于建立更牢固的整合客户关系。客户关系管理整合了公司的销售、服务和营销团队对单个顾客所了解的所有信息，从全方位考虑了客户关系。

客户关系管理分析者建立了数据仓库，应用复杂的数据挖掘技术找出顾客数据中丰富的隐藏信息，从这些信息分析中找出与顾客相关的有价值的发现。

这些发现通常可带来营销机会。例如，沃尔玛的巨大数据库为营销决策提供了深入的市场洞察。几年前，当飓风即将席卷佛罗里达海峡的时候，这家零售业巨头即已预知飓风所到之处的草莓果酱馅饼会被一抢而空。经过多年对以往飓风期间销售数据的挖掘，沃尔玛确定商店应该囤积果酱馅饼，因为它们无须冷藏和加热，可方便飓风期间家庭大量购买。

利用客户关系管理更好地了解顾客，公司可以提供给顾客更高质量的服务，建立起更深入的客户关系。公司可以使用客户关系管理来找出高价值的顾客，并针对具体顾客需求提供定制服务。

（二）如何使用营销信息

营销信息只有用于营销决策，为企业创造价值，才有意义。因此，营销信息系统必须使得信息可用，让经理们或者其他营销决策者参考。

但是，经理们有可能需要一些非常规的信息，以用于特殊的情况或临时决策。例如，当一个销售经理在接洽某个大顾客并碰上困难时，他就需要一份这个顾客过去的销售和获利情况的汇总。因此，营销信息必须通过信息系统进行分类并储存在数据库内，以便及时、方便提供给经理们使用。

许多公司使用公司内部网和内部的客户关系管理系统来促进该进程的实施。公司内部信息系统的使用者可以通过内部信息系统查看调研信息、客户联络信息、工作报告、共享工作文件，以及雇员或其他相关者的联系方式等。例如，网络礼品零售商（花店）的客户关系管理系统为面向客户的员工提供实时的消费者信息接入通道。当一个客户第二次打入电话时，系统会立刻调出之前的交易信息和其他联系方式，帮助客服代表为顾客带来更轻松和体贴的消费体验。如一个客户经常为他的太太购买玫瑰花，花店客服代表接到这位客户第二次电话时，就会提到公司最新最好的玫瑰品种，这样可以充分利用实时交易数据与客户进行沟通，让客户满意。

今天的营销经理们能够在任何时刻、任何地点直接接入信息系统，通过无线网络，他们可以利用这个系统开展工作，无论是在家办公，在旅馆房间，或是在咖啡馆，只要是能够打开电脑或智能手机连接上网的地方，就可以得到他们需要的信息。

小结

要为顾客创造价值，并与之建立长期的合作关系，市场营销者必须首先获得最新的顾客需求洞察。这些洞察来自有价值的营销信息。当前营销技术的迅速发展使得公司能够获得大量的信息，有时甚至是过量的信息，如何将这些大量信息转化为可行的消费者和市场洞察已成为公司一项重要工作。

1. 市场营销信息的重要性及其对企业经营管理的作用

营销过程是从充分了解市场和顾客需求及欲望开始的，因此，公司需要准确的信息来为顾客创造更大的价值和满意度。公司还需要掌握竞争对手、零售商及市场价值链上其他角色的信息。营销人员不仅要把信息当成一种输入来更好地进行决策，更要把它当作一种重要的战略资产和营销工具。正确的信息对企业经营管理有如下重大作用：①是企业营销决策的前提和基础；②是企业制订营销计划的依据；③是实现营销控制的必要条件；④增加企业盈利的重要资源；⑤是协调内外关系的依据。

2. 营销信息系统及其构成

营销信息系统包括为营销决策者准确、及时地收集、整理、分析、评估并传送所需信息的人员、设备和程序。一个设计合理的信息系统是以用户为起点和终点的。

营销信息系统的基本构成：首先，从信息需求评估开始；其次，包括内部报告、营销情报、营销调研、信息分析四个子系统；最后，传送和分配信息给信息需求者使用。

3. 营销调研过程的几个步骤

营销调研包括三个阶段六个步骤：第一阶段是调研准备，分为确定调研问题、制定调研计划两个步骤；第二个阶段是调研实施阶段，分为组织调研、收集原始和二手资料两个步骤；第三个阶段为调研结果处理，分为调研信息资料的统计与分析，编写调研报告。

二手资料来源能够比原始资料来源更快、更便宜地提供信息，并且有时能够产生公司不能自己收集的信息。不过二手资料中的大部分信息不可用，需要调研人员进行评估，确定其相关性、准确性、及时性和无偏性，原始调研也要验证这四个特性。每种数据收集方法，如观察法、调查法和实验法，都有自身的优点和缺点。每种调研联系方法，如邮寄、电话、个人访问、小组访谈及网络调查等都有各自的优点和不足。

4. 分析和使用市场营销信息

从内部数据库、营销情报和营销调研中获得的信息通常需要更多的分析。为了分析单个顾客的数据，许多公司已经获取或开发了专门的软件和分析技术，被称为客户关系管理（CRM）系统，用于整合、分析和应用储存在公司数据库中的单个顾客的大量数据。

营销信息如果没有用于制定更好的营销决策，是没有价值的。因此，营销信息系统必须使信息可用，便于经理们或者营销决策者用于日常顾客服务。

复习与思考

1. 讨论市场调查和市场营销信息的真正作用是什么？
2. 讨论网络信息的来源有哪些？这些信息来源的优势和劣势是什么？
3. 营销者可以通过哪些渠道获得二手资料？这些资料的潜在问题是什么？
4. 比较问卷中开放式问题与封闭式问题设计需要达到的调查目的有什么不同？
5. 网络调查与传统调查相比，具有哪些优势？网络调查存在哪些不足？
6. 在班级内部组织一次焦点小组访谈，被访谈的学生 6~10 名，了解你的大学能够提供哪些更好的服务以满足学生的需要。从焦点小组成员中，任命其中一个人为主持人，其他人观察或解释应答。递交一份报告，说明你从这项调查中学到了什么。

模块 二 实训操练

实训一：案例分析

一、实训内容

认识市场营销信息的作用，从案例中尽量挖掘有价值信息，并指出其用途。

二、实训准备

1. 授课老师可使用教材提供的案例资料，也可另找案例；

2. 课后小组开展案例讨论，并将讨论中的不同观点记录下来；

3. 小组最终形成比较统一的讨论结果，准备课堂上宣讲。

三、实训组织

1. 课堂组织小组代表宣讲各组讨论的结果；

2. 鼓励学生提出不同的观点，培养营销人发散性思维；

3. 最后，老师对讨论进行总结，提出比较完整的分析结论。

四、实训评价

1. 课后讨论形成独立观点，准备充分；（3分）

2. 小组讨论组织好，小组成员参与积极；（2分）

3. 课堂宣讲表达清晰，观点明确；（2分）

4. 资料分析较深入，信息有效性强。（3分）

【案例分析】

透视中国老年消费者市场

2012年，全国60岁及以上老年人口达19 390万人，占总人口的14.3%，其中65岁及以上人口12 714万人，占总人口的9.4%。据了解，国际上通常把65岁以上人口占总人口的比重达到7%或60岁以上的人口比重达到10%，作为一个国家或地区进入老龄化社会的标准。

据专家预测，到2020年，中国60岁及65岁以上人口比重分别为16.23%和11.30%，2030年为22.34%和15.21%，2040年为25%和20%。到2030年时，中国将进入"超老年型"社会。而到了2050年，60岁以上的人口总数将达到4亿左右，占总人口的比重将超过25.2%，届时，每4个中国人中间就有1个老年人，中国将成为高度老龄化的国家。

随着我国老龄化社会发展，老年人用品蕴涵着很大的市场商机，老年市场的开发潜力是十分巨大的。国家民政部社会福利和慈善事业促进司的数据表明，2010年我国老年人口消费规模超过1.4万亿，预计到2030年将达到13万亿元。

老年人的经济收入状况是决定老年市场规模和容量的关键因素。老年人经济收入的主要来源是子女或亲属供养、老年人离/退休金和劳动收入以及社会保险和救济。中国老龄科学研究中心的一项调查显示，城市老年人中有43%的人拥有储蓄存款，有关部门对中国老年人的退休金、再就业收入、劳动收入、赡养费等作较为保守的估计：2010年为8400亿元，2020年为28 150亿元，2030年为73 200亿元。老年人收入的不断提高，为老龄产业的发展开辟了广阔的空间。

随着社会进步和经济收入的提高，老年人正在逐步抛弃"重积蓄、轻消费""重子女、轻自己"的传统观念，花钱买健康，花钱买潇洒正成为现代老人的时尚追求。现在的老年人多数是在物质和精神生活相对贫乏的五六十年代度过他们的青春年华的，一直没有机会满足各种生活追求。因此，当他们从繁忙的工作和家庭负担中解脱出来后，就会喷发出强烈的补偿要求，希望自己的晚年生活能过得幸福、充实、绚丽多姿。从这一意义上讲，老年人有比青年人更强烈的购买欲望。和中青年相比，大多数老年人已上无赡养父母的责任，下无抚养子女的义务。因而可倾其所有来满足自己的需求，使老年人相对有限的经济收入，最大限度地转化为现实购买力，其边际消费倾向明显高于中青年消费者。由上可见，由于我国老年人口基数大，老年人的经济收入逐年在增加，加之他们的强烈购买欲望，可知我国老年市场具有不可估量的开发潜力。

生活用品追求实用质量、饮食求营养可口、穿着求宽松合体、医疗保健求实效、生活服务求多样化、文娱休闲求高雅、住房交通求方便等。同其他消费群体相比，老年群体由于在生理、心理、经验等方面有着明显的差异，因此，老年市场的消费行为也具有其自身的特征，充分认识这些特征，是开发老年市场、研究和制订营销策略的关键。

（一）消费自主性强

老年消费者与低龄消费者的消费意志主要通过父母来体现不同，老年消费在意志上是自主的，只要老人独立思考的能力依然存在，其消费意志的自主性就不会消失。再者，少年人口由于尚未进入社会，他们的消费实际上是一种依赖消费。而作为纯消费人口的老年人口，其经济收入应是相对独立的，消费能力是自主的。

（二）消费习惯稳定，消费行为理智

由于年龄和心理的因素，与年轻人相比，老年人的消费观较为成熟，冲动型热情消费和目的不明的盲目消费少。对消费新潮的反应会显得较为迟钝，他们不跟时髦，讲究实惠。另外，老年消费者有着几十年的购买消费的实践，在长期的选择和使用过程中，积累了丰富的经验，而且老年消费者也往往非常相信自己的购买经验，对哪些商品能够满足自己的需要有较为深刻的理解。他们往往会根据自己长期积累的经验和选购商品的标准，再三思量，然后再进行购买。老年人的习惯购买心理还表现在：对于不了解的商品不轻易采用。因而大量的广告轰炸对于其购买商品难以产生很大的影响。老年消费者对某些商品形成了比较稳定的购买消费习惯，对某些品牌更是产生了一定的偏好，具有较高的品牌忠诚度。这类习惯一旦形成，就较难改变，会在很大程度上影响老年消费者的购买行为，使老年型商品市场变得相对稳定。同时，由于是家庭中的长辈，在家庭中会起到一定的表率作用，尽管购买消费是个人的行为，老年消费者也会较多地考虑家庭的整体利益，兼顾家庭，有时个人消费还富有牺牲性。综合这种因素，老年消费者的购买决策往往是趋于理智型的，特别是高值消费品的购买、决策的过程都会较长。

（三）消费追求便利

老年消费者由于生理机能逐步退化，对商品消费的需求着重于其易学易用、方便操作，以减少体力和脑力的负担，同时有益于健康。老年消费者对消费便利性的追求还体现在对商品质量和服务的追求上，老年消费对商品质量和服务质量的要求高于一般消费，这是老年消费的质量特征。质量高、售后服务好的商品能够使老年消费者用得放心、用得舒服，不必为其保养和维修消耗太多的精力。就近消费也是老年消费的一大特点，他们在消费时会尽量避免过多的交通劳累，因此通常会选择在大商场和离家较近的商店购买，因为大商场所提供的商品一般在质量上可以得到保障，而且在购物环境和服务方面也有较大优势。

（四）商品追求实用

老年消费者把商品的实用性作为购买商品的第一目的性，他们强调质量可靠、方便实用、经济合理、舒适安全。至于商品的品牌、款式、颜色、包装，是放在第二位考虑的。我国现阶段的老年消费者经历过较长一段时间的并不富裕的生活，他们生活一般都很节俭，价格便宜对于他们选择商品有一定的吸引力。但是随着人们生活水平的改善，收入水平的提高，老年消费者在购买商品时也不是一味追求低价格，品质和实用性才是他们考虑的主要因素。

（五）消费喜欢结伴

在购物的陪伴方式上，因为老年人大多害怕寂寞，而其子女由于工作等原因，闲暇时间较少，所以老年消费者多选择与老伴和同龄人一道出门购物。老年人之间有共同话题，在购买商品时也可以互相参考、出谋划策，他们对于哪些商品适合老年人比较了解。这就说明，影响老年消费者购买行为的相关群体主要还是老年人。

（六）有补偿消费动机，休闲性消费比例大

很多老年消费者有补偿性消费动机。在子女成人独立、经济负担减轻之后，一些老年消费者试图补偿过去因条件限制未能实现的消费欲望。他们在美容美发、穿着打扮、营养食品、健身娱乐、旅游观光等方面，和年轻人一样有着强烈的消费兴趣。老年消费中休闲性消费与服务性消费所占比例大，这是老年消费的内在特征。一般来说，低龄老人以休闲性消费为主，高龄老人以服务性消费为主。

（七）对广告的依赖程度

一般广告对大部分老年消费者的影响程度是"一般"（41.9%）或"没什么影响"（22.7%），如下图所示。由此可见，老年消费者对广告的依赖程度一般，并且由于一些虚假广告的负面影响，使得一部分老年消费者对广告产生了反感情绪。由于老年消费者心理成熟、经验丰富，他们一般相信通过多家选择和仔细判断就能选出的商品。当然，老年消费者还是希望通过广告了解一些商品的性能和特点，并以此为依据选择某些商品，但是会尽量避免夸大性和虚假的广告。

中国产业信息网（http://www.chyxx.com）发布的《2012—2016年中国中老年用品产业竞争格局及前景研究报告》指出，从产业结构看，近年来以衣食为主的传统消费模式正在悄然变化，娱乐休闲、康复保健、文化用品、公共福利设施等老年人消费比例上升加快，老年人消费需求呈多领域发展趋势。

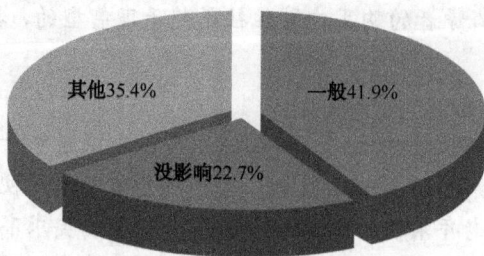

其他35.4%　　一般41.9%　　没影响22.7%

老年消费者对广告的依赖程度分析

（资料来源：产业信息网整理 http://www.chyxx.com/industry/201401/227591_6.html）

讨论问题：

1. 从本案例中可以整理出哪些有价值的市场营销信息？
2. 根据这些信息企业可以做出哪些决策？
3. 老年消费市场的机会在哪里？如何开发老年人市场？

实训二：收集企业产品营销信息

一、实训内容

1. 二手资料收集和一手资料收集；

2. 二手资料收集要确定信息资料来源和出处，根据选定的企业所属行业及产品特征来确定如何收集资料。

3. 一手资料收集可以选择多种方法，如观察、问卷调查、小组焦点访谈等。

针对任务四选定的企业产品，了解消费者对产品的态度、购买习惯以及哪些人在购买、他们追求的核心利益等内容，调查目的是为选择目标市场和产品定位决策提供可靠信息。

二、实训准备

1. 授课老师根据企业产品的情况指导学生确定调研主题；

2. 学生可以下企业了解产品销售中出现的问题，以便确定调查内容；

3. 学生根据企业产品销售中存在的问题以及观察发现的情况设计问题；

4. 小组个人先独立设计一份调查问卷，再由组长主持讨论确定小组调查问卷。

三、实训组织

1. 组织学生课堂模拟调查训练，发现问题及时纠正；

2. 各组将最终问卷打印成正式稿，供小组成员调查使用；

3. 调查时戴上校牌或学生证，以便取得被调查对象信任与配合；

4. 各组分工、分区，选择零售点、街头拦截随机抽样调查；

5. 整理调查问卷，统计调查数据，归类分析，得出相关结论。

四、实训评价

1. 问卷结构完整，主题明确；（2分）

2. 问题表达清楚，符合原则；（2分）

3. 小组分工明确，准备充分；（3分）

4. 调查实施真实，结论可信。（3分）

【附件】

你是营销者：索尼克公司的新产品营销计划

营销信息系统、营销情报系统、营销调研系统可以收集和分析营销计划中各部分的数据信息，这些系统可以帮助营销人员测试市场的变化和发展趋势、竞争情况、产品使用情况、分销渠道及其他。并且它们还能找出一些重要的机会及必须注意的风险。

作为索尼克公司的产品经理，利用表2-3营销计划的构成要素回答下列问题。

1. 哪些部分你需要第二手资料数据，或第一手资料数据，或两者都需要？为什么你会需要这些资料？

2. 在什么地方你可以找到合适的资料？寻找到两个非互联网资源及两个互联网资源，简述你打算在每个资源中获得什么资料，以及你打算如何应用这些数据。

3. 索尼克公司将需要用什么样的调查法、焦点小组访谈法、观察法、行为数据分析或实验法来支持公司的营销战略，包括产品策略、定价策略、分销和促销组合策略，以及其他索尼克公司能够通过营销调研解决的问题。

根据导师的指导，将使用的营销数据及调研的信息进行整理后，写入营销计划的适当部分，或作为营销战略选择的依据。

任务五

分析消费者市场与生产者市场

任务目标

知识目标

1. 理解消费者市场和生产者市场各自的特点；
2. 认识影响消费者和生产者购买行为的主要因素；
3. 了解消费者和生产者购买的一般模式和主要类型；
4. 了解消费者和生产者购买决策的一般程序。

能力目标

1. 能观察影响消费者和生产者购买行为的主要因素；
2. 能采取针对性策略促成消费者和生产者做出购买决策。

模块一 理论指导

案例导入　中国人为什么喜欢土豪金苹果手机

2013 年，因为 iPhone 5S 发售的契机，"土豪金"摇身一变，成为时下的潮流消费概念，消费者为什么如此追捧"土豪金"苹果手机呢？

首先，手机对于消费者而言，目前已经不是普通的日常通信工具，而演变成了一种社交工具。高档手机自然就成为中国消费者"面子"的构成元素之一，从"大哥大"时代开始，中国消费者将拥有最新通信工具作为成功人士的标志，这个风潮一直没有褪去，因此，这种金色的手机自然成为紧俏产品。据中关村手机摊主反馈，最青睐"土豪金"的，包括 IT 大佬、私企老板、民营企业的高管，而基于商务场合的身份彰显需求是购买的核心推动力。

其次，人们希望通过消费的差异化，从而证明自己的与众不同，很多人买土豪金，原因在于 iPhone 5S 的灰色和黑色等产品和 iPhone5 在外观上根本没区别，而 iPhone 5C 还没上市就被消费群定义为廉价的代名词，因此，"不买土豪金，谁知道你用的是 iPhone 5S 啊""拿黑、灰版的都不敢出门了"，这种潜在地追逐"不同"和炫潮心理促使很多人都想入手"土豪金"。

再者，黄金的价值，赋予了金色奢侈、富足的象征意义，在工业设计中，金色是时尚高贵的含义，但是，在中国，更多人更愿意与暴发户或"土豪"关联，为什么这些消费者嘴上不愿意与暴发户或"土豪"为伍，但是却要购买"土豪金"，这同样是中国消费者一种非常有意思的心理，没钱，我也要土豪一把，用得起土豪金，代表我好歹也是土豪阶层，这是文化参考群体的影响效应，如大家都向往权力宝座和皇族官殿，因此消费"土豪金"，这也是一种"屌丝"逆袭和寻求阶层认同的体现。

最后，"土豪金"兴起于网络，这是一种网友原生态文化的产物，除掉"土豪金"，中国网友还为 iPhone 5S/5C 的配色都做了命名：高端黑、土豪金、东北银/茶婊绿、古德白、武藤蓝、脑残粉、大便黄。网络文化就是年轻人文化，这种文化的扩散力非常强，任何一个品牌都需要借助互联网，但是也需要成为互联网文化的一部分，这种原生的互联网文化正在改变品牌的形态，甚至在颠覆品牌固有的特性。

思考：

1. 购买土豪金苹果手机的消费者希望产品带给他们哪些方面的价值？
2. 影响消费者购买土豪金苹果手机的主要因素是什么？

任务四我们已经学习了营销人员如何获取信息和使用信息来确定营销机会。本任务我们将重点关注营销环境中的重要因素——顾客。营销的目的就是使用一定方法来影响顾客对于企业及其所提供的产品的想法和行为。要影响购买行为的对象，首先必须了解影响购买行为的原因。以上土豪金苹果手机的案例表明，许多因素影响着消费者的购买行为，这些影响因素非常复杂，而了解和研究这些影响因素成为了市场营销人员的一项基本工作。本任务就是要研究影响消费者市场和生产者市场购买行为的原因及购买决策过程。

一、了解消费者市场的特点

（一）消费者市场的含义

市场是企业营销活动的出发点和归宿点，市场是指有购买力、有购买愿望的顾客群体。按照顾客购买目的或用途的不同，市场可分为消费者市场和生产者市场两大类。

消费者市场是个人或家庭为了生活消费而购买产品和服务的市场。一切企业都必须研究消费者市场，因为消费者市场是商品的最终归宿，即最终市场。因此消费者市场也称为最终产品市场。

生产者市场也称产业市场，是由购买商品及服务并为进一步制造新的商品及服务、再销售或租借给其他单位和个人的组织或个人组成的市场。消费者市场与生产者市场由于购买目的、参与购买决策者及影响因素的不同，各自所具有的特点也不同。

（二）消费者市场的特点

1. 广泛性

生活消费对每个人都是不可避免的，一个人无论在购买过程中扮演何种角色，无论是直接购买还是参与消费，都是这一市场的一员，因此消费者市场人数众多，范围广泛。

2. 多样性

消费者人数众多，差异性大。由于在年龄、性别、职业、教育程度、居住区域、民族、宗教等方面不同，消费者有各式各样的需要、欲望、兴趣、爱好和习惯，对不同的商品和同种商品的不同品种、规格、质量、外观、式样、服务、价格等会产生多种多样的要求。

3. 分散性

由于受家庭储藏地点、设备及财力等条件的制约，消费者每次购买数量不多。再者，现代市场商品供应丰富，购买方便，随时需要，随时购买，不必大量储存。因此，购买频率高，购买次数相对频繁。

4. 易变性

消费者需求具有求新求异的特性，要求商品的品种、款式不断翻新，有新奇感，不喜爱一成不变的面孔。目前，消费者对商品的挑选性增强，消费风潮的变化速度加快，商品的流行周期缩短。

5. 非专家购买

需求的复杂性和商品的多样性，使得消费者在购买和使用中，往往缺乏专门的商品知识、价格知识和市场知识。对产品的性能和使用、保管、维修方法，除非具有该领域的工作经验，大多数人都显得外行、陌生。因此，消费者相对容易接受促销的影响，产生冲动性购买行为。

6. 情感性

由于消费者对消费品的购买大多是非专家购买，因此在购买过程中根据个人好恶和感觉作出购买的决策，受情感影响很大。

7. 地区性

同一地区的消费者在生活习惯、收入水平、购买特点和商品需求等方面有很多的相似之处，而不同地区消费者的消费行为则表现出较大的差异性。

8. 替代性

消费品种类繁多，不同品牌之间往往可以互相替代，如"海尔"空调代替"格力"空调，鸭绒衣代替太空服，等等。由于消费品具有替代性，消费者在有限购买力的约束下对满足哪些需要、选择哪些品牌来满足需要必然会慎重地决策且经常变换。

二、分析影响消费者购买行为的因素

要认清影响消费者购买行为的因素，首先，我们来分析消费者购买的模式，以揭开消费者市场千变万化的神秘面纱。

（一）消费者市场购买行为模式

消费者每天都在做出购买决策，许多公司都想知道这样一些问题：消费者购买什么？到哪里购买？买多少？什么时候去买？为什么买？市场营销人员通过研究消费者的实际购买情况可以得到部分答案，了解人们买什么，在哪里买和买了多少，但要知道他们为什么买却并不容易。有时消费者自己都无法准确说出影响他们购买的因素。

营销人员关注的核心问题是：对于公司采取的各种营销活动，消费者会有什么反应？现

有的营销研究提供了关于购买行为的刺激—反应模型（图 5-1）

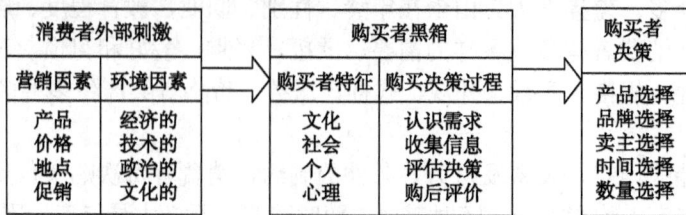

消费者外部刺激		购买者黑箱		购买者决策
营销因素	环境因素	购买者特征	购买决策过程	产品选择
产品 价格 地点 促销	经济的 技术的 政治的 文化的	文化 社会 个人 心理	认识需求 收集信息 评估决策 购后评价	品牌选择 卖主选择 时间选择 数量选择

图 5-1　购买者行为模型

此图表明，消费者购买行为，是一个投入产出的过程。一方面，消费者接受各种外部刺激；另一方面，消费者作出各种反应。外部刺激和消费者反应，往往是有形的，看得见、摸得着。而消费者如何消化各种外部刺激，从而形成各种特征的某种反应，则常常难以揣摸，它成为消费者行为中的一个"黑箱"。营销人员需要了解在"黑箱"中，刺激因素如何转化成为消费者反应。这包括两个方面，一是购买者的特征将影响他如何接受外界环境的刺激并产生行为反应；另一方面是指购买者的决策过程本身影响着购买者的行为。

例如，一天早上，你看到你的同事手里拿着一款新型的"智能手机"，刚好是你喜欢的那种，你会即时产生许多不同的念头，以下的几种想法，你是那种呢？

为她感到高兴，她的表情使你感到高兴； 很想下午就去购买这款手机； 因为她在炫耀，而产生一种厌恶的感觉； 决心不买这款手机，因为你不想与她相同； 有点自卑，因为自己还没有能力购买； 对自己的男友不满，因为他没有送给自己这款手机。

下面先讨论影响购买者行为的购买者特征因素，然后再讨论影响购买者的决策过程。

（二）影响消费者购买行为的因素

消费者生活在纷繁复杂的社会之中，购买行为受到诸多因素的影响（图 5-2），主要的有文化、社会、个人和心理等因素。其中文化因素的影响最广泛和最深远。

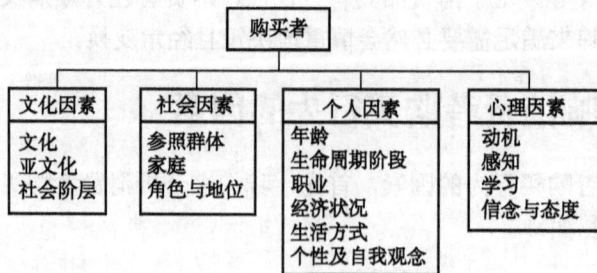

购买者			
文化因素	社会因素	个人因素	心理因素
文化 亚文化 社会阶层	参照群体 家庭 角色与地位	年龄 生命周期阶段 职业 经济状况 生活方式 个性及自我观念	动机 感知 学习 信念与态度

图 5-2　消费者行为影响因素

1. 文化因素

文化因素包括文化、亚文化和社会阶层三个内容，文化因素对消费者购买行为有着最为广泛和深远的影响。

（1）文化。文化是指人类从生活实践中建立起来的价值观念、道德、理想和其他有象征意义的综合体。文化是人类欲望和行为最基本的决定因素。每一个人都在一定的社会文化环境中，通过家庭和其他主要机构的社会化过程形成了基本的价值观、认知、偏好等。在美国长大的孩子易受到下列价值观影响：成就与功名、活跃、效率与实践、上进心、物质享受、自我、自由、形式美、博爱主义和富有朝气。因此，他们敢于尝试新产品，追求能够表达与众不同的东西；而中国传统文化影响下长大的孩子则受到仁爱、礼让、诚实、忠孝、节俭、循规蹈矩等观念影响，消费观念比较保守，从众心理较强。但文化在不断地发展，并且在经济全球化影响下，人口在世界范围内流动，会带来许多其他文化的影响。中国的80、90后一代与他们的前辈相比，价值观念受到西方文化影响，消费观念也发生了巨大变化。

市场营销人员必须不断捕捉文化变迁以发现人们可能需要的新产品。例如，随着我国经济的快速发展，人们生活水平不断提高，加上外部环境日益恶化，人们开始关心健康，于是引起了健身器材、运动服装、天然食品、健身服务、减肥等行业的发展；年轻人追求个性、时尚，手机则成为年轻人炫酷的重要产品，苹果、小米正好抓住了我国消费者的需求特点，获得了消费认同。

（2）亚文化。每一种文化都包含着能为其成员提供更为具体的认同感和社会化的较小亚文化。亚文化包括民族、宗教、种族和地域等的特殊群体文化。

许多亚文化群构成了重要的细分市场，而市场营销人员可以根据他们的需要设计产品并制订营销计划。我国有56个民族，服饰和饮食方面都有很大的差异，向来有南甜、北咸之说，可以按民族特点细分出民族服饰和民族饮食市场。例如，在新疆维吾尔族居民比较多，因此，可以开维民餐馆，做维族人喜欢的食物。地域不同，地方文化不同，消费习惯和观念就不一样，上海人爱面子，因此，在穿方面花费比较大，服装新品上市可以首先以上海为目标，再从上海向全国扩展；而广东、海南人更重视吃，美食在这些区域更受欢迎。

案例启示

美国有70%的亚洲人是移民，大多数年龄都在25岁以下。最近美国商务部统计局的统计数字表明，亚裔美国人是美国增长最快的种族亚文化群体。这一亚文化群体由中国人、日本人、菲律宾人、朝鲜人、亚洲印第安人、东南亚各国及太平洋岛国等亚裔人群组成。由于亚裔亚文化如此多种多样，要将这一群体的购买模式加以概括非常困难。有关亚裔美国消费者的研究提出，这一亚文化群体的个人和家庭可分为两个群体：①"同化的"亚裔美国人。他们精通英语，受过高等教育，担任专家和经理职位，表现出的购买模式与典型的美国人非常相似。②"未同化的"亚裔美国人。他们是新近的移民，仍保持自己原来的语言和风俗习惯。亚裔美国人这种多样化的语言、风格和口味的明显差别，要求营销者必须对亚洲各国有敏锐的认识。例如，美国安休斯—布希农场公司农产品销售部所销售的8个不同品种的加州米，便各标以不同的亚洲标签，以覆盖一系列的民族和口味。该公司的广告还述及中国、日本、朝鲜对不同种类饭碗的各自偏好。一些研究还表明，亚裔美国人亚文化群体具有一些共同的特征，如勤奋、家庭观念强烈、欣赏教育、中等家庭的收入超过白人家庭。而且这一亚文化群体也是美国最具创业心的群体，这可从亚裔企业成员的表现得到明证。根据这些特质，美国大都会人寿保险公司将亚裔人作为一个主要的保险目标市场。

（3）社会阶层。社会阶层是社会学家根据职业、收入来源、教育水平、价值观和居住区域对人们进行的一种社会分类，是按层次排列的、具有同质性和持久性的社会群体。社会阶层具有以下特点：

同一阶层的成员具有类似的价值观、兴趣和行为，在消费行为上相互影响并趋于一致。人们以自己所处的社会阶层来判断各自在社会中占有的地位高低。

一个人的社会阶层归属不仅仅由某一变量决定，而且还受到职业、收入、教育、价值观和居住区域等多种因素的制约。人们能够在一生中改变自己的社会阶层归属，既可以迈向高阶层，也可以跌至低阶层，这种升降变化的程度随着所处社会的层次森严程度的不同而不同。

在诸如服装、家具、娱乐活动和汽车等领域，各社会阶层显示出不同的产品偏好和品牌偏好。一些营销人员把其注意力集中在某一个阶层上，如五星级酒店专门接待商务人士和政务要员。对于新闻媒体的选择方面，各阶层也截然不同，高阶层消费者与低阶层消费者相比，更爱看报刊、杂志。即使在同一种媒体内，每一阶层的偏好也不同，高阶层消费者喜欢各种时尚活动和高雅音乐，而低阶层消费者则乐于收看都市频道和玩网上游戏。除此之外，各阶层的语言也有差别，广告商们为适应各阶层消费者不同偏好的目标要求，而不得不在商业性电视广告节目中制作和撰写适合各阶层不同需要的文稿和对话。

根据收入、职业、教育和财富四个指标，社会学家总结了美国的七大社会阶层（表 5-1），分别是上等阶层（小于 3%），中等阶层（44%），劳动阶层（38%），下等阶层（16%）。

表 5-1　美国社会阶层划分

社 会 阶 层		比重（%）	涵 盖 人 群
上等阶层	上等上层	小于 1	继承了大笔财富，有显赫家庭背景的社会名流。他们大量捐赠慈善事业，拥有多处住宅，子女在最好的学校就读
	上等下层	2 左右	通过超凡能力而获得很高收入或财富的人。他们在社会和公众事业上不常采取积极态度，购买昂贵的住宅和汽车，让子女就读贵族学校
中等阶层	中等上层	12	专业人士、独立的企业家和公司经理，没有显赫家庭背景和非凡财富。他们注重教育，喜好参加各种社团活动，热心公益，追求美好生活
	中等阶层	32	收入中等的白领或蓝领工人，在城里的较好住宅区居住。他们往往购买符合大众潮流的产品。舒适的生活意味着有一套房子，在一个好的城区，附近有好学校
劳动阶层	劳动阶层	38	过着"劳动阶层生活方式"的人，不论是什么收入、教育和职业。劳动阶层很依赖朋友在经济和感情上的支持
下等阶层	下等上层	9	工作着的穷人。生活水准刚好在贫困线之上，虽然努力向高阶层奋斗，但他们缺乏教育，从事的只是不需要特殊技能的工作
	下等下层	7	明显地贫困不堪，通常是受教育程度极低的无技能工人。他们常常失业或靠公共救济生活，辛苦度日

［资料来源：（美）菲利普·科特勒（14 版）《市场营销原理》（第 146 页）］

我国对于社会阶层的划分有许多民间讨论，但少有官方的资料，2001 年中国社会科学院陆学艺研究员以职业分类为基础，以组织资源、经济资源和文化资源的占有状况为标准，将我国社会划分为十大阶层（表 5-2），分别是国家与社会管理者阶层（2.1%），经理阶层（1.5%），私营企业主阶层（0.6%），专业技术人员阶层（5.1%），办事人员阶层（4.8%），个体工商户阶层（4.2%），商业服务人员阶层（12%），产业工人阶层（22.6%），农业劳动者阶层（44%），无业、失业、半失业阶层（3.1%）。

表 5-2 中国社会阶层划分

社 会 阶 层	比重（%）	涵 盖 人 群
1. 国家与社会管理者阶层	2.1	事业和社会团体机关单位中行使实际行政管理职权的领导干部
2. 经理阶层	1.5	指大中型企业中非业主身份的高中层管理人员
3. 私营企业主阶层	0.6	拥有一定数量的私人资本或固定资产并进行投资以获取利润的人
4. 专业技术人员阶层	5.1	在各种经济成分的机构中专门从事各种专业性工作和科学技术工作的人员
5. 办事人员阶层	4.8	协助部门负责人处理日常行政事务的专职办公人员
6. 个体工商户阶层	4.2	拥有较少量私人资本（包括不动产），并投入生产、流通、服务业等经营活动或金融债券市场，而且以此为生的人
7. 商业服务人员阶层	12	在商业和服务行业中从事非专业性的、非体力的和体力的工作人员
8. 产业工人阶层	22.6	在第二产业中从事体力、半体力劳动的生产工人、建筑业工人及相关人员（其中农民工占产业工人的30%左右）
9. 农业劳动者阶层	44	承包集体所有的耕地，以农业（农、林、牧、副、渔）为唯一或主要职业，并以农业收入为唯一收入来源或主要收入来源的农民
10. 城乡无业、失业、半失业者阶层	3.1	无固定职业的劳动年龄人群（排除在校学生）

（资料来源：2001年社会科学院研究课题）

这是 2001 年的数据，之后就没有官方资料对我国社会阶层进行划分。现在，表 5-2 中数据应该有了较大的变化，特别是城镇化率突破 50%后，产业工人阶层比重明显上升，服务人员阶层比重也上升较大，加上我国高等教育大众化，受教育的水平明显提高，专业技术人员比重也应该提升较多。但我国社会阶层分化现象严重，贫富差距拉大，中产阶层比重较小，处于社会底层的比重较大，社会稳定性较差。

我国改革开放初期，国家政策允许一部分人先富起来，鼓励年轻人依靠自己的技术和知识改变命运，打通社会阶层间的障壁进行流动，只要努力，年轻人都可以实现个人梦想，向社会上一层流动。

在美国社会阶层的界限是不固定的，人们可能升到上一层或降到下一层。我国新一任国家领导人提出"中国梦"，也就是每个人都有追求个人梦想的权力，国家将会改革分配制度，给劳动者更多发展机会，实现社会阶层间的上下流动。

营销人员关注社会阶层是因为同一社会阶层的人具有类似的购买行为。在诸如服装、家具、休闲活动和汽车等行业中，社会阶层显示了不同的产品和品牌偏好。

2. 社会因素

消费者的购买行为同样也受到一系列社会因素的影响，如消费者相关群体、家庭和社会角色与地位。

（1）相关群体。相关群体是指能够影响消费者购买行为的个人或集体。换言之，只要某一人群在消费行为上存在相互影响，就构成了一个相关群体，不论他们是否相识或有无组织。相关群体可以按照消费者与群体间的关系分为成员群体和参照群体。

成员群体，是指消费者所直接面对与经常接触的从属群体，包括家庭、亲戚朋友和参与的社团、宗教组织等。成员群体按与消费者关系密切程度又可分为基本群体和次要群体。

基本群体，也称为主要群体，指那些关系密切且经常发生相互作用的非正式群体，如家庭成员、亲朋好友、邻居和同事等，这类群体对消费者影响最强，主要影响消费习惯和理念。

次要群体，指较为正式但日常接触较少的群体，如宗教、专业协会和同业组织等，这类群体对消费者的影响强度仅次于主要群体，主要影响消费者价值观、风格。

参照群体，是指消费者的崇拜性群体，一个人希望从属的群体。如某个少年喜欢打篮球，可能希望有朝一日成为 NBA 球员，因此，他很喜欢球星。参照群体范围很广，可以是文艺明星、体育明星、影视明星、政府要员及其追随者。

营销人员总是试图识别目标顾客的参照群体，因为参照群体将带给一个人新的行为和生活方式，它将影响个人的态度和观念，进而产生压力，影响个人对产品或品牌的选择。参照群体的影响程度因产品和品牌而异。对于那些能被购买者的偶像所注意的产品，参照群体影响力较大。

参照群体对消费行为的影响主要表现为三个方面：一是示范性，即参照群体的消费行为和生活方式为消费者提供了可供选择的模式；二是仿效性，即参照群体的消费行为会引起人们仿效的欲望，影响人们的商品选择；三是一致性，即由于仿效而使消费行为趋于一致。参照群体对购买行为的影响程度视产品类别而定。据研究，参照群体对汽车、摩托、服装、香烟、啤酒、食品和药品等产品的购买行为影响较大，对家具、冰箱、杂志等影响较弱，对洗衣粉、收音机等几乎没有影响。

口碑影响和口碑营销，口碑可以对消费者的购买行为产生强烈的影响。来自可信任朋友、同事和其他消费者的话语和推荐，会比来自商业渠道的广告、销售人员的信息更为可靠。大多数口碑影响是自然发生的：消费者彼此之间就某个他们所使用的或者强烈感受的品牌展开聊天话题。不过，营销人员常常会影响消费者之间的交流，引导有利于其品牌的正面交谈。

对受到参照群体影响大的产品和品牌制造商来说，必须想办法去接触和影响有关参照群体中的意见领袖。意见领袖是从属于某个参照群体，是凭借特殊技能、学识、个性或其他特征，对他人施加影响的人。一些专家将这一群体称为影响者或领先采用者。当这些影响者讲话的时候，消费者聆听。营销人员试图识别其产品的意见领袖，并针对他们实施相应的营销举措。

口碑营销通过征募或者培养一批意见领袖来担当"品牌大使"，传播有关一个公司的产品的口碑。许多公司现在创造品牌大使项目，试图将影响者而不是一般消费者纳入到品牌传道者中。近来的一项国外研究发现这种项目会提高口碑营销活动效果达 50%。

案例启示

在过去的几年里，美国捷蓝航空公司的捷蓝体验项目已经招募了一群大学生校园大使，他们都是捷蓝航空的忠诚喜爱者。捷蓝体验项目的大使们为捷蓝的校园营销活动提建议，向其他同学介绍捷蓝航空品牌，协助组织校园活动，如捷蓝航空的蓝色之日活动。

捷蓝体验项目每年秋天在选定的21所高校举办，取得了很大成功。这个项目鼓动大学生们穿上异域风格的蓝色制服，有时还可能染上蓝色皮肤和蓝色头发。如果获评最佳制服，穿着这些衣服的大学生们将会被奖励两张免费往返机票。

捷蓝体验大使对于捷蓝航空校园营销活动的成功至关重要。捷蓝航空的营销经理这样说道，"学生们知道什么类型的活动对其他学生是重要的，知道应该在营销中对他们说什么，以及应该如何说"。你可能会觉得这些品牌大使会被认为是小商贩，甚至更糟的令人远离的布道者。但情况并非如此，这位营销经理说道，"我们的品牌大使被他们的大学同学视为富有企业家精神、具有创造力的人"。这取决于你选择大使的标准，最佳的大使，是友善的日常品牌忠诚者，并喜欢和人讲话，并不是那种由于超级酷而被认为是在校园里有影响力的人。

今天，国内高校是各类电子产品、日常用品潜力巨大的消费者市场，捷蓝航空的校园体验营销活动经验可以成为国内企业打入校园市场很好的借鉴。事实上，有许多公司已经开始将目标瞄准校园市场，如移动、联通、方正电脑、娃哈哈饮料、可口可乐、各种方便面等都在校园开展各类营销活动。

（2）在线社交网络。近年来，随着网络的发展，在线社交这种社会互动形式已经成为人们非常依赖的交流方式，特别是80、90后的年轻一代，几乎离不开手机和网络。社交网络媒介包括博客、微信、微博、微视频、社交网站（QQ）、新浪播客、百度贴吧等，这种新型的消费者与消费者、企业与消费者互动模型对于营销人员而言具有重要的意义。

营销人员正在尝试驾驭这些新型社交网络的力量和其他"网络口碑"的机遇来推广他们的产品，以便建立更为紧密的顾客关系。与单向传播商业信息给消费者的传播模式不同，营销人员希望借助网络和社交网络来与顾客互动，成为他们交流和生活的一部分。

（3）家庭。消费者以个人或家庭为单位购买产品，家庭成员和其他有关人员在购买活动中往往起着不同作用并且相互影响，构成了消费者的"购买组织"。营销人员感兴趣的是在不同产品和服务的购买决策中，丈夫、妻子、孩子的作用和影响。

分析成员对购买决策的影响往往由家庭特点决定，家庭特点可以从家庭权威中心点、家庭成员的文化与社会阶层等方面进行分析。

家庭权威中心点。社会学家根据家庭权威中心点的不同，把所有家庭分为四种类型：一是各自做主型。亦称自治型，指每个家庭成员对自己所需的商品可独立作出购买决策，其他人不加干涉。二是丈夫支配型。指家庭购买决策权掌握在丈夫手中。三是妻子支配型。指家庭购买决策权掌握在妻子手中。四是共同支配型。指大部分购买由家庭成员共同协商作出。"家庭权威中心点"会随着社会政治经济状况的变化而变化。由于社会教育水平增高和妇女就业增多，妻子在购买决策中的作用越来越大，许多家庭由"丈夫支配型"转变为"妻子支配型"或"共同支配型"。

家庭成员的文化与社会阶层。家庭主要成员的职业、文化及家庭分工不同，在购买决策中所起作用也不同。据国外学者调查，在教育程度较低的"蓝领"家庭，日用品的购买决策一般由妻子作出，耐用消费品的购买决策由丈夫作出。在科学家和教授的家庭里，贵重商品的购买决策由妻子作出，日用品的购买普通家庭成员就能决定。

美国一项调查表明，随着70%左右的已婚女性参加就业，丈夫承担了更多家庭用品的采购任务，有65%的男性定期在杂货店采购，一周至少为家庭其他成员准备一次餐饭。与此同时，女性作出了大约 85%新车购买决策、91%的新房购买和 92%的度假决策。总的来说，女性作出了大约 85%的家庭购买决策，控制了 73%的家庭支出。正如一位分析者指出，"现在的女性已经成为一个家庭的首席运营官"。这一事实与我国的情况类似，国内市场营销者可以比照这一研究发现的结果。

这些变化意味着只向妻子或丈夫销售的营销人员必须开始关注另一半。例如，现在的女性会作出 50%的科技产品购买决策，因此，消费者电器公司越来越注意设计更便于女性消费者使用和对女性消费者更具有吸引力的产品。

过去认为是男性采购的电子产品，设计师正在使设计变得更"女性化和柔和"，而非男子气和棱角分明。如索尼笔记本电脑的按键之间有更宽的间隔，它与女性倾向于留长指甲相适应。三星电器所生产的最新几款手机的相机自动聚焦可调到手臂长。这家公司观察到年轻女孩喜欢与朋友合影照相。而男性一般不会。尼桑和奥林巴斯最近推出了一系列更轻、更紧凑和易于使用的数码单镜反光相机，这一系列相机以女性为目标顾客，因为她们是家庭记忆的主要保管者。

孩子对家庭购买决策也有很大影响。中国 0～14 岁年龄阶段人口占总人口比例的 16.7%，规模达到 2.2 亿之多，这个群体的消费占家庭消费支出的 40%左右。儿童、青少年会影响到家庭在食品、服装、娱乐和教育，甚至选择什么汽车、到哪里度假等方面的决策。

美国在近期经济萧条情况下，为了鼓励家长带孩子们外出就餐，餐馆想了许多办法，包括售出精致的儿童菜单和专门的优惠折扣，以及丰富多彩的以孩子为中心的促销活动。在有的餐厅，每周一购买一张成人入场券，孩子可享受免单待遇。在一个意大利餐厅，孩子们可以获得一个面团、意大利香肠切片和奶酪，这样孩子们可以在桌子上制作属于自己的比萨，然后，交给餐厅烹制。还有的餐厅，赠给孩子们的福利则是包括配有耳机的可观看电影的移动式 DVD 播放器，以及把孩子们姓名写在巧克力上的冰激凌。餐厅这样做的目的就是通过关注孩子们，让孩子的父母开心。

（4）社会角色和地位。每个人的一生会参加许多群体，如家庭、公司、俱乐部及各类组织。一个人在群体中的位置可用角色和地位来确定。角色是周围的人对一个人的要求或一个人在各种不同场合应起的作用。如某人在女儿面前是父亲，在妻子面前是丈夫，在公司是经理，每种角色都伴随着一种地位，反映了社会对他的总评价。消费者做出购买选择时往往会考虑自己的角色和地位，企业把自己的产品或品牌变成某种角色或地位的标志或象征，将会吸引特定目标市场的顾客。当然，人们以何种产品或品牌来表明角色和地位会因社会阶层和地理区域的不同而不同。

3. 个人因素

购买者的决策也受个人因素的影响，尤其受个人经济条件、生理、个性、生活方式等的影响。

（1）经济状况。经济状况，指消费者可支配收入、储蓄、资产和借贷的能力。经济状况是决定购买行为的首要因素，决定着能否发生购买行为以及发生何种规模的购买行为，决定着购买商品的种类和档次。例如，我国中等收入的家庭不会选择购买高档奢侈品，低收入家庭只能购买基本生活必需品以维持温饱。

营销人员关注个人收入、储蓄和利率的变化趋势。一旦经济指标预示了衰退，营销人员就应该对产品进行重新设计、定位和定价。例如，沃尔玛在我国中部地区经常开展食品和水果类商品促销活动，实现公司使命"让普通人能够购买到与有钱人同样的东西"。

最近美国一折扣商店针对经济萧条情况，在全美范围内推出了一场名为"超级大节省"的多种产品的降价活动。商店提供多种多样让人兴奋的原创品牌，带给顾客寻宝般的体验，这次活动通过让顾客在本商店节省更多来满足他们的需要，商店的口号就是"期待更多，支付更少。"

（2）年龄与生命周期。人们在一生中购买的商品与服务是不断变化的。人们在服装、食品、家具和娱乐方面的喜好与年龄有关。家庭生命周期的不同阶段也影响着消费。家庭生命周期是指家庭随着成员个人的成长和时间流逝所经历的不同状态。人生阶段改变的分界点通常有结婚、生子、买房、孩子进入大学、个人收入的变化、搬家和退休等。营销人员经常根据家庭生命周期的不同阶段确定目标市场，开发合适产品，实施针对性的营销计划。

例如，针对结婚年龄阶段的人主要营销房子、婚宴、床上用品、旅行等产品，而针对结婚后生子目标市场则主要营销婴儿用品、儿童教育和智力发育产品，针对孩子进入大学、参加工作的家庭，则营销旅游、保健、健身等产品或服务，同时，更换家用电器、为子女购置婚房等。

（3）生活方式。生活方式指一个人在生活中表现出来的活动、兴趣和看法的模式。不同生活方式的群体对产品和品牌有不同的需求。营销人员应设法从多种角度区分不同生活方式的群体，如节俭者、奢华者、守旧者、革新者、高成就者、自我主义者、有社会意识者等，在设计产品和广告时应明确针对某一生活方式群体。例如，高尔夫公司不会向节俭者群体推广高尔夫运动，名贵手表制造商应研究高成就群体的特点以及如何开展有效的营销活动，环保产品的目标市场是社会意识强的消费者。妇女服装制造商为"俭朴的妇女""时髦的妇女""有男子气的妇女"分别设计不同的服装。

营销者认识到消费者购买的不仅仅是产品，他们购买的是这些产品所代表的价值观和生活方式。例如，某摩托车营销时宣传，它不仅仅销售摩托车，还出售独立的"走你自己的路"的生活方式。人们对产品的选择开始变得越来越像价值观选择，现在已经不再是"我喜欢这瓶水，因为它喝起来有点甜"，而是"我喜欢这辆车或这个演出，因为它更能反映我是谁"。

走进星巴克，那里自由地摆放着各种款式的座椅，任由你选择，有一些看起来旧旧的书籍或光碟、飘着浓香的现磨咖啡、可以随时链接的 WiFi、免费下载的音乐，个性独立的80、90 后可以单独一人，也可以邀请二三好友在那里耗上几个小时，这种正是现代年轻人喜欢的时尚都市生活方式。

（4）个性及自我观念。个性指一个人的心理特征。个性导致对自身所处环境相对一致和连续不断的反应。个性特征有若干类型，如外向与内向、细腻与粗犷、谨慎与急躁、乐观与悲观、领导与追随、独立性与依赖性等。一个人的个性影响着消费需求和对市场营销因素的反应。比如，外向的人爱穿浅色衣服和时髦的衣服，内向的人爱穿深色衣服和庄重的衣服。追随性或依赖性强的人对市场营销因素敏感度高，易于相信广告宣传，易于建立品牌信赖和渠道忠诚。独立性强的人对市场营销因素敏感度低，不轻信广告宣传。家用电器的早期购买者都具有极强的自信心、控制欲和自主意识。有一种观点认为品牌也有个性，所以消费者喜欢选择与他们个性相符的品牌和产品。

品牌个性，是指某种品牌可以具有的人类特质的具体组合。一位研究者定义了以下五种品牌个性：

品 牌 个 性	个 性 描 述	举 例 说 明
真诚型	朴素、诚实、卫生、爽快	雀巢奶粉、飘柔洗发水、多芬
兴奋型	勇敢、精神、创意、时尚	百事可乐、哈雷摩托、苹果产品
能力型	可靠、聪明、成功	奥迪、奔驰汽车
优雅型	高档、迷人	宝马汽车、迪奥香水
强健型	适合户外、坚强	陆虎 SUV 汽车、吉普（Jeep）服饰

大多知名品牌与某个特定个性有着强烈的关联，这些品牌会吸引那些与相应个性特征高度匹配的人群。许多营销人员还使用另一种与个性有关的概念，即自我观念（自我形象）。

自我观念基本的前提是人们的拥有物决定和反映了其地位，也就是说，"我们有什么就是什么"。因此，要了解消费者的购买行为，首先，要清楚他们的自我观念和他们的拥有物之间的关系。苹果公司将这些概念应用到它的 Mac 电脑系列广告中。在这些广告中，苹果公司用两个人来代表两种电脑：一个人扮演苹果电脑，另一个人扮演普通个人电脑。这两个人有着非常不同的个性和自我观念。电视广告画面右边的那个人说道，"你好，我是一个 Mac"。他显得更年轻，穿着一条牛仔裤。而左边那个人说道，"我是一个 PC"，他戴着一副呆板的眼镜，穿着一件夹克，打着领带。这两个男子讨论了 Mac 与 PC 的优势，Mac 在比较中胜出。这些广告传递的信息是：Mac 的品牌个性是年轻、放松和酷。而 PC 则被描述为传统、大众和有点学究气。如果你将自己视为年轻者或感觉年轻的人，你就会需要一个 Mac 电脑。

4．心理因素

在人类成功登上月球之后，一位西方哲学家说："虽然人类能征服远在天边的月球，但对近在咫尺的人类的心理之间，却仍然了解有限。"人类的心理是非常微妙而复杂的。心理因素常常影响消费者购买行为。一般来说，营销学对心理因素的研究偏重于动机、感知、学习以及信念和态度四个方面。

（1）动机。动机，是指推动一个人进行各种活动的驱策力。动机是行为的直接原因，它促使一个人采取某种行为并规定行为的方向。

按照心理学的一般观点，人的行为是由动机支配的，而动机是由需要引起的。所谓需要，就是客观刺激通过人体感官作用于人脑所引起某种缺乏状态。例如，人体内的系列化作用引起饥饿的感觉，产生进食的需要；看到朋友用智能手机，就在心理上产生对智能手机的强烈需要，等等。客观的刺激，既指人体外部的，也指人体内部的；可以是物质的，也可以是精神的；有些是生理上的，也有些是心理上的。

动机引起行为的维持，并引导行为去满足某种需要。动机源于需要，当人产生某种需要而又未能得到满足时，人体内便出现一种紧张状态，形成一种内在动力，促使人去采取满足需要的行动，这就是心理学上的动机。当人的需要得到基本满足时，则紧张状态消失，心理就会恢复平衡，动机也就不存在了。

行为决定于动机，动机来源于需要。但是不能反过来说有某种需要，就一定产生某种动机或有某种动机，就一定有某种行为。因为一个人同时可能存在多种需要，不是每一种需要都产生动机，也不是每一种动机都引起行为。动机之间不但有强弱之分，而且有矛盾和冲突，只有最强烈的动机即"优势动机"才能导致行为。例如，一个人得到一笔钱，既想买手机，又想买服装，还想去旅游等，最后决定行为的只能是最强烈的需要和动机。因此，营销者要想使消费者行为符合企业目标，就必须善于根据消费者的需要，设置某些刺激物（营销刺激），激发足以引起消费者行为的优势动机，使之有利于企业目标的实现。

马斯洛的动机理论能帮助营销人员了解各种产品如何才能适应潜在消费者的需要，导致其产生购买动机。马斯洛认为，人类的需要可按层次排列，先满足最迫切的需要，然后再满足其他需要。 如图 5-3 所示。这些需要按其迫切程度排列，依次为生理需要（饥饿、口渴、居住）、安全需要（健康、安全、保护）、社会需要（归属感、情感、交流）、尊重需要（自我尊重、赏识、地位）和自我实现需要（自我发展和自我价值的体现）。一个人总是首先满足最迫切的需要，但当他满足了最迫切的需要之后，这个需要就不再是一种激励因素，而转向满足下一个重要的需要。例如，一名饥饿者绝对

图 5-3 马斯洛的需求层次

不会对社交活动感兴趣，也不会在意别人对他的看法或是否尊重他。他甚至为了活命会铤而走险。而当人们的生活水平达到温饱之后，人们就开始考虑健康、安全等更高层次的需要。

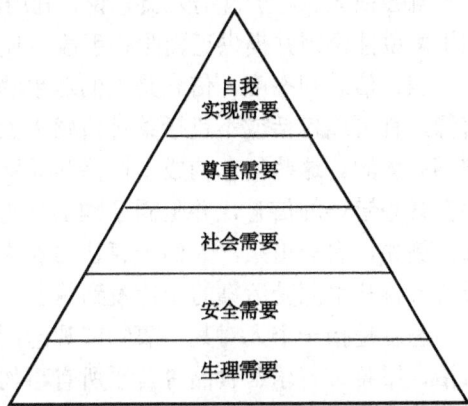

（2）感知。受动机驱使的人会随时准备行动，他的行为取决于他对情境的知觉程度。人是通过视觉、听觉、嗅觉、味觉和触觉五种感官来获取信息的，但是每个人感知、组织和解释这些感觉信息的方式各不相同。感知是人们收集、整理并解释信息，形成有意义的世界观的过程。

人们对同样的刺激会产生不同的知觉，这是因为人们经历了三种认知过程，即选择性注意、选择性曲解和选择性记忆。人们每天都要接触到各种刺激，例如，一个人平均每天会接触到几千条广告，但人们不可能对所有这些广告都加以注意。选择性注意就是人们会过滤大部分接触到的信息，这意味着营销人员必须尽力来吸引消费者注意。

即使消费者注意到的刺激，也不一定会产生预期的作用，人们总是按照现有的思维模式来接受信息。选择性曲解是指人们将信息加以扭曲，使之合乎自己意愿的倾向。例如，你不相信一个公司，即使这家公司诚实的广告也会让你觉得有问题。选择性曲解意味着营销人员要了解消费者的想法，以及这些想法如何影响人们对广告或销售信息的解释。

人们往往会忘记接触过的大多数信息，只记住那些符合自己态度和信念的信息。曲解于选择性的记忆，消费者可能只记住自己喜欢的某个品牌的优点，而忽视其他品牌的好处。所以营销人员要不断地向目标市场投放重复性广告。

（3）学习。学习是指由经验所引起的个人行为的改变。学习论者认为人类的行为多半源于学习，学习反映在驱动、刺激、诱因和强化的交互作用中。

驱动是指促使行动的内在刺激，当这种驱动被指向某种具体的刺激物时，驱动就变成了动机。例如，一个人受自我实现的驱动可能会促使他买一个数码相机。消费者对买相机的想

法的反应将受周围各种诱因的影响，诱因是决定某人何时何地以何种方式作出反应的微弱刺激。看到橱窗里的相机、听到一个特别优惠价格或和朋友讨论相机等，都是诱因，影响一个人购买相机的决策。

假定消费者购买了索尼的数码相机，随后的体验会使他感觉很好，他可能会更多地使用这架相机，也会强化对相机的反应。下次需要购买其他数码类产品时，选择索尼这一品牌的几率就会很大。对于营销人员来说，利用消费者学习的过程，将产品与强烈的驱动联系起来，利用刺激性诱因并提供正面强化手段，使人们产生对产品的需求。

（4）信念和态度。信念是人们对事物所持的具体看法。这些信念也许源于知识、意见与信仰，有可能包括或不包括某种情感因素。营销人员对人们关于特定产品和服务的信念是非常感兴趣的。这些信念构成了产品和品牌的形象，而人们往往会按照自己的信念行动。如果存在某些错误的信念，并阻碍了购买行为，营销人员就应该进行系列促销活动以纠正这些信念。例如，农夫山泉，人们一直认为农夫山泉的水都是水源比较好，天然水质的信念，某一天有人将其水源受污染的照片发到网上，就有可能改变长期来的信念。

态度是指一个人对某些事物或观念所持的相对稳定的评价、感觉和倾向。人们对宗教、政治、服装、音乐、食品等几乎所有事物都持有自己的态度。态度导致人们喜欢或不喜欢某些事物，并对它们亲近或是疏远。购买数码相机的消费者可能持有这样的态度：要买就买最好的，日本的电子产品是世界上最好的，而索尼广告说"创造与自我表现是人生最重要的事情"，这正好符合消费者的态度。

态度并不会轻易改变，人们的态度使思维形成一种固定模式，改变态度就要改变其他的相关因素。因此，公司最好使其产品迎合已有的态度，而不是企图改变人们的态度。例如，现在的饮料营销人员正在迎合人们有关饮料健康、益处的新态度，饮料已经不仅仅是要求味道好或能解渴。

娃哈哈每年都会推出新饮料，近年推出的维生素含量高的饮料、混合果汁饮料都符合人们的态度。娃哈哈成为国内健康饮料的领导者。

以上对影响消费者购买行为的因素进行了单个分析，但其实影响消费者购买行为的并不是某类因素简单作用的结果，而是文化、社会、个人和心理等多因素影响下的综合反应。

三、认识消费者购买决策的过程

消费者购买受到多种因素的影响，包括产品性质不同、参与购买的人不同、消费者的购买行为不同，由此，形成了不同的消费者购买行为类型和购买决策过程。

（一）购买行为类型

不同消费者购买过程的复杂程度不同，这是因为购买过程会受到诸多因素影响，其中最主要的是购买介入程度和品牌差异大小。购买介入程度指消费者购买风险大小或消费者对购买活动的关注程度。如果产品价格昂贵，消费者缺乏产品知识和购买经验，购买具有较大的风险性和高度自我表现性，则这类购买行为称为高度介入购买行为，这类消费者称为高度介入购买者；如果产品价格低或消费者有产品知识和购买经验，购买无风险或无自我表现性，则称为低度介入购买行为，这类消费者称为低度介入购买者。同类产品不同品牌之间的差异大小也决定着消费者购买行为的复杂性。差异小，则无须在不同品牌之间精心选择，购买行为就简单；同类产品不同品牌之间的差异越大，则产品价格越昂贵，消费者越是缺乏产品知识和购买经验，感受到的风险越大，购买过程就越复杂。例如，消费者在购买牙膏、手机、电脑和汽车之间的购买复杂程度显然是不同的。根据购买者的购买介入程度和产品品牌差异程度可划分出四种复杂程度不同的购买类型，即复杂的购买行为、减少失调感的购买行为、习惯性的购买行为、多样性的购买行为（表 5-3）。

表 5-3 购买行为的 4 种类型

产品介入程度 品牌差异程度	高	低
大	复杂的购买行为	多样性的购买行为
小	减少失调感的购买行为	习惯性的购买行为

1. 复杂的购买行为

如果消费者属于高度介入，并且了解现有各品牌、品种和规格之间具有的显著差异，则会产生复杂的购买行为。复杂的购买行为指消费者购买的整个过程中，要经历大量的信息收集、全面的产品评估、慎重的购买决策和认真的购后评价等各个阶段。例如，家用电脑价格昂贵，不同品牌之间差异大，某人想购买家用电脑，但又不知硬盘、内存、主板、中央处理器、分辨率、Windows 等为何物，对于不同品牌之间的性能、质量、价格等无法判断，贸然购买有极大的风险。他要广泛收集资料，弄清很多问题，解决很多难题，逐步建立对此产品的信念，然后转变成态度，最后才会做出谨慎的购买决定。

对于消费者复杂的购买行为，营销者必须了解消费者收集信息并加以评价的行为；他们需要制定出各种策略，来帮助购买者了解这类产品的各种属性以及这些属性的相对重要程度；他们还必须突出自身品牌的特性，利用印刷媒体和详细的广告文案来描述品牌的优点；他们必须谋求与商店销售人员和购买者朋友的支持，以影响购买者对最终品牌的选择。

2. 减少失调感的购买行为

如果消费者属于高度介入，但是并不认为各品牌之间有显著差异，则会产生减少失调感的购买行为。减少失调感的购买行为指消费者并不广泛收集产品信息，不精心挑选品牌，购买过程迅速而简单，但是在购买以后会因自己所买产品具有某些缺陷或其他同类产品有更多的优点而产生失调感，怀疑原先购买决策的正确性。如地毯、房内装饰材料、家具等商品的购买大多属于减少失调感的购买行为。此类产品价值高，不常购买，但是消费者看不出或不认为某一价格范围内的不同品牌有什么差别，不须在不同品牌之间精心比较和选择，购买过程迅速，可能会受到与产品质量和功能无关的其他因素的影响，如因价格便宜、销售地点近而决定购买。

对于这类购买行为，营销者应提供完善的售后服务，通过各种途径经常提供有利于本企业和产品的信息，使顾客相信自己的购买决定是正确的。

3. 习惯性的购买行为

如果消费者属于低度介入并认为品牌之间没有什么显著差异，就会产生习惯性购买行为。

习惯性购买行为指消费者并未深入收集信息和评估品牌，没有经过信念—态度—行为的过程，只是习惯于购买自己熟悉的品牌，在购买后可能评价也可能不评价产品。

对习惯性购买行为的主要营销策略是：

（1）用价格与销售促进吸引消费者试用。由于产品本身与同类其他品牌相比难以找出独特优点以引起顾客的兴趣，因而就只能依靠合理价格与优惠、展销、示范、赠送、有奖销售等销售促进手段吸引顾客试用。一旦顾客了解和熟悉了产品，就可能经常购买以至形成购买习惯。

（2）大量重复性广告加深消费者印象。在低度介入和品牌差异小的情况下，消费者并不主动收集品牌信息，也不评价品牌，只是被动地接受包括广告在内的各种途径传播的信息，根据这些信息所形成的对不同品牌的熟悉程度来决定选择。消费者选购某种品牌不一定是被广告所打动或对该品牌有忠诚的态度，只是因为熟悉而已。购买之后甚至不去评估它，因为并不介意它。购买过程是：由被动的学习形成品牌信念，然后是购买行为，接着可能有也可能没有评估过程。因此，企业必须开展大量广告使顾客通过被动地接受广告信息而产生对品牌的熟悉。为了提高效果，广告信息应简短有力且不断重复，只强调少数几个重要论点，突出视觉符号与视觉形象。古典控制理论认为，不断重复代表某产品的符号，购买者就能从众多的同类产品中认出该产品。

（3）增加购买介入程度和品牌差异。在习惯性购买行为中，消费者只购买自己熟悉的品牌而较少考虑品牌转换，如果竞争者通过技术进步和产品更新将低度介入的产品转换为高度介入产品并扩大其与同类产品的差距，将促使消费者改变原先的习惯性购买行为，寻求新的品牌。提高介入程度的主要途径是在不重要的产品中增加较为重要的功能和用途，并在价格和档次上与同类竞争性产品拉开差距。例如，洗发水若仅仅有去除头发污渍的作用，则属于低度介入产品，与同类产品也没有什么差别，只能以低价展开竞争；若增加去除头皮屑的功能，则介入程度提高，提高价格也能吸引购买，扩大销售；若再增加营养头发的功能，则介入程度和品牌差异都能进一步提高。

4．多样性的购买行为

如果消费者属于低度介入并了解现有各种品牌和品种之间的显著差异，则会产生多样性的购买行为。多样性的购买行为指消费者购买产品有很大的随意性，并不深入收集信息和评估比较就决定购买某一品牌，在消费时才加以评估，但是在下次购买时又转换其他品牌。转换的原因是厌倦原口味或想试试新口味，是寻求产品的多样性，而不一定有不满意之处。

对于寻求多样性的购买行为，市场领导者和挑战者的营销策略是不同的。市场领导者力图通过占有货架、避免脱销和提醒购买的广告来鼓励消费者形成习惯性购买行为。而挑战者则以较低的价格、折扣、赠券、免费赠送样品和强调试用新品牌的广告来鼓励消费者改变习惯性购买行为。

（二）购买决策过程

前面已经研究了影响消费者购买的因素，现在来研究购买者的决策过程。

消费者的购买过程由一系列相互关联的活动构成，它们早在实际购买发生以前就已经开始，而且一直延续到实际购买之后。研究消费者购买决策过程的阶段，目的在于使营销者针对决策过程不同阶段的主要特征，采取不同的促销措施。

购买决策过程可划分为五个前后相继的阶段（图 5-4），这五个阶段分别为：确认需要、收集信息、评估方案、购买决策、购后行为。

实际上，复杂型购买才经过这样完整的五个阶段，其他购买类型中消费者往往省去其中的某些阶段，有时也颠倒它们的顺序。

```
┌────┐   ┌────┐   ┌────┐   ┌────┐   ┌────┐
│确认│ → │收集│ → │评估│ → │购买│ → │购后│
│需要│   │信息│   │方案│   │决策│   │行为│
└────┘   └────┘   └────┘   └────┘   └────┘
```

图 5-4　购买决策过程的五个阶段

1. 确认需要

当消费者有了某种需要而且准备购买某种商品去满足自己时，对这种商品的购买决策过程就开始了。来自内部的和外部的刺激都可能会引起需要和诱发购买动机。例如，一则广告或者朋友间的一场讨论都有可能让你产生购买一辆新车的想法。这一阶段，营销人员应该研究消费者，发现他们的问题和需要，研究是什么引起了他们的需要，程度如何，比较迫切的需要怎样被引导到特定的商品上而成为购买动机。然后，营销人员可以制定适当的市场营销策略，引起消费者的某些需要并诱发购买动机到特定的产品上来。

2. 收集信息

消费者形成了购买某种商品的动机后，如果不熟悉这种商品的情况，往往就要先收集信息。这时，他增加了对相关广告、谈话等的注意，比以往更容易接受这种商品的信息，也许还通过查阅资料、向亲友和熟人询问情况等方式，更积极地搜集信息。消费者收集多少信息，取决于他的驱策力的强度、已知信息的数量和质量以及进一步收集信息的难易程度。

为了向目标市场有效地传递信息，营销人员需要了解消费者获得信息的主要来源及其作用。消费者一般从以下四种来源获得信息。

（1）个人来源，即从家庭、朋友、邻居和其他熟人处得到信息。这是最可靠的，最让消费者信任的信息来源。

（2）商业性来源，即从广告、售货员介绍、经销商的网站、商品展览与陈列、商品包装、商品说明书等得到信息。这是途径最正式，信息量最大的来源。

（3）公众来源，即从报刊、电视等大众宣传媒介的客观报道和消费者团体的评价、互联网搜索得到消息。这是最具权威性，消费者也比较认可的信息来源。

（4）经验来源，即通过产品的操作、触摸、试验和使用商品获得信息。这是最直接，最具促销作用的信息来源。

从消费者的角度看，由企业控制的商业性来源信息起通知的作用；其他非商业性来源信息起验证和评价的作用。例如，近期一项研究发现口碑传播在人们的电子类和服装产品购买中是最大的影响因素。正如一个营销人员所说，一个广告宣传很少能有一个倚靠在篱笆上的邻居随口说的"这是一个非常不错的产品"那样有效。如今这种口碑营销变得越来越数字化，同样有研究表明，最近网上论坛、博客、在线评论网站、社交网站在影响购买决策方面三倍于传统的电视广告这类营销方式。

经过收集信息，消费者逐步缩小了对将要购买商品进行品牌选择的范围，对某些具体品牌和性能认知与了解提高。例如，在你收集电脑信息时，你可能了解许多电脑品牌，这些信息帮助你慎重思考之后，放弃了一些品牌。余下的供选择的品牌，就是消费者在下个阶段评价的对象。公司必须设计营销组合以使消费者了解自己的品牌。

3. 评估方案

在这个阶段，消费者根据所掌握的信息，对几种备选的品牌进行评价和比较，从中确定他所偏爱的品牌。并没有一个所有消费者都适用的统一的评估模式或评估过程。不过，以下几点在了解消费者怎样评估备选产品方面很值得注意：①商品有哪些为消费者感兴趣的属性，消费者对各种感兴趣属性的关心程度不同，哪个属性在消费者心目中占有最重要的地位，对其评价就会更多影响其购买决策；②消费者对每种品牌的信念，这种信念可能与该品牌的实际性能相符，但也可能是因消费者有偏见而不相符；符合消费者信念的产品，认同度就高；③消费者心目中对产品的每一属性都有一效用函数，即希望能从产品获得的满足随着每一属性差异而变化的关系。下面举一例说明消费者评估备选商品的过程。

例如，假设某位消费者想购买电脑，且已将选择对象缩小到四种规格品牌（A、B、C、D）；又假定他对电脑的下述四种属性感兴趣：信息存储量、图像清晰度、软件可适用性、价格；然后他列一表（如表 5-4），并在空格中填上他考核每一品牌后得出的信念（通过打分的形式），如他对 A 品牌产品的评分是：存储量 10 分，图像清晰度 8 分、软件可适用性 7 分、价格 5 分，而满分是 10 分。

表 5-4　某消费者对电脑的品牌信念评分

电　脑	属　性			
	信息存储量	图像清晰度	软件可适用性	价　格
A	10	8	7	5
B	8	9	8	4
C	6	8	7	6
D	4	4	7	9

综合评分 A 品牌为 30 分，B 为 29 分，C 为 27 分，D 为 24 分，从综合评价结果可以看出，消费者的购买意向倾向于 A 品牌。这四种属性对于不同的消费者的态度是不同的，有的认为价格最重要，有的认为信息存储量最重要，消费者会根据自己的态度做出评价，因此，结果会不同。

4. 购买决策

这是消费者购买行为过程中的关键阶段。这一阶段包括：购买何种产品、何种品牌、何种款式、数量多少、何时购买、以什么价格购买、以什么方式支付等。在此阶段，营销者一方面要向消费者提供更多更详细的商品信息，以使消费者消除过多疑虑；另一方面要通过提供各种销售服务，方便消费者选购，促使消费者做出购买本企业产品的决策。但要注意的是，消费者的购买决策与其实际购买行为往往存在巨大的差异，明显反映了消费者购买行为的非理性特点。因此，营销者还须尽量缩短消费者购买决策与实际购买之间的时间间隔，促使其尽快将决策转化为相应的购买行为。

在购买决策与形成实际购买行为之间，有两种因素会相互作用，直接影响最终购买行为的产生。

第一个因素是他人的态度。他人的态度会影响到一个人对所喜爱的产品的选择，其程度取决于两方面：①其他人对购买者所喜爱的品牌持否定态度的强烈程度；②购买者对旁人的重视程度。如果一个对你很重要的人认为你应该购买一台性能强大的电脑，那么你准备购买价格比较低，但性能一般电脑的可能性则大大降低。

第二个因素是未能预期的情况的发生。某些突发性事件可能会改变购买者的购买决策。如有比购买某商品的更重要的支付项目发生，或比购买活动更重要的事情要处理，就会暂时中止购买行为。

5. 购后行为

消费者对已购买商品通过使用或通过他人评估，会体验到某种程度的满意感和不满意感。重新考虑购买这种商品是否正确，是否符合理想等。这种感受的好坏，会影响消费者是否重复购买，与企业信誉和形象的关系极大。因此，营销者在产品出售后，工作并没有结束，而是进入了购后时期。营销者必须监视购买者购后的满意度、购后的行为、购后产品的使用和处理情况。

什么因素决定消费购买东西后的满意度呢？答案取决于消费者的期望与产品所表现出的性能之间的契合度。如果产品没有达到期望，消费者不会满意；如果达到期望，消费者会满意；如果超过期望，消费者会非常满意。期望值与产品实际性能的差距越大，消费者的不满意情绪越强烈，因此，销售人员应该如实地介绍产品，以使消费者有适度的期望。

几乎所有的购买行为都会产生认知失调，或因购买后的矛盾而引起的不自在。购买后，消费者对自己所选择品牌的优点感到满意，并庆幸该品牌没有那些未选择品牌的缺点。但是，任何购买都牵扯着权衡，消费者没有选择其他品牌，从而没有获得它们的优点，这总会带来一点不自在。营销者应该注意到消费者的认知失调，及时做好售后服务，包括顾客回访，尽量避免顾客购后认识失调。

为什么使消费者满意这样重要呢？用户满意是与消费者保持长久稳定联系的关键。留住并培育顾客，获得顾客的终身价值是企业巨大的资产。满意的顾客会再次购买这种产品，向其他人说产品的好话，形成良好的口碑，而且会继续关注这一品牌的其他产品。许多营销人员不止步于仅仅使消费者满足的阶段，他们的目标是使消费者高兴，然后带来新顾客。

而不满意的顾客则会将他的态度向其他人传递，比起好话，坏话的传播速度更快，尤其是网络时代，传播得更广，可能会迅速败坏其他消费者对公司及产品的印象。但公司不能仅指望消费者在不满意的时候主动来投诉，大多数消费者并不愿意投诉，因此，公司最好定期衡量用户满意度，并密切监视网络对公司产品的意见。

四、了解生产者市场的特点

（一）生产者市场的特点

生产者市场也称产业市场，是由购买商品及服务为进一步制造新的商品及服务，再销售或租借给其他单位和个人的组织和个人组成的市场。这个市场涉及的主要产业有：农、林、牧、渔业、矿业、制造业、建筑业、运输业、通信业、公共服务业、金融业、生活服务业等。

与消费者市场相比，生产者市场更为复杂，如一次性购买的数量和金额更大，购买程序更规范，参与购买人更多。总之，影响生产者市场的因素更多。例如，固特异轮胎的生产与销售过程就是非常复杂的。首先，各种供应商销售橡胶、钢材、设备和其他材料给固特异公司，后者用来制造轮胎。然后，固特异公司销售成品轮胎给零售商，零售商接着将这些轮胎销售给消费者。另外，固特异公司也直接将轮胎作为原始设备卖给那些汽车制造商，也可以作为零配件卖给汽车维修店等产业购买者。在某些方面，生产者市场和消费者市场是相似的，都包括承担购买任务的人员和为满足需要而决定购买的人员。然而，生产者市场在许多方面与消费者市场之间还是存在较大差异的。主要差别在于市场结构和需求、购买单位性质、决策类型和决策过程。

以下来讨论产业市场的特点。

1. 市场结构和需求

生产者市场购买者数量少，规模较大。生产者市场和消费者市场比，生产者市场上购买者的数量较少，购买者的规模较大。而且，由于资本和生产集中，许多行业的生产者市场都被少数几家或一家大公司所垄断。例如，轮胎制造商销售轮胎给最终消费者时，面对的可能是一个国家甚至是全世界成百上千万的轿车车主，而如果将轮胎卖给几家大零售商或者汽车制造商时，数量就少多了，但每次的交易量会非常大。

生产者市场购买者地理位置集中。生产者市场上的购买者往往集中在少数地区。例如，美国半数以上的生产者市场购买者都集中在纽约、加利福尼亚、宾夕法尼亚、伊利诺斯、俄亥俄、新泽西和密执安这七个州（石油、橡胶、钢铁工业企业在上述地区更为集中）。中国的重工业市场集中在东北三省，煤炭市场集中在山西省，粮食市场集中在中部六省，高科技产业市场集中在沿海发达地区。

生产者市场的需求是衍生需求。企业购买者对生产用品的需求，归根结底是从消费者对消费品的需求衍生出来的。例如，制衣商之所以要购买布料，归根到底是因为消费者要去服装店或百货商场购买成衣。如果对于最终消费品需求疲软的话，那么，对所有用以生产这些消费品的企业产品的需求也将下降。因此，生产者市场的营销人员可以采取直接激发最终消费者的营销策略，以达到间接的产品促销目的。例如，英特尔大力宣传电脑中重要的部件是CPU，CPU配置高低影响电脑处理数据的速度和效率，而你若要购置一台高效、高品质的电脑首先就要关注CPU，而目前世界上最好的CPU则由英特尔制造，因此，苹果也好、联想也好，想要生产最好的电脑，就一定要购买英特尔的CPU；于消费者而言，在选择电脑时，首先就要选择电脑上有"intel inside"标签的电脑，这才算得上品牌机，否则就只能称为山寨机。

生产者市场需求缺乏弹性。生产者市场的需求是缺乏弹性的需求。在生产者市场上，购买者对产业用品和劳务的需求受价格变动的影响不大。如果皮革的价格下降，皮鞋制造商不会采购大量的皮革，除非皮革成本是制鞋成本的主要部分，或制鞋商要大幅度降低皮鞋价格，或消费者要购买更多皮鞋。如果皮革价格上涨，制鞋商也不会大量减少皮革的购买量，除非制鞋商发现了节省原料的方法，或制鞋商发现了皮革的代用品。需求在短期内是无弹性的，因为厂商不能对其生产方式作许多变动。对占项目总成本比例很小的企业用品来说，其需求也是无弹性的。

生产者市场需求波动大。生产者市场的需求是波动的需求。生产者市场购买者对于产业用品和劳务的需求比消费者的需求更容易发生变化。消费品需求增加一定百分比，往往能够引起生产者追加产出所必需的工厂和设备的需求上升更大的百分比。经济学把这种现象称为加速原理。有时候，消费品需求上升 10%，可能引起下一阶段企业用品需求上升 200% 之多；而当消费者需求下降 10%，可能会在企业需求上造成雪崩。

2. 购买单位性质

生产者市场是专业性采购。由于生产者市场用品特别是主要设备的技术性强，企业通常都雇用训练有素、内行的专业人员负责采购工作。采购人员必须遵循企业规定的指标，如对报价、计划和采购合同的要求。专业采购者将一生的工作时间都花在学习如何更好地采购方面。这意味着供应商的营销者必须提供本企业产品和竞争者的大量技术数据，并要对这些数据掌握得非常好。因此，供应方必须由受过良好训练的营销人员和销售人员去应付这些高层次的购买者。现在企业把它们的产品、价格和其他信息都放在互联网上。采购代理人和采购人员比过去更容易获得需要采购商品的相关信息。

生产者市场影响购买的人多。企业购买中影响决策的人比消费者购买中影响决策的人多得多。采购委员会都是由技术专家组成的，在购买主要商品时经常还有高层经理参加。并且，采购过程更加复杂，企业采购一般采取招标方式进行。因此，供应商的营销人员必须接受过良好的训练，能与专家型的采购人员进行商务洽谈。人员推销是生产者市场主要的促销手段。

3. 决策类型和决策过程

生产者市场购买决策更复杂。生产者购买常常涉及大量的资金、复杂技术和经济评估，以及购买者组织中不同层次人士的人际关系。由于这种购买行为非常复杂，因此，生产者市场购买决策过程时间长。相对于消费品购买过程，生产者购买过程更加正式。大宗生产者购买通常要求详尽的产品说明书、书面购买订单、对供应商的仔细考察和正式批准。

生产者市场供需双方相互依存。消费者市场的营销者与顾客之间有一段距离，相反，生产者市场的营销人员则在购买过程中的所有阶段，即从发现需求到解决问题，一直到售后服务，都与购买者在一起。他们常常针对生产者市场顾客的不同需要，提供个性化的服务。例如，教学软件的供应方，不仅要根据采购方需要到达的教学目标设计解决方案和安装软件，还要负责教学软件使用培训以及将来的升级等。

近年来，客户与供应商之间的关系已经从垂直对抗转变为亲密合作。许多公司现在正在进行"供应商开发"，系统地识别、发展和支持供应商以确保有效和可靠的产品及原材料供应。例如，沃尔玛并没有设立"采购部"，而是建立了一个"供应商开发部"。来自瑞典的家具零售巨头宜家并不仅仅从它的供应商那里购买，它还将供应商深度引入到顾客价值创造过程当中。

案例启示

宜家作为全球最大的家具零售商，是典型的全球性卓越品牌。从北京到莫斯科，再到纽约的顾客，被宜家时尚却简单实用，而且价格可承受的家具所吸引，纷纷涌入这个年销售额 320 亿美元的零售商在 38 个国家开设的超过 300 家的大型商店。但是宜家成长最大的障碍并不是开设新店和吸引顾客，而是找到足够多的正确种类的供应商来帮助其设计和生产顾客能够负担得起的家具产品。宜家目前拥有遍及 55 个国家的 1220 家供应商。宜家不能仅仅依靠现货供应商在需要时提供产品。相反，宜家已经系统地开发了一个强有力的供应商合作伙伴网络，这些供应商能够可靠地提供宜家所出售的超过 9500 个品类的产品。宜家的设计师从基本的顾客价值诉求出发，然后寻找关键供应商与之紧密合作，将这种诉求转化为产品并推向市场。因此，宜家并不仅仅从其供应商那里购买产品，它同样将它的供应商紧密地整合进设计和制造时尚而价格适宜的产品过程当中，让顾客频繁惠顾。

（二）生产者购买类型

生产者购买时面临一整套的决策。这些决策的数量取决于购买情况的类型。生产者购买情况主要分为三类：直接再采购、修正再采购、新任务采购。

1. 直接再采购

直接再采购描述了采购部门根据惯例再订购产品（如办公用品、大宗化工产品）。购买者按照"供应者名单"选择供应商。名单内的供应商将尽力保持产品和服务的质量，它们经常提议采用自动化再订购系统，以便采购代理商或企业采购者减少再订购的时间。名单外的供应商会利用购买者对原有供应商的不满情绪，试图提供新产品或开展某种满意的服务，以便采购者在下次购买时能够选择它们。或者设法以少量订单涉足入门，然后再逐步扩大其"采购份额"。

2. 修正再采购

修正再采购是指购买者希望修改产品规格、价格、其他条件或者供应商的情况。其目的是寻找更低的价格、更有利的交货条件等。修正再采购通常会扩大决策参与者的人数，在名单中的供应商会变得紧张和感到压力，为留住这个客户，它们将竭尽全力。在名单外的供应商则把修正再采购看成是一次获得新业务的较好机会，并提供更优惠的条件。

3. 新任务采购

新任务采购是指第一次购买某种产品或服务的公司会面临新购情况。企业为增加新的生产项目或更新设备，也会面临新任务采购情况。如安装计算机网络系统、建设新工厂时就是处于新购的情况。新购的成本和风险越大，参与决策的人越多，决策的时间越长。营销人员应抓住这个机会，运用一整套营销手段尽力争取这部分市场。

许多公司喜欢从一个销售商那里购买"一揽子"解决方案。不是购买设备后自己组装，而是通过招标的方式，让供应商提供设备，并由供应商组装成系统。那些能够提供更加完备的系统来满足客户需求的公司往往能赢得订单。因此，系统营销或解决方案营销往往是一项赢得和保持客户的关键产业营销战略。

运输和物流巨头美国的 UPS 公司所做的事情要超过单纯地将包裹送到它的企业客户那里；UPS 针对客户的运输和物流问题开发了完整的解决方案。例如，UPS 集成了一个完整的服务系统来支持尼康的消费者产品供应链，包括物流、运输、货运和专业通关服务，成为一个运行流畅的系统。

案例启示

当尼康进入数码相机市场时，需要一个全新的分销渠道。因此，尼康请求运输和物流巨头 UPS 为其设计一个完整的系统,将尼康的整个电子产品线从其亚洲的工厂移动到遍及美国、拉丁美洲和加勒比海地区的众多零售商店。现在,借助 UPS 在中间过程的帮助,尼康的产品从其亚洲制造中心起运,短短两天里就可以到达美国的零售商店货架上。UPS 首先管理空运和海运以及相关的通关手续,将尼康的产品从韩国、日本和印度尼西亚运送到美国的运营中心。在那里,UPS 要么将诸如电池、充电器等配件和尼康的商品打包到一起,要么根据商店陈列要求重新包装尼康商品。最后,UPS 将这些产品运送到遍及美国的成千上万个零售商店,或者出口到拉丁美洲、加勒比海地区的零售店或者经销商那里。在这个过程中,UPS 追踪商品,提供给尼康整个供应链的运行状况,使得尼康能够让零售商获知配送时间信息,并根据需要加以调整。

随着电子商务的发展,我国物流产业迅速崛起,但物流行业服务质量参差不齐,目前国内物流中还没有几家能够完全占领这个巨大的市场,物流业尚处于发展洗牌阶段,物流公司想要能够存活下来并健康发展,UPS 系统化的服务模式是值得借鉴的。

(三)生产者购买过程中的参与者

购买组织的决策制定单位被称为组织的购买中心,也就是那些参与企业决策制定过程的所有个人和单位。购买中心包括组织当中所有参与购买决策的人员。这个团队包括产品或服务的实际使用者、购买决策的制定者、购买决策的影响者、实际购买者以及购买信息的控制者(门禁者)。购买中心包括在购买决策过程中,组织内能够产生任何以下五种作用的所有成员。(表 5-4)

表 5-4 生产者购买过程中的参与者

参 与 者	所起的作用
使用者	使用者是未来产品或服务的组织成员。在许多情况下,使用者提出购买,帮助界定产品规格
影响者	影响者经常帮助界定产品规格,也提供评估替代产品的信息。技术人员、工程师是重要的影响者
购买者	购买者有正式的权力,去选择供应商和安排购买事项。购买者可以帮助明确产品的规格,但主要作用是选择卖主和进行谈判。在较为复杂的谈判过程中,可能会有高层官员出席
决策者	决策者拥有正式或非正式选择或批准最终供应商的权力。在常规购买中,购买者常常就是决策者,或者至少是批准人
门禁者	门禁者控制流向外界的信息。例如,采购员经常有权阻止推销人员会见使用者或决策者。其他门禁者包括技术人员,甚至是私人秘书

购买中心在采购组织中不是一个固定的、正式确认的单位,在不同的采购情况下,是由不同的人承担的一套购买角色。在组织中,购买中心的规模和组成将随不同的产品和购买的情况而变动。例如,日常采购中,一个采购员就可以承担购买中心的所有角色,而在复杂的采购中,购买中心由从组织中不同级别和不同部门中抽出的 20～30 人组成。

购买中心概念提出了一个重要的营销挑战。生产者市场营销人员必须知道谁参与决策,每个参与者之间是如何相互影响的,每个决策参与者用什么样的评估标准。例如,某医疗服务公司向医院销售一次性手术服。它首先必须识别涉及购买决策的医院人士,如主管采购的副院长、手术室主任和外科医生。每个决策参与者发挥不同的作用：首先，采购副院长负责分析，医院是应该购买一次性手术服，还是购买重复使用手术服；其次，如果分析结果认为购买一次性手术服更合适，接下来就由手术室主任在同类产品和价格中进行比较，然后作出选择；手术室主任要考虑手术服的透气性、防感染性能、款式和成本，然后在最低成本限制下，购买满足需要的品牌；最后，由外科医生报告满意与否，并影响最终决策。

购买中心通常包括一些显而易见的成员，他们正式参与购买决策。就像上面提到的手术服采购，一定有主管医院医疗设施及器械采购的副院长、手术室主任、外科医生参与。但有时连采购中心的人也不知道，真正影响最终购买决策的人还有谁，这些在幕后对决策起影响作用的人是营销人员要特别小心的，也许主管医院后勤的副院长曾经是一位权威的外科医生，他对手术服的要求有很独到的见解，而且他与院长关系很好，因此，最终影响采购何种品牌的一次性手术服时，他将起到决定性作用。

（四）分析影响生产者购买决策的因素

生产者市场在制定购买决策时，会受到许多因素的影响。一些营销人员认为，在这些影响中，最为主要的是经济因素。购买者偏好能够提供最低价格，或者是最好产品，或者是最多服务的供应商。营销人员通常将注意力集中在为购买者提供最有利的经济效益，但是生产者市场购买行为除了受经济因素影响外，还受到购买者个人因素的影响。生产者市场的购买者是有血有肉有情感的个人，因此购买者会像常人一样做出既理性又感性的反应。影响生产者用户购买决策的主要因素可分为四大类：环境因素、组织因素、人际因素和个人因素见图5-5。供应商应了解和运用这些因素，引导买方的购买行为，促成交易。

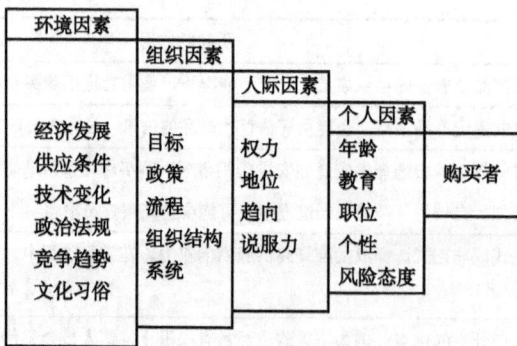

图5-5 影响生产者购买决策的因素

1. 环境因素

产业购买者在很大程度上会受到当前和预期的经济环境的影响，如基本需求水平、经济前景和资金成本。假如国家经济前景看好或国家扶持某一产业的发展，有关生产者用户就会增加投资，增加原材料采购和库存，以备生产扩大之用。在经济滑坡时期，生产者会减少甚至停止购买，供应商的营销人员试图增加生产者需求总量往往是徒劳的，只能通过艰苦努力保持或扩大自己的市场占有率。

关键材料的供应也是影响产业购买者的环境因素。现在，许多公司都希望购进和持有大量的稀缺材料,以确保充足的原材料供应。

文化和风俗也强烈地影响着产业购买者对市场营销人员的行为及其策略所做的反应,尤其是在国际营销环境中,产业营销人员必须洞悉这些因素,判断这些因素是如何影响购买者的,并最终设法将这些挑战转化为机遇。产业市场的营销人员应该深入研究不同地区的风俗习惯,才能征服国际市场。

另外,供应条件、技术变化、政治法规、竞争趋势也是影响产业生产者的重要生产环境。

案例启示

美国统一联合公司希望将其产品推向全世界,它派遣公司副总裁约翰去开拓市场。约翰先生的第一站是中国北京,那里他与一群中国经理在午餐时从头到尾地谈论业务。聚餐结束后,他把筷子插进他饭碗的米饭里,并给每位客人赠送了一个精美的 Tiffany 时钟,以此作为此次访问的纪念品。

接下来的一站是伦敦,在那里他和大食品经销商们通过电话进行了简短的联络。他同样轻松地与巴黎人打交道,在高级餐馆订了午餐,他这样招呼客人:"雅克,我是约翰。"

在德国,他快速地做了一个充满最新鲜见解的长篇营销演讲,并辅以图表和视听材料,以显示他知道如何做生意。在去米兰的飞机上,他与邻座的日本商人开始交谈,把名片扔在对方的托盘上。当告别时,他与对方热情握手并抓住对方的右臂。后来,在与一位意大利包装设计公司的老板会面时,副总裁约翰穿着舒适的条纹灯芯绒运动外衣、卡其布裤子和帆布鞋。人人都知道意大利人是逗趣和放松的民族。

非常不错的产品推广旅行,一定可以获得大把的订单。约翰回到公司,坐等订单到来。可是,6 个月过去了,统一公司没有收到海外任何订单信息。

这是个假设的例子,为了强调所以做了夸张,精明的美国人很少会这么傻。但在国际市场上要想取得成功,了解对方的国家和人民很重要。约翰那么卖力,到底错在哪里呢?

中国人筷子是很重要的用餐工具,随意将筷子插进饭里是很不礼貌的行为,至于用钟作为礼物,这犯了中国人的大忌。与美国人不同,英国人通常不用电话谈生意。真正的法国人不喜欢与陌生人太亲近,例如,被直呼名字,是很反感的,会被认为品味很差,缺乏素质。约翰令人眼花缭乱的演讲方法在德国人眼里就是夸张和卖弄,他们并不接受这种方式。抓住日本人的胳膊是一种不符合日本礼节的行为,而且日本人把名片看成是人地位的象征,随意扔是很不礼貌的行为。意大利人尽管风趣、放松,但他们见不得别人俗丽或不得体的服装。

从事商业活动,不要先入为主地想当然。应深入到每个细节,了解文化差异,尽量做到入乡随俗,才能获得当地顾客的信赖。

2. 组织因素

指生产者用户自身的有关因素,包括经营目标、政策、流程、组织结构和制度体系等。企业营销人员必须了解的问题有:生产者用户的经营目标和政策是什么?为了实现这些目标,他们需要什么产品?他们的采购流程程序是什么?有哪些人参与采购或对采购发生影响?他们的评价标准是什么?该公司对采购人员有哪些政策与限制?例如,以追求总成本降低为目标的企业,会对低价产品更感兴趣;以追求市场领先为目标的企业,会对优质高效的产品更感兴趣。有的公司建立采购激励制度，奖励那些工作突出的采购人员，将导致采购人员为争取最佳交易条件而对卖方增加压力。有的公司实行集中采购制度，设立统一的采购部门，将原先由各事业部分别进行的采购工作集中起来，以保证产品质量、扩大采购批量和降低采购成本。这种改变意味着供应商将同人数更少但素质更高的采购人员打交道。有的公司提高了采购部门的规格并起用高学历人员，供应商也应当提高销售部门的规格，派出级别和学历高的销售人员，以便同买方的采购人员相称。

3. 人际因素

购买中心通常是由相互影响的众多人员组成。参与购买过程的各种角色的职务、地位、态度和相互关系对购买行为的影响非常复杂。产业市场的营销人员发现，要了解哪种人际关系因素和群体力量会渗透到购买过程中常常是困难的。管理者不会自我标榜"我是决策人"或者"我是非常重要的人物"。掌握权力者往往隐藏在幕后，并不是地位最高的购买中心成员就会最具影响力。其他成员如果掌握奖罚权，或具有特殊专长，或受到拥戴，或与其他重要成员有特殊关系，也可以在购买决策中施加影响。人际关系因素的影响经常是非常微妙的。只要有可能，产业市场营销人员必须设法洞悉这些因素，并制定相应对策。

4. 个人因素

在购买决策过程中，每个成员都带有个人的动机、理解和偏好。这些个人因素受个人情况的影响，包括参与者的年龄、收入、教育程度、专业和个性以及对风险的态度等。例如，有些采购人员受过良好教育，是理智型购买者，选择供应商之前会进行周密的竞争性方案的比较；有些采购人员个性强硬，总是同供应商反复较量。有位啤酒厂的采购经理每年要采购上亿只啤酒罐，就利用这一优势对那些"不太顺从"或不太理想的供应商采取"惩罚"行动。如果某些供应商提出涨价要求、提供的产品质量下降或供货不及时，他就减少或停止采购。

（五）认识生产者购买决策的过程

生产者购买决策过程如表 5-5 所示，并非每次购买都要经历这八个阶段，而要根据购买业务的不同类型而定。

表 5-5　生产者购买决策过程

购买阶段 ＼ 购买类型	新购	修订后重购	直接重购
1. 确认需要	是	可能	否
2. 确定总体需要	是	可能	否
3. 确认产品性能	是	是	是
4. 寻找供应商	是	可能	否
5. 提出方案	是	可能	否
6. 选择供应商	是	可能	否
7. 制定常规订货手续	是	可能	否
8. 评估履约情况	是	是	是

由此可见，新购最为复杂，需要经历所有八个阶段；直接重购最简单，只需经过两个阶

段；修订后重购则可能需要某些阶段，也可能不需要。现将八个阶段分别说明如下：

1. 确认需要

购买工作开始于企业内部对某产品或业务的需要的提出。提出需要可能是由于内部或外部的刺激。内部刺激，如决定生产某种新产品，需要新的设备及原材料；设备发生故障，需要更换新设备或零部件；发现过去购买的原材料有问题，需要更换供应者，或寻找更好的货源。外部刺激，如展销会、广告或供应者推销人员的访问等，促使购买者提出采购意见。

因此，供应者应当主动推销，经常开展广告宣传、派人访问用户、发掘潜在需求。

2. 确认总体需要

认识到市场需要之后，就要把所需要的产品种类与数量从总体上确定下来。简单的采购则由采购人员直接决定。复杂的购买由采购人员、工程师、操作人员或顾客等共同研究确定。他们可能需要评估产品的可靠性、耐久性、价格和其他方面的因素。在这个阶段，聪明的产业营销者可以帮助购买者弄清真正的需要，并提供有关不同产品特点和价值的信息，或一揽子解决方案。

3. 确认产品性能

购买单位接下来的一步是确定产品性能，这常常需要工程小组做价值分析。产品价值分析的目的是降低成本，这个过程需要对产品的各个部件进行仔细研究，看看是否能用成本低的方法来重新设计、实行标准化或进行制造。小组要确定最佳产品性能，并作出相应说明。销售商也可以将价值分析作为工具，来帮助寻找新客户。通过向购买者展示达到目的的好方法，外界的销售商可将直接重购转化为新的采购，并以此获得机会，赢得新客户。

4. 寻找供应商

采购人员通常利用工商名录、计算机查询，或者通过致电其他公司获得供应者的信誉及相关信息，购买者可以列出合格的供应商的清单。如今，越来越多的公司转向通过国际互联网来寻找供应商。对于营销人员来说，这使得小公司与大公司回到一个公平的平台上竞争。

供应商应设法把自己公司的名字列在主要的工商名录上，并在市场上有一个良好的声誉。销售人员要注意那些处在寻找供应商过程中的公司，并让它们考虑自己的公司。

5. 提出方案

在提出方案阶段，购买者邀请供应商并提出方案。供应商应尽快将其产品说明书、价目表等有关信息资料发给购买者，特别是较为复杂和贵重的项目，必须要求有详细的资料。因此，卖方要善于编写产品目录、说明书、价目表等资料，形成销售方案。提交的销售方案不仅仅是技术文件，还要使自己的公司形象优于竞争对手，具有促销作用。

6. 选择供应商

采购者在收到各个供应者的有关资料之后，要通过分析比较作出选择。选择供应商时，一般所应考虑的主要因素是：产品质量和服务、交货及时性、公司行为的规范性、沟通中的诚信、价格和竞争性、维修和服务能力、技术支持和建议、地理位置、业绩历史和声誉等。

购买中心的成员通常根据以上指标对供应商进行综合评估，然后选择出最佳的供应商。在作出最后决定之前，购买者往往会约一些有意愿合作的供应商进行谈判，以求获得一个更好的价格条件。

在大多数情况下，产业用户不愿依靠单一的供应者，以防陷于被动。产业用户通常会确定一个主要供应商，其供应量约占总量的较大百比，而另外的供应量，则分散给其他供应商，以促使供应商之间开展竞争，改善供应工作。

7. 制定常规订货手续

用户选定供应商之后，就会制定常规的订货手续，即发出正式订货单，写明所需产品的规格和数量、要求交货的时间、保修条件等项目。西方产业用户对信誉可靠的保修产品，往往愿订立"一揽子合同（Blanket Contracts）"，因为这可避免到期重复签约的麻烦。这种合同要求供应商必须按规定随时向买方供货，等于买方把货存放在供应商手中，因此这种合同又叫作"无库存采购计划"。当需要采购时，买方的电脑会自动打出订单发给供应商。这种方式使供应商的产品销路有保障，可削弱竞争压力。

8. 评估履约情况

用户购进产品后，其采购部门就会主动与使用部门联系，了解所购进产品的使用情况，询问使用者的满意程度，并考查各个供应商履约情况，以决定今后对各供应商的态度。因此，供应商应认真履行合同，尽量提高买方的满意程度。

总之，生产者市场是一个富于挑战性的领域，营销者应调查研究产业用户的需要和采购决策过程，了解其不同阶段的特点，拟定出有效的营销计划，才能取得营销的成功。

小结

全球消费市场有着 70 亿以上的消费者，中国有 13.7 亿消费者，去年的社会零售总额，超过了 23 万亿人民币，中国已经成为世界最有吸引力的市场之一。消费者在年龄、职业、收入、习惯上各有不同，因此消费者购买行为也不同，影响消费者购买行为因素研究成为市场营销人员所面临的最大挑战。

1. 消费者市场的特点

消费者市场是指以个人最终消费为目的而购买产品和服务的个人或家庭构成的消费群体。

消费者市场与生产者市场相比，具有以下特点：广泛性、多样性、分散性、易变性、非专家购买、情感性、地区性和替代性。

2. 影响消费者购买行为的因素

消费者购买行为模式可简单归结为"刺激—反应"模式，消费者受到外部刺激（营销因素和环境因素），在购买者特征影响下，通过购买过程决策，最后产生购买行为。营销者最关心的是消费者是如何受到购买特征因素影响，又是怎样做出购买决策的过程的。影响消费者购买特征的因素有文化因素、社会因素、个人因素和心理因素。其中文化因素又包括在人类社会实践中建立起来的价值观、道德、理想和信念；亚文化，即个人所属的宗教团体、社会组织、种族、生长生活的地区文化；社会阶层也属于文化因素，不同社会阶层消费观念差异很大。社会因素，是指消费者所属的成员群体，如家庭、亲友、同事组成的群体，这些群体会直接影响消费者购买行为，还有消费者参照群体，即消费者崇拜的群体，如文体明星、政治领袖等，也会影响消费者的购买行为。角色与地位，任何人都会在社会中承担一定角色，处于某种地位，这些角色和地位影响消费者购买行为，人们往往购买与其角色和地位符合的产品或服务。个人因素包括经济状况、家庭、生活方式以及个性和自我观念。心理因素则包括动机、感知、学习、信念和态度。

3. 购买决策的主要类型

根据消费者购买时介入程度以及品牌间差异大小，可以将购买类型划分为复杂型、习惯型、减少失调型、多变型等几种类型。复杂型购买行为主要指消费者介入程度高、品牌间差异很大，购买的产品价格昂贵，有一定风险。习惯型购买行为是指消费者购买时介入程度低，不加选择，只要方便就好，一般是日常用品，价格较低，品牌差异对消费者影响不大。而减少失调型购买行为，一般是平时购买较少，品牌间存在差异，但消费者对差异不是非常了解，但购买后，使用时会出现寻找平衡的心理，需要营销者做好售后服务，让消费者感觉物有所值，而不是后悔购买决策。多变型购买，一般指一些追求个性、口味的商品，消费者会不断寻找新的产品或替代产品，不会忠诚于某一种产品，因此，营销者要想获得顾客终身价值，就必须不断推出新产品。

4. 购买决策过程的阶段

消费者购买决策过程分为确认需要、收集信息、评估方案、购买决策和购后行为五个阶段。

购买需要确认可以由内部刺激引起，如饥饿、干渴等；也可由外部刺激引起，如广告、促销活动可用以激发消费者潜在的需要与欲望。收集信息的途径有个人来源、商业来源、公共来源和经验来源。营销者要根据消费者收集信息的途径，有针对性地将产品和服务信息传递给消费者。评估方案，消费者根据收集的信息，再将个人购买产品和服务看重的属性进行综合评估，选择出最满意的方案，然后做出购买决策，购买决策时还有可能受到其他人的影响或突发事件，改变主意。购买后行为主要包括对产品的使用与处置，以及对产品和服务的满意度。如果购后对产品的使用感到满意，消费者就可能将满意体验与朋友、其他人分享，说产品的好话，形成口碑营销。相反，如果消费者购后不满意，就会将不满的情绪发泄出去，对他人说坏话。现在网络非常发达，不满意的顾客将坏话通过网络发散出去，对企业品牌形象的影响是无穷的。因此，市场营销者要时刻关注购后行为，特别要进行网上监视，尽量让消费者的不满意情绪在企业提供的通道发泄出来。

5. 生产者市场特点

生产者市场又称之为产业市场，与消费者市场特点相比，生产者市场具有如下特点：购买者少，购买规模较大；供需双方关系密切，购买者地理位置集中；需求具有衍生性，缺乏弹性，波动大；专业性采购，影响购买的人多等。

6. 生产者购买类型

生产者购买有直接再采购、修正再采购、新任务采购等三种。直接再采购指企业为了生产产品和提供服务，在原有基础上进行的重新采购。修正再采购，则是指企业在原有的基础上，对于供应商进行调整，产品和服务不符合要求的剔除或减少供应量，新增供应商。新任务采购，是指企业第一次采购，或是有新的项目需要进行供应商选择，确认需要后进行的采购。营销者要关注企业采购的变化，及时提供企业不需要的产品和服务。

7. 生产者购买过程中的参与者及影响生产者购买决策的因素

生产者购买过程比消费者购买过程复杂得多，生产者购买过程的参与者可能包括使用者、影响者、决策者、实际购买者、门禁者，而且在影响最后决策的人中不一定都是采购中心的人，还有可能是采购中心幕后影响者。

生产者购买决策的影响因素包括环境因素、组织因素、人际关系因素和个人因素。环境因素主要指经济环境、政治环境、自然资源、技术环境。组织因素是指生产者的政策、制度、采购流程、企业组织机构。人际关系因素则指采购中心中购买参与者之间的关系，参与者在采购决策中的地位、话语权、说服力等。采购中心每个成员的个性、教育程度、风格都影响最终的购买决策。因此，营销人员要与生产者做生意，必须了解采购流程、政策、人际关系，核心成员的个人特点。

8. 生产者购买决策过程

生产者购买决策过程包括确认需要、确定总体需要、确认产品性能、寻找供应商、提出方案、选择供应商、制定常规订货手续、评估履约情况。生产者采购流程性很强，时间很长，营销人员必须做好充分准备，准备必要的资料和技术说明书，还必须有耐心。

复习与思考

1. 消费者购买的目的是为了满足个人或家庭的生活需要，而生产者购买的目的则是为了再生产或提供服务而获得利润，两者之间存在本质区别。请比较消费者市场与生产者市场的特点。

2. 影响消费者市场购买行为的主要因素有文化因素、社会因素、个人因素和心理因素，这些因素是否同样影响生产者市场购买行为？为什么？影响生产者市场购买行为的主要因素有哪些？

3. 消费者市场购买类型有复杂型、减少购后失调型、习惯型、多样型，这些分类的依据是什么？举例说明不同购买类型的特点。

4. 消费者市场购买决策过程与生产者市场购买决策过程有何区别？

5. 在你进行一个服装购买决策时，影响购买行为的主要因素有哪些？这些购买因素与你购买电脑时一样吗？

6. 什么是意见领袖？描述营销人员如何使用意见领袖帮助他们销售产品。大学校园可以使用意见领袖来进行学生用品的营销吗？举例说明，如何发挥校园意见领袖的作用？

7. 生产者购买过程的参与者有哪些？这些人对购买决策产生什么影响？

8. 如果你是一家出版社的营销人员，领导希望利用你是民政学院毕业的学生这个关系来打开校园教材市场吗？请你设计营销策略。

模块二 实训操练

实训一：案例分析

一、实训内容

认识消费者购买行为影响因素

二、实训准备

1. 授课老师提前布置消费者购买行为的营销案例；
2. 学生课后熟悉案例内容并了解案例背景资料；
3. 按4～5人分组，小组开展案例讨论；
4. 记录讨论的过程及每位同学的发言。

三、实训组织

1. 在授课老师指导下，按小组讨论形式布置座次；

2．每组将课后讨论结果进行再讨论，形成最终观点；

3．每组由一名代表陈述讨论的最终观点，其他同学补充；

4．授课老师引导各组之间进行观点的辩论，激发创新思维。

四、实训评价

1．课堂准备充分，团队协作好；（2分）

2．讨论的结论观点明确，陈述清晰；（4分）

3．积极参与辩论，有创新思维。（4分）

【案例分析】

资生堂的专店营销

当今时代被称为生命科学时代，这不仅意味着人类生命延长，还意味着人类皮肤衰老过程的延缓，即可使人类容颜娇艳、精神焕发。日本资生堂化妆品公司的口号是："依靠科学，美化生活。"目前，资生堂的产品数不胜数，有为妇女儿童设计的产品，也有为男士和老年人设计的产品。在妇女用品中，有用于清洗的洗面奶、磨面霜，有用于敷面的日霜、晚霜、粉底霜、面膜，有用于化妆的各种洗发液、唇膏、眉笔、口红，有用于美发的各种洗发液、护发液、调理液、冷烫液、染洗液，还有用于沐浴的各种浴液。在这个令人惊讶和五彩缤纷的化妆品王国里，会使人感到，生活中原来还有这样多的美和乐趣。

由于日本资生堂采用多元化经营，牙膏、内衣、饮料、清洁剂等全部都生产，因此它特别注重门面的整体设计，依照每个不同消费形态区分设计出五种不同业态的商店，其中有：以年轻人为主要客源，提供休闲旅游、精致轻薄制品的"Y&Y"；以药品、健康食品为主的"健康屋"；以家庭为主，特别是针对新婚少妇所提供的"您的资生堂"；以日常用品等杂货类为主的"家庭百科"；提供高度化妆品情报，走高价位路线的"化妆品屋"。除了利用摆饰、装潢来吸引顾客外，资生堂在店中央设置的几个长条形专柜也相当特别。每个专柜的一角都有一架艺术台灯，照着经过精心摆设的主要商品。借着这种灯光的连续诱导，来吸引顾客的视线，使之流连在每个专柜间，等到顾客走到最里面，就会发现有一个咨询中心专为顾客服务。自1990年开始，资生堂设立的"M90型商店"就利用店面的开放宽敞来扩大客源，利用灯光的连续诱导来提高销售件数，利用咨询中心来加强顾客的忠诚度。

从1996年2月起，资生堂积极导入POS（产品销售贩卖时点资讯管理体系）互相连动的顾客管理体系"SCOPE2"，以强化对零售业的支援。SCOPE2具有两大机能：一是透过POS可以使下单及接单者之间进行网络连线，进而对商品进行管理。二是什么顾客在什么时候购买了什么商品，一切均可以纳入资料库里进行管理，而后再以POS的资料为基础，进行更精密的商品需求预测。

因此，各家零售店除了设基本的POS收银机之外，还设有对顾客进行管理的电脑系统以及印表机。商品的销售资讯再与POS的收银机相连接，储存到个人电脑网络里，成为完整的资讯。实际运作时，零售店业者通过通信网络，将下单的资讯传到资生堂设在各地的物流及商品中心。POS的资讯则直接送至资生堂总公司的电脑资讯中心。资生堂通过这套系统来配送商品，及时对未来的商品需求进行预测。目前该公司通过这套系统所管理的会员数高达1

万人，进行管理的商品，涵盖了九家公司 3 万种商品。

资生堂公司除了积极整顿和开发国内新市场外，还把重心放在国际市场的拓展上。总体而言，资生堂采取的是国际策略和区域策略并重的行销方法。也就是说，除了开发适合当地的产品外，日本总公司会依商品所需的成本及技术来决定海外的生产地点，然后再分销各国。如此，不但可以节省日本总公司的成本和生产控管费用，并且借着全球的同步化流行，来达到资生堂国际化的目标。其实日本资生堂能顺利进驻世界各大百货公司和市场，最大的原因是它所实行的一对一的恳谈售贷，保持多年的免费向消费者提供有关皮肤保养问题的讲座。资生堂的宗旨是把更多的美带给人类，它的研究工作也是从消费者的立场出发，使自己的产品最容易为消费者所接受。因此，资生堂不仅为日本人所熟悉，在许多国家，资生堂也并不为人们所陌生。

讨论问题：

1. 资生堂是如何把握消费者的需求特征进行营销的？
2. 资生堂是通过什么方式来影响消费者购买行为的？

实训二：观察消费者购买行为

一、实训内容

对任务二中所研究的企业产品进行消费者购买行为观察，通过观察、现场调查和询问产品导购员，全面分析影响消费者购买决策因素，为制定产品营销策略提供依据。

二、实训准备

1. 拟定好观察时间、观察地点（具体到卖场）；
2. 明确观察对象、观察内容，组员分工进行；
3. 准备好现场观察工具（记录本、手机录像）；
4. 带好学生证、校徽等身份证明，取得被调查对象信任。

三、实训组织

1. 利用课后时间，以小组为单位到指定零售企业进行观察；
2. 观察时要自然、细致，不要惊动顾客而影响零售企业正常营业；
3. 观察时可以附带询问，与消费者交流，获得真实信息；
4. 授课老师要指定学生对观察过程进行督导，确保实践活动落实；
5. 整理观察收集的资料，对不同类型消费者和不同产品消费者进行分析；
6. 编写消费者购买行为分析报告。

四、实训评价

1. 观察过程仔细、认真、全面；（3 分）
2. 观察分析严谨、条理分明；（2 分）

3．小组内分工明确、团队协作好；（2分）

4．分析报告结构合理，观点明确，理论与实践紧密结合。（3分）

【附件】

你是营销者：索尼克公司的新产品营销计划

在制订营销计划前，每位营销人员都应该研究顾客的市场及他们的行为模式。这会让营销人员了解是哪些顾客组成了产品市场，他们为什么购买产品，他们购买了什么产品？是哪些人在购买？如何购买？什么时间购买？

如果由你负责索尼克掌上电脑市场调研分析，再回顾一下公司现在的情况，然后，回答如下的关于市场及购买者行为模式的问题。

1．哪种文化、社会、个性和心理因素最能影响掌上电脑的购买者？哪种调研工具能最高程度地帮助你了解顾客的态度和购买行为的影响因素？

2．索尼克的新产品营销计划应该关注哪些特殊因素？

3．索尼克营销计划应该根据顾客购买过程采用哪些相应的营销行动？

在分析市场及顾客购买行为后，考虑索尼克营销计划包含哪些营销含义。在你的导师指导下，把它们写入营销计划的 SWOT/问题分析、目标市场/定位等相应的部分中去。

任务 六
目标市场定位

任务目标

知识目标

1. 理解目标市场定位三步曲的含义；
2. 了解市场细分的标准与细分方法；
3. 了解选择目标细分市场的策略；
4. 了解市场定位的策略。

能力目标

1. 能运用市场细分标准开展有效的市场细分；
2. 能评估细分市场并正确地选择目标市场；
3. 能针对目标市场进行明确的市场定位。

模块 一 理论指导

案例导入 江崎如何打入日本泡泡糖市场

日本泡泡糖市场年销售额约为 740 亿日元，其中大部分为"劳特"所垄断。但江崎公司对之并不畏惧，公司成立了泡泡糖市场开发项目组，通过专门调研发现霸主"劳特"有四点不足：第一，以成年人为对象的泡泡糖市场正在扩大，而劳特却依然把重点放在儿童泡泡糖市场上；第二，劳特的产品主要是果味型，而消费者的需求正在多样化；第三，劳特多年来一直生产单调的条块式泡泡糖，缺乏新型感；第四，劳特产品价格是 110 日元，价格偏高，且需 10 元硬币，消费者往往感到不便。通过调查和分析劳特公司的不足，江崎公司决定以成人泡泡糖市场为目标市场，并制定了相应的市场营销策略。不久便推出了四大功能产品：司机用泡泡糖，加入了浓度薄荷和天然牛黄，具有提神醒脑、消除困倦功能；交际用泡泡糖，加入清凉薄荷，使你口气清新；运动用泡泡糖，内含多种维生素，有益于消除疲劳；轻松型泡泡糖，添加叶绿素等植物精华，可改善不良情绪。同时，精心设计了新颖包装和多种造型，有 50 日元和 100 日元两种价格，避免了找零钱的麻烦。功能性泡泡糖问世后，像飓风一样席卷了全日本，不仅挤进了劳特独霸的日本泡泡糖市场，而且抢占了相当一部分市场份额，市场占有率猛升至 25%，当年销售额即达到 175 亿日元。

思考：

1. 江崎公司是如何发现市场机会的？
2. 江崎公司目标市场策略有哪些特点？

到目前为止，我们已经了解什么是市场营销，并且知道了解消费者和市场环境的重要意义。在拥有这些知识背景的情况下，我们现在可以更深入地探讨营销战略和战术。本任务探讨的主要内容就是营销战略，即怎样将一个整体市场划分为若干个细分市场（市场细分），再从中选择企业可以服务的目标顾客群（目标市场），并且创造那些满足目标市场的供给物（产品差异化），在目标顾客心目中形成产品定位（市场定位）。在后面的几个任务中再探讨营销战术工具——4P 策略。营销人员运用 4P 来实现营销战略。

现在的企业已经认识到，它们不可能为市场中的所有消费者提供产品或服务，至少不能用一种方法为所有的购买者服务。购买者人数众多，分布太广，他们的需求和购买行为有很大的差异性。因此，公司需要确定自己能够提供有效服务并获得最大利润的市场，这个市场就是目标市场，企业针对目标市场制定营销战略，开展目标市场营销活动。就像江崎公司在打入日本泡泡糖市场之前，要进行深入市场调查，并进行认真的市场细分，找到竞争对手的问题，选择对手没有关注的顾客群体，为他们提供差异化和更好的产品来满足目标市场需要。

目标市场营销就是企业在市场调研的基础上，识别不同消费群体的差别，有选择性地确认若干个消费群体作为自己的目标市场，发挥自身优势，满足其需要。目标市场营销包括四个步骤：市场细分（Market Segmentation）、选择目标市场（Market Targeting）、产品差异化（Differtiation）、市场定位（Positioning）。（图 6-1）

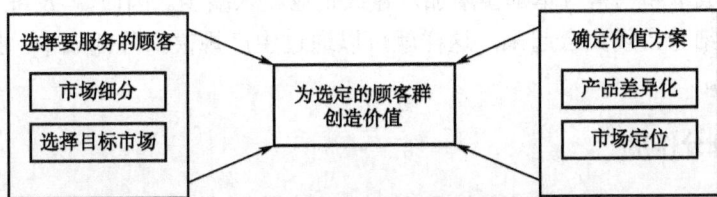

图 6-1　目标市场营销步骤

一、市场细分

市场细分也称市场细分化，是 20 世纪 50 年代中期由美国市场营销学家温德尔·史斯密提出来的。50 年代以前，企业往往把消费者看作是具有同样需求的整体市场，所以大量生产单一品种的产品，用普遍广泛的分销方式并结合广告宣传方式进行销售。但是，由于消费者的需求是有差异的，这样的销售方式使他们不满。50 年代，美国宝洁公司发现消费者由于洗涤不同纤维织物的需要，不满足于单一品种的肥皂，于是生产了三种不同性能、不同牌子的洗衣肥皂：一种是洗涤软性纺织品的碱性小的肥皂，一种是洗涤较脏衣服的强碱性肥皂，一种是多种用途的全能肥皂。由于这些肥皂满足了不同消费者的需求，使其在肥皂市场上获得最大的市场份额。营销专家总结了这一实践经验，提出了市场细分这一概念。它顺应了二次世界大战后美国许多产品由"卖方市场"转向"买方市场"这一形势，是企业营销思想的新发展，与以消费者为中心的市场营销观念相适应。

进入 21 世纪，市场细分理论又有了很大的发展，"细分到个人""一对一营销""定制营销"等为一些企业所采用，大大充实了市场营销的理论和实践。

（一）市场细分的含义

所谓市场细分，是指企业根据消费者对商品的不同欲望与需求、不同购买行为与购买习惯，把消费者整体市场划分为具有类似性的两个或两个以上的购买者群体，以便企业从中选择目标市场的过程。其中，被划分出来的一个个子市场称为细分市场。

市场由购买者组成，而购买者在消费需求、购买习惯等方面各不相同，因为他们对商品的品种、数量、价格、式样、规格、色彩、购买时间、购买地点等都会体现出一定的差异性。这些差异性的存在，为市场细分提供了基础，消费差异越大，消费者越是追求差异化，市场细分也越有必要。

应该指出的是，理解市场细分这一含义，应把握好以下两点：

（1）市场细分的实质是辨别不同的消费群体，并加以分类的过程，而不是通过产品分类来细分市场的。这是因为商品是用来进行交换的劳动产品，它只有在满足人们一定需要时才会被人们所接受。只有抓住消费需求的差异性，才能把握市场细分的规律。

（2）市场细分的目的是为了挖掘市场机会，而不是为了细分而细分。有的市场消费需求客观上存在差异，甚至很小的差异也被消费者所重视，这样市场的细分越小越好，人们称之为"微细分"。有的需求差异意义并不大，市场分得太细，使产品设计、生产和销售都趋于复杂化，产品生产成本和销售成本都会增加，导致企业收入减少。因而，"反细分化策略"将若干个过于狭小的细分市场集合起来，这样就可以通过生产规模，降低成本，提供较低价格产品来吸引消费者。

（二）市场细分作用

在一般情况下，一个企业不可能满足所有消费者的需求，尤其在激烈的市场竞争中，企业更应集中力量，有效地选择市场，取得竞争优势。市场细分化对于企业来讲，有以下作用：

1. 有助于企业深刻地认识市场和寻找市场机会

如何认识市场？如果不对市场进行细分化研究，市场始终是一个"混沌的总体"，因为任何消费者都是集多种特征于一身的，而整个市场是所有消费者的总和，呈现高度复杂性。市场细分可以把市场丰富的内部结构一层层地抽象出来，发现其中的规律，使企业可以深入、全面地把握各类市场需求的特征。

另外，市场需求是已经出现在市场但尚未得到满足的购买需求，在这些需求中有相当一部分是潜在需求，一般不易发现。企业运用市场细分的手段往往可以了解消费者存在的需求和满足程度，从而寻找、发现市场机会。同时，企业通过分析和比较不同细分市场中竞争者的营销策略，选择那些需求尚未满足或满足程度不够，而竞争对手无力占领或不屑占领的细分市场作为自己的目标市场，结合自身条件制定出最佳的市场营销策略。

2. 有利于企业确定经营方向，有针对性地开展营销活动

市场营销策略组合是由产品策略、价格策略、促销策略、分销策略、权力营销策略、公共关系策略所组成的。企业通过市场细分确定自己所要满足的目标市场，找到自己资源条件和客观需求的最佳结合点，有利于企业集中人力、物力、财力，有针对性地采取不同的营销策略，取得投入少、产出多的良好经济效益。

3. 有利于研究潜在需要，开发新产品

一旦确定了自己的细分市场后，企业能很好地把握目标市场需求的变化状况，分析潜在需求，发展新产品及开拓新市场。

4. 有利于创造良好的社会效益

市场细分不仅给企业带来了良好的经济效益，而且也创造了良好的社会效益。因为，市场细分一方面可以使不同消费者的不同需求得到满足，提高生活水平，另一方面有利于同类企业合理化分工，在行业内形成较为合理的专业化分工体系，使各类企业各得其所、各显其长。如服装生产企业根据消费者对价格承受能力差异，有专门为白领阶层生产高档品牌服装的，也有为工薪阶层生产普通服装的。

案例启示

日本钟表欲进入美国市场，以为美国消费者只需要名表，对美国手表市场需求了解不够。经过一番调查后发现，美国市场对手表的需求有三类不同的消费群体。

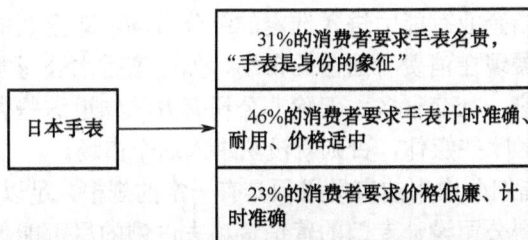

美国本地钟表厂商和瑞士手表厂商一向只关注第一类消费者，着眼于生产和经营优质名牌、价格昂贵的手表，而近 70% 的消费者的需求都未得到满足。日本钟表厂商发现了这个市场机会，以式样新颖、售价便宜的电子表占领"价格低廉、计时准确"的细分市场，以式样新颖、售价适中的机械表占领"计时准确、耐用、价格适中"的细分市场，取得了很大的成功。

（三）市场细分的模式与条件

1. 市场细分的模式

市场细分的模式很多，产品属性是影响购买行为的重要因素，根据顾客对不同属性的重视程度，可产生三种不同的市场细分模式。为了说明问题，以某食品厂生产的蛋糕为例进行分析。

（1）同质市场，是指消费者对某类产品的需求大体相同，而且相对集中，如图 6-2（a）所示。

（2）异质市场，是指消费者对某类产品的需求具有明显的差异，而且相对分散，如图 6-2（b）所示。

（3）集群市场，是指市场上出现几个有独特偏好的消费群组，客观上形成了不同的细分市场，如图 6-2（c）所示。

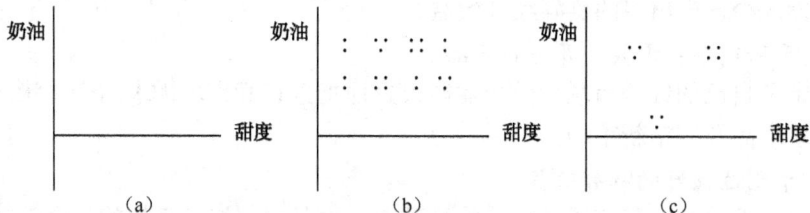

图 6-2　市场细分模式

2．有效细分的条件

市场细分的方法有很多种，但并不是所有的细分都有效。例如，食盐的购买者如果按头发颜色分为金发、棕发和黑发的顾客群，就没有多大意义，因为，头发颜色并不影响购买者的需求差异。市场细分的基本需求是既要确保满足消费者需求的差异性，又要确保企业经营的可操作性和盈利性。市场细分必须满足以下条件：

（1）可测量性，是指细分出来的市场不仅范围比较明晰，而且该市场的大小也能大致判断。这样才能较好地估算细分市场的规模和对应的购买力。例如，没有专门的产品是为左撇子市场设计的，因为人口统计特征中没有关于左撇子的调查，所以这个特殊市场规模很难预计。

（2）可接近性，是指企业有能力进入选定的细分市场。即企业能够对细分市场的顾客产生影响，企业产品能够展现在消费者面前的市场，如一家香水公司发现，用其香水的人多数是单身，这些人很晚回家，社交很多，但除非公司有办法知道这些人住在哪里，习惯在什么地方购物，或者他们接触哪些媒体，否则就没法进入这个市场。

（3）可盈利性，是指细分出来的市场必须具有一定的规模，足以使企业实现其利润目标。一个细分市场应该是值得公司设计专门的营销策略去占领的尽可能大的同质群体。例如，一个汽车制造商不值得为身高特高或特矮的人专门设计合适的汽车，除非定制。

（4）可辨识性，是指细分市场在概念上容易区分，对不同的市场营销组合元素和方案有不同的反应。如果男性和女性对于饮料的营销策略的反应相同，他们就不能构成两个细分市场，但如果为了区分就必须创造产品差异化，让男、女的需求有别，这样更能提高需求数量。

（5）可操作性，是指针对细分市场能够设计有效的方案吸引顾客。例如，一家小型航空公司虽然找出了七个细分市场，但由于其员工太少，不可能针对每个细分市场开发专门的营销计划。

（四）市场细分的标准

市场细分标准指的是消费者所具有的明显不同特征以及分类的依据。要正确地进行市场细分，首先必须合理地确定细分市场的标准。由于消费品市场和工业品市场的购买者各有不同的动机和目的，因而市场细分的标准也就有所不同。市场细分的标准可分为消费者市场细分标准和产业市场细分标准。

1．消费者市场细分标准

消费者市场的细分标准，因企业不同而各具特色，但是有一些标准是共同的，即地理标准、人口标准、心理标准及行为标准等四个方面，各方面又包括一系列的变量。表 6-1 列出了消费者市场细分的主要变量。

表 6-1　消费者市场细分的主要变量

因　素	主　要　变　量
地理	世界地区和国家：北美，加拿大，西欧，中东，太平洋沿海，中国，印度，巴西；中国地区：华南，华北，华东，华中，西南，西北，沿海地区，中部地区。 城市规模：50 万人以下，50 万～100 万人，100 万～200 万人，200 万～300 万人，300 万～400 万人，400 万～500 万人，500 万～600 万人，1000 万～2000 万人，2000 万人以上。 人口密度：城市，郊区，农村。 气候：北方，南方。
人口	年龄：6 岁以下，6～11 岁，12～19 岁，20～34 岁，35～49 岁，50～64 岁，65 岁以上。 性别：男，女。 家庭规模：1～2 人，3～4 人，5 人以上。 家庭生活周期：青年、单身；已婚、无小孩；已婚、有小孩；单亲家庭；未婚同居；较年长、已婚、没有未满 18 周岁的小孩；较年长、独身；其他。 收入：2 元人民币以下，2～3 万元人民币，3～5 万元人民币，5～10 万元人民币，10～25 万元人民币，25 万元人民币以上。 职业：专业技术人员，经理，官员，企业主，售货员，文员，工匠，领班，农民，学生，失业人员，家庭主妇，退休人员。 受教育程度：小学或以下，中学，高中毕业，高职毕业，大学毕业，更高学历。 民族、宗教。 年代："婴儿潮"一代，80 后一代，90 后一代，00 后一代。
心理	社会阶层：国家与社会管理者阶层，经理阶层，私营企业主阶层，专业技术人员阶层，办事人员阶层，个体工商户阶层，商业服务人员阶层，产业工人阶层，农业劳动者阶层，城乡无业、失业、半失业者阶层。 生活方式：节俭者，奢侈者，成就者，冒险者。 个性：冲动型，热心肠型，领导型，自信型。
行为	购买时机：常规购买时机，特殊购买时机，假期购买时机，季节购买时机。 寻求利益：质量，服务，经济，便捷，速度。 使用者状态：不使用者，以前使用者，潜在使用者，首次使用者，经常使用者。 使用频率：很少使用，一般使用，大量使用。 忠诚度：无忠诚者，一般忠诚者，强烈忠诚者，绝对忠诚者。 购买准备阶段：没听过，听说过，了解，感兴趣，渴望买，打算买。 对产品的态度：热情，肯定，无所谓，否定，反感。

（1）地理细分，是按照消费者所处的地域环境进行市场细分的标准。这种环境主要是指地理位置、城市规模、人口密度和气候条件等。因为不同地域环境下的消费者，对同一产品

有不同的需求和偏好，对企业的营销措施会产生不同的反应。例如，我国南方气候温和，长江流域降水量较多，北方寒冷，因此消费者的衣、食、住、行都有很大的区别；又如我国茶叶市场，各地区就有不同的偏好，江南各省畅销绿茶，华北地区畅销花茶，而砖茶则主要为某些少数民族地区所喜好。

需指出的是，地理因素是一静态因素，易于辨别和分析，对于分析研究不同地区消费者的需求特点、需求总量及其发展变化趋势有一定意义，有助于企业开拓区域市场。但是，即使居住在同一国家、地区、城市的消费者，其需求与爱好有时差别也很大，因此在地理细分的基础上，还要选择其他变数来进一步细分该市场。步步高在省会城市选择大卖场与社区超市相结合的经营模式，而在地级市则是百货商场与超市相结合的混合业态经营模式。

（2）人口细分，是将市场按顾客的年龄、性别、家庭规模、职业、收入水平、教育、种族、宗教等因素来细分市场，这是对消费者市场进行细分的一个重要方式。因为消费者的欲望、偏好和使用率经常与人口变量有着密切的联系。不同年龄、不同教育程度的顾客会有不同的价值观念、生活情趣、审美观念和消费方式，因而对同一产品，必定会产生不同的消费需求。另外，人口因素比其他因素更易于测量。

① 年龄和人生阶段。消费者需求和愿望随年龄而变化。一些公司根据年龄和人生阶段细分市场，生产不同的产品并使用不同的营销策略，以适应不同年龄和人生阶段的消费群体。如迪斯尼公司针对有小孩的家庭推出迪斯尼游轮巡游项目，这个项目都是按照父母和孩子心目中的想象来设计的。在船上安排专业的指导老师帮助孩子参与一些实际活动来锻炼他们的动手能力时，会为父母安排家庭活动时间，其广告都会描绘一种温馨的家庭场景。而针对成年夫妇或单身者，某公司推出了维京游轮巡游项目，它为顾客提供豪华的小型船只，让其沿世界著名的河流畅游，在它的宣传和海报上很难看到孩子的影子。

② 性别。性别细分一直用于服装、化妆品和杂志的市场细分。例如，宝洁的洗发水中，伊卡露就是专门针对女性设计的，其广告代言人是女性，包装的颜色和形象都是比较适合女性形象的；而曼秀雷敦则是男性产品，霸王洗发水也是明确的男性定位产品。

③ 收入。在汽车、服装、化妆品、金融服务和旅游等方面，通常可以采用收入细分市场。例如，豪华宾馆使用特殊的“一揽子”服务来吸引富人；美国四季酒店推出五钻服务项目，包括由两克拉格拉芙钻石镶嵌的戒指、双人份鱼子酱、双人套房内按摩、总统套房配上一瓶1990年至尊香槟，这套服务起价为50 000美元。

然而并不是所有采取收入细分的公司都瞄准富人，许多零售商瞄准了低收入或中等收入的家庭。例如，台湾地区的7-11方便店，很多都在小镇或郊区，这里的人出入不是很方便，但需求是存在的。

（3）心理细分，是按照购买者的社会阶层、生活方式（如传统型、新潮型、节俭型、奢侈型、活泼型、严肃型等）、个性（如外向、内向、激进、保守、自主、服从等）、消费动机、购买偏好、价值取向、价值敏感程度和承受能力等不同，将市场划分为不同的群体。例如，美国的服装公司，专门针对美国妇女的生活方式，将妇女分为朴素型妇女、新潮型妇女、有男子气妇女三个细分市场，对不同细分市场设计生产不同的妇女服装，采取的价格、渠道、促销等策略也各不相同，达到了很好的效果。

心理因素与地理、人口因素不同的是，它可通过企业的营销努力来加以改变。例如，通过广告宣传能改变人们的消费观念，从而可以创造出需求。在快乐女声成名的李宇春出现的年代，女性的中性化成为当时的潮流，许多女性都喜欢中性化的打扮，因此，为女性提供中性化的服装，中性的用品满足了这一群体的需求，获得了较大市场份额。

市场营销人员可以用个性来细分市场，如目标群体是喜欢冒险的人，可以为其提供户外运动、自驾游、或攀岩、滑冰等多种刺激性活动来吸引有活力的情侣或家庭。北京三夫户外运动用品有限公司就是专注于为喜欢户外运动、有冒险个性的人群提供产品和服务的连锁机构。

（4）行为细分，是根据消费者购买或使用某种产品的时机、品牌忠诚程度、所追求的利益、所持态度、使用频率等行为变量将市场划分为不同的消费者群。按消费者购买动机来细分市场已经为越来越多的企业所认识和利用，如在春节、中秋节、圣诞节等节假日，人们对一些产品的需求就非常旺盛。消费者在购买商品时所追求的利益不尽相同，有的追求社会声誉，有的追求商品的安全可靠，有的要求商品物有所值等，如消费者在购买牙膏时，顾客所追寻的利益有四个方面：经济、保健、美容、味道。

案例启示

美国学者赫雷曾运用消费者所追求的利益对牙膏市场进行细分而获得了成功。他把牙膏需求者寻找的利益分为经济实惠、防治牙病、洁齿美容和口味清爽四类。牙膏公司可以根据自己所服务的目标市场特点，了解竞争者是什么品牌，市场上现有品牌缺少什么利益，从而改进自己现有产品，或再推出新的产品，以满足未被满足的需要。

利益细分	人口统计特征	行为特征	心理特征	符合利益的品牌
经济实惠	男性	大量使用者	自主性强者	大减价的品牌
防治牙病	大家庭	大量使用者	忧虑保守者	品牌A、F
洁齿美容	青少年	吸烟者	社交活动多者	品牌B
口味清爽	儿童	薄荷爱好者	喜好享乐者	品牌C

消费者对品牌的忠诚度是有差异性的，一般可以按消费者的忠诚程度划分为四个细分市场：①单一品牌忠诚者，这类消费者对某一品牌情有独钟，忠诚不移，是这一品牌产品的坚定消费者；②几种品牌忠诚者，这类消费者偏好两种或三种品牌，通常会在这两种或三种品牌之间选购产品，因此对其中的每一品牌表现出某种游移性和弹性；③品牌忠诚转移者，这类消费者从原来忠诚一种品牌转移为忠诚另一品牌；④无品牌偏好者，这类消费者无固定的品牌偏好，其选购产品时对品牌的选择是随机的。

市场营销人员可以根据使用者情况将消费者分为不同群体。非使用者，以前使用者，潜在使用者，首次使用者和经常使用者。营销人员的目的是要保持和强化经常使用者，吸引目标市场中的非使用者，并保持与曾经使用者的密切联系。而潜在使用群体中主要包括面临生活阶段变化的人，如刚结婚的人或刚做父母的人，这些人最有可能从潜在使用者转化为经常使用者。一些厨房灶具的零售商总是非常积极地把新婚夫妇作为目标顾客，他们会在新婚杂志中插入相关产品和服务的广告，为新婚夫妇开辟专柜。

以使用率为标准，市场可被细分为较少使用者、一般使用者和大量使用者。大量使用者人数只占市场的一很小部分，但却为企业创造了大部分价值，这就是二八规律，20%的用户为公司创造了 80%的收入和利润。因此，我们要将这小部分顾客细分出来，提供专门的产品和服务。

使用多因素细分，市场营销人员一般不会把其市场细分研究局限于一个或有限的几个因素，而是越来越多地使用多种因素进行细分，以便识别更小、更确定的目标群体。

2. 产业市场细分的标准

许多用来细分消费品市场的标准，同样可以用来细分产业市场，如地理标准和行为标准中的一些变量（购买习惯、寻找利益、使用数量和频率）都是有效的细分标准。同时，由于产业市场有其自身的特点，其购买目的是为了再生产和获取利润，所以，产业市场细分常用的标准除了可利用以上标准外还有最终用户、顾客规模等其他变量。

（1）最终用户。最终用户的不同需求，是生产者市场细分的最通用的标准。在生产者市场，不同用户购买同一种商品的使用目的往往是不同的。因而在商品的规格、型号、品质、功能、价格等方面具有不同的需求，追求不同的利益。这就要求企业针对不同类型的最终用户采用不同的市场营销组合策略。例如，飞机制造商所需要的轮胎必须达到的安全标准，比农用拖拉机制造商所需轮胎必须达到的安全标准高得多；豪华汽车制造商比一般汽车制造商需要更优质的轮胎。

（2）用户规模。用户规模是产业市场细分的重要标准。许多生产企业以用户的规模为标准，把客户分为大量用户、中量用户和小量用户。大量用户数量虽少，但购买力很大；小量用户则相反，户数虽多，但购买力不大。大量用户对产品质量、供货期以及运输方式等一般要求较高，供货厂家竞争也比较激烈；但是，一旦达成购货协议，就具有相对稳定性。小量用户采购批量较小，购销关系不稳定。企业通过市场细分，掌握不同规模用户的特点，采取不同经营方式。对大量用户一般直接供货，并在价格上予以一定优惠；对小量用户则通过中间商渠道供货，以保证一定的市场覆盖面。

（3）用户地点。用户地点涉及当地资源条件、自然环境、地理位置、生产力布局等因素。这些因素决定地区工业的发展水平、发展规模和生产布局，因此企业要按用户的地点来细分市场，选择用户较集中的地区作为自己的目标市场。这样不仅联系方便，信息反馈快，而且可以更有效地规划运输线路，节省运力和运费，同时，也更能充分地利用销售力量，降低推销成本。

以上是市场细分的常用标准。需注意的是，市场细分的标准是动态的，不同企业、不同的产品、不同的市场以及不同的时间，选用的市场细分的标准是不同的、变化的，企业管理人员作决策时要具体情况具体对待。

（五）市场细分的方法和步骤

1. 市场细分的方法

由于各个企业的经营性质、经营范围等不是一样的，企业在选用细分标准时，应根据企业实际情况，在标准的内容、数量及难易程度等方面灵活选用。对某一具体产品来说，企业往往有许多细分市场的方法可供选择。常见的市场细分方法主要有：

（1）单一因素法，即从影响消费者需求的多种因素中选出一种主要因素作为标准进行市场细分。例如，儿童玩具市场主要以年龄这一主要因素为标准进行市场细分，文具用品市场主要以人们的文化程度这一主要因素为标准进行市场细分。

（2）综合因素法，根据影响消费者需求的两种或两种以上的因素综合进行市场细分。其核心是并列多因素分析，所涉及的各项因素都无先后顺序和重要与否的区别。例如，影响服装市场需求的有性别、年龄阶段和经济收入三个因素，这三个因素对于服装市场的需求是并列的，没有主次之分，在这种情况下，就应该用综合因素法进行市场细分。

（3）系列因素法，是指细分市场所涉及的因素是多项的，但各项因素之间先后有序，由粗到细，由浅到深，由简到繁，由少到多。如鞋市场细分就可以利用系列因素法（图 6-3）。

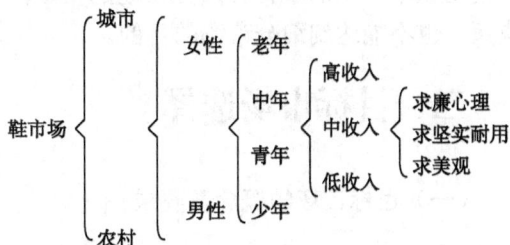

图 6-3　系列因素法市场细分

2. 市场细分的步骤

（1）确定市场范围。任何一个企业都有其自身的任务和目标，并以此作为企业制定生产经营和市场开拓战略的依据。一旦进入一个行业，便要考虑可能经营的产品的市场范围选择问题。产品市场范围的确定是以市场的需求为依据的。也就是说，市场范围的确定必须贯彻"需求链"的思想。一旦市场需求发生变化，整个产品的市场范围也要做相应的调整。

（2）列举潜在顾客的基本需求。产品市场范围确定以后，企业的市场营销人员可以将市场范围内的潜在顾客分为若干个专题小组，了解他们的动机、态度、行为等，从而比较全面地列举出影响产品市场需求和顾客购买行为的各项因素，作为以后进行深入分析研究的基本资料和依据。

（3）分析潜在顾客的不同需求。企业在列举潜在顾客的基本需求以后，可以通过向不同的顾客进行抽样调查来进一步搜集有关信息，并用因素分析法对资料进行分析，确定相关性很大的因素，然后用聚类分析法划分出一些差异最大的细分市场；最后，再根据潜在顾客不同的态度、行为、人口变数、心理变数和一般消费习惯等进一步细分，从而了解在所列举出的基本需求中对于不同的潜在顾客群来说，最重要的有哪些。发现不同的潜在顾客群在需求上的差异性，即找出他们的不同需求，具有不同需求的顾客群构成了企业的细分市场。

（4）剔除潜在顾客的共同需求。潜在顾客的共同需求，是企业无论选择哪些细分市场作为目标市场时都必须使之得到满足的市场，是企业产品决策的部分重要依据，但它不能作为市场细分的依据，只能作为企业制定市场营销组合策略的参考。所以，在进行市场细分时，要剔除潜在顾客的共同需求。

（5）初步确认细分市场。初步确认细分市场是指为细分市场暂时命名，即在分析了潜在顾客的不同需求，进行了市场细分并剔除了潜在顾客的共同需求后，各细分市场上剩下的需求各不相同，这时为了便于对各细分市场的特点作进一步的分析，根据各细分市场上顾客的特点暂时为各细分市场确定一个名字。

（6）进一步认识各细分市场的特点。上述工作完成后，企业还需进一步对各细分市场顾客的需求及其特点作深入的分析与考察，确定已掌握的各细分市场有哪些特点，还需要对哪些特点进一步分析研究，从而决定是否需要再分或重新合并。这一步通过对以上几步的重新认识和必要的调整，以形成细分市场的雏形。

（7）衡量各细分市场的大小。细分出来的市场必须大到足以使企业实现它的利润目标，这时市场细分对企业来说才是有用的。因此，还要将经过以上步骤划分出的各细分市场与人口变数结合起来加以分析，测量出每个细分市场上潜在顾客的数量，他们的购买能力和产品的使用频率，从而掌握各细分市场的市场潜量。没有这一步，企业无法作出正确的目标市场决策，也不能达到细分市场的目的。

二、目标市场选择

（一）目标市场的概念及要求

1. 目标市场的概念

目标市场是企业在市场细分的基础上，通过评估分析，为满足现实或潜在的消费需求而开拓的特定市场，即企业可望能以某相应的商品和服务去满足其需求，为其服务的那几个消费者群体。

目标市场选择是指企业在几个可能的目标市场中，根据一定的要求和标准，选择最有价值的某个或某几个目标市场作为可行的经营目标的决策过程和决策。

市场细分是按一定的标准划分不同消费群体的过程；目标市场是企业根据自身的条件和特点选择某个或某几个细分市场作为企业营销对象的过程。目标市场选择是在几个可能的目标市场中选择最有价值的目标市场，作为营销对象的决策过程。因此，市场细分是发现目标市场和选择目标市场的前提和条件，而发现目标市场和选择目标市场则是市场细分化的目的和归宿。

2. 选择目标市场的基本要求

目标市场是企业营销策划的中心，企业以此展开活动，以达自身的营销目的。在市场细分的基础上，企业可以选择一个或几个细分市场作为自己的目标市场。企业评估细分市场的标准有三个基本要素，即细分市场的规模与增长性、细分市场的结构优势、公司目标和资源的匹配性。

（1）细分市场的规模与增长性。公司必须收集分析有关数据，包括目前细分市场的销售额、增长率和期望利润。公司会对有良好规模和增长特性的细分市场更感兴趣，但"适当的规模和增长"是相对而言的，规模大、增长快的细分市场并不对每个公司都有吸引力。规模小的公司可能因自己缺少技能和资源，不能为较大的细分市场提供产品和服务，或者这些细分市场竞争过于激烈，小公司不具备相应的竞争优势。

（2）细分市场的结构优势。公司必须考察影响细分市场长期吸引力的主要结构因素。例如，一个细分市场如果已经有很多强大的、势头很猛的竞争对手，新进企业可能就缺乏吸引力了。细分市场里如果存在着现有或潜在替代品，就会影响价格和盈利。购买者的能力也会影响细分市场的吸引力。如果细分市场的购买者有很强的讨价还价的能力，能迫使对方降低价格，提出更多的质量和服务方面的要求，并使竞争者互相争斗，这就会影响销售者的利益。最后，如果细分市场是有强大的供应商，它能左右价格、质量的供应量，这个细分市场也是没有吸引力的。

（3）公司目标和资源的匹配性。公司还要考虑自己的目标和资源情况，看是否能够服务细分市场，或者服务的有效性如何。许多有吸引力的细分市场很快被抛弃，就是因为与公司的长期目标不一致，或者公司缺乏在细分市场中竞争所需要的技术和资源。例如，鉴于中国当前的经济状况，经济型汽车这一细分市场正在逐渐扩大，但考虑到目标和资源问题，这一变化对于高端汽车生产商沃尔沃进入该细分市场的影响微乎其微。如果那样做，反而会影响其品牌形象和已经根深蒂固的高档车市场定位，挫伤高端细分市场消费者的信心。

（二）选择目标市场的策略

对细分市场进行全面评估后，企业决定为哪几个细分市场服务，这实际上是选择目标市场的问题。根据目标市场的基本要求，结合企业自身的优势，选择目标市场可以采取四种策略，如图6-4所示。

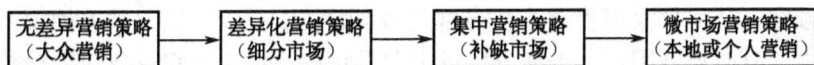

图6-4　选择目标市场的策略

1. 无差异营销策略

企业使用无差异营销策略，或称大众营销策略，就是忽略细分市场中的差异，向整个市场提供一套产品或服务，着眼于消费者需求的共同性。企业设计产品和营销策略时，都是以吸引绝大多数消费者为目的的。

无差异营销策略的优点是可以降低成本，这是因为：①由于产品单一，企业可实行机械化、自动化、标准化大量生产，从而降低产品成本，提高产品质量；②无差异的广告宣传，单一的销售程序，降低了销售费用；③节省了市场细分所需的调研费用、多种产品开发设计费用，使企业能以物美价廉的产品满足消费者需要。

无差异营销策略也有其不足：①不能满足不同消费者的需求和爱好。用一种产品、一种市场营销策略去吸引和满足所有顾客几乎是不可能的，即使一时被承认，也不会被长期接受。②容易受到竞争对手的冲击。当企业采取无差异营销策略时，竞争对手会从这一整体市场的细微差别入手，参与竞争，争夺市场份额。

无差异营销策略适应于卖方市场条件，消费者没有选择的余地，或消费者对一些产品的需求差异不大的情况，如食盐、水电等产品的市场营销。随着市场竞争加剧，消费者观念的改变，无差异营销策略越来越行不通了。

案例启示

可口可乐是世界上最畅销的软饮料之一，在百事可乐出现之前，一直奉行无差异营销策略，采用一种配方、一种包装，使产品畅销全球。

百事可乐公司的创建比可口可乐公司晚12年，为了争夺市场份额，百事可乐公司进行了激烈的挑战。除了强调便宜（其广告语是"一样的价格，可饮两倍量"），争取年轻人（广告歌"今天生龙活虎的人们一致同意，年轻人就喝百事可乐"）外，还执行了差异化战略，即推出七喜汽水，争取"非可乐"细分市场，开展一场"无咖啡因"广告运动，对可口可乐造成了巨大冲击。可口可乐在此打击下，不得不放弃无差异营销策略，也推出雪碧、芬达、雪菲力等各种风格和口味的饮料，以满足不同细分市场需要。

2. 差异化营销策略

企业使用差异化营销策略，就是在充分肯定消费者需求的异质性的基础上，决定选择几个细分市场为目标市场，并向每个细分市场提供不同产品或服务。宝洁公司根据消费者发质的不同，生产不同功能的洗发水，潘婷是滋润头发的，海飞丝是去头屑的，飘柔是让头发更柔顺的，宝洁运用差异化营销策略，让不同发质的消费者都得到了很好的满足，扩大了产品的市场占有率。差异化营销策略是目前普遍采用的策略，适应于竞争激烈的买方市场环境。

差异化营销策略的优点是：①由于企业面对多个细分市场，某一细分市场发生剧变，也不会使企业全盘陷入困境，大大减少了经营风险；②由于能较好地满足不同消费者的需求，争取更多的顾客，从而扩大销售量，获得更大的利润；③企业可以通过多种营销组合来增强企业的竞争力，有时还会因在某个细分市场上取得优势、树立品牌形象而带动其他子市场的发展，造成连带优势。

差异化营销策略的不足是：①营销成本高，由于目标市场多，产品经营品种多，因而渠道开拓、促销费用、生产研制等成本高；②管理难度大，不同细分市场，必须采取不同营销组合策略，要求企业有较强的实力和素质较高的经营管理人员。

3. 集中营销策略

企业使用集中营销策略，或称补缺营销策略，就是集中在一个或较少的几个细分市场占有较大的市场份额，而不是大市场中的小份额。这种策略适合资源有限的企业，它们致力于某一大企业不太关注的细分市场。例如，美国一家公司（Tetra）在热带鱼食市场占到80%的份额，温州企业集群生产的打火机占到世界打火机市场的70%以上的份额。再看看今天日益发展的民营制专科医院，长沙的口腔医院、爱尔眼科、安贞妇科医院、脑科医院都集中在某个领域，是全科医院的补缺者。

案例启示

一百年前，日本京都成立了一家生产纸牌的小店，借汉语"尽人事，听天命"的寓意取名为"任天堂"。一百多年以来，任天堂始终抱着"玩具"这一细分市场，从扑克牌、塑料扑克牌、魔术扑克牌、电子游戏机到电脑玩具、直到今天享誉全球的电子游戏，坚持不懈，使其产品畅销全球。"任天堂"抱着一棵"树"不放，这棵树虽然不大，但它不低头，拼命开发创新，使它成为一棵"摇钱树"。

集中营销策略优点很明显：①由于市场集中，便于企业深入挖掘消费者的需求，能及时得到反馈意见，使企业能制定正确的营销策略；②生产专业化程度高，企业可有针对性地采取营销组合，节约成本和费用；③目标市场较小，可以使企业的特点和市场特征尽可能达成一致，从而有利于充分发挥企业自身优势；④在细分市场上占据一定优势后，可以积聚力量，与竞争者抗衡；⑤能有效地树立品牌形象，如老庙黄金、全聚德烤鸭、张小泉剪刀等品牌几乎家喻户晓。

当然，集中营销策略也有缺点：①由于市场较小，空间有限，企业发展受到一定限制；②如果有强大对手进入，风险很大，很可能陷入困境，缺少回旋余地；③仅仅依靠一个或几个有限的市场，在市场衰退时企业可能会遭受更大损失。出于这些原因，许多公司宁愿在几个细分市场内搞多元化经营。

4. 微市场营销策略

微市场营销就是根据特定个人和特定地区的口味调整产品和营销策略。微市场营销是差异化营销和集中营销的延伸，用以探寻每一个顾客身上的个体性，包括当地营销和个人营销。

当地营销，就是根据当地顾客群（如城市、社区）的需求，调整品牌和促销计划。例如，沃尔玛为了更好地满足当地购物者的需求，每一个店面会按照顾客的要求为顾客定制商品。春节期间中国的沃尔玛店一定有一个本地特产区，用以满足本地消费者春节礼品或特色商品的需求。零售商的店面设计者都会按照所在区域的特征来设计新的店面，如靠近办公区的店面会提供快餐以方便人们工作后用餐。沃尔玛的每一个店面的产品，如沃尔玛使用 200 组资料数据对商品进行分类，使之与每个商店的需求模式相匹配。

随着通信技术的发展，出现了一种新的基于地理位置的营销手段。例如，零售商一直对手机的功能感兴趣，因为手机就在每一个顾客口袋里，所以零售商可以依据手机信号来定位每一个顾客所处的位置。于是，零售商可以根据顾客所处的位置发送相应的广告，当顾客通过一个咖啡店时，可以向顾客发送一张热牛奶咖啡的优惠券；更值得一提的是，这种想法很快就会成为现实。下面让我们再看一家零售商的例子。

案例启示

乐斯菲斯是一个户外运动装及相关运动设备的零售商。它正在尝试一种新的营销策略：当顾客靠近它的每一个零售店时，它就会向顾客发送信息。这种新的营销策略的流程是这样的：从手机运营商那里获得顾客 GPS 信号或者方位数据，依据获得的信号和数据确定顾客的位置，进而识别出顾客。这里，公司使用了"地理限定"的方式，即以选定的零售店为中心，在其外半英里以内的范围划出一个虚拟的限定区域，一旦顾客进入限定区域，乐斯菲斯就会给顾客发送一份广告信息。除此之外，在限定区域内，公司可以根据当地的天气和其他因素向顾客发送各种个性化的信息。

目前，乐斯菲斯发送的内容大多是促销信息，如当顾客购买产品或者在季节性新货上架时光顾本店，就可以免费获得瓶装水。促销信息的内容可能会这样描述："亲爱的顾客，乐斯菲斯提醒您，本店新进一批春季运动装！详情请登录 TNF Downtown Seattle 。"但是，这种信息只是针对初次购买者设计的。当人们将要去旅行或者准备去登山时，乐斯菲斯会发送信息来提醒接收者注意天气状况和其他相关事项。此外，乐斯菲斯还创立了一款名为"乐斯菲斯雪域状况报道"的 iphone 应用软件。乐斯菲斯采用这种营销策略似乎会让很多人认为，它在刻意打扰消费者。针对这个问题，乐斯菲斯的市场营销副总监说："公司并不想打扰顾客，而且公司也没有打扰顾客，因为参与这个项目的顾客都是乐斯菲斯的品牌偏好者，我们所提供的信息往往都是他们最希望得到的信息。"

当地营销的优点就是更好地满足消费者的需求，而且还能直接满足企业一线顾客。另外，零售商也往往希望所售商品品种能更适合周边地区。

当地营销也有一些缺点，那就是规模经济的减小带来了生产成本和营销成本的提高。对于那些要满足不同地区市场不同需求的企业来说，它还带来物流方面的问题。而且由于产品和信息在不同的区域差别较大，有可能冲淡品牌的整体形象。总的来说，面对越来越细分的市场，随着新型配套技术的不断发展，当地营销优势大于劣势。

个人营销，微市场营销的极端情况就是个人营销，即根据单个消费者的需求和偏好来调整产品。个人营销也称为一对一营销、定制营销。个人营销实际上先于大众营销而出现，如早期的裁缝为顾客单独制作衣服，鞋匠为每个顾客设计不同的鞋子，木匠根据顾客需求制作家具。但今天的个人营销并不是历史的简单重复，而是在更为高效的计算机、数据库、机器人生产、柔性制造技术以及互动沟通媒体（电子邮件、传真和互联网）下实现的"大规模定制"，是企业与顾客群进行一对一的交流后，根据个人需求设计产品和服务。戴尔创造了顾客要求的电脑，你可以打开公司网站，在提供的几千种电脑零配件中挑选自己喜欢的款式进行组装，然后将图样发给公司，在一周内你在家就可以收到定制的电脑。并不只有消费者市场才可以一对一营销，生产者市场可能更适合。例如，办公用品生产企业可以为政府机构、公司、学校生产印有本组织名称的任何办公用品，甚至包括喝水的一次性纸杯。

营销人员还正在寻找新的方式来实现促销信息的个性化。例如，遍布全美的大型购物中心的墙上悬挂的等离子屏幕可以帮助分析购物者的面部表情，并根据每一个购物者的年龄、性别和种族来投放广告。

案例启示

如果你在观看商场、健身俱乐部或者杂货店的电视屏幕上的广告，那么很有可能这个电视屏幕也在观看着你。商家可以在屏幕中嵌入或者在屏幕周围设置一些小型摄像头，以便用来观测是什么人在观看，以及看了多长时间。此外，这个系统还可以精确地判断观看者的性别和大约所处的年龄阶段，有时甚至可以判断出观看者所属的种族，并据此来对所播放广告的内容进行相应调整。这种调整可能意味着，屏幕遇到男人会播放剃须刀的广告，遇到女人会播放化妆品的广告，而遇到青年人则会播放游戏广告。此外，这种调整还可能意味着，屏幕遇到一群男性可能播放摩托车广告，而当有女性和儿童加入的时候，屏幕就有可能会转换播放小型货车广告。一位高管称，"这是一个积极的推销系统，商家正在使用智能广告来瞄准自己的顾客群。"

世界似乎一直在循环，从顾客被作为个体对待的美好时代，到没有人知道你的名字的大众营销时代，最终又回到现在的大众定制营销时代。

（三）影响目标市场选择的因素

选择目标市场时，采取何种策略，并没有好坏之分，只有适应与不适应。究竟选择什么策略比较合适，要考虑的因素很多，主要集中在以下几方面。

1. 企业资源

如果企业资源丰富，实力雄厚（包括生产经营规模、技术力量、资金状况等），具有大规模的单一流水线，拥有广泛的分销渠道，产品标准化程度高，内在质量好，品牌信誉高，可以采用无差异市场策略。

如果企业具有相当的规模、技术设计能力强、管理素质较高，可实施差异性市场策略。

反之，如果企业资源有限、实力较弱、难以开拓整个市场，则最好实行集中性营销策略。

2. 产品特点

产品具有同质性，即消费者购买和使用时若对某类产品特征感觉相似，则其需求弹性较小，如食盐、石油等可采取无差异市场策略。

产品具有异质性，消费者对这类产品特征感觉有较大差异，如服装、家具、化妆品等，其需求弹性较大，可采取差异性或集中性策略。

3. 市场特征

如果消费者的需求和爱好相似，购买行为对市场营销刺激的反应基本一致，企业可以采取无差异策略。

消费者需求偏好、态度、购买行为差异很大，宜采取差异性策略或集中性策略。

4. 产品生命周期

处于产品生命周期不同阶段的产品，要采取相应的目标市场策略。处在"导入期""成长期"的产品宜采取无差异市场策略和集中营销策略。一方面，消费者初步接触新产品，对其不甚了解，消费需求还停留在初浅层次。另一方面，企业由于种种原因也难以一下子推出多种品种。

在"成熟期"宜采取差异性策略。这是由于企业生产已定型，消费已成熟，需求向深层次多样化发展，竞争也日趋激烈，采取差异性策略可以开辟一个又一个新市场。

5. 竞争对手策略

企业采取何种目标市场营销策略，通常还要分析竞争对手的策略。如果竞争对手采取无差异市场策略，企业应考虑采取差异性或集中性营销策略，提高竞争能力。如果竞争对手采取差异性策略，则企业应进一步细分市场，实行更有效的差异化营销策略或集中性营销策略获得优势。

三、产品差异化和市场定位

（一）市场定位的概念

企业进行市场细分和选择目标市场后，必须回答这样一个重要的问题：如何进入目标市场？即公司必须如何为目标市场顾客创造差异化的价值，以及以怎样的姿态和形象占领目标市场？这就是产品差异和市场定位。

市场定位就是消费者根据产品的重要属性定义产品的方式，或者说是相对其他竞争产品而言，产品在消费者心目中占有的位置。产品生产于公司的车间，但品牌则应定位于顾客的心目当中。营销者需要向消费者灌输品牌独一无二的利益和差异化，才能实现独特的市场定位。

汰渍品牌定位为强力、多用途的洗衣剂，象牙雪品牌定位为精细衣物和婴儿衣服的温和洗衣剂。在汽车市场，丰田 Echo 和福特 Focus 定位为经济型车，奔驰和凯迪拉克定位为豪华型车，保时捷和宝马定位为高性能型车，沃尔沃有力地定位为安全性能好的车。丰田将其普锐斯混合动力车定位为节约燃料的车，广告为：为拯救这个星球你能贡献多少？

消费者接受了太多的产品和服务广告及信息，他们不可能每次做购买决策时都能进行仔细评估。为了简化购买过程，消费者把产品分类，在自己心目中将产品、服务和企业进行定位。产品的定位是消费者对产品的感知、印象和感觉的混合，这种定位是与竞争产品比较而言的。从这里我们可以看出产品定位实际是消费者对产品的主观看法，无论商家是否进行宣传，都会形成各种感知和印象，都会有一个特定的看法，即对公司产品的定位。但商家不愿让自己的产品听天由命，他们希望自己的产品能够符合消费者的需求，区别于竞争对手，让消费者在购买时，容易做出有利于自己公司的决策。因此，公司必须进行市场定位策划，并设计市场营销组合来实现策划中的定位，以使自己产品在选定的目标市场中更具优势。

理解市场定位时应注意以下几点：

（1）市场定位的对象是顾客，其结果是要在顾客的心目中建立起关于企业及产品的良好形象；

（2）市场定位就是消费者对产品的感知、印象和感觉的混合，是与其他竞争产品对比而言的；

（3）市场定位是针对消费者心理的行动，即能够让产品走进消费者的心灵深处的方法；

（4）市场定位是一套行动系统，贯穿于产品的设计、生产、促销、销售、售后服务所有经营环节中。

所以市场定位是从顾客心理出发，不是从企业或产品出发，不能认为只要认识到自己产品有特色并将其传播给消费者就是市场定位。因为自己认为的特色，并不一定就是被顾客所看重和认同的。

（二）市场定位的意义

第一，它有利于企业及其产品在市场中建立自己的特色，可以使企业在激烈的市场竞争中立于不败之地。现代社会早已进入买方市场时代，几乎每个市场都存在供过于求的现象，为了争夺有限的顾客，防止自己的产品被其他产品替代，保持或扩大企业的市场占有率，企业必须为其产品树立特定的形象，塑造与众不同的个性，从而在顾客中形成一种特殊的偏好。例如，青岛海尔公司经过不懈的努力，在竞争激烈的中国家电市场上建立了以质量和服务取胜的形象，取得了消费者的信任，同时也增加了公司的效益。

第二，企业的市场定位决策是制定市场营销组合策略的基础，市场定位在企业的营销工作中有着极为重要的战略意义。例如，企业决定生产质优价高的产品，企业的这种定位就决定了企业所生产的产品质量一定要好，价格则要定得高，相应的广告宣传的侧重点应该是强调产品所具备的高质量，让消费者相信虽然产品价格高，但是物有所值；销售渠道应选择档次较高的百货公司，而不能是销售大众日用生活品的普通超市。可见，企业的市场定位决定了企业要设计与之相适应的营销组合策略。

案例启示

在越来越激烈的市场竞争中，长沙商业正逐步形成多个经营互补型的商圈。在长沙黄兴南路与“五一”广场交汇的商圈，中日合资的平和堂百货、北京连锁的王府井百货、长沙友阿集团旗下的春天百货三家大商厦就是这样。前两年，三家商厦也曾摆出拼个你死我活的架势，但很快认识到恶性竞争只会带来三败俱伤。于是，各家商场主要在突出自己的经营特色上下工夫：王府井百货主要针对中高收入顾客，突出商品档次，面向中年消费者；平和堂百货则成为流行时尚的窗口，主要吸引以年轻女性为主的青年消费者；春天百货则以实惠诱人，坚持以薄利多销、便民利民为经营方向。

这三家商厦近一两年销售额不仅没滑坡，而且都在增长，在长沙市单位面积销售和利润排名中名列前茅，黄兴南路也成为长沙发展迅速的中心商业区。目前，这三家商厦成立了“长沙地区商场老总联谊会”，定期研究分析市场形势，合理划分各自的经营范围，共谋发展。

位于东塘的友谊商城、金色家族、平和堂百货是东塘商圈的三大巨头，由于它们各自经营有别，利益冲突不大，能做到联手繁荣东塘商圈，使东塘成为长沙最繁华的中央商业区。

长沙各商圈因地理位置不同，在整体经营上也有差异，如火车站商圈主要吸引外地旅游购物者，以大众化名品为主；东塘商圈主要吸引高收入中年消费者，集国内外名牌、精品于此；黄兴南路商圈则主要吸引年轻白领阶层消费者，集时尚、潮流于一体。

（三）市场定位的工具——定位图

定位图是营销人员进行市场定位时最常使用的一种工具，它是用来描绘顾客在重要购买领域对企业以及其竞争者产品的认知。具有直观、简洁的特点。一般利用平面二维坐标系作直观的比较，图 6-5 展示了美国大型豪华运动型多功能车（SUV）市场的认知图。在图上，每个圆圈的位置表明从两个维度进行的认知——价格和属于导向（强调豪华还是强调功能）。圆圈大小表明该品牌的相对市场份额的大小。

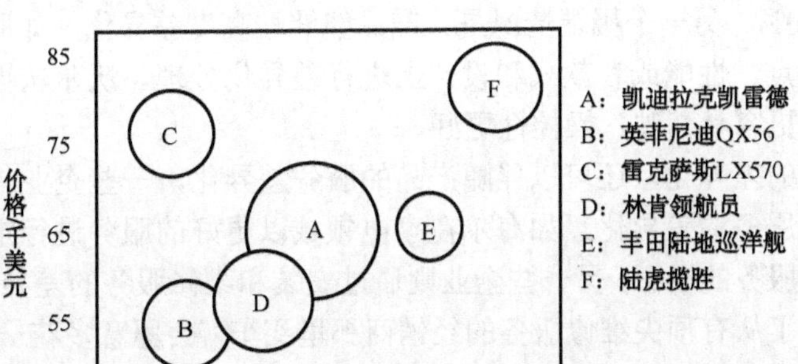
85
75
65
55
45
价格（千美元）
豪华
导向
功能
A
B
C
D
E
F
A：凯迪拉克凯雷德
B：英菲尼迪QX56
C：雷克萨斯LX570
D：林肯领航员
E：丰田陆地巡洋舰
F：陆虎揽胜

图 6-5　定位图：大型豪华 SUV

从定位图可以看出，消费者将处于市场领导地位的凯迪拉克凯雷德车定位为价格合适的大型豪华（SUV）运动车，在强调豪华和强调功能方面比较平衡。其功能可能意味着强劲动力和高安全性。因此，在广告中凯迪拉克不会有越野、冒险之类的词语。

陆虎揽胜和丰田巡洋舰则被定位于越野中的高端品牌。例如，丰田公司于 1951 年首次推出陆地巡洋舰，这款四轮驱动的吉普车型意在应对最恶劣的环境和最糟糕的天气。近年来，丰田的陆地巡洋舰系列的汽车一直保持这种适合越野冒险的特性，同时又加入许多奢华时尚的元素。在其网站上，这款车总是以"越野传奇"自居，它拥有许多越野车的技术和性能，如山地协助控制和动态悬架系统，这些功能和系统在很多特殊的地区是非常必要的。尽管陆地巡洋舰整体给人一种粗犷的感觉，但是其便捷的免提蓝牙技术、DVD娱乐系统以及华丽的内部设计也足以弥补外形上的不足。

（四）选择差异化和市场定位策略

在同一个目标市场有许多竞争者，企业如何让消费者识别自己的产品，并忠实于企业。营销人员需要通过建立一套独特的利益组合，使自己的产品或服务差异化，从而吸引目标市场中的重要群体。

1. 识别可能的价值差异和竞争优势

赢得并保持顾客的关键，在于比竞争对手更加了解他们的需要和购买过程，并带给他们更大的顾客价值。只要企业定位为向目标市场提供最大价值的竞争者，企业就获得了竞争优势。但是，牢固的定位不能只是口头承诺。如果企业把产品定位为提供最好的质量和服务，那就必须给消费者带来承诺的质量和服务。因此，定位开始于使企业营销的产品或服务差异化，这样才能给消费者带来比竞争对手更大的价值。

为了找到差异之处，营销人员必须认真分析顾客对企业产品或服务的全部体验。其实，在企业与顾客发生联系的每一处，都可以找到使自己差异化的方法。企业可以按产品、服务、渠道、人员或企业形象这条线路来进行差异化。

产品差异化有不同的程度。一个极端情况是，我们发现有些产品实体对于消费者来说几乎没有什么差别，如猪肉、阿司匹林、钢铁，但即使这样，仍然可以创造一些有意义的差异化。例如，某超市销售的"宁乡"花猪肉是天然饲料喂养，肉质更加鲜嫩，这个差异使得价格高出一般猪肉50%。另一个极端情况是，产品能够被高度差异化，如服装、家具和汽车。这些产品能够在特点、性能或者款式和设计上进行差异化处理。沃尔沃提供更新、更好的安全特性产品；宝马更容易驾驶，操控性更好。

除了产品实体的差异化，还可以伴随产品的服务差异化，一些企业依靠快捷、方便或细致的配送，实现了服务的差异化，如海尔在家电领域以更好的服务进行定位，提出真诚到永远的理念和钻石级服务的概念；另一些企业则通过安装和维修服务的差异化区分于竞争对手。许多汽车购买者为了从有顶尖维修服务的经销商那里买车，会愿意多花一点钱，多跑一点路。一些公司提供顾客培训服务或者咨询服务，包括购买者需要的数据、信息系统和广告服务，以使自己的服务差异化。例如，用友会计软件公司组织软件推广培训班，主办行业技能竞赛活动，为企业免费提供软件升级服务，在行业中树立优质服务和功能强大的品牌形象。

实行渠道差异化的企业，在渠道的覆盖、专业化和绩效方面获得竞争优势。统一鲜橙多采取一种由生产商、经销商、零售商俩俩互动甚至三者互动的协作模式，即构建"无缝营销渠道"，以改变传统的厂商——经销商——零售商流水线式的被动运作模式，在饮料市场获得竞争优势。

企业还可以通过人员差异化获得强大的竞争优势，即比竞争对手雇用并培训更优秀的员工。华为在招聘大学生时，经过举办校园推介会、面试、笔试和公司考察与宴请四道程序，严格的招聘过程能确保聘用到高素质员工。华为公司更是重视员工的培训，并形成了自己的

培训体系，有上岗培训、岗中培训、下岗培训。华为还有自己的网上学校，可以在线为分布在全世界各地的华为人进行培训。华为的产品可能并不是世界一流的，但华为营销人员的坚韧性和技术人员的强大创新能力是举世闻名的。高素质员工使华为在通信产品领域获得了竞争优势。

即使与竞争对手提供的产品和服务看起来一样，购买者也可能因为企业或品牌的形象差异化而感觉不同。企业或品牌的形象应该传递产品独特的特点和定位，设计一个强有力的、突出的形象需要创造性和艰苦的工作，企业不可能只用几个广告就在一夜之间把一种形象根植在公众的心目中。例如，海尔家电代表着更好质量和服务，这个形象是由用户使用企业产品和接受售后服务感觉出来的，并形成了很好的口碑。同时，企业形象还需要进行一些标志性设计，海尔产品上的海尔兄弟、耐克简洁而动感的小勾、腾讯的打着领结的可爱小企鹅、Google 公司网站名称的彩色标识，这些标志都能够使公司或者品牌的认知度和形象差异化很高，使广大公众印象深刻。公司还可以借用明星建立品牌，如耐克公司的飞人乔丹篮球鞋。一些企业甚至可以与色彩建立联系，来形成差异化。麦当劳的金色拱门式字母、灌装加多宝醒目的红色，让人记忆深刻。当然，这些选定的标志、人物和其他形象元素，还必须通过传递企业和品牌个性的广告来进行有效沟通。

2. 确定适当的竞争优势

企业通过分析发现多项潜在的竞争优势后，它必须确定到底要将哪些竞争优势作为定位策略的基础？究竟推出哪几项差异？

推出多少差异？许多营销人员认为企业应该只向目标市场推出一项独特的利益。例如，广告人员认为，企业应该为每个品牌设计独特的推销计划，并始终坚持。每个品牌应该挑选一个特性，并宣称自己在这个特性上是"最好的"。购买者一般更容易记住最好的，尤其是在这样一个过度沟通的时代。所以，佳洁士一直宣传其防蛀功能，沃尔玛则宣传其天天平价的优势。精心研究一个定位，并始终坚持的企业，更容易被公众牢记，并获得更高的知名度。

也有一些营销人员认为，企业应该推出一个以上的差异因素进行定位。理由是现代竞争非常激烈，往往有两家或者更多的企业在同样的特性上宣称自己是最好的，这样推出一项以上的差异因素可以区分竞争对手。另外，现在的市场越来越细分化，推出一项以上的差异，可以使更多的细分市场顾客得到满足，吸引更多的目标顾客。例如，联合利华公司推出一种三合一香皂，可以清洁、除味和滋润肌肤。显然，许多顾客这三项功能都需要，问题是要让他们相信本品牌能够提供这三项功能。联合利华提出的三合一产品获得了消费者信赖，取得了巨大成功。但企业在宣传品牌的多功能时，会面临很大的挑战，容易引起消费者的怀疑，反而有可能失去明确的定位。

推出哪些差异？不是所有的品牌差异都是有意义或价值的，也不是每种差异都能够利用。一种差异在增加消费者的利益的同时，也有可能增加企业的成本，因此，公司必须仔细选择与竞争对手相区分的因素。只有满足以下条件的差异才是有意义的。

重要性：差异对于目标购买者来说是非常有价值的。

显著性：竞争对手没有，或者企业有明显优势。

优越性：消费者得到的利益相同，但比其他方法优越。

沟通性：差异可以沟通，购买者也能够看到。

专有性：竞争对手不能轻易模仿。

经济性：购买者能够买得起。

盈利性：企业宣传的这项差异可以带来利润。

许多企业推出的差异并不满足以上的一项或多项标准。例如，某酒店广告中宣传其酒店是某区域内最高的。虽然，这种差异具有显著性、专有性，但可能并不具有重要性、优越性和经济性等其他特点。选择什么样的差异，对市场定位的成功与否是直接相关的。

笔者曾经试图在校园推出一种湖南安化传统茶饮——擂茶，把它定位为喜欢传统文化和探究地方特色的饮料，差异性明显，与市面上的其他饮料不同，可是这种差异并不是校园里学生群体喜欢的，他们更喜欢潮流、时尚的东西，而不是传统的东西。因此，这次的推广自然失败了。

3. 选择整体定位策略

营销者必须回答消费者提出的问题：“我为什么要购买你的产品？”消费者通常会选择给自己带来最大感受价值的产品或服务。因此，营销人员必须根据产品或服务的关键利益，相对于竞争对手对品牌进行整体定位，制定一个整体利益组合，品牌的整体定位也称为品牌的价值方案。沃尔玛超市的定位是价格实惠——天天平价，还包括优质服务、良好的购物环境、丰富的商品和知名度。因此，许多顾客舍近求远到沃尔玛购物。

可供企业定位选择的价值方案有五种：高质高价、高质同价、同质低价、低质更低价、高质低价。图 6-6 表示可能的价值方案。

	价格：高	价格：相同	价格：低
利益：高	高质高价	高质同价	高质低价
利益：相同			同质低价
利益：低			低质更低价

图 6-6 可能的价值方案

（1）“高质高价”定位是指提供最高档次的产品或服务，并制定更高的价格来补偿更高的成本。皮尔卡丹的服装、奔驰汽车、派克金笔和雷达手表都具有优良的质量、精湛的工艺、较长的寿命和良好的性能，价格自然与之相配。它象征着消费者的地位、成功和高档的生活方式，可带给消费者声望。通常情况下，价格差别要超过通过提高产品质量的企业获得高档品牌带来的超额利润。

“只提供极品”的商家在每个行业都会存在，从超五星级的酒店、奢华家居用品到豪华汽车。当某个超高价的品牌投入市场时，有的消费者会感到惊讶，也有消费者会感到兴奋，超高价品牌定位就是为了吸引那些兴奋的人群。苹果公司推出 iPhone 手机时，它提供了相比传统手机所具有的更高质量和更好性能，其价格也高出普通手机更多。

公司都在关注推出“超高质量超高价格”品牌的机会，但是，“高质高价”品牌也容易受到攻击，竞争者通过模仿，会宣传以更低的价位提供同样的质量。例如，苹果手机在中国就会遭到小米手机的直接挑战，许多年轻的消费者喜欢像 iPhone 那样大屏幕，直板、时尚，而且智能化的手机，但价格的承受能力有限，因此，小米公司模仿推出了功能够用、外观时尚、价格适中的小米手机，正好满足了国内学生及年轻工薪阶层消费者的需求。

（2）"高质同价"定位是针对竞争对手的高质高价定位而发起的挑战，用以推出质量相当而价格较低的品牌。例如，丰田汽车公司就采用"高质同价"的价值方案推出了雷克萨斯系列汽车。其广告的大字标题是："把定价 72 000 美元的车换为 36 000 美元的车，反而可买到更好的车，这在历史上也许是第一次。"丰田汽车公司在汽车杂志上进行了很多报道，大量分发将雷克萨斯和奔驰进行比较的录像带，并指出调查表明雷克萨斯经销商比奔驰经销商对顾客的销售服务更好，以此来宣传雷克萨斯汽车的高质量，此举使得许多奔驰车主转而买雷克萨斯，使得其再次购买率达到了 60%，是行业平均值的两倍。

（3）"同质低价"定位是一种受消费者欢迎的价值方案。沃尔玛提供与其他商场同样质量的商品，但由于规模较大，物流发达，运营成本较低，因此，可以提供给消费者更多的折扣。戴尔采取直销渠道销售电脑，节省了渠道成本，可以提供较高性价比的同等质量的产品，受到消费者认可。京东商城在电子商务公司中是最早自主开发物流的网络企业，且由于其销量大，成本低，售后服务更好，因此，人们普遍认同上京东可以购买到同质更低价商品。

（4）"低质更低价"定位是指用更低的价格满足消费者较低的性能或质量要求。针对较低消费水平的目标市场的消费者，他们对产品性能没有太高的要求或者为了价格愿意放弃一些服务。例如，一些自费旅游者不需要入住有游泳池、有网络服务，而需要额外增加服务费用的酒店，一些汽车旅馆连锁店取消了这些服务，因此收费更低。随着国内家用轿车的普及，自驾游的人会越来越多，家庭式汽车旅馆将有较好的发展前景。春秋航空公司是国内首家民营航空公司，也是成功实行低质更低价的定位的企业。

案例启示

春秋航空公司是国内首家民营性质的航空公司，将自己定位为"草根航空"，倡导反奢华的低成本消费理念和生活方式，与追求豪华消费和高票价的现有国内航空公司"异类"。其主要差异表现在：①票价差异，春秋航空推出 99 元、199 元、299 元、399 元等"99 系列特价机票"，通过降低运营成本使票价下降，以对价格比较敏感的商务客和旅游观光客为主要客源市场，让更多的乘坐火车和汽车等地面交通工具和从未坐过飞机的人，尤其是自费客人乘坐飞机旅行。②销售方式差异，春秋航空的销售不在中国民航 GDS 预订系统进行，而全部在春秋航空自己开发的座位控制销售系统销售，以网上 B2C 电子客票直销为主。截至 2012 年 8 月，春秋航空超过 80% 的出票都是通过公司网站和手机客户端实现的，这为其节省了大量营销费用。③创新服务，旅客可以在家或在办公室通过网上支付预订机票，还可以在网上选择飞机上座位，并且用普通纸张打印电子客票行程单。④机上服务差异，春秋航空减少非必要服务，不免费供应其他饮料和餐食，旅客如有需要均可有偿使用。飞机上采用蹲式、挎篮式等特色服务形式。⑤舱位设置差异，春秋航空公司的机舱内采取单一舱位。传统航空公司空中客车 A320 飞机一般座位在 154 座左右，春秋航空同样机型采用单一经济舱布局，取消了商务舱、头等舱布局，全部改为经济舱，使座位数达到 180 座，充分提高了飞机的经济性。

高利用率，国内传统航空公司飞机的平均飞行时间在 10 小时左右，而春秋航空平均为 12 小时；高客座率，开航以来平均客座率 95%左右，居全球低成本航空第一。

虽然，春秋航空取消了许多传统的服务项目，但由于其创新的服务、信息化服务和准时率，特别是低价赢得了目标顾客的欢迎，使得这家唯一的民营航空公司能够立足于航空竞争之林。

（5）"高质低价"定位是一种成功的价值定位，许多公司宣称自己是这么做的。例如，戴尔计算机公司声称，在给定的性能水平下，自己以更低的价格提供更好的产品。但从长远来看，要坚持这样的定位是很困难的。因为质量好就意味着成本高，一方面使得低价的承诺很难实现，另一方面即使企业做到了这一点，以价格来定位产品或服务质量的消费者也不能接受。

每个品牌都必须采用其服务于其目标市场需求的定位策略，以"高质高价"吸引一个目标市场，而以"低质更低价"吸引另一个目标市场，依此类推。因此，在任何一个市场内，都为不同公司提供了空间，每个公司成功地占据了不同的定位。重要的是每个公司必须设计自己成功的定位策略。

建立一个定位陈述。公司必须根据自己选择的整体定位策略，将产品定位总结为一个定位陈述。定位陈述有利于定位的传播和沟通。定位陈述可以这样表述：对于（目标市场和顾客需求）而言，我们的品牌（产品）是如何一种（如何与众不同的）概念。例如，一种饮料的定位陈述：对于年轻、活跃的软饮料消费者（很少有时间睡眠），红牛是比其他任何软饮料品牌更能给你精力的产品，因为它含有最多量的咖啡因。拥有红牛，甚至在你没有睡好觉的情况下，仍能精力充沛。

注意，定位陈述的第一步是要明确产品的类别（软饮料），然后指出它与其他产品的不同之处（让那些少有时间睡眠的人精力更充沛）。把一个品牌放进以上具体类别，表明它与这个类别中的其他产品存在共性，但产品的优越性在于其差异所在。

再看看王老吉在饮料中的有别于红牛的定位：王老吉，它是一款功能型饮料，当人们聚会时、激动时、夏天热、冬天干燥时容易上火，就喝王老吉。"怕上火，喝王老吉！"这一广告语形象地概括了王老吉的自身定位。

有时候，我们也可以反其道而行，将品牌放进一个完全不同的类别以表示其与众不同。例如，当尼桑车最早在美国推出小型车的时候，它就在小型车几乎已经饱和的美国市场寻找到一个差异化的途径。于是，尼桑不仅将自己的小型车定位为体型较小的汽车，而且还将其定位为个人的移动设备，这种设备可以很好地迎合当今年轻人个性化、便捷式、信息化的生活方式。继在日本备受欢迎之后，尼桑推出的小型车在美国市场也受到了很多年轻人的追捧。在美国市场，尼桑的小型车被认为"是一种类似手机的移动设备，它将所有的年轻人聚集到一起"，此外，"它已构成了充实和有趣的生活的一部分，这种生活可以像手机铃声或网页那样轻松地实现个性化"。就是这样一种另类的定位策略帮助尼桑小型车实现了差异化。

（五）沟通并传送选定的定位

企业在选定了一种定位策略后，接下来的工作就是将这种定位向目标顾客进行宣传，制定的市场营销组合策略必须支持这种定位。

首先，企业定位需要落实到具体的营销组合策略上，而不只是空谈。例如，高质高价定位，企业必须生产高质量产品，制定高价位，通过高质量的经销商进行分销，并通过高质量的媒体做广告。企业还应该雇用高素质的服务人员和营销人员，并进行培训，提供高质量的服务，设计出高质量的广告与宣传信息。

其次，企业定位必须始终如一地坚持一种正确的定位。找到一种好的定位较容易，但要实现这种定位却不那么容易。因为，要建立产品或企业在消费者心目中的形象与地位需要较长时间，而破坏一种定位却很容易。因此，企业要制定与定位一致的营销策略，循序渐进，并根据竞争对手定位及营销环境变化适时调整，避免定位广告宣传与沟通内容混乱。

小结

本任务主要讨论了制定市场营销战略的四步：即市场细分、选择目标市场、产品差异化以及市场定位。营销者了解到，任何公司都不可能吸引市场上所有的购买者，或者至少不能用单一的产品和营销策略来吸引所有的购买者。公司不得不放弃大众营销，转向目标市场营销，即从整个市场中划分出若干细分市场，选择一个或几个细分市场，并为其提供特定的营销组合。

1. 市场营销战略四步骤的基本内容

营销战略实质是要解决公司到底为谁服务的问题，明确目标市场，并为目标市场顾客提供差异化营销组合，实现市场定位。营销战略的设计过程包括四个步骤：市场细分、选择目标市场、产品差异化和市场定位。

2. 消费者市场和产业市场细分的标准

消费者市场的细分标准主要包括：地理标准，消费者所处的地域不同，气候条件、交通状况不同，消费者的需求就存在差异，因此，需要不同的产品和营销组合来满足不同区域人群的需求。

人文标准，消费者的性别、年龄、职业、收入水平等因素将直接影响需求和购买行为，因此，人文因素是细分市场的基本要素。

心理标准，是消费者所属的社会阶层、生活方式、个性、消费动机等内在的心理因素，这是对消费者购买行为影响最大，但也是最难定量的因素，在细分市场时，必须与其他如人文因素、地理因素综合起来使用。

行为标准，根据消费者购买的用途、时机不同来进行细分，如礼品市场、家用、旅行，春节、中秋等节日市场。

生产者市场的细分标准，用于细分消费者市场的标准同样适用于生产者市场细分，如地理标准和行为标准的一些变量都可以用于细分产业市场。除了消费者市场细分的一些标准之外，生产者市场还包括：①最终用户因素，如同样购买轮胎的生产者用户，汽车轮胎与飞机轮胎就是不同用户；②用户规模，有大客户、一般客户，大客户采购量大，要求高，必须重点服务；③用户地点，如东北三省是传统的重工业基地，是机械零配件产业市场；上海、深圳是经济发达地区，信息、金融产业集中于此，是服务产业市场；中部湖南、湖北是农业大省、粮食生产区，是农资产业市场。

3. 有效细分市场的条件

并不是任何产品都需要对其顾客进行市场细分，如食盐由于其需求差异很小，就不必进行消费者市场细分；也不是任何方式细分出来的市场都是有效的，只有按符合细分市场的条件细分出来的市场才是有效细分市场。细分市场要满足以下条件：①可测量性，即细分市场的规模、购买力和基本情况可以测量；②可接近性，即公司可以进入，并为之提供产品和服务；③可盈利性，即细分市场的规模足够大，有购买力，公司与竞争对手比有优势，可以获得足够利润；④可辨识性，细分市场有明显特征，可以用特定的产品和营销组合来满足其需求；可操作性，即能够设计出有效方案吸引并服务于细分市场。

4. 如何确定目标市场

在市场细分的基础上，首先需要对细分出来的市场进行评估，在评估的基础上再根据企业的优势，选择出符合企业发展目标的细分市场作为目标市场。

评估细分市场必须考虑三个因素：细分市场的规模和增长特征，细分市场的结构优势，公司目标与资源的匹配性。

选择目标市场可采取四种策略：无差异营销策略、差异化营销策略、集中营销策略和微市场营销策略。所谓无差异营销策略，就是公司可以忽略细分市场中的差异，向整个市场提供一整套产品或服务。这种策略适用于垄断行业或新产品刚上市情况，没有竞争，没有更多选择，只考虑需求的共性。当然，这种策略在当下竞争激烈的市场经济环境下，很难坚持下来，只有实施差异化营销策略，才能与竞争对手区分开来，获得特定顾客的认同。

差异化营销策略，即瞄准几个细分市场，并为每个细分市场提供不同产品和服务，使得更多的消费者得到满足；当然，差异化营销需要企业有雄厚的资金、技术、生产实力，需要生产更多产品、更多的渠道销售，因此，经营成本更高，管理更复杂。没有实力的企业，或者刚起步的企业不能使用这种策略，而只能集中有限的资源主攻某个细分市场或补缺市场。

集中营销策略，公司致力于在一个或几个细分市场占有较大的市场份额，而不是大市场中的小份额。集中营销策略能带来更高的利润，但由于经营过于集中，风险非常大。集中市场营销和差异化营销策略虽然都考虑了消费者需求的差异性，但并没有满足单个消费者的需求，而微市场营销的出现，让单个顾客的需求能够得到满足。

5. 产品差异化和市场定位

市场定位，也称为产品定位，是消费者根据产品的重要属性定义产品的方式，或者说是相对竞争对手产品而言，本公司产品在消费者心目中占的位置。产品在消费者心目中的位置无论企业是否宣传或策划，都会有一个特定的印象或感知。不过企业并不希望自己的产品在消费者心目中留下不好的印象和位置。因此，就必须进行市场定位设计，让自己的产品在选定的目标市场更具优势。

市场定位设计的第一步，就是要识别公司可能提供的差异和竞争优势。公司的差异可以从产品、服务、渠道和人员或者企业形象入手进行创立。实现定位不是差异越多越好，要选择适当的差异来进行定位。一般一种产品要与对手区分，有1～3个差异就足够了。推广的差异要符合以下的要求：①重要性，差异对顾客是有价值的；②显著性，差异是竞争对手没有的；③优越性，消费者获得相同利益，但比其他方法优越；④沟通性，差异可以沟通，购买者能够看到；⑤专有性，竞争对手不能轻易模仿；⑥经济性，购买者能够买得起；⑦盈利性，公司宣传的这项差异可以带来利润。

公司用来定位的五种价值方案：高质高价、高质同价、高质低价、同质同价、低质更低价。

复习与思考

1. 简单描述制定营销战略的四个步骤的内容。
2. 指出并描述进行市场细分时可能会用到的四组变量。试分析星巴克在中国市场使用了哪组细分变量。
3. 简述选择目标市场的四个基本要求。以宝洁公司的汰渍洗衣粉为例，分析它在中国的目标市场是什么，说说这一产品符合目标市场的基本要求吗。
4. 试分析微市场营销与集中市场营销和差异市场营销的区别，并讨论两种不同类型的微市场营销。
5. 试分析一家公司如何针对竞争对手产品实现自身产品的差异化。

6. 指出整体定位策略中的五种价值方案。沃尔玛属于哪种价值方案？海尔使用的又是哪种价值方案？请说明理由。

模块二 实训操练

实训一：案例分析

一、实训内容

运用目标市场营销原理分析现实中企业营销案例，理解目标市场营销的重要意义。

二、实训准备

1. 授课老师提前布置目标市场营销的相关案例；
2. 学生 4~5 人为一组，开展案例讨论；
3. 各组记录好案例讨论的过程，总结关键观点。

三、实训组织

1. 授课老师指导学生按小组讨论形式布置座次；
2. 各小组代表陈述本组讨论的结果，小组其他同学补充观点；
3. 授课老师引导小组之间进行观点的辩论，激发学生发散性思维；
4. 授课老师对课堂讨论进行简短评价。

四、实训评价

1. 课后准备充分，讨论记录翔实；（2分）
2. 运用原理正确，结论观点鲜明；（3分）
3. 陈述表达流畅，团队协作良好；（2分）
4. 课堂讨论积极，辩论有理有节。（3分）

【案例分析】

动感地带的市场定位

随着 4G、5G 时代的到来，智能手机的功能越来越强大。人们使用手机除了通信之外，还可以完成许多工作，如交友、购物、付费等业务都可以通过手机实现。当然，手机业务竞争也越来越激烈，传统的三家是中国移动、中国联通、中国电信。中国移动为了更好地从竞争中获得更多用户，10 年前就对通信市场进行了细分，按年龄、职业、收入和用途划分，推出了三大移动品牌，即全球通、神州行和动感地带，这三大品牌是针对不同目标市场顾客的需求来开发的。下面我们看看移动是如何通过精准的市场细分，找出动感地带目标群，并成功实施市场定位的。

1. 精确的市场细分，圈住消费新生代

今天我国的手机用户已经达到了 12.36 亿，30 岁以下用户占 83.2%，其中 18～23 岁用户占到 35.9%，年轻消费者是主体。而这一结果也印证了 10 年前，移动的市场细分和目标市场定位。因此，将动感地带定位为年轻消费群体，至今依然适合。

10 年前，中国移动面对中国联通的竞争，开始将以业务为导向的市场策略转向以细分的客户群体为导向的品牌策略，在原有全球通和神州行业务的基础上，推出动感地带，并将目标锁定 15～25 岁年龄段的学生、白领消费群。

锁定这一消费群体作为自己新品牌的客户，是中国移动"动感地带"成功的基础。

（1）从目前的市场状况来看，抓住新增主流消费群体。15～25 岁年龄段的目标人群正是目前预付费用户的重要组成部分，而预付费用户已经越来越成为中国移动新增用户的主流，中国移动每月新增的预付卡用户都是当月新增签约用户的 10 倍左右，抓住这部分年轻客户，也就抓住了目前移动通信市场大多数的新增用户。

（2）从长期的市场战略来看，培育明日高端客户。以大学生和公司白领为主的年轻用户，对移动数据业务的潜在需求大，且购买力会不断增长，三五年以后将从低端客户慢慢变成高端客户。有效抓住此部分消费群体，企业便为自己在未来竞争中占有优势埋下了伏笔。

（3）从移动的品牌策略来看，形成市场全面覆盖的趋势。全球通定位高端市场，针对商务、成功人士，提供针对性的移动办公、商务服务功能；神州行满足中低市场普通客户通话需要；"动感地带"锁定大学生和公司白领为主的时尚用户，推出语音、视频与数据套餐服务，全面出击移动通信市场，牵制竞争对手，形成预置性威胁。

2. 独特的品牌策略，另类情感演绎品牌个性

"动感地带"目标客户群体定位于 15～25 岁的年轻一族。从心理特征来看，他们追求时尚，对新鲜事物感兴趣，好奇心强，渴望沟通；他们崇尚个性，思维活跃；他们有强烈的品牌意识，对品牌的忠诚度较低，是容易互相影响的消费群体。

从对移动业务的需求来看，他们对数据业务的应用较多，主要用于满足他们通过移动通信所实现的娱乐、休闲、社交的需求。

中国移动据此建立了符合目标消费群体特征的品牌策略：

（1）动感的品牌名称。"动感地带"突破了传统品牌名称的正、稳，以奇、特彰显。充满现代的冲击感、亲和力；同时，整套 VI 系统简洁有力，易传播，易记忆，富有冲击力。

（2）独特的品牌个性。"动感地带"被赋予了"时尚、好玩、探索"的品牌个性，同时提供消费群体以娱乐、休闲、交流为主的内容及灵活多变的资费形式。

（3）炫酷的品牌语言。富有叛逆的广告标语，如"我的地盘，听我的""用新奇宣泄快乐""动感地带（M—zone），年轻人的通信自治区"等，流行时尚语言配合创意的广告形象，将追求独立、个性、更酷的目标消费群体的心理感受描绘得淋漓尽致，与目标消费群体产生情感共鸣。

（4）合适的明星代言。周杰伦，以阳光、健康的形象，同时有点不羁的行为，成为流行中的"酷"明星，在年轻一族中极具号召力和影响力，与动感地带"时尚、好玩、探索"的品牌特性非常契合，可以更好地回应和传达动感地带的品牌内涵，从而形成年轻人特有的品

牌文化。

"动感地带"独特的品牌主张不仅满足了年轻人的消费需求，吻合他们的消费特点和文化，更提出了一种独特的现代生活与文化方式，突出了"动感地带"的"价值、属性、文化、个性"。将消费群体的心理情感注入品牌内涵，是"动感地带"品牌新境界的成功所在。

3. 整合的营销传播，以体验之旅抓住细分市场

"动感地带"作为当时一个新的品牌，是中国移动的一项长期战略。在进行完市场细分与品牌定位后，中国移动大手笔投入了立体化的整合传播，以大型互动活动为主线，通过体验营销的心理感受，为"动感地带"2003年的营销传播推波助澜，这种传播手法过去10年后，仍然视为行业营销的经典之作。

（1）传播立体轰炸。选择目标群体关注的报纸、杂志、电视、网络、户外、活动等，将动感地带的品牌形象、品牌主张、资费套餐等迅速传达给目标消费群体。

（2）活动以点代面。从举办新闻发布会携手小天王（周杰伦）、小天王个人演唱会，到600万大学生"街舞"互动、结盟麦当劳、冠名赞助"第十届全球华语音乐榜中榜"评选活动，形成全国市场的互动，并使市场形成了良好的营销氛围。

（3）高空地面结合。中国移动在进行广告高空轰炸、大型活动推广传播的同时，各市场开展了走进校园的相关推广活动，建立校园联盟；在业务形式上，开通移动QQ、铃声下载、资费套餐等活动，为消费群体提供实在的服务内容，使高空地面相结合。

（4）情感中的体验。在所有的营销传播活动中，都让目标消费群体参与进来，使其产生情感共鸣，特别是全国"街舞"挑战赛，将品牌潜移默化地植入消费者的心里，起到了良好的营销效果。

"动感地带"作为中国移动长期品牌战略中的一环，志在抓住明日市场的高端用户，关键在于要用更好的网络质量去支持。中国移动应在营销推广中注意软性的诉求，更加突出品牌力，提供更加个性化、全方位的服务，提升消费群体的品牌忠诚度，才能走得更远、更精彩!

讨论问题：

1. 讨论动感地带的目标消费群体的特点是什么？陈述动感地带最初的市场定位。
2. 面对95后消费者的特点以及通信技术发展，请你为动感地带进行重新定位。
3. 如果动感地带要持续保持其在校园市场的领导者地位，应该开展哪些传播活动？

实训二：产品市场定位

一、实训内容

针对任务五研究的企业产品进行市场细分、选择目标市场并设计市场定位。

二、实训准备

1. 复习目标市场营销的基本原理和市场定位的步骤；
2. 针对企业产品进行市场调查，了解目前消费者对产品的印象；
3. 分析企业现有的产品定位，存在的问题；

4．了解同类产品竞争对手的定位；

5．寻找所研究产品与竞争对手产品的差异，确认适当差异。

三、实训组织

1．组织市场调查，并根据消费者需求差异进行市场细分；

2．选择目标市场，分析目标消费者特点和追求产品的利益点；

3．分析竞争对手产品的市场定位，找出本企业产品的差异和优势点；

4．编写市场细分、目标市场策略和市场定位陈述的分析报告。

四、实训评价

1．市场定位差异化明显，适应目标市场特点；（2分）

2．市场细分、目标市场选择策略正确；（2分）

3．市场定位陈述表达准确，能够在目标消费者心目中占有位置；（3分）

4．定位分析宣讲时，配合较好，表述清楚。（3分）

【附件】

你是营销者：索尼克公司的新产品营销计划

在市场细分中，确定一个目标营销战略对于任何好的营销计划都是一个十分重要的内容。公司的各种目标是确定和描述各具特色的细分市场、目标细分市场，标明不同的利益。

作为产品经理，你有责任为索尼克的掌上电脑新产品进行市场细分、目标营销和定位。回顾一下你以前收集的公司营销状况的数据，你的 SWOT 分析和重要的问题所在，以及市场需要和要求，并针对选定的目标市场进行明确的定位。回答以下关于市场细分、目标营销和定位问题：

1．在细分顾客市场时，索尼克应采用哪些变量？考虑哪些因素？（除了年龄，索尼克还要不要考虑教育程度，或工作性质，如专业人士，医生、设计师等，他们对掌上电脑有特殊需要）

2．如果索尼克定位于生产者用户，它应用什么细分变量细分产业市场呢？（是根据产品应用？还是用户性质？）

3．索尼克怎样去估计每个细分市场的吸引程度？索尼克是向一个细分市场进行销售还是向许多细分市场进行销售？

4．索尼克的掌上电脑（Sonic1000）新产品与市场上现有同类产品以及主要竞争对手产品相比的差别性在哪里？索尼克怎样运用这些特色，发展和传播一个有力的定位战略？

考虑你这些问题与索尼克营销战略的关系。然后，根据导师的指导，总结你的发现，写入营销计划中的营销战略部分（目标市场和定位）。

任 务 七

制定产品策略

任务目标

知识目标

1. 理解产品整体概念；
2. 掌握产品组合概念及产品组合策略；
3. 认识产品寿命周期阶段的特点及营销策略；
4. 认识新产品开发程序与策略；
5. 认识产品品牌与包装策略。

能力目标

1. 能从产品出发为企业进行营销诊断；
2. 能运用产品市场寿命周期特点制定营销策略；
3. 能针对市场定位选择品牌与包装策略。

模块 一 理论指导

案例导入 苹果公司出售的仅仅是手机吗？

苹果公司宣布苹果iphone 6将于2014年10月17日在中国内地上市，用户可以于10月10日周五起通过Apple Store在线商店预订iPhone 6和iPhone 6 Plus。10月14日周二起，用户还可以预约全新iPhone并于10月17日周五起去Apple Store零售店内提取。iPhone 6和iPhone 6 Plus的售价分别5288元和6088元起。消息一出，中国各地的苹果预订热线电话处于超负荷运转状态。

苹果手机如此风靡的原因就在于其手机已经在消费者心目中有了一个鲜明的印记，那就是：优越的性能、特造的外形和完美的设计，苹果手机意味着特立独行，意味着"酷"的工业设计，意味着时尚。苹果公司力图让苹果手机的每一款产品都符合消费者心目中的苹果文化印记，几乎每款苹果手机都让消费者欣喜若狂：这就是我的苹果！苹果公司做到了让苹果手机在创新产品和创造文化上占据首位，因而得到广大苹果用户的忠心。

思考：
1. 苹果手机出售的到底是什么？为什么如此风靡？
2. 以苹果手机为例，给出产品的定义。

上一任务我们进行了市场营销战略的探讨：公司如何通过市场细分、选择适合的目标市场、进行目标市场差异化定位。接下来的任务都是围绕如何实现营销战略而展开的，即以什么样的产品、价格、渠道和促销方式形成营销组合来满足目标市场顾客的需求，实现目标市场定位承诺。本任务重点研究公司要推出什么产品来满足目标市场顾客的需求。产品仅是我们理解的实体和服务吗？正像上面案例提出的问题：苹果公司出售的仅仅是手机吗？为什么那么多智能手机没有获得苹果这样的市场地位呢？

一、产品的整体概念

什么是产品？苹果手机、麦当劳提供的快餐及服务、一次海南旅游、银行为你提供的理财服务，以及医生看病，这些都是产品。

产品定义，产品就是公司向市场提供的，引起注意、获取、使用或消费，以满足欲望或需要的任何东西。产品不仅包括有形的实物，还有无形的服务。广义产品定义包括实物、服务、事件、人员、地点、组织、观念以及上述这些的组合，也称为产品的整体概念。因此，产品这个术语涵盖了上述内容的任何一项或全部。苹果不仅提供了手机，还有服务、体验、观念甚至各种新产品推出的活动，苹果组织的文化，等等；麦当劳不仅提供了汉堡、薯条和饮料，还有快捷、优质的服务，干净、轻松的环境和自由放松的美国文化。

（一）产品、服务和体验

在市场提供物中，产品是一个关键因素。营销组合计划开始于为目标顾客设计他们需要的有价值的东西。这些供给物是公司与顾客建立可以获利关系的基础。

企业向市场提供的产品既包括有形的实物，也包括服务。在一个极端上，可能是纯粹的有形实物组成，如肥皂、牙膏这些日常用品，很少有伴随实物出售的服务。而在另一个极端，是纯粹的服务，所提供的商品主要功能由服务组成，如医院实施检查和银行金融服务。在这两个极端之间存在许多产品和服务组合的营销供给物。

今天，随着产品和服务越来越大众化，许多企业在为顾客创造价值方面不断创新营销组合。为了使提供给顾客的东西能够实现差异化，企业正在策划营销活动来使品牌和公司给顾客难忘的体验，而不仅是简单地制造产品和传递服务。

在许多行业的营销活动中，体验往往是非常重要的一部分。例如，休闲和娱乐产业，户外素质拓展训练让你接受胆量、智慧和耐力体验，创造难忘的回忆，甚至帮你改变人生的态度和观念。一些传统产品和服务也在进行重新设计，根据消费者的需要创造独具特色的体验，开展体验式营销。你走进一间高档的咖啡厅，装修漂亮的墙壁、梦幻的灯光、技艺精湛的咖啡冲调师以及温暖而现代的内部气氛，让顾客经历了诗意般的感受，而咖啡反而成了很次要的部分。

创造营销体验的企业认识到顾客购买的不仅仅是产品和服务，他们要购买一种对他们有用的东西。宝马最近的一则广告这样说，"我们意识到，我们所提供的产品给顾客带来的感受和我们提供的产品同样重要。"有的营销专家认为：对客户体验的成功管理将成为营销活动的最终目标。

案例启示

营销界流传着这样的说法：初级营销做产品，中级营销做品牌，高级营销做文化，超级营销做宗教。美国著名品牌咨询师马汀·林德斯特罗姆曾说过："苹果的品牌力量如此强大，以至于人们已经把它视为一个真正的宗教。"苹果的神话源于它创新的魅力，然而，如何将灵感与创意传递给消费者，并让消费者有所感知呢？

今天，我们所在城市可能有大小各异的苹果体验店，它们有相同的风格、统一的外观设计和内部服务，我们不妨走进一两家，亲身感受一下。

先声夺人的门店外观。苹果体验店外观设计是一成不变的不锈钢和玻璃的混搭风格，在不锈钢长方体面上悬挂着巨大的苹果Logo，这个"玻璃盒子"的魅力对粉丝们来说是无法阻挡的。在体验营销中，体验店的外观是感官营销的有力工具，起着吸引顾客眼球、给顾客留下美好印象的关键作用。乔布斯将苹果体验店的理念定位为"为生活添彩"，他所设计的苹果体验店外观也的确让所有人眼前一亮。苹果体验店这晶莹剔透、象征智慧与高科技的立方体，足以抓住顾客，让他们第一眼便接收到苹果发出的品牌个性电磁波。先声夺人，将顾客吸引进店，开始美妙的苹果创意体验之旅。

跨界思维的店内设计。那么，这个全球各地长得几乎一模一样的不锈钢"玻璃盒子"里到底内藏哪些"玄机"呢?当你走进玻璃大门，进入一个"苹果"无处不在的世界里，答案便逐渐清晰起来。店内象牙白色的墙壁和中间镶嵌的印刷图片，让人联想起iPod或者MacBook。白色的机身和开机时出现的界面，与这里的墙壁上的图片如出一辙。稍加留意，你就会发现，其实这种一致性几乎贯穿在所有与苹果相关的事物中，包括电视广告、平面广告、户外广告、直营店楼梯的螺栓甚至栏杆的设计。

苹果体验店不仅仅用墙壁、楼梯以及货品组合营造跨界体验氛围，其员工更成为了消费者体验的重要部分。在苹果中国店里，身穿浅蓝色上衣的客户服务专员无处不在，他们经过挑选，并接受了半年以上培训。一如苹果的品牌和产品一直以来传递的热情、可亲、乐于助人的形象，苹果希望店员们将这一形象加固，创造一个让消费者轻松体验、愉悦购物的氛围，带给消费者一个完整的品牌体验。

通过这些无处不在的细节，苹果体验店将品牌形象准确传递给消费者的同时，还让他们产生了更强烈的拥有苹果产品的欲望。当顾客沉浸在苹果体验店当中，陶醉于苹果创造的愉悦理想的生活氛围时，顾客的情感价值也就在不知不觉中得到了提升。

（二）产品与服务的层次

人们购买某种商品，不仅讲究商品的实际效用，而且还有其他的利益追求。顾客购买相机，不仅要求照出的相片清晰，而且希望相机具有新颖的款式，漂亮的包装，合适的价格，同时还要求有维修保证，等等。这样，产品的内容不仅包括产品利益或效用，而且还包括包

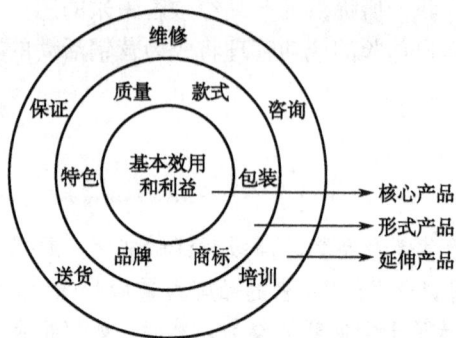

图 7-1　产品的层次示意图

装、款式、商标、价格、维修保证等，所有这些都是产品不可分割的组成部分。

产品设计者需要在三个层次上进行产品整体的设计，每个层次都增加了顾客价值，如图 7-1 所示。最基础的层次是核心产品，第二个层次是实体产品，最后一个层次则是附加的服务和利益构成的延伸产品。

1. 核心产品

核心产品是最基础的一层，当设计产品时，营销人员必须首先确定顾客所寻找的旨在解决问题的核心利益或服务。一个购买唇膏的女士所购买的不仅是唇膏的色彩。美国露华浓化妆品公司总裁查尔斯·莱弗森这样说："在工厂，我们制造化妆品；在商店，我们出售希望。"另外，购买海尔冰箱的顾客，他们不仅购买了一台可以保鲜的储藏设备，更是购买了一种方便、环保、健康的现代生活方式。

2. 形式产品

形式产品是第二层，产品设计者要围绕实现核心产品的功能和效用构造一个实体产品，以具体生动的形式出现在市场上。产品的形式通常表现为产品的质量、特色、品牌、商标、款式和包装等。无形产品，如服务，通常表现为服务的质量和方式。索尼公司的便携摄像机就是一个实体产品。它的名称、部件、风格、特色包装和其他属性精心地组合在一起来传达核心利益——一个方便、高质量地捕捉重要时刻的方法。

3. 延伸产品

延伸产品是最后一层，是围绕核心利益和实体产品提供给消费者的一些附加服务和利益，包括信贷、免费运送、提供质量保证和零配件、安装并为顾客免费培训操作技术等各种销售服务。索尼所提供的不只是便携摄像机，它提供给消费者的必须是消费者保留画面的完整的解决方案。所以，当消费者购买了索尼便携摄像机，索尼及经销商还会对其部件和做工作出担保，提供使用指导和说明，在需要时提供快捷的维修，提供顾客在遇到问题时可以免费拨打的电话号码。

对于具有同样的物质形态的产品来说，如果其附加利益不同，则可以视为不同的产品。产品的附加利益有利于引导、刺激消费者购买产品。一个企业，如果善于开发适当的产品附加利益，就必定能在竞争中立于有利地位。诚如美国企业家西奥多·李维特所说："新的竞争不是发生在各个公司在其公司生产什么商品，而是发生在其商品能提供什么附加利益（如包装、服务、广告、顾客咨询、资金融通、送货、仓储及具有其他价值的形式）。"

消费者往往把产品看作是满足其需要的各种利益的复杂组合。在开发产品时，营销人员必须首先识别产品所要满足的消费者核心利益，然后，设计出形式产品，并寻找到延伸产品以创造出能够最好地满足消费者的利益组合方式。产品的三个层次又称为产品整体概念。

案例启示

湖南电信长沙分公司树立产品整体观念，抓住了以下七个方面：①不断提高电信产品的内在质量，主要按照创优创先标准从以下方面进行了改造：增强基站建设，强化信号覆盖；优化网络结构，提升网络质量；增强移动网络带宽，满足移动上网需求；电信宽带大提速，全员提 8M，普及 20M，迈向 100M。②不断增加新品种、新款式。2014 年 10 月引进了 6 款新品 iPhone，包括 iPhone 6 的 16GB、64GB 和 128GB 版，以及 iPhone 6 Plus 的 16GB、64GB 和 128GB 版，设计了 60 余种不同价格不同档次的合约套餐，受到了消费者的欢迎。③针对 4G 网络，开发了乐享 4G 八款套餐，满足了不同手机用户的通信需求。④推出天翼支付手机钱包应用，实现快捷支付、身份识别，从而使顾客十分方便地享受乘坐公交地铁、买卖商品、通过门禁等。⑤加强服务承诺，如宽带安装 48 小时未完成承诺赔偿。⑥提供 24 小时自助服务。电信客户可以通过电信网上营业厅，自助办理各项电信业务。⑦提供 24 小时服务热线。电信客户可以随时拨打 10000 客服热线，咨询、办理电信业务以及投诉电信服务。

（资料来源：《电信营销案例集》）

（三）产品和服务分类

按产品和服务的消费者类型，可以分为两大类：消费品和产业用品。广义上讲，产品还包括其他可出售的形式，如体验、组织、人员、地点和观念。

1. 消费品

消费品是最终消费者购买用于个人消费的产品。营销专家根据消费者购买产品的行为，进一步将消费品分为便利品、选购品、特购品和非渴求品。这些商品因消费者购买行为不同，使得营销者销售时考虑的事项也不同，如表 7-1 所示。

表 7-1　消费品的营销考虑事项

营销考虑事项	消费品的类型			
	便 利 品	选 购 品	特 购 品	非渴求品
消费者购买行为	频繁购买、很少计划、很少做比较、花费精力少、顾客参与度低	不经常购买、较多的计划并为购物花费较多精力，对价格、品牌、质量和样式进行比较	强烈品牌偏好和高品牌忠诚度，为购买付出特别努力，很少比较品牌，对价格敏感度低	对产品了解很少，即使了解也不感兴趣或恐避之不及
价格	低价格	比较高	高价格	不确定
分销	渠道广泛、网点便利	在较少店面进行选择式分销	在每个市场区域只有一家或几家专卖	不确定分销渠道
促销	制造商进行大批量促销，广告、公关等手段	制造商和经销商同时促销，主要采取广告和人员推销等手段	制造商和经销商有针对性的促销，如会员制、大客户优惠等手段	制造商和经销商进行强力广告和人员推销等手段
实例	家用日化用品，如牙膏和洗衣粉之类	大型家用电器产品，如电视、空调、洗衣机之类	奢侈品，如高档手表、首饰之类	保险产品、百科全书之类

2. 产业用品

产业用品是购买后用于进一步加工或用于企业经营的产品。消费品与产业用品的区别主要是购买者的目的的区别。同样是牙膏，如果是消费者购买个人用则是消费品，而如果是宾馆购买用于为入住客人提供服务，则这些牙膏为产业用品。

产业用品和服务分为三类：材料和部件，资本品，辅助品和服务。

材料和部件包括原材料以及加工过的材料和部件。原材料包括农产品（小麦、棉花、牲畜、水果和蔬菜）和天然产品（鱼、木材、原油、铁矿石）。加工过的材料和部件包括构料（钢、水泥、纱）和构件（小马达、轮胎、铸件）。大多数加工过的材料和部件直接销售给产业用户。价格和服务是主要的营销因素，品牌和广告往往不太重要。

资本品是帮助购买者生产和运营的产业用品，包括装备和附属设备。装备包括建筑物（工厂、办公室）和固定设备（发电机、各种机床、计算机系统和电梯）。附属设备包括易于搬动的设备、工具（手工工具、自卸卡车）和办公设备（传真机、办公桌）。这些产品营销主要是集中营销策略，通过展览会、订货会及人员推销来销售。

辅助品包括作业辅助品（润滑油、纸、笔）和维护维修品（油漆、钉子、扫帚）。辅助品是产业领域的便利品，消费者在购买过程中很少花费精力或进行比较。商务服务包括维护、维修服务（清洁工作场所、计算机维护）和商务咨询服务（法律、管理咨询、广告）。这些服务通常根据协议提供。

组织、人员、地点和观念。除了有形产品和服务，近年来营销专家把产品概念进一步扩展，包括其他可以销售的东西——组织、人员、地点和观念。

组织经常采取行为进行自我营销。组织营销包括采取的用来创造、维持或改变目标消费者对一个组织的态度和行为的活动。企业出钱发展公共关系或推进企业广告活动以美化自己的形象。企业形象广告是企业向各种公众群体营销自己的主要工具，如学校广告、学校关注学生的成长、未来的发展、培养学生就业的技能。

人员也可以看成产品。人员营销包括采取的用来创造、维持或改变对特定人员的态度和行为的活动。从总统、娱乐明星、体育明星到医生、律师和知名教授这样的专业人士，都通过自我营销来建立声誉。企业、学校、慈善组织也都采用人员营销，聘请一些知名人士帮助他们销售产品或增强声誉，如方太厨具请海清做代言人进行营销，昆仑山矿泉水曾请网球明星李娜做代言人进行营销。

地点营销是指用来创造、维持或改变对特定地点的态度或行为的活动。城市、地区，甚至一个国家都在相互竞争，吸引游客、新居民、大型会议以及企业。张家界打造世界非物质文化遗址、世界森林公园，举办各种吸引游客的活动，如异装飞行、飞越天门洞特技表演、高空达瓦之表演等来引起人们的关注。

观念也能够营销。从某种意义来讲，所有的营销都是观念的营销，无论是刷牙这种一般观念，还是佳洁士牙膏"为生活创造健康美丽的微笑"这样的观念。

在此更多地将观念集中在社会营销方面，即通过树立一种社会营销观念，传递一种健康、环保和积极的消费理念，如开展一些关于减少吸烟、重复使用购物袋之类的活动，提倡购买节能电器、低油耗汽车等营销活动。

二、产品和服务策略

营销者在单个产品和服务以及产品组合方面作出决策。

（一）单个产品和服务策略

产品和服务决策内容主要包括：产品和服务属性、品牌管理、包装管理、标签管理和产品支持服务等几个方面的决策。

1. 产品和服务属性

开发一个产品和服务就要涉及如何定义其所提供的利益，这些利益是通过质量、特征、风格和设计来沟通和传达的。

（1）产品质量。质量是营销人员进行市场定位的重要工具之一。质量对产品和服务的功能有重要的影响，因此也与消费者价值和满意度密切相关。产品质量包括两个方面：质量水平和一致性。在开发产品的过程中，营销人员必须选择一个质量水平以支持产品在目标市场的定位，这里的质量是指产品能够执行其功能的能力。例如，格力空调提供的性能质量就要高于春兰，它应该更节能、更静音、更环保、更高效。并不是所有空调生产商都要生产像格力这么高质量水平的空调，因为许多消费者并不愿意出这么贵的价钱来购买它。因此，春兰同样能够为其目标群体制造像格力一样受欢迎的空调，这就是我们提出的质量的一致性，质量与目标消费者的需求的一致性。所有公司都追求高水平的符合性质量，尽管春兰空调的性能不及格力空调，但它能够同样一致地传达消费为之付钱并期望的质量。

（2）产品特征。一件产品可能有多种特征。一个基础原型，没有额外附加，就是产品的起点，公司可以通过增加更多特征来创造更高水准的产品式样。特征是使本公司产品与竞争对手产品实现差异化的一种竞争工具。谁能在基础产品上创造与众不同又被消费者接受的特征产品，就能够在竞争中获得优势，苹果最先推出外形只有扑克牌大小、可以下载上千首音乐的移动播放器 ipod，在音乐播放器市场占领了领先地位。

一个企业如何识别新特征并且决定向其产品添加哪些特征呢？企业应当定期向使用过产品的顾客调查，询问这些问题：你觉得产品怎么样？你最喜欢这个产品的什么特征？增加什么特征可以改进产品？顾客对这些问题的回答为企业提供了一系列丰富的产品特征创意。企业可以评估每项增加的特征给顾客带来的价值和给公司带来的成本，当顾客带来的价值高于公司成本时，就可以增加利润。

（3）产品风格和设计。另一个增加顾客价值的办法就是借助独特、鲜明的产品风格和设计。设计是一个比风格更广泛的概念。风格只是简单地描述一件产品的外观。风格可能引人注目，也可能索然乏味。给人以感官愉悦的风格，可以引起人们关注并带来愉快的美感，但未必让产品的性能提高，如一些前卫的服装，增加各种尖硬的金属装饰，而另一些牛仔服饰则刻意磨砂，人为撕裂，体现年轻人狂野、不羁的风格。

与风格不同，设计要深入得多，设计直接切入产品的中心，优秀的设计既有助于产品外观的改善，又能够提高产品的有用性。产品设计应当对客户进行观察与深入了解后再开始，设计要充分考虑客户使用产品的体验。有一家垃圾桶生产厂家，之前一直生产一种上面揭盖的垃圾桶，必须用手才能揭开，设计师通过对日常生活的细心观察，发现手动开盖式垃圾桶给用户带来的许多不便，于是改变设计思路，在垃圾桶下部设计开关，用脚踏揭盖，这种垃圾桶一上市便获得了顾客的普遍认同，在公共场所被大量使用。

2. 产品支持性服务

客户服务是产品战略的另一个要素。一个企业向市场的提供物通常包括一些服务，它们与所提供产品的整体相比，或者重要，或者不重要。

支持性服务是客户整体品牌体验的重要组成部分，如海尔的理念是"真诚到永远"，即为顾客提供良好的售前、售中和售后服务。那它到底是怎样做的呢？海尔会在经销商处招聘经过严格培训的销售顾问，售前向顾客提供咨询和导购，而售中则是积极引导顾客，根据顾客的需求来配置产品，售后更是跟踪顾客使用情况，下单后三天内，售后服务一定有电话询问送货的情况、使用后的满意情况；如果是产品维修，则第二天就有售后来落实维修情况。总之，周到的、全方位的服务，让顾客体验到海尔提供的电器产品，更让顾客感受到作为消费者的尊严。

现在许多企业通过电话、电子邮件、传真、互联网以及语音系统和数据技术来为顾客提供更好的支持服务，如惠普就为顾客提供了一系列的销售和售后服务。惠普向顾客承诺"将提供全过程、全方位的服务，在顾客使用惠普电脑的每一个阶段，都会有专家提供必要的帮助，从购买到安装、到保护，再到调试，最后直至回收再利用"；顾客可以登录惠普全程服务的网站，那里为顾客提供了关于惠普产品和相关技术支持的在线资源；此外，顾客也可以通过电子邮件、网络或电话等渠道获得这些资源。

产品和服务决策中一个重要的内容是品牌和包装决策，这部分内容将在本任务最后重点讨论。

（二）产品组合策略

1. 产品组合

产品组合是指一个企业生产和销售的全部产品的结构，它通常是由几条产品线组成的。产品线是由密切相关的能够满足同类需求的产品项目构成的。产品项目是指产品线中的各种不同型号、规格、质量等特色产品。

例如，一家电器公司生产的产品包括电冰箱、吸尘器、洗衣机、抽油烟机、热水器等，这是公司的产品组合；其中，电冰箱系列、吸尘器系列、洗衣机系列、抽油烟机系列和热水器系列分属特定的产品线；而电冰箱产品线中有 80 立升、180 立升、280 立升以及单门、双门等规格和款式，这些就构成了电冰箱产品线中的一个个产品项目。

2. 产品组合的维度

企业的产品组合（图 7-2）包括四个维度：宽度、长度、深度和关联性。

（1）产品组合的宽度，是指企业的产品组合中包含的不同产品线的数量。大型企业经营产品类别繁多，产品组合较宽；而小型企业专业化程度高，经营的产品类别较少，产品组合较窄。

（2）产品组合的长度，是指企业特定的产品线中包含的产品项目总数。宝洁在每一个产品线中都包含很多种产品项目。例如，洗发用品产品线包括伊卡露、沙宣、海飞丝、飘柔、潘婷，其中又分洗发露、洗发乳、护发精华等产品项目。

（3）产品组合的深度，是指产品线上每一种产品所提供的产品型号或款式的数量。例如，海飞丝就包含了多种不同的类型，有适合中性发质、油性发质和干性发质的，有家庭装、普通装、旅游装不同规格包装的，还有玫瑰香型、薰衣草香型、柠檬香型和薄荷香型等。每一款都有其独特的配方和功效。通常，综合性企业的产品组合的平均深度不会太深，而专业性企业产品组合的平均深度较深。

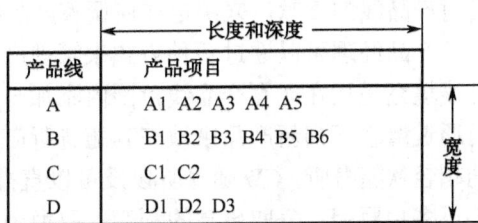

产品线	产品项目
A	A1 A2 A3 A4 A5
B	B1 B2 B3 B4 B5 B6
C	C1 C2
D	D1 D2 D3

图 7-2　产品组合示意图

说明：产品项目 16 项，产品线 4 条，平均长度 4。

（4）产品组合的关联性，是指一个企业的各产品线在最终使用、生产条件、分销渠道等方面的密切相关程度。通常，专业性公司产品组合的关联性较强，而一些综合性企业产品组合的关联性较弱，有的甚至产品线之间毫无关联。就宝洁公司的产品都是消费品，并且都可以通过相同渠道分销这一点来说，具有高度相关性，而就其产品对于最终消费者的用途来说，洗发系列产品线与婴儿尿不湿及吉列刀片之间的关联性就不太高。

3．产品组合决策

产品组合决策是指企业根据市场情况和本身实力，对产品组合的宽度、长度、深度和关联性进行有机组合。企业可以从四个方面发展业务：①企业可以增加产品线，从而拓宽产品组合。利用这种方法，新产品线可以借用企业在其他产品线上的声誉树立起来，充分利用企业现有品牌资源，获得更多利益。②企业可以加长现有产品线，成为产品线更加完备的企业。可以迎合广大消费者的不同需求和爱好，吸引更多的顾客，不留市场空白，提高市场占有率。③企业可以为每一种产品增添新的品种、样式，提高产品组合的深度，让现有顾客得到更好的满足，提高顾客的忠诚度，获得顾客终身价值。④企业可以寻求提高产品线的关联性，提高企业在某领域的声誉。但是，这些努力会受到诸如市场需求情况、企业资源、技术条件和竞争条件等因素的限制。企业应该根据实际情况来做出恰当的产品组合决策。

（三）产品组合的优化

由于科学技术的迅速发展，市场需求变化大，以及竞争形势和企业内部条件的变化，不论是经营单一产品的企业，还是经营多种产品的企业，都有可能使得一些产品销售形势很好，利润增长较快；一些产品销售和利润的增长已趋于平稳；另一些产品可能已趋向衰退。因此，企业有必要定期调整产品结构，优化产品组合。产品组合优化包括扩大产品组合和缩减产品组合两个方向。

1．扩大产品组合

对那些销售形势很好的产品，企业可以采取扩大产品组合的策略，满足市场需求。这种策略通过扩大产品组合的宽度，增加产品线的长度和深度，扩大经营范围，提高经济效益。

（1）产品线延伸和产品线填充。如果产品经理可以通过增加产品项目而提高利润，那么这条产品线就太短了；如果产品经理能够通过削减产品项目而增加利润，那么这条产品线就

任务七

太长了。产品经理需要阶段性地对自己所管理的产品线进行销售和利润的分析，明确每个项目对产品线的贡献，来决定如何调整产品线结构。

产品经理可以通过两种方式来管理产品线长度和深度，即产品线延伸和产品线填充。产品线填充是指在现有产品线范围内添加一些新产品项目，增加产品线的深度。例如，索尼公司通过增添下列新产品来填充其随身听产品线：太阳能随身听、防水随身听、供运动者使用的超轻款随身听，CD随身听以及可以直接从网络下载歌曲的记忆棒随身听。产品线填充可能基于多种原因：争取更高的利润、取悦经销商、利用过剩的生产能力、成为产品线完备的领导型企业，或填补市场空缺以阻止竞争对手进入。

另一种产品线决策就是产品线延伸。企业可以向上、向下或双向延伸产品线。

① 向上延伸。即在定位于低档的产品线中增加生产和经营高档产品，原因是高档产品销售形势好，利润高；或是为了发展成经营高低档全线产品的企业，以便更好地为顾客服务。缺点是顾客可能不相信企业能生产高档品，竞争者也可能反过来以进入低档品市场进行反击；企业尚需培训人员为高档品市场提供服务。日本多家汽车公司都在普通轿车线基础上通过产品线向上延伸进军高端市场。丰田公司推出雷克萨斯，日产公司推出英菲尼迪，本田公司推出阿库拉。值得注意的是，为了让消费者接受原处低端市场的企业推出高端产品，它们都改用了全新的名称，而不是公司的名字。

② 向下延伸。在定位于高档品的产品线中增加经营低档品，原因是：高档品市场增长缓慢或受到竞争者挑战；利用高档品的声誉，吸引低档品需求者，扩大市场范围；或是填补市场空隙，增加低档产品。值得注意的是，采取这种策略，可能会损坏企业原高档产品的声誉，给企业经营带来风险。

③ 双向延伸。在定位于经营中等质量中等价格的产品线上，增加高、低档产品项目。企业向产品线的上下两个方向延伸，主要是为了扩大市场范围、开拓新市场，为更多的顾客服务，获取更大的利润。

案例启示

市场调研公司赛诺数据近日发布了2014年7月国内手机市场最新报告，酷派连续3个月蝉联中国4G第一名，显示了酷派在4G领域布局的成功。报告显示，在国产手机3G+4G整体市场的排名中，酷派位居国产第一地位，不仅超过了联想、华为，更是领先小米3.5个百分点以上。酷派能够持续赢得4G第一的宝座，得益于酷派持续在4G市场的产品创新和产品线双向延伸策略。酷派公司在其中档S系列和K系列机型基础上，以大观4双卡尊享版冲击高端市场，来对抗苹果和三星，以吸引高端商务人士。这是全球首款双卡三网三通的手机，配备强大的安全性能，是高端市场的"黑马产品"。同时，酷派还以性价比极佳且不足千元的电商品牌大神F2占领低端市场，以年轻人的第一部4G神器为主张吸引消费能力不高的年轻人。

（资料来源：《赛诺数据》）

（2）增加产品线，扩大产品组合宽度。扩大产品组合宽度可以扩大市场范围，开辟新市场，进行多元化经营，以提高企业抵抗竞争对手的能力。增加产品线可以从两个方向入手，

一是增加相关产品线，即相关系列多样化。二是开发全新产品线，即无关联多样化。

① 相关系列多样化。即根据产品组合的相关性原则，增加相关的产品线。例如，在肥皂产品线外，增加洗衣粉、清洁剂两条产品线；汽车制造企业除生产卡车外，增加小轿车、客车等的生产线。增加相关产品线的目的在于扩大市场范围，满足顾客的不同需求，争取更大的利润。

② 无关联多样化。指拓展产品线时，不考虑相关性原则，增加与原产品线无关的产品，开拓新市场，创造新需求。例如，阿里巴巴在电子商务领域获得成功后，又向物流和金融领域发展，由于其实力雄厚，虽然新领域从表面上看似乎与电商没有关联性，但内在联系还是很密切的，所以，它获得了成功。相反，海尔也在多年前开展了无关联多样化，进入了生物医药、数码产品、房地产领域，由于这些领域与海尔原有产品线关联性很低，因此，导致了资金分散，管理难度加大，并没有带来预想的多元化效果。

2. 缩减产品组合

指企业随着科学技术的发展，市场需求以及企业内部条件的变化，主动合并、减少一些销售困难、不能为企业创造利润的产品线和产品项目，集中优势资源经营市场需求较大，能为企业获取预期利润的产品。缩减产品组合，可以采取立即放弃、逐步放弃和自然淘汰等方式。

（1）立即放弃。确认该产品已进入衰退期，无发展前途；该产品如果继续存在，将危害其他有发展前途的产品的发展；该产品的市场售价已不能补偿成本。

（2）逐步放弃。如果立即放弃对企业可能造成巨大损失，并给顾客造成被突然抛弃的印象。有计划地逐步减产直到淘汰，使顾客的使用习惯能逐步适应，企业的资源有计划地逐步转移，在生产和财务管理上平稳过渡，不致造成大起大落。

（3）自然淘汰。即企业不主动放弃产品，而是留在市场上，直至产品销售完全衰竭并被市场淘汰为止。企业鉴于对竞争形势的分析，利用部分企业退出市场之机，可决定留在市场继续满足部分顾客的需要，在短时期内企业仍可获得一定的销售量和利润，但是也面临着丧失新市场机会，蒙受损失的风险。

三、产品市场生命周期策略

（一）产品市场生命周期的概念

产品市场生命周期，是指一种产品从投入市场到被市场淘汰为止的全部过程所持续的时间。产品市场寿命与产品使用寿命是两个不同的概念。产品使用寿命又称产品自然寿命，是指某一种产品从开始到该产品报废的时间间隔，产品使用寿命的长短是由消费过程的使用强度、频率、维修保养状况、时间以及自然力的作用决定的。因此，有些产品的使用寿命虽然十分短暂，但其市场寿命可能较为漫长，如鞭炮的使用虽然十分短暂，但其市场寿命自人类发明了火药，迄今已延续了 10 多个世纪。相反，虽然某些产品的市场寿命已经终结，但其使用寿命却可能还未终止。例如，时装的使用时间较长，但其市场寿命却并不长久。

对产品市场生命周期的分析，主要是通过对产品的销售量或利润在时间上的变化的研究来进行的。一般来说，一种产品的市场生命周期大致分为四个阶段：投入期、成长期、成熟

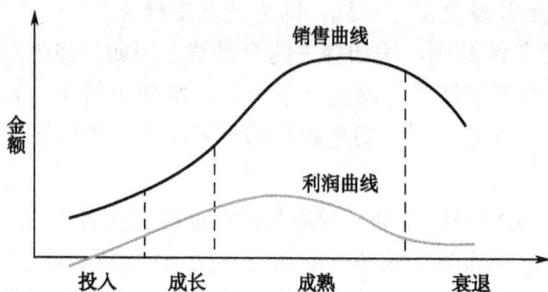

图 7-3　产品市场生命周期曲线

期和衰退期，从而形成了产品市场生命周期曲线，如图 7-3 所示。

并非所有的产品都呈现这样的生命周期。一些产品一进入市场很快就消失了；另一些产品在成熟期要停留很久；还有一些产品进入衰退期后，由于大规模的促销活动或重新定位，又回到了成长期。例如，美国的可口可乐、吉列公司、百威啤酒，国内的茅台、红旗轿车，它们的生命周期都很长。

产品生命周期的概念可以用来描述产品种类，如电视机；产品形式，如等离子彩色电视机；产品品牌，如创维电视机。在不同的情况下，概念的运用不同。一个产品种类的生命周期太长，无法进行研究，而品牌的生命周期变化太快，受竞争情况的影响，研究意义不大。因此，产品形式生命周期更能准确地体现产品生命周期变化的规律，具有研究价值。

（二）产品市场生命周期各阶段的特征及企业的对策

企业掌握和运用产品市场生命周期理论，主要有三个目的：一是使产品尽快地为消费者所接受，缩短产品市场寿命中的投入期；二是尽可能保持和延长产品的成长期和成熟期，使产品能给企业带来最大利润；三是尽可能使产品以较慢的速度被淘汰。因此，企业必须善于根据产品市场寿命周期各阶段的特点，有效地利用不同的市场营销组合策略，以获得尽可能多的利润。

1. 投入期的特征及企业的对策

（1）投入期的特征。新产品上市之初，消费者和经销商对产品普遍有一个了解、认识和接受的过程，这个过程在时间上称为产品的投入期。这一阶段的主要特征是：产品销售量很低，且增长缓慢；设计尚未定型，技术不够完善，产品性能和质量不稳定；生产批量小，促销费用大，成本费用处于最高阶段；利润极微，但产品经营的风险很大。许多新产品经营失败，大都在这个阶段反映出来。

（2）投入期的策略。针对上述特征，企业通常以价格和促销策略的配合为重点，采用以下营销策略：

① 高价高费用促销策略。即采用较高价格，花费大量广告费用或其他促销费用，迅速扩大销量。采用这种策略的市场环境是：大部分潜在消费者根本不了解产品；已经知道这种新产品的顾客求购心切，愿出高价购买；企业面对潜在的竞争者的威胁，急需创立名牌。这种策略适用于高质量的耐用消费品或特色商品。

② 高价低费用促销策略。即采用较高价格，花费少量广告宣传费来推销其高价产品。采用这种策略的市场环境是：市场容量相对有限；大多数消费者已经知道这种新产品，需要者愿出高价购买；潜在竞争的威胁较小。一些名牌新产品多采用这种策略。

③ 低价高费用促销策略。即采用低价格，花费大量广告宣传费用来推销其低价产品。目的在于先发制人，迅速打进市场，取得最大的市场占有率。采用这种市场策略的市场环境是：

市场容量相当大；潜在竞争比较激烈，消费者对这种新产品不了解，但对价格比较敏感；新产品单位成本可因大批量生产而较大幅度地降低。适合这种策略的大多是有新用途的替代性商品。

④ 低价低费用促销策略。即采用低价格，并用少量的广告宣传费用来逐步打入市场，推销其低价产品。采用这种策略的市场环境是：产品的市场容量大；消费者对这种新产品容易了解，因为它通常是原有产品略加改进的新产品；消费者对价格十分敏感；潜在竞争对企业的威胁不大。改良后的肥皂、香烟、糖果，大都采用这种策略。

2. 成长期的特征及企业的对策

（1）成长期的特征。产品经过投入期以后，迅速为消费者所接受，进入成长期。这一阶段的主要特征是：销售量迅速增长；产品设计已基本定型，性能与质量不断提高或趋于稳定，并已具备了批量生产的条件；销售费用和制造成本较低，企业利润迅速增长；分销渠道业已疏通，销售数量在迅速增加；竞争者日益增多且趋于激烈。

（2）成长期的策略。努力保持和提高产品质量，增加产品的特色，改进产品的型号、款式等，以提高产品的竞争力。其中，保持和提高产品质量是影响产品市场生命周期的关键所在。

改变促销宣传的方针。促销宣传的重点从介绍产品转向树立产品形象，争创名牌产品，以便保持已有顾客，争取新顾客。

积极寻求新的细分市场，开辟新的销售渠道，力争进入有利的新市场。

在不断扩大生产批量的基础上，选择适当时机降低产品售价，限制竞争者加入，吸引对价格敏感的潜在顾客。

3. 成熟期的特征及企业的对策

（1）成熟期的特征。这一阶段的主要特征是：产品销售量在前期继续增长，但增长幅度明显下降，销售量达到顶峰后又开始缓慢下降；产品性能和质量已非常完善，并且已被绝大多数潜在购买者所接受；成本费用降至最低点后又有上升的趋势，利润升至最高点后有下降的趋势；市场需求已呈饱和状态，竞争十分激烈，竞争者之间的产品价格趋向一致；市场上不断出现各种牌号的同类产品和仿制品，消费者的选择性更大，进一步加剧了竞争。

（2）成熟期的策略。

① 改变市场策略，即通过改变产品的用途或者改变营销方法，扩大销售。这种策略通常有三种具体形式：一是寻找新的细分市场，使产品进入尚未使用过本产品或需要本产品的新市场。例如，改变地区市场，将原来在城市市场已呈饱和状态的产品转向广大的农村市场和山区市场，使产品重新进入成长阶段。二是刺激现有顾客增加使用频率，重复购买。例如，在儿童食品包装中配装儿童画册，从而吸引儿童重复购买。三是重新树立产品形象，寻找新的买主。例如，杜邦公司的尼龙丝袜，开始只是投放成人市场，后来通过大量广告宣传，重新树立产品形象，进入了少女市场，从而使销售量增加。

② 改变产品策略，即通过提高产品质量、改变产品特色和款式，提高产品耐用性和可靠性、扩大适应性和方便性、改良性能、美化产品外观、完善配套服务等，向顾客提供新的利益，以吸引新的买主和使现有顾客提高产品使用频率。例如，石英表可以增加功能，普通收音机增加调频调幅，出售耐用电子产品时提供维修服务和免费咨询等。

③ 改变市场营销因素组合，即通过改变企业市场营销组合中的某一个因素或几个因素，扩大产品销售。例如，增加新的销售网点，扩大销售渠道；采取价格优惠，实行有奖销售；采用新的促销方法，进行有吸引力及扩展性的拓展活动等。

4. 衰退期的特征及企业的对策

（1）衰退期的特征。这一阶段的主要特征：市场上出现了更新和性能更加完善的产品；原产品的销售量由缓慢下降变为急剧下降，产品价格不断下降，企业利润呈急剧下降趋势，竞争者纷纷退出市场。

（2）衰退期的策略。

① 持续策略。由于众多的竞争者退出市场，暂不退出市场的企业的市场空间有所增加，在一定时期维持营销尚可获得一定的利润。

② 集中策略。由于市场容量衰退，一些目标市场的营销效率下降。应放弃低效率的目标市场，在一定时期内集中力量经营少数效率较好的目标市场。

③ 放弃策略。对衰退较快的产品，企业没有可能通过维持来获利，或需要抽出资金发展其他产品时，应当立即放弃这个衰退的产品。

总之，企业应制定出与产品生命周期各个阶段相适应的市场营销策略。其主要归类如表 7-2 所示。

表 7-2　产品市场生命周期各阶段的市场营销策略

项　目	要　素	投　入　期	成　长　期	成　熟　期	衰　退　期
阶段特征	销售	低销售额	销售剧增	销售高峰	销售衰退
	成本	单位顾客成本高	单位顾客成本下降	单位顾客成本低	单位顾客成本低
	利润	亏本	利润增长	利润高	利润下降
	顾客	创新者	早期使用者	中期大众	落后者
	竞争者	很少	增多	稳中有降	下降
营销目标		创造产品知名度，提高产品试用率	市场份额最大化	保持市场份额，争取利润最大化	压缩开支，榨取品牌价值
营销策略	产品	提供基本产品	扩大市场保证	品牌和型号多样化	逐步撤出衰退产品
	价格	成本加成定价法	渗透市场定价法	与竞争者抗衡或胜于它们	降价
	渠道	建立选择分销	密集分销	建立更密集分销	有选择地把无利润的分销渠道淘汰出局
	广告	在早期使用者和经销商中建立知名度	在大众市场建立知名度并引起兴趣	强调品牌差异和利益	降低至维持绝对忠诚者的水平
	促销	加强促销引诱试用	减少促销，利用使用者需求	加强促销，鼓励转换品牌	降低至最低标准

［资料来源：（美）菲利普·科特勒，郭国庆，译《市场营销原理》（14 版）］

产品生命周期的概念可以用来描述产品和市场的概况，但是在预测产品变化及营销策略实施时，也存在一些问题。例如，事实上，预测某个阶段产品的销售额、某一阶段的长短或生命周期曲线的形状都是很困难的。由于营销策略既是产品生命周期的原因，也是其结果，因此利用产品生命周期来确定营销策略也是很困难的。产品在生命周期里的位置决定了市场营销策略，这个策略反过来又影响产品在后来阶段的情况。

营销不应该盲目地按照传统的产品生命周期进行产品的推广。相反，营销人员应该偶尔无视产品生命周期的"规则"，或以新奇的方式重新定位自己的产品周期。这样，就可能将成熟期或衰退期的产品重新拉回到成长阶段。产品生命周期的理念是希望企业不断创新，否则就会走向衰退。要想持续发展的公司，必须建立稳定的新产品创新机制和体制，不断为顾客提供满足其新需求的产品。就像通信行业，从普通通信到3G、4G，使得通信功能不断提高，如果哪家通信公司不能持续运用通信新技术，就会被用户抛弃。

案例启示

2009年1月7日，工业和信息化部正式发放了3G牌照，中国电信、中国移动和中国联通分别获得CDMA2000、TD-SCDMA和WCDMA牌照。随着3G牌照的发放，这一年被业界称为"中国的3G元年"。三大运营商都为3G手机的推出精心策划，例如，中国电信重金聘请当红明星邓超作为天翼3G品牌代言人，一夜之间，以邓超代言的电视、网络、纸媒、车窗等媒体广告铺天盖地，电信天翼3G品牌深入人心。经过两年的快速发展，尤其是智能终端与移动互联网相互促进，平均价格的普遍下降，成为3G业务快速发展的重要驱动因素，到2011年年底，我国3G终端出货量超2亿台，超2009年和2010年的总和，其中3G手机1.74亿台，占比近87%。同时，中国3G网络建设已经基本完善，三大运营商开始加速3G用户由高端用户向大众用户的转移。3G手机终端的价位也从以往的高高在上走向平民化。2011年，三大运营商联合主流手机厂商尤其是几大国内手机厂商，加大千元3G智能手机的推广力度。互联网消费调研中心（ZDC）统计数据显示，2011年中国3G手机市场上的千元3G终端数量达到173款，较去年增加了47款。从2012年至2013年上半年，三大运营商3G手机继续增长，但增长幅度有所下降。2013年上半年，1~6月份出货量为2.91亿部，比去年同期增长了44.7%。其中，3G手机出货量2.05亿部，同比增长85.9%。从品牌构成来看，1~6月份，国内手机品牌占了手机总出货量的79.9%，高达2.32亿部。不过，由于定价较低，营收水平并不理想。来自ZDC的报告显示，6月国产手机市场均价为1371元，较上月基本持平。而同期，苹果、三星3G手机均价仍在3000元以上，高高在上。从2013年下半年开始，3G手机的销售量出现了拐点，开始缓慢下降，此时，各大厂商的3G手机产品性能和质量已非常完善，市场需求已呈饱和状态，3G手机厂商之间竞争十分激烈，ZDC统计数据显示，当前中国手机市场上参与竞争的品牌数量达到117家，从品牌关注格局来看，用户关注集中，仅前十五家品牌就累计占据九成以上关注度。其中，三星以22.0%的关注度高居榜首，苹果以10.1%的关注比例排在亚军位，其他品牌关注度均在10%以下。整体来看，前三甲位置被国际品牌牢牢把握。前十五个品牌中，国产品牌占据八个席位。2013年12月4日下午，工信部正式向中国的三大移动通信运营商颁发了TD-LTE制式的4G牌照，这标志着中国移动通信行业正式进入了4G时代。对消费者而言，4G可以带来更快的网速，其网速是3G网络的10倍以上，在 4G 时代，快速的网络传输能支持很多高清视频和更多应用。4G 的出现，必然会冲击 3G 手机的销售。基本上是同样的配置，但是价格比 3G 手机还要便宜，对消费者而言，不如直接一步到位。而某些运营商以套餐优惠的形式对 3G 手机进行促销，从而为 4G 手机的上市清理 3G 手机库存，也不失为明智之举。

（资料来源：中国通信网）

四、新产品开发策略

由产品市场生命周期理论可见，世界上没有一种产品品种是能永久畅销的，迟早都要被市场所淘汰。作为产品的生产经营者——企业也就不能单纯依靠现有产品求得发展，而必须顺应市场的变化，开发出适销对路的新产品。新产品开发是满足新的需求、改善消费结构、提高人民生活素质的物质基础，也是企业具有活力和竞争力的表现。

（一）新产品的概念和类型

从产品层次的角度来看，在产品三个层次的任何一层有所创新、改革和改变，能给需求者带来新的利益和满足的产品，都属于新产品。

新产品大体上包括以下四种类型：

1. 全新产品

指应用新的技术、新的材料研制出的具有全新功能的产品。这种产品无论对企业或者市场来讲都属于新产品。例如，汽车、飞机等第一次出现时都属于全新产品。全新产品开发通常需要大量的资金、先进的技术水平，并需要有一定的需求潜力，故企业承担的市场风险较大。全新产品在创新产品中占很小的比例。

2. 换代产品

指在原有产品的基础上，采用或部分采用新技术、新材料、新工艺研制出来的新产品。例如，计算机由第一代的电子管主要元件到现在的第四代的大规模集成电路元件及正在研制的具有人工智能的第五代。换代产品与原有产品相比，性能有了改进，质量也相应提高。它适应了时代发展的新步伐，也有利于满足消费者日益增长的物质需要。

3. 改进产品

指对老产品加以改进，使其性能、结构、功能用途有所变化。例如，电熨斗加上蒸汽喷雾，电风扇配置遥控开关。与换代产品相比，改进产品受技术限制较小，且成本相对较低，便于市场推广和消费者接受，但容易被竞争者模仿。

4. 仿制产品

指对市场上已经出现的产品进行引进或模仿、研制生产出的产品。开发这种产品不需要太多的资金和尖端的技术，因此比研制全新产品要容易得多。但企业应注意对原产品的某些缺陷和不足加以改造，而不应全盘照抄。

除此之外，企业将现行产品投向新的市场，对产品进行市场再定位，或通过降低成本，生产出同样性能的产品，对市场或企业而言，这也可以称为新产品。企业开发新产品一般是推出上述产品的某种组合，而不是进行单一的产品变型。

（二）新产品开发的方式

在现代市场上，企业要得到新产品，并不意味着必须由企业独立完成新产品的创意到生产的全过程。除了自己开发外，企业还可以通过购买专利、特许经营、联合经营，甚至直接购买现成的新产品来取得新产品。

1. 自行开发

自行开发可以划分为两种基本的形式：

（1）独立研制开发。企业通过自己的研究开发力量来完成产品的构思、设计和生产工作。这种方式是针对现有产品存在的问题，从基础上开展独立性研究，它可以形成本企业的系列产品，使企业在某一方面具有领先地位，在市场上取得优势。资金和技术力量比较雄厚的企业，适宜采用这种方式开发新产品。

（2）协约开发。雇用独立的研究开发机构或企业为自己开发某种产品。

前者与后者相比，可以对产品进行有效的控制，包括产品的设计、质量、品牌等，甚至在某种程度上对价格也有决定权。后一种方法则可以克服企业在技术力量上的不足。

2. 获取现成的新产品

获取现成的新产品的方式又可以分为：

（1）联合经营。如果某小企业开发出一种有吸引力的新产品，另一家大公司就可以通过联合的方式共同经营该产品。这样做，小企业可以借助大公司雄厚的资金和销售力量扩大该产品的影响，提高自己的知名度。同时，小企业能收回其开发费用并获得满意的利润，大公司则可以节省开发新产品的一切费用。也有的大公司直接收购小企业，取得该企业的新产品经营权。

（2）购买专利。企业向有关科研部门、开发公司或别的企业购买某种新产品的专利权。这种方式可以节省时间，这在复杂多变的现代市场上极为重要。

（3）特许经营。某企业向别的企业购买某种新产品的特许经营权。例如，世界各地的不少公司都在都争相购买美国可口可乐公司的特许经营权。

（4）外包生产。一般地，当企业的销售能力超过其生产能力，或没有能力自己生产该产品，或觉得自己生产不合算时，就会把新产品的生产外包给别的企业。这种方式可以分为全部外包和部分外包、部分自制两种。前者如汽车公司把零部件的生产全部包给小企业，自己只进行加工组装；后者在服装行业中较常见。

（三）新产品开发过程

不同行业的生产条件和产品项目不同，新产品开发具体过程也有所差异，但企业开发新产品的过程一般由八个阶段构成，即寻求创意、甄别创意、形成产品概念、营销规划、商业分析、产品开发、市场试销、批量上市。

1. 寻求创意

新产品开发过程是从寻求创意开始的。所谓创意，就是开发新产品的设想。虽然并不是所有的设想或创意都可变成产品，但寻求尽可能多的创意却可为开发新产品提供较多的机会。所以，现代企业都非常重视创意的开发。新产品创意的主要来源有：顾客、科学家、竞争对手、企业推销人员和经销商、企业高层管理人员、市场研究公司、广告代理商等。此外，企业还可以从大学、咨询公司、同行业的团体协会、有关报刊媒体那里寻求有用的新产品创意。一般说来，企业应当主要靠激发内部人员的热情来寻求创意。这就要求建立各种激励制度，对提出创意的职工给予奖励，而且高层主管人员应当对这种活动表现出充分的重视和关心。

2. 甄别创意

取得足够创意之后，要对这些创意加以评估，研究其可行性，并挑选出可行性较强的创意，这就是创意甄别。创意甄别的目的就是淘汰那些不可行或可行性较低的创意，使公司有限的资源集中于成功机会较大的创意上。甄别创意时，一般要考虑两个因素：一是该创意是否与企业的策略目标相适应，表现为利润目标、销售目标、销售增长目标、形象目标等几个方面；二是企业有无足够的能力开发这种创意，这些能力表现为资金能力、技术能力、人力资源、销售能力等。

3. 形成产品概念

经过甄别后保留下来的产品创意还要进一步发展成为产品概念。在这里，首先应当明确产品创意、产品概念和产品形象之间的区别。所谓产品创意，是指企业从自己的角度考虑能够向市场提供的可能产品的构想。所谓产品概念，是指企业从消费者的角度对这种创意所做的详尽的描述。而产品形象，则是消费者对某种现实产品或潜在产品所形成的特定形象。企业必须根据消费者的要求把产品创意发展为产品概念。确定最佳产品概念，进行产品和品牌的市场定位后，就应当对产品概念进行试验。所谓产品概念试验，就是用文字、图画描述或者用实物将产品概念展示于一群目标顾客面前，观察他们的反应。

4. 营销规划

即针对选定的产品概念，制定将该产品引入市场的初步市场营销规划，并在后续阶段中不断完善。初步营销规划包括以下三部分内容：

（1）描述目标市场的规模、结构以及目标顾客的购买行为，描述该产品的市场定位以及销售量、市场份额和利润的短期目标；

（2）描述该产品最初的价格策略、分销策略及第一年的营销预算；

（3）描述销售量、市场份额和利润的长期目标，描述不同时期的营销组合策略。

5. 商业分析

即对选定的产品概念进行效益分析，评价其在经济上是否可行。重点是从财务上分析预测该产品的预期销售量、成本、利润以及投资回收期等，以判断开发该产品是否有利于实现企业目标。只有符合企业目标的产品概念，才能进入产品研制阶段。估计销售量时要特别注意三个购买量：首次购买量、更新购买量、重购购买量。

6. 产品开发

就是把通过商业分析的产品概念移交研究开发部门或工程技术部门，进行产品实体的开发。在这个阶段，要根据选定的产品概念塑造出若干个"产品原型"，并对产品原型进行严格的功能试验和消费者试验。功能试验主要在实验室进行，目的是测试新产品的性能、安全性、可靠性等是否达到规定的标准。消费者试验则可以请消费者来实验室做实验，也可以提供样品给消费者试用，以了解消费者的意见、建议和偏好等。

7. 市场试销

如果企业高层管理者对某种新产品开发试验结果感到满意，就着手用品牌名称、包装和初步市场营销方案把这种新产品装扮起来，把产品推上真正的消费者舞台进行实验。其目的在于了解消费者和经销商对于经营、使用和购买这种新产品的实际情况以及市场的大小，然后再酌情采取适当对策。市场试销的规模决定于两个方面：一是投资费用和风险大小；二是市场试销费用和时间。投资费用和风险越高的新产品，试销的规模应越大一些；反之，试销规模就可小一些。从市场试销费用和时间来讲，所需市场试销费用越多、时间越长的新产品，市场试销规模应越小一些；反之，则可大一些。不过，总的来说，市场试销费用不宜在新产品开发投资总额中占太大比例。

8. 批量上市

在这一阶段，企业高层管理者应当作以下决策：何时推出新产品；何地推出新产品；向谁推出新产品；如何推出新产品。只有这几方面的问题得到解决，企业才能真正实现其批量上市的目的。

（四）新产品开发的策略

企业进行新产品开发时，要有正确的策略。只有采取正确的策略，才能使企业的新产品的开发获得成功。常用的新产品开发策略有以下几种：

1. 挖掘顾客需求策略

满足顾客需求是新产品的基本功能。挖掘顾客需求策略是以市场为中心的开发策略，是以消费者的需要、欲望作为开发新产品的出发点，从市场潜在的或未满足的需求入手，强调应开发什么，而不是能开发什么。

2. 挖掘产品功能策略

挖掘产品功能策略，实际上就是老产品新生的策略。即通过赋予老产品新的功能、新的用途，使老产品获得新生而重占市场。挖掘产品功能具体表现为产品多能化、产品功能完善化、产品小型化和微型化、产品结构简化、产品使用方便化等方面。例如，根据普通打火机在刮风时不能使用的缺点，开发出防风打火机；根据普通雨伞伞柄较长不易携带的缺点，开发出折叠伞；等等。

3. 创造产品特色策略

创造产品特色能增强本企业产品与其他企业产品的差异性。创造新产品特色的基本策略是新奇策略，即新产品要做到新奇美观、新奇实用、新奇入时，以满足人们求新、求异和追求个性化的心理需求。例如，一些化妆品包装瓶的新奇造型常使妇女爱不释手，由此促进了化妆品的销售。

除以上新产品开发策略以外，还有开发边缘产品策略、利用别人优势开发产品策略等。总之，开发新产品，首先，应了解市场的现实需求和潜在需求，想顾客所想；其次，考虑竞争对手未考虑到的，注意别人容易忽视的地方，从而使产品"无孔不入"地得到开发。但是，开发新产品切忌频繁转移阵地，打一枪换一个地方，使开发的产品难以获得预期的效果。

五、品牌及包装策略

（一）品牌概述

1. 品牌的概念

品牌是商品的商业名称及其标识的统称，通常由文字、标记、符号、图案、颜色以及它们的不同组合等构成，用以识别一个出售者的产品或服务，使之与其他竞争对手的产品或服务相区别。品牌通常由两部分构成：

（1）品牌名称。品牌名称是指品牌中可以用语言称谓的部分，也可以称为"品名"，如"麦当劳""百度""联想"等。品牌名称有时同企业的名称一致，但有时也可能不一致。例如，宝洁的产品品牌名称就与其公司名称完全不相关。另外，有些品牌名称由企业名称+产品名称共同组成，如海尔的洗衣机，有海尔小灵童、海尔大地瓜。

（2）品牌标志。品牌标志是品牌中可以识别却无法用语言读出来的部分，包括各种符号、文字形状、设计、色彩、字母或图案等。这些标志同品牌名称共同构成了企业的品牌。例如，耐克的品牌符号是一个简洁的"勾"，而海尔的标志是两个不同肤色的卡通人物，可口可乐的标志是红白相间的英文字母，麦当劳的标志则是金色的 M 字母形成的拱门。这些标志都独具特色，给人丰富的联想，并且很容易记住和辨识。

2. 品牌与商标的关系

与品牌关系最密切的概念是商标。商标是商品上的一种特定标记，它是将品牌图案化并固定下来，经有关部门注册登记后作为商品的固定符号受到法律保护。经注册登记的商标标有"R"标记，或"注册商标"字样。商标是产品人为的固定符号，为产品的附加属性，它使产品与某种符号（或标记）建立一种人为的必然联系，以便人们识别和记忆，产生好感，激发购买欲望。

商标与品牌既有联系，又有区别。两者的联系表现在：商标的实质是品牌，两者都是产品的标记。其区别表现在：虽然所有的商标都是品牌，但并非所有的品牌都是商标。某产品的品牌可以与商标相同，也可以不同。商标必须办理注册登记，品牌则无须办理注册。一个品牌或品牌的部分经注册登记后才能成为商标。商标是受法律保护的品牌，具有专门的使用权和排他性。

消费者将品牌视为产品的一个重要部分，它代表了商品的质量和企业的信誉，一个好的品牌被称为"无声的广告"，能够帮助企业与顾客建立良好的品牌联系，而且品牌管理能够为产品增加价值，一个品牌的意义不仅仅在于简单的物理实体，从可口可乐的例子我们可以了解品牌的意义。

案例启示

在一次有趣的可口可乐与百事可乐的品尝测试中，有 67 位人员参与，他们在品尝软饮料的时候，连接着一个测试脑电波的仪器。当软饮料没有被标注品牌的时候，品尝者对品牌的偏好就比较中立。但是，当软饮料的品牌被识别后，75%的品尝者更倾向于选择可口可乐，而只有 25%的人选择百事可乐。当品尝者已经识别出所饮的是可口可乐时，大脑中最活跃的区域就是与认知控制和记忆相关的区域，而这一区域恰恰存储人们对于文化的认知信息。当人们品尝百事可乐的时候，这一区域就没有那么活跃。这是为什么呢？根据一位品牌策略专家分析，最主要的原因在于可口可乐长期建立起来的品牌形象，包括 100 年不变的瓶体、草书字体以及与之联系的一些图像标识。而百事可乐的品牌形象在顾客心目中并不是那么根深蒂固。尽管百事可乐可能会让人们联想到某位名人，或者"百事新一代"，但是它无法像可口可乐一样，能够让人们联想到一种强烈而振奋人心的美国标识。这样一种测试的结论是什么呢？结论很简单：消费者的偏好不仅仅建立在口味基础之上，可口可乐的品牌标识似乎也起到了非常重要的作用。

消费者如此看重品牌，因此，商家也在极力创建和维护自己的品牌。如今几乎找不到什么没有品牌的东西。盐包装在标有品牌的容器里面，普通的螺钉和螺母也带上了分销商的标签包装起来，连超市的蔬菜也有了原产地的品牌标识，如高山娃娃菜、宁乡花猪肉。创建品牌和维护品牌已经成为营销者的重要工作。

（二）如何建立强势品牌

营销人员都希望为自己经营的产品建立起强势品牌形象，使品牌在目标顾客心目中占据有利位置。图 7-4 列示了建立强势品牌的管理决策。品牌管理决策包括：品牌定位、品牌名称选择、品牌持有和品牌开发。

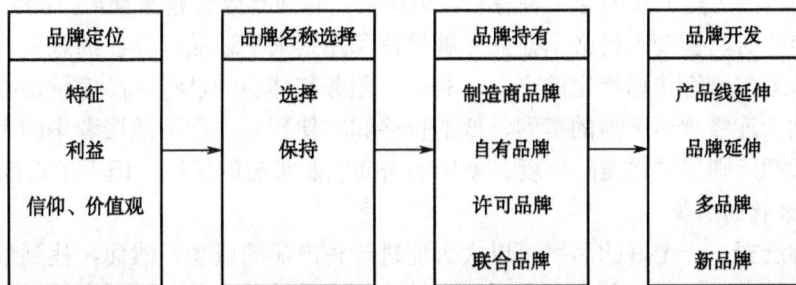

图 7-4　建立强势品牌管理决策

1. 品牌定位
营销人员将自己经营的产品在目标消费群头脑中确定一个特定的地位，称为品牌定位。品牌定位有三个层次：
（1）通过产品特征来进行品牌定位，这是最低的层次。例如，宝洁将生产的一次性纸尿片命名为帮宝适品牌，就是因为帮宝适品牌具有吸收性好、舒适度高以及一次性使用等产品特征。产品特征通常只能算品牌定位的最低层次，竞争者很容易模仿这些特征。更重要的是，消费者对产品特征并不感兴趣，他们更关心的是产品能为自己带来什么好处。
（2）通过强调产品带给消费者的利益来进行品牌定位，这是第二个层次。在此层面上，帮宝适的营销人员可以不再谈论产品的成分和功效，而是谈论帮宝适带给宝宝健康、干爽，妈妈快乐和幸福。一些强调利益而成功定位的品牌包括海尔（质量和服务）、沃尔玛（低价）、沃尔沃（安全）。

（3）通过强有力的信仰和价值观进行品牌定位，这是最高层次，其定位超过了强调产品特征和利益，这种定位强调的是品牌的情感冲击。例如，苹果、星巴克咖啡、麦当劳快餐和迪斯尼乐园这类品牌，通常更少地依赖实体产品的属性，而更多地依赖品牌带给顾客的惊喜和兴奋。成功的品牌往往能够从更深的感性层面吸引顾客，宝洁公司意识到，对于父母而言，帮宝适不仅只有吸收和干爽。下面我们一起来看看宝洁公司帮宝适的定位分析：

案例启示

宝洁的品牌经理这样说道，"过去，我们通常从功能利益角度考虑宝洁这个品牌。但是，当我们近距离聆听顾客心声的时候，顾客告诉我们，帮宝适绝不仅仅在于产品的功能，它更多的是对母婴关系和全方位婴儿护理的诠释。所以，我们说，我们想要的是顾客的消费体验，我们想做的是在婴儿成长和发育过程中为父母和婴儿提供全方位的帮助。"起初，人们认为我们在胡说，一块尿片能够有助于孩子的发育吗？但是，我们要知道，婴儿使用尿片的时间通常会达到三年之久。这一点也让我们重新设计研发战略，试图回答一系列问题，比如，我们如何才能帮助儿童拥有更好的睡眠？那么，我们为什么要考虑儿童睡眠质量的问题呢？因为睡眠对于大脑的发育非常重要。基于这样一种考虑，我们能够帮助顾客改善生活质量。伟大的品牌必须让消费者或组织感受到其价值所在。你要知道，直到我们将帮宝适的定位从干爽转变到帮助妈妈照顾婴儿发育的时候，其公司的婴儿护理业务才出现快速发展的势头。

[资料来源：（美）菲利普·科特勒，郭国庆，译《市场营销原理》（14 版第 263 页）]

在品牌定位时，营销人员必须建立品牌使命和愿景来描述品牌存在的意义。一个品牌是公司始终如一地向顾客传递特定的产品、利益、服务和体验的过程。品牌承诺必须简单、诚实。例如，七天连锁承诺干净的房间、低的价格和方便预订，但不承诺奢华的家具和宽大的浴室。而华天酒店则提供优美的环境、豪华的房间以及难忘的记忆，但不承诺低价格。

2. 品牌名称的选择

品牌名称选择，一个好的名字可以大大促进一种产品的成功。然而，找到最好的品牌名称并不是一件简单的工作。首先，需要认真地评价产品及其利益、目标市场以及拟实施的营销战略。其次，选择品牌名既是科学又是艺术，还要考虑品牌名称将来注册商标的法律规范。

理想的品牌名称具备以下几个方面的属性：

（1）应当表明有关产品带来的性能和质量方面的一些情况，如晚安床垫、梦洁床上用品、帮宝适尿布、博士伦隐形眼镜。

（2 应当易于发音、识别和记忆，短名称比较好，如汰渍、春秋航空、旺旺食品、步步高超市。

（3）品牌名称应当独特、鲜明，如耐克运动服饰、七天连锁酒店、"动感地带"移动业务。

（4）品牌名称要便于扩展，可以延伸到不同领域发展业务，如阿里巴巴，当初主要在电子商务领域，现在同样可以发展到物流、金融行业。

（5）品牌名称应当易于翻译成外语，如海尔（Haier），其翻译成英文及其他文字都不会出现歧义，因此，当海尔向海外市场扩张时，品牌的传播比较容易。国内名牌"乐百氏"的英译名"Robust"暗含 Sexual Connotation（性的内涵），因而在西方市场并不看好。

（6）应当能够注册并得到法律保护。我国商标注册法有严格要求，例如，已经注册的商标受法律保护，如果用作品牌名，就不能进行注册，还有如国家、省会城市名称也不允许注册商标，也不用作品牌名称。

3. 品牌持有

一个制造商可以在四种品牌所有权形式当中进行选择。一是产品可以用制造商品牌推出，就像海尔公司、索尼用自己的品牌标定产品，进行销售。二是制造商可以把产品销售给经销商，使用经销商自有品牌来标定产品，进行销售。三是制造商使用许可品牌经销产品，也就是贴他人品牌来进行销售。四是使用两个或多个公司的品牌在一个产品上。例如，联想与IBM、微软和英特尔进行品牌联合。在联想的笔记本电脑上同时有三个品牌标识，"intel inside""windows'7""lenovo"。下面分析不同品牌持有策略的特点：

（1）制造商品牌，制造商品牌长期以来统治零售业，虽然，近年来这种情况有所改变，越来越多的零售商和批发商建立了自有品牌或商店品牌。但在我国目前特定的经济环境下，制造商品牌占统治地位估计还会持续较长的时间。制造商品牌的优势体现在统一品牌形象，可以建立全国甚至全球品牌，品牌影响力大，容易在更大范围内创立名牌，提升品牌资产价值。当然，制造商品牌与自有品牌相比也存在其劣势，首先是对零售商的依赖，必须通过零售商来进行销售和促销，其次，零售商如果不能承诺品牌定位带给顾客的价值，将损害制造商品牌形象，最后，知名度高、经销能力强的零售商需要的营销费用很高。

（2）自有品牌或称商店品牌，许多大型零售商营销自有品牌产品，其产品的组合技术非常高，自有商品特色鲜明。如李嘉诚旗下的屈臣氏零售店自有品牌商品非常多，许多产品都是委托如宝洁之类品牌的制造商加工制造出来的，当然，也有其自发研制的护理用品和副食品等。沃尔玛、家乐福这些全球性的大零售商也经营众多自有品牌商品。自有品牌的零售商在与制造商的品牌大战中，占有许多优势。它们可以自由决定自己进什么货，各种商品放在货架什么位置，在当地广告中突出宣传什么产品。零售商定价时会把自有品牌商品的价格定得低于制造商品牌，从而更容易吸引到价格敏感的顾客。自有品牌可以为分销商提供竞争者无法提供的独特产品，从而在顾客中形成更高的自有品牌忠诚度。我们看到屈臣氏总是开在与家乐福和沃尔玛为邻的地方，销售的商品似乎与大超市重叠，但为什么仍有那么多顾客愿意光顾，因为，它的自有品牌商品是大超市中没有的，这深深地抓住了消费者的猎奇心。

（3）许可品牌，一些企业通过许可方式使用其他制造商已经建立的名称或符号，也可以是知名人士的名字，或流行读物、时髦电影中的角色名字。通过支付一定费用，便能够很快获得已经被认可的品牌名称。使用许可品牌的优势是能够在短期内迅速提升产品的知名度，吸引顾客注意，节省品牌开发的时间和精力。特别是对于一些中小制造商，采取这种方式可以花较少的品牌建立费用，获得较大的品牌影响力。例如，服装以及服装配饰的经销商都在通过许可品牌方式创建自己独特的品牌名，古姿（Gucci）、阿玛尼（Armani）和LV（路易威登）这些全球知名的奢侈品牌都是由经许可的人名命名的。还有迪斯尼作为全球最大的许可经营商，每年在全球营业额就可达到300亿美元之多。许可品牌经营在我国还没有得到很好的发展，商家对于许可品牌也缺乏正确认识，知识产权保护方面也存在许多漏洞。有的商家使用一些电影或电视里的卡通人物作为品牌形象，但并未来进行注册，也没有获得许可，这是法律所不允许的。

（4）联合品牌，就是将不同公司的两个已有品牌用在同一个产品上。联合品牌做法有许多好处，每个品牌在各自领域已经非常知名，由于采取强强联合，整合后的品牌将创造出对消费者具有更强的吸引力的品牌资产。例如，可口可乐与麦当劳、雀巢等知名品牌联合，推出新的饮料和食品。可口可乐与世界知名品牌结盟，其战略意图非常明显，就是为了抓住共同的目标顾客群体，联合将产生良好的协同效应。

联合品牌策略还可以使得一个企业将其现有品牌扩展到一个新的产品类别，例如，苹果—耐克运动装备这样一个联合品牌，就可以将运动者的耐克跑鞋与苹果的设备连到一起，通过苹果设备对运动状况的实时感应和分析来提升运动者的表现。"你的苹果感应器就成为了你的运动教练、你的运动的陪伴者和最好的运动伙伴。"苹果—耐克的联合品牌不仅在运动产品的市场中宣传了苹果，也同时给耐克用户增加了更多的价值。

当然，联合品牌也存在一些局限，要达成联合品牌关系需要签订复杂协议和许可证书。联合品牌的双方都必须周密协调它们的广告、销售促进活动。双方都必须相信对方会精心呵护自己的品牌，若一方品牌形象受损，就会连带联合品牌受损。

4. 品牌开发战略

关于品牌开发，企业可以采用四种选择：产品线延伸战略、品牌延伸战略、多品牌战略和新品牌战略（图 7-5）。

	产品类别	
	现有产品	新产品
品牌名称 现有品牌	产品线延伸	品牌延伸
新品牌	多品牌	新品牌

图 7-5　品牌开发战略

（1）产品线延伸战略，就是企业将现有品牌名称延伸至已有产品种类新的形式、颜色和款式上。例如，宝洁—汰渍洗衣粉品牌延伸至新香型、新规格包装的洗衣粉种类。利用产品线延伸品牌策略可以为推出新产品降低成本和风险，同时满足消费者多样化的需求，利用过剩的生产能力，或者仅仅是从分销商那里争取更多的货位。不过产品线延伸品牌策略如果过度，也会带来许多问题，首先，消费者容易混淆同类产品，购买时目标不明确。其次，新产品可能会侵蚀原产品的销售量。例如，可口可乐公司在美国提供了两个子品牌，健怡可乐和零度可乐。而健怡可乐又根据其有无咖啡因及口味和香味不同进一步细分为无咖啡因健怡可乐、樱桃健怡可乐、黑莓香草味健怡可乐、柠檬味健怡可乐、酸橙味健怡可乐等十种以上健怡可乐子品牌。消费者真的能够辨别这些子品牌的差异吗？答案并非那么乐观。

（2）品牌延伸战略，是指企业利用已出名的成功的品牌推出改进型产品或全新产品。如联想集团将联想品牌从电脑成功延伸至手机、数码产品系列上。品牌延伸策略使新产品能够迅速获得认可，大大节省了新产品推广费用。品牌延伸策略同时也有其风险，延伸品牌可能会混淆主要品牌形象。而且延伸品牌如果失败，也会损害消费者对同一品牌下其他产品的态度。

因此，企业必须慎重利用现有品牌来延伸新产品，品牌延伸适合那些与原产品关联度较高的新产品，而如果跨度太大，就会不被消费者接受。

（3）多品牌战略，企业在已有的产品类别中引入多种不同的品牌名称。例如，宝洁在中国洗发用品市场销售伊卡露、沙宣、海飞丝、飘柔、潘婷等多种品牌产品。多品牌提供了一种新的方式，这种方式能够针对不同的顾客需求建立不同的品牌特征，从而获得更多的经销商货位以及更大的市场份额。宝洁洗发水品牌众多，让所有消费者都能购买到适合自己的产品，因此，其在中国洗发水市场占有率永远领先其他公司的品牌产品。

多品牌战略的一个重要缺点在于每个品牌可能都只占有较小的市场份额，而每个品牌形象要树立起来都必须单独进行推广和宣传，公司将资源分配在几个品牌上，最终却没有获得足够盈利。

（4）新品牌战略，由于企业原有品牌的力量正在下降且必须引入一个新品牌来改变这种状况，或者企业进入到一个全新领域而与公司现有品牌不适合的情况下，都可能创立新品牌。例如，湖南英氏公司，其原有品牌英氏主要用于婴儿食品系列产品，而现在英氏要进入婴儿用品领域，如主推尿不湿，吃与用还是有很大差异的，特别是中国传统，很不习惯将吃与拉放在一起，因此，尿不湿如果与奶粉同一个品牌，就不太容易被消费者接受，于是英氏果断推出新品牌——舒比奇。就像采取多品牌策略一样，设立太多新品牌可能导致公司的资源分散，每一个品牌都缺乏市场竞争力。因此，一些大公司正在进行品牌整合，将一些竞争力小，市场份额少的品牌取消，集中资源将几个品牌做成行业的第一或第二的品牌。

（三）品牌保护管理

品牌对于企业来说是具有一定价值的品牌资产。品牌资产是衡量顾客偏好和忠诚的重要指标。如果顾客对一个品牌产品的偏爱程度高于非品牌的同类产品时，这个品牌的品牌资产就是正的。同样，如果顾客对一个品牌产品的偏爱程度低于非品牌的同类产品时，这个品牌的品牌资产就是负的。根据估测，谷歌的品牌资产价值为1000亿美元，微软为760亿美元，可口可乐为670亿美元。全球其他最具价值的品牌包括IBM、麦当劳、苹果、中国移动、通用电气、沃尔玛等。企业需要建立一个好的品牌，更要维护好品牌，使之不断升值。企业要防范来自企业内外的各种损害和侵权行为，确保品牌应有的形象和价值得到维护。企业对品牌的保护包括四个方面，即设计保护、打击假冒、自律保护和社会保护。

（1）设计保护。设计保护是指企业在进行与品牌相关的图案、色彩、包装物等设计时，使用专业化的设计和防伪技术，使其他企业无法仿制品牌标志，或者仿制时需要付出高昂的代价，从而起到保护品牌的效果。例如，培生公司在其出版发行或者授权出版发行的图书上，一律贴有防伪标志，这在一定的程度上阻止了盗版图书的泛滥，起到了保护品牌的作用。随着科技发展，防伪手段也有了很大进步，现在大多使用二维码扫描技术来识别真假产品。因为二维码的唯一性，很好地防止了假冒产品。

（2）打击假冒。假冒伪劣是最主要的品牌侵权行为。仿制品不仅以低价抢占正品企业的市场份额，而且会因仿品质量、功能、服务等方面的缺陷严重损害正品企业的品牌形象。例如，在红塔山香烟风靡全国的时候，在一些地区竟然出现了无人敢买的现象，原因是消费者常常发现买到的是不法商贩兜售的假货。

为了保护品牌，企业必须借助法律手段保护自身的品牌免受侵害和少受侵害。对于向企业提供假冒伪劣产品信息的部门和人员，企业要给予奖励；对于政府法律部门等开展的打假活动，企业要积极予以配合。同时，企业要主动出击，收集假冒伪劣信息，找寻假冒伪劣源头。必要时，甚至可以考虑成立打假办公室，专门负责打假工作。例如，娃哈哈集团和健力宝集团，就曾专门成立从事打击假冒伪劣的内部机构。

（3）自律保护。企业自己树立的良好品牌，还需要自身来努力维护，要特别防止企业自身砸牌子的事件发生，品牌综合体现了企业各方面的工作，因此，企业也必须依靠所有部门和员工的自律行为来保护品牌，避免出现由于内部人员行为不当使品牌形象受损。首先，企业必须严格控制产品质量，确保产品性能、功能、特色等的一贯性，坚决杜绝不合格产品流向市场。其次，企业必须坚持做一个遵纪守法、有良好的伦理道德和社会责任心的企业，避免因为一些不当的突发事件对品牌造成伤害。另外，企业必须要求所有员工的日常行为处处展现企业的品牌形象，避免不适当的行为举止，特别需要避免内部员工自我诋毁企业品牌形象。最后，企业要在动态中不断提升品牌的形象和价值，从动态来看，打造更好的品牌是对品牌的最佳保护方式。

（4）社会保护。政府部门、新闻媒体、社会舆论都是惩恶扬善强有力的武器，在保护品牌过程中发挥着十分重要的作用。企业不仅要利用政府的法律打击假冒品牌，还应该充分利用政府部门拥有的行政权力，积极推动政府部门出台保护品牌的强有力措施，支持政府部门开展有效保护品牌的工作。新闻媒体在揭露侵害品牌的不当行为、宣传知名品牌方面发挥着独特作用，企业应该充分利用媒体监督和打击假冒伪劣等行为的喉舌作用。另外，企业应该在全社会范围内努力营造一种尊重品牌、保护品牌的氛围，特别要让社会公众意识到保护品牌不仅仅是为了保护企业的利益，同时也是为了更好地保护消费者的合法权益。

（四）包装策略

1. 包装的概念

商品包装是指盛装商品的容器或商品的外部包扎。商品包装一般包括三个部分：首要包装，即商品的直接包装，如牙膏皮、酒瓶等；次要包装，也叫中层包装，是指保护首要包装的包装物，如包装一定数量的糖果、药品、香烟的纸盒或纸板箱等；装运包装，是指为了贮运、识别商品的外包装。商品包装在现代经济生活中已经成为整体产品不可缺少的组成部分，它不仅直接影响商品的使用价值，而且还直接影响商品的价值。除了少数属于原材料类型的产品，如沙石、煤炭等外，一般均需要包装。目前，商品包装技术已经发展成为专门的学科，商品包装也成为独立的工种或行业。

2. 包装的作用

商品包装的最初目的或基本功能是为了保护商品从生产领域到消费领域安全无损地转移。但现代市场营销观念给包装赋予了新的内容，使它已经成为一种非常有效的促销手段。商品包装的作用，概括起来主要有以下几个方面：

（1）保护商品。包括可以保护产品的内在质量和外表形状，使其在储运和销售过程中，避免散失、变质和变形，确保商品的使用价值。这一作用对某些产品尤为突出。例如，感光器材、化工产品、药物、食物、饮料等，如果没有适宜的包装，它们的使用价值就会受到严重损害。

（2）便于运输、携带和贮存。商品的物质形态有气态、液态、固态等，商品的物理、化学性质也各异，如有毒、有腐蚀性、易挥发、易燃爆、易碎等；商品的外形可能有棱角、刃口等危及人身安全的形状。凡此种种，只有加以适当的包装，才能运输、携带和贮存。

（3）便于使用和指导消费。适当的包装有利于使用和指导消费的作用。根据商品在正常

使用时的用量加以包装，如味精 500 克装适用于食堂，50 克装适用于家庭，这里包装的大小起着便于使用的作用。适当的包装结构也起着便于使用和指导消费的作用，如拉环式、旋钮式易开罐头等。

（4）美化商品，促进销售，增加盈利。企业已意识到良好的包装在促使消费者迅速识别本企业或品牌方面的作用。例如，在一个普通的超级市场，差不多有 4.7 万种商品，而沃尔玛超级购物中心拥有的产品可以达到 14.2 万种之多。一般顾客每分钟经过 300 种产品，而 40%到 70%的购买决定是在市场中作出的。在高度竞争环境中，包装可能是卖方影响买方的最后一个机会。因此，对于很多公司而言，包装本身已经成为一个越来越重要的销售媒介和促销手段。

商品使用包装后，首先进入顾客视觉的不是商品本身，而是商品的包装。精美的包装可以起到引起顾客兴趣，触发其购买动机，促进产品销售的作用。因此，可以说，精美的包装是"无声的推销员"，特别是在自选商店和超级市场更是如此。商品包装还可以增加商品的价值，从而增加企业的盈利。一般来说，商品的内在质量是市场竞争能力的基础。但是，一个优质产品，如果不与优质包装相结合，在市场上就会削弱竞争能力，降低"身价"。这在国际市场上尤其明显。例如，苏州的檀香扇在香港市场上的售价原来为 65 元，改用锦盒包装后，售价提高到 165 元，且销售大增。

过去我们使用的酱油瓶子都是直口，因此，炒菜使用时，酱油会流到整个瓶体上，很不卫生；加加酱油首先采取漏斗形状的瓶口，彻底解决了这一问题，加加酱油就凭这一创新设计，赢得了消费者认同，获得了较高市场份额。

3. 包装策略

（1）类似包装策略。即企业对各种产品采用具有相同图案、色彩或其他共同特征的包装。这种策略，能节省包装设计费用；易于顾客辨别，增强企业产品的声势；有利于介绍新产品。但这种策略只适用于质量水平相接近的产品，如产品质量悬殊，则会给优质产品带来不利影响。

（2）多种包装策略。即企业把使用时相互有关联的多种产品纳入一个包装物内，同时出售，如家用药箱、工具箱等，这种策略便于顾客购买、使用，有利于扩大销售。但包装设计较为复杂。

（3）等级包装策略。即企业对不同质量等级的产品采用相应等级的包装，这样可以使商品表里一致，方便不同购买力的顾客群选购。

（4）再使用包装策略。这种策略亦称双重用途包装策略。即企业设计的包装物，在商品用完后，可移作他用，如酒采用杯形包装，酒饮完后，酒瓶可以当水杯使用。这种策略能刺激购买者的购买欲望，同时还能发挥广告的作用。

（5）附赠品包装策略。即企业在包装内附加某种赠品。这是目前国际市场上较为流行的包装策略。这种策略，主要通过赠品，引起消费者的购买欲望，而且容易引起重复购买行为，如在儿童食品包装内附赠连环画册等。

（6）改变包装策略。即企业通过改变包装来扩大产品销售。当企业的产品与其同类产品质量相近，而销路打不开时，就应该考虑改变包装设计，当一种包装已采用较长时间时，也应考虑推陈出新，改变包装设计。这种策略可以给顾客新的感觉，从而刺激其购买欲望，扩

任务七

大销售。但采用这种策略，商品的内在质量必须达到使用要求，否则，即使在包装上作了显著改进，也无助于销售的扩大。

小结

1. 定义产品以及产品与服务分类

从广义的角度来定义，产品就是向市场提供的，用于引进注意、获取、使用或消费，以满足欲望或需要的任何东西。产品包括实物、服务、人员、事件、地点、组织和观念以及这些元素的组合。

根据使用产品和服务的用户类型，可将产品和服务划分为两大类：即消费品和产业用品。其中消费品是最终消费者购买用于个人或家庭使用的产品。根据消费者购买行为的不同，可分为便利品、选购品、特购品和非渴求品。产业用品是产业用户购买后用来出售给最终消费者或用于继续生产加工的产品。产业用品划分为原材料和部件、资本品、辅助品和服务。

2. 单个产品和服务以及产品组合决策

单个产品和服务决策包括产品属性、产品支持性服务的决策，品牌管理、包装策略在后面详述。产品属性决策涉及企业提供的产品质量、特征、风格和设计。品牌管理包括选择品牌名称、选择品牌持有方式和制定品牌战略。企业必须提供产品支持性服务，从而提高顾客对服务的满意来抵制竞争对手。

产品组合是指企业有多条产品线，每条产品线上有多种产品项目，每个产品项目又有多个不同规模、颜色、款式的产品。产品组合可以从四个角度进行描述：①产品宽度，即产品线总数目；②产品长度，即产品线上产品项目数；③产品深度，即产品项目中不同规模、款式的数目；④产品关联性，即各产品线之间在使用功效、分销渠道、生产技术等方面的联系紧密度，相关性强，有利于资源共享，能够节约成本。

产品组合决策有四种选择：增加产品线，拓展产品宽度；延长现有产品线，增加产品线长度；增加产品项目中的品种、样式，提高产品组合深度；提高或降低产品组合关联度，可以开辟新的产品线，或削减现有产品线。

3. 产品市场生命周期特点及对策

产品市场生命周期是指产品从投入市场到被消费者淘汰所经历的时期。一般可分为四个阶段，即投入期、成长期、成熟期和衰退期。产品生命周期不同阶段的特点不同，因此，企业的营销组合策略也不同。

4. 新产品开发策略

新产品获取有两个途径，一是直接获取现存的新产品，如与新产品企业联合经营、购买专利、获得特许经营权、外包生产新产品；二是自行开发。

新产品开发程序包括寻求创意、甄别创意、形成产品概念、营销规划、商业分析、产品开发、市场试销和批量上市等八个阶段。

5. 品牌和包装策略

营销人员必须对品牌进行严格管理，才能建立强势品牌。品牌管理决策包括：品牌定位、品牌名称选择、品牌持有和品牌开发。

品牌定位是指营销人员将自己企业产品品牌在消费者头脑中确立一个清晰的地位。品牌定位分高、中、低三个层次。最低层次定位以产品特征定位，而中间层次则用产品利益定位，最高层次以产品信仰和价值观定位。成功的品牌定位一般都会选择较深层次，即从感性上吸引顾客。

品牌名称选择，一个好的品牌名称是促成产品成功的重要因素。好的品牌名称必须具备以下四个条件：①应当表明有关产品带来的性能和质量方面的一些情况；②应当易于发音、识别和记忆；③品牌名称应当独特、鲜明；④品牌名称便于扩展到其他不同领域；⑤品牌名称应当易于翻译成不同语种，且不产生歧义；⑥应当能够注册并得到法律保护。

品牌持有，从制造商角度来看品牌的持有可以有四种选择：制造商品牌，零售商自有品牌，通过支付一定费用获得特许的品牌，由两个已经成名的品牌联合推出的新品牌。

品牌开发，包括产品线延伸、品牌延伸、多品牌和新品牌四种选择。产品线延伸品牌开发是将现有品牌使用到产品线上新增加品种上，而品牌延伸则是指将已经成名的品牌用于新产品类别上，多品牌策略是指同类产品使用不同的品牌名称，新品牌策略则是改变现有品牌名或为新产品制定新产品名称。

品牌管理是产品策略中的重要内容，品牌是企业的无形资产，一个好的品牌，能够与顾客建立良好的关系。

复习与思考

1. 产品和服务的定义？产品或服务的三个层次包含哪些内容？并举例说明。
2. 产品组合的四个维度是什么？分析四个维度的意义在哪里？
3. 产品生命周期包括哪几个阶段？各阶段的特点及营销策略是什么？
4. 新产品获取的途径有哪些？开发新产品的程序及相关内容是什么？
5. 品牌与商标有什么关系？企业应该如何创造强势品牌？
6. 包装的作用有哪些？为什么说包装能够为企业带来增值？举例说明。

模块二 实训操练

实训一：案例分析

一、实训内容

认识产品组合、新产品开发与品牌策略在企业营销中的重要作用。

二、实训准备

1. 授课老师从实现中寻找相关企业实例提供给学生；
2. 以4～5人为一组，上网或者实地调查案例的背景资料；
3. 充分掌握案例资料多方面内容和企业最新发展动态；
4. 根据案例留下的讨论问题开展小组讨论。

三、实训组织

1. 授课老师按小组组织课堂案例讨论；
2. 小组代表陈述讨论的结果，其他成员补充；

3. 老师引导各组之间进行辩论,激发创新思维;

4. 最终由老师进行点评,发表参考意见。

四、实训评价

1. 资料准备充分,信息可靠;(2分)

2. 讨论问题具体,结论明确;(3分)

3. 参考课堂辩论,观点创新;(3分)

4. 充分调动组员,集思广益。(2分)

【案例分析】

洽洽食品公司的产品组合策略

洽洽食品股份有限公司是由安徽洽洽食品有限公司整体变更设立的外商投资股份有限公司,成立于2001年。公司地处国家级经济技术开发区(合肥市),是一家以传统炒货、坚果为主营,集自主研发、规模生产、市场营销为一体的现代休闲食品企业,被誉为中国炒货行业的领跑者。公司坚持以"创造优质产品,传播快乐味道"为使命,经过近十年的潜心经营,产品线日趋丰富,生产运营管理体系逐步完善,产品知名度和美誉度不断提升,经济效益和社会效益逐年增长。

公司专业从事坚果炒货食品的生产和销售,产品种类齐全,品质优良,目前主要产品有葵花子类、西瓜子类、豆类、南瓜子类、花生类等传统炒货产品和以开心果、核桃、杏仁等为代表的高档坚果产品。

"洽洽食品"一直以"创造美味食品,传播快乐味道"为使命,致力于将"洽洽——快乐的味道"传播到世界各地,打造世界知名品牌。公司主要产品有"洽洽小而香"、"洽洽怪 U 味"豆类、"好南仁"系列、"洽洽开心果"、"洽洽核桃仁"及"洽洽早餐派"等传统炒货产品和现代焙烤产品系列。经过多年的市场推广,目前"洽洽"品牌已经成长为中国坚果炒货行业的第一品牌和中国驰名商标,走入千家万户,洽洽系列产品也深受消费者的喜爱。

洽洽食品公司的产品组合策略。企业在营销中能够不断扩大产品组合的宽度,延长产品组合的深度和长度的主要原因在于:①充分利用已有品牌资源,扩大赢利项目;②充分利用已有技术资源再生产,属于风险很小的投资;③增加产品,扩大市场占有率,增加利润。总体目的是为了盈利、或减少企业风险以及抢占市场。洽洽也不例外,所以洽洽也在不断地完善原有产品、推出新品,在保证中国炒货行业领导者地位的同时全面发展,占有更多市场份额,降低企业营业风险。

一直以来,洽洽在中国就是瓜子的代名词,但是基于市场环境的变化和企业的品牌优势,洽洽也在积极引进人才,不断开发新品,扩大产品线。洽洽现在共有八大类五六十种单品。

目前,洽洽主要采取的是扩大产品组合和产品延伸策略。以下是洽洽产品组合长度变化图。

洽洽瓜子	香瓜子110g、160g

洽洽瓜子	香瓜子30g、70g、110g、160g、200g…… 奶香瓜子110g、150g…… 凉茶瓜子70g、150g…… 原香瓜子70g、150g、200g……
喀吱脆薯片	芥末三文鱼32g、51g 老坛酸菜32g、51g
怪U味	怪味豆（麻辣、酱汁牛肉）60g、80g、130g 兰花豆（香辣、酱汁牛肉）60g、80g
……	……

产品组合长度变化图

现在洽洽所有的产品包括洽洽葵花籽、小而香西瓜子、好南仁南瓜子、怪U味豆子、早餐派、喀吱脆薯片、喀吱脆脆熊、散称系列产品、高档坚果等。其产品组合的长度由 2 增加为 54。

产品组合深度。洽洽瓜子是洽洽最早也是知名度最广的产品，现在除了红色包装的百煮香瓜子，还有原香瓜子、凉茶瓜子和奶香瓜子，每种口味又有不同的规格，如知名度最高的百煮香瓜子就有 308g、260g、200g、160g、110g、90g、70g、30g 八种规格。

洽洽在根据市场需求不断变化规格的同时，也在包装和口味上增加了很多的单品。如近两年全力推出的洽洽喀吱脆薯片就由 1 个规格 5 个口味变为 2 个规格 8 个口味。其产品组合的深度得到了不断的拓展。

洽洽部分瓜子产品不同口味规格一览表

规格\口味	30g	70g	90g	110g	150g	160g	200g	228g	260g	285g	308g
香瓜子	√		√	√		√	√		√		√
奶香瓜子				√	√					√	
凉茶瓜子		√		√	√						
原香瓜子		√	√							√	

洽洽在增加产品长度的同时，也不断拓宽产品领域，增加产品宽度。最早的洽洽食品公司只有一条生产瓜子的产品线，而且只生产一种口味且规格较少的瓜子。现在，洽洽已经形成了 4 条比较完整的生产线：瓜子、高档坚果类、花生豆子类和烘焙类。其中瓜子分为葵花籽、西瓜子、南瓜子；坚果分为开心果、扁桃仁；花生豆子分为盐花生、兰花豆、怪味豆；烘焙类分为饼干、派、薯片。

再看看洽洽产品的关联度。洽洽瓜子是洽洽食品知名度和美誉度最高的产品，所以，洽洽葵花籽的生产技术、分销渠道在同类行业中都处于领先地位。之后，为了充分利用已有的技术资源和渠道资源，进行再生产，洽洽又先后推出了小而香西瓜子和好南仁南瓜子。之后又由炒货向烘焙类薯片饼干扩展。未来，洽洽还准备生产饮料、矿泉水等。

（资料来源：《中国营销传播网》）

讨论问题：

1. 洽洽采取了怎样的产品组合策略？这些策略带给了洽洽哪些优势？
2. 洽洽的产品策略还有哪些改进的地方，请举例说明。
3. 分析洽洽品牌的定位，洽洽应该如何保护其品牌价值？

实训二：产品和服务策略

一、实训内容

任务六已经为选定的企业产品进行了定位，明确了营销目标，制定了产品和服务策略，以实现目标市场定位和营销目标。

二、实训准备

1. 重温任务六中目标市场定位的相关资料；
2. 分析企业产品组合及研究产品的特点；
3. 分析主要竞争对手的产品和服务策略；
4. 通过上网和实地调查收集信息资料。

三、实训组织

1. 根据目标市场定位分析产品应该传递的核心利益；
2. 品牌和包装与定位之间的关联性分析；
3. 产品应该具有的服务和体验设计
4. 重新提出完整的产品和服务策略

四、实训评价

1. 进行了深入调查，依据充分；（3分）
2. 知识运用正确，方案切实可行；（3分）
3. PPT 表达清晰，回答提问准确；（2分）
4. 组内分工明确，团队协作较好。（2分）

【附件】

你是营销者：索尼克公司的新产品营销计划

作为营销供给物的产品和服务的决策对于任何营销计划能否取得成功都是关键的。在计划阶段，营销人员必须考虑许多涉及产品组合、产品线长度、新产品开发、产品生命周期阶段策略和品牌与包装决策等问题。

如果你是产品经理，你负有为索尼克公司的掌上电脑管理产品线和品牌的责任。考虑索尼克公司当前的实际情况，公司的目标市场和竞争者产品营销战略。通过回答下面的问题来设计索尼克公司的战略。

1. 什么是索尼克公司掌上电脑（Sonic1000）的核心利益？你认为这种延伸产品应该具备什么样的组成要素？

2. 分析你当前的产品组合和你的产品线。你的建议是什么？为什么提出这样的建议？

3. 索尼克这个品牌的属性和利益是什么？

4. 你向索尼克公司所建议的产品线和品牌延伸、新品牌或其他品牌战略是什么？为什么？

5. 你认为索尼克公司现有产品处于产品生命周期的哪个阶段？应该采取何种营销策略？

这些问题的回答与索尼克公司的营销工作有重大关系。根据导师的指导，把你设计的产品策略写进营销计划中营销组合策略部分。

任务八

制定价格策略

任务目标

知识目标

1. 理解价格定义及定价在营销中的重要性；
2. 理解企业定价的目标与影响因素；
3. 掌握企业定价的一般程序与方法；
4. 掌握定价的策略与调价的技巧。

能力目标

1. 能运用定价方法对现实产品进行定价；
2. 能制定合理的定价策略；
3. 能运用定价技巧调整产品价格。

模块一 理论指导

案例导入

Dior 香水到底值多少钱

克里斯汀·迪奥（CD），这个以著名设计师命名的品牌已经成为世界奢侈品的代名词。该品牌旗下有手包、服装、香水等。白领女性对 Dior 香水情有独钟，香水系列从 Dior 女士沙丘、Dior 女士真我、Dior 女士香水，100ml 在京东商城的网购价，分别达到了 395 元、621 元和 1088 元。如果去王府井百货、友谊百货这些名牌专柜，其价格可能还要高出 30%～50%。然而，如果你询问拥有 Dior 香水的女士们，她们会告诉你，如果说起 Dior，价格不是问题，使用 Dior 的体验才是一切。Dior 品牌出自法国著名设计师克里斯汀·迪奥之手，而克里斯汀·迪奥本人的传奇故事，加上法兰西浪漫的文化，其出身就充满了神秘感。当你看到那个经典的 Dior 香水瓶子时，立刻会联想到自由无形的水滴和高贵、典雅的少妇。Dior 香水系列不仅包装设计独特，尽显高贵，而且其品质也非常好，香味天然而柔和，淡雅而悠长，具有强大的魅惑力。当你喷上一点 Dior 香水，出现在公众场合、穿梭在宾客之间，身后仿佛不知不觉会出现许多追随者，每个人都向你投来景仰的目光，顿时让你自信倍增。有哪个女人会不为之

心动呢？

当 Dior 那个穿着金缕长裙的法国女郎飘逸而来的广告画面出现在网络视频或百货商场外墙时，更强化了女士们的联想。正如广告词的诠释：她，散发亮丽光芒，气质独一无二，自由、热情且大胆无畏，魅力盛放，光彩动人，这就是我——未来如金璀璨——迪奥真我香水。拥有 Dior 是一种骄傲，一种气质和自信。谁能为这种感觉加上一个价格呢？

思考：

1. 价格的真正含义是什么？
2. 迪奥到底应该如何定价？

上一任务我们已经探讨了营销组合的第一种工具——产品策略，接下来我们将探讨营销组合的第二种工具——价格策略。如果说有效的产品开发、促销以及分销播下了成功的种子，有效的定价就是收获。成功地利用其他营销组合来创造顾客价值的公司，最后必须利用定价来交换这一价值，获得价值回报。本任务我们将重点探讨价格的含义、影响定价的因素、定价的程序和基本方法。正如前面案例提到的，Dior 在消费者心中到底值多少？我们怎样为商品定价？

一、了解企业定价的目标和程序

（一）什么是价格

从狭义角度理解，价格（Price）是一种产品或服务的标价。从广义来看，价格是消费者为了换取其所需要的产品和服务所付出的价值。价格曾经是影响消费者购买决策的主要因素，虽然随着经济发展，人们收入水平提高，非价格因素变得越来越重要，但在我国，经济发展的不平衡，加上社会结构两极分化现象严重，较长时间内价格是继续影响低消费阶层购买决策的重要因素。当然，价格也是决定企业市场定位和市场份额的关键因素。

价格是营销组合中唯一能够产生收入的要素，而产品、促销和渠道等其他因素都代表成本。价格与营销组合其他因素相比，也是最灵活的因素，它可以随时进行调整变动。价格对于公司的利润有着直接的影响，价格上调一个小小幅度可能都会给公司带来一个较大幅度的利润增长。价格在公司为顾客创造价值和建立顾客关系上起着非常重要的作用，定价是企业总价值方案中的一个重要部分。

在完成公司目标的过程中，定价在很多情况下扮演着极其重要的角色。一家公司可以通过定价来吸引新的顾客或保持现有顾客。它可以通过定价来抵御新进入市场的竞争者，或者制定与竞争者相同的价格以保持市场的稳定。它还可以通过定价来维持经销商的忠诚度和支持度。一项产品也可以通过定价来促进公司产品线上其他产品的销售。

（二）定价目标

定价目标是指企业通过特定水平价格的制定或调整以求达到预期的价格目的和标准。定价目标是企业市场营销目标体系中的具体目标之一，它的确定必须符合企业营销总目标，也要与其他营销目标（如促销目标）相协调。不同时期，需要实现的营销目标不同，因而定价目标也不一样。企业主要的定价目标有：

1. 以追求最满意的利润为目标

即企业追求一定时期内可能获得的最高盈利额。最满意的利润或利润最大化取决于合理定价所推动的销售规模，因而追求最满意的利润并不等于追求最高价格。据此目标，企业营销经理决定商品售价时，主要考虑按何种价格出售可以获得最大利润，而且同时可以通过投资收益率（资金利润率）来考虑。因此，当企业及产品在市场上享有较高的声誉，在竞争中处于有利地位或供不应求时，企业可以利润最大化为定价目标。但在更多情况下，企业把追求盈利最大化作为企业一个长期定价目标，与此同时，企业会在某些时期选择一个适应当时的特定市场环境的短期定价目标来制定价格。

2. 以保持或扩大市场占有率为目标

市场占有率是企业经营状况和产品竞争力状况的综合反映。较高的市场占有率是企业了解掌握消费需求变化，保证和扩大产品销路，实现对市场及其价格的控制，从而实现企业稳定盈利的保障。事实证明，市场占有率越高，企业对市场的控制能力就越强，其盈利就越高。提高市场占有率比追求短期盈利意义更为深远。正因为如此，提高市场占有率通常是企业普遍采用的定价目标。以低价打入市场，用高密度广告宣传开拓销路，逐步占领市场是以提高市场占有率为定价目标时普遍采用的方法。一般情况下，销售增长率的提高与市场占有率的扩大是一致的。因此，企业应结合市场竞争状况和新产品投放市场前的预计市场份额，有选择地实现有利可图的市场占有率。当企业的市场占有率扩大到一定的比例之后，由于市场的竞争，其市场占有率便有逐步回落的趋势。这时，企业在定价中往往会以维持较高的占有率为目标。

3. 以提高竞争能力为目标

许多企业对所经营的产品，常常有意通过定价进行价格竞争，价格竞争是市场竞争的重要手段。因此，处在激烈市场竞争环境中的企业常会通过价格的调整来提高企业产品在市场上的竞争能力。实力强大的企业经常利用价格竞争排挤竞争对手，借以提高其市场占有率；反之，当企业处于不利环境中，受到原材料价格上涨、供应最新产品加速替代等方面的猛烈冲击时，为避免倒闭，企业往往进行大幅度折扣，以保本价格，甚至小于成本价格出售产品以求收回资金，维持营业，以争取渡过财务危机和赢得新产品研制的时间，重新问鼎市场。这种定价目标只能作为企业特殊时期的过渡性目标，一旦出现转机，此目标将会很快被其他目标所代替。

4. 以保持稳定的价格、维护企业形象为目标

良好的企业形象是企业无形的资源与财富，是企业成功地运用市场营销组合取得的消费者信赖，是企业长期积累的结果。为了维护企业良好的形象，实力雄厚的大企业，必须在定价上避免同政府、中间商、消费者发生严重摩擦，利用价格来维护企业及其产品在市场中的声望。如有些行业中的大企业在原材料价格上涨或行业发生大的波动的时候，不随波逐流，通过稳定价格来给顾客和中间商以实力雄厚、靠得住的感觉，以维护其良好形象。一般来说，当行业中大企业利用价格进行多轮竞争确立了自己在市场上比较稳固的地位后，为了保证自己稳定的收益，都会采用此种定价目标。对中小企业而言，由于大企业不随意降价，其利润也能得到保障。这种定价目标，可以避免新的不必要的价格竞争风险。

（三）定价的主要程序

企业必须综合各种因素制定具有竞争力的价格，使之既能满足用户的期望，又能保证企业营销目标和财务目标的实现。制定合理的营销价格，一般可以采取六大步骤。

1. 确定定价目标

价格作为企业市场营销的重要措施，是同其他各项营销组合因素密切配合来实现企业营销目标的。为了能够适应企业营销目标的要求，并与其他营销组合因素配套，企业在制定价格时，首先要确定定价目标，以明确定价思路的基本走向。

2. 估算成本

任何企业在市场营销定价时都会面临着一个成本估算的问题，进行保本分析，从而确定一个企业可参照的最低价格——保本价格。

3. 测定需求

测定需求主要是分析目标市场对产品的需求数量和需求强度，预测顾客对产品定价的接受程度。如果目标市场对产品的需求数量和需求强度大，对价格的接受程度高，则对企业产品的定价较为有利。同时，市场需求是一个可变的量，它反过来又会受到价格水平的影响。因此，在定价中，企业应根据需求弹性理论来测定产品的不同价格水平对市场需求数量和需求强度的影响，以便确定市场需求最大时消费者所能接受的价格上限——最高价格。

4. 分析竞争

分析竞争的目的是为企业产品确定一个最有竞争力的价格。对市场竞争的分析，主要包括市场竞争的格局分析、主要竞争对手实力的分析、竞争对手应变态度和策略分析等。一般情况下，市场竞争格局对企业有利或竞争对手实力较弱时，企业能较自主地制定自己产品的价格；如果竞争格局较为均衡或竞争对手实力与本企业相当时，企业在制定价格时应特别慎重，避免价格的对峙而形成"价格战"；如果市场竞争格局对本企业不利或竞争对手实力强大时，则只能根据竞争对手的价格水平来制定本企业产品价格。另外，企业在制定和调整价格时，还应分析竞争对手的应变态度和策略。例如，企业价格调整后，对手可能会针锋相对地调整价格，进行价格竞争，对手也可能不调整价格，而在营销组合的其他因素上下功夫，与企业进行非价格竞争。

5. 选定方法

企业定价方法的选择，其根本原则就是为实现企业的定价目标，进而实现企业的经营目标而确定出一种最为可行的定价方法。一般来说，企业在定价时，要综合考虑成本、需求和竞争三个基本因素。而在实施定价中，由于当时所处条件和环境的差异，通常会侧重其中一个因素，从而形成三种类型的定价方法：成本导向定价法、需求导向定价法和竞争导向定价法。

6. 确定最终价格

企业运用一定的定价方法确定出了初步价格后，还不能交付使用。因为依据每种方法制定出来的价格都有一定的片面性，因而需要在全面分析的基础上进行调整，以确定最终价格。在调整时，应从以下三个方面进行：一是将初步价格按照国家有关的方针、政策、法规的要求进行调整，以使价格不与国家现行有关规定、法律相冲突；二是将初步价格按照企业市场营销组合的需要进行调整，以使产品价格与营销组合的其他因素相配套；三是将初步价格依据目标市场消费者心理需求进行调整，以使产品价格能为消费者所接受。

二、分析影响产品定价的主要因素

影响市场营销定价的因素是多方面的，包括企业自身、市场需求、市场竞争、社会经济、法律和政策等组合因素。

（一）企业自身因素

1. 产品成本

产品成本是营销定价的基础，是商品价格的最低经济界限。一般来说，商品价格必须能补偿产品生产及市场营销活动中的所有支出，并补偿企业为经营该产品所承担的风险支出。尽管在营销活动中，有些企业在某些时候因各种原因采取了低于成本的定价，但这种定价是不能长期维持的，而且很可能会被政府有关部门判定为倾销行为而被禁止。

产品成本可以从不同角度来划分，产品成本的不同方面对产品定价影响各不相同。

（1）固定成本是企业在一定规模内生产经营某一商品支出的固定费用，在短期内不会随产量的变动而发生变动的成本费用，如固定资产折旧、房租、市场调研费、管理人员工资等开支。企业固定成本与具体产品的销售量不直接发生联系，它是通过分摊的形式计入单位产品价格中的。

（2）变动成本是随着产品种类及数量的变化而相应变动的成本费用。主要包括用于原材料、燃料、运输、储存等方面的支出，以及生产工人工资、直接市场营销费用等。单位产品的平均变动成本会直接计入产品价格中，因此，它对产品价格有直接的影响。

（3）总成本总成本即全部固定成本与变动成本之和。当产量为零时，总成本等于固定成本。

（4）平均固定成本指单位产品所包含的固定成本费用的平均分摊额，即固定成本费用与产量之比，它随产量的增加而减少。

（5）平均变动成本指单位产品中所包含的变动成本费用平均分摊额，即总变动成本费用与总产量之比。它在生产初期水平较高，其后随产量的增加呈递减趋势，但达到某一限度后，会由于报酬递减率的作用转而上升。

（6）平均成本指总成本费用与总产量之比，即单位产品的平均成本费用。

（7）边际成本每增加1单位产品而引起总成本变动的数值。在一定产量上，最后增加的那个产品所花费的成本所引起总成本的增量即边际成本。企业可根据边际成本等于边际收益的原则，以寻求利润最大的均衡产量；同时，按边际成本制定产品价格，能使社会资源得到合理利用。

成本的高低是影响定价策略的一个重要因素，产品定价高于平均成本，企业才会有赢利。只有这样，企业才能以销售收入来抵偿生产成本和经营成本，否则，就无法经营。因此，企业制定价格时必须考虑成本。

2. 市场营销目标

任何企业都为自己确定了一定时期内的市场营销目标。企业在某个时期的营销目标会因为自己所拥有的营销资源、市场潜力和市场竞争力等因素的不同而有较大的差异，如保持或扩大市场占有率、树立企业或产品的形象、应付或抵御竞争等。不同的市场营销目标对企业的价格政策的制定、定价方法和价格水平的确定都会产生直接的影响。当然，企业定价策略制定和实施的好坏对企业营销目标的实现也将会产生重要的影响。

3. 市场营销组合因素

企业的定价策略必须与市场营销组合的其他因素相配套。例如，一项把产品定位在高端市场的决策，可能意味着销售者必须定高价来补偿其高成本。因为，生产厂家需要支付高成本来支持经销商和进行产品促销，而这些成本都必须计入产品销售价中。

企业经常通过价格来为它们的产品进行定位，然后按照定价来调整其他的营销组合决策。这里，价格是决定产品市场、竞争和设计的重要的定位因素。许多公司通过目标成本法来支持这一价格的定位策略。目标成本法反转了通常的首先设计一个新产品，算出其成本，然后按成本计算出价格的传统定价方法；目标成本法以顾客价值为基础，在制定的顾客可以接受的销售价格的起点上，反过来确定产品的成本，再根据成本来设计产品和服务。例如，本田公司要设计飞度车，它首先制定了一个 7.8 万～8.5 万元的起始价格以及每升汽油 22 千米的行驶效率，然后设计出其成本允许其给顾客提供这些价值的时尚、强力小汽车。

（二）市场需求因素

市场需求是市场营销定价的主要参考因素。在一般情况下，如果市场对某产品的需求量大于供应量，则产品的定价可适当提高，反之则应适当降低。脱离市场需求的定价，消费者是不会接受的。实际上，市场需求与价格之间是相互影响、相互作用的，市场需求状况会制约某种产品的价格水平，而产品价格水平的上升或降低，反过来又会影响市场需求。一般来说，人们会用需求弹性来分析和揭示两者的关系。

1. 价格与需求的关系

企业制定的每种价格都可能导致不同的需求水平。价格和对应需求量的关系如图 8-1 的需求曲线表示。需求曲线展示了某价格水平下，市场所需要的产品数量。一般情况下，需求量与价格呈相反方向变动，也就是价格越高需求量越小，反之，价格下降，需求量上升。理解这一变化，对于制定价格非常重要。

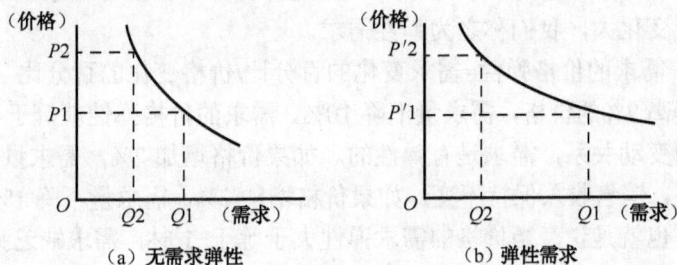

图 8-1 需求曲线

康尼格拉食品公司为其盛宴牌正餐冷冻食品定价的案例能够说明这一原理。

案例启示

康尼格拉发现了提高其冷冻食品"盛宴"的价格的风险。去年，当它通过提高价格来弥补商品的高成本时，很多零售商开始为每套食品定价 1.25 美元。那些已经习惯了每套食品 1 美元的购买者的反应是什么呢？答案会是冰冷的背影。之后销售量的下滑迫使康尼格拉将很多正餐产品打折，这一举措导致康尼格拉当年的股票价格下降了 40%。康尼格拉的 CEO 说："事实证明，盛宴的关键部分——关键属性就是必须定价为 1 美元。"他说："其他任何事情跟这比起来都是苍白无力的。"定价现在已回到每套食品 1 美元。为了在这一价格水平上盈利，康尼格拉在控制成本上做得很好。他们去掉烤鸡肉和炸猪肉这些比较昂贵的东西，换成烘烤的小肉饼、米饭和豆类。他们用碎西红柿之类的便宜原料取代了布朗，同时还缩减了每份的重量。消费者对这些保持低价的方法反响良好。其他地方谁能一餐只花一美元呢？

从这个案例中我们可以分析出价格与需求之间存在的密切关系——价格上升导致的需求下降。如果价格上升带来的利润能够弥补需求下降失去的利润，那么，调价是有效的；相反，像康尼格拉"盛宴"套餐的这种情况，人们习惯了低价，突然调高价格，会导致需求急剧下滑，则不应随便高价。

2. 需求的价格弹性

需求的价格弹性，是指因价格变动而引起的需求相应的变动率，反映需求变动对价格变动的敏感程度。在正常情况下，市场需求会按照和价格相反的方向变动，价格提高，市场需求就会减少，反之市场需求则会上升。所以，需求曲线是向下倾斜的，但是也有例外情况。菲利普·科特勒指出，显示消费者身份地位的商品的需求曲线有时是向上倾斜的，例如，香水提价后，其销售量却有可能增加。

正因为价格会影响市场需求，所以企业制定产品的价格会影响企业产品的销售，因而会影响企业营销目标的实现。因此，企业营销人员在定价时必须了解需求的价格弹性，即了解市场需求对价格变动的反应。

图 8-1 中有两条需求曲线。(a) 中，价格从 $P1$ 上升至 $P2$，引起了需求量从 $Q1$ 下降至 $Q2$ 较小的变化；而 (b) 中，价格从 $P'1$ 上升至 $P'2$，引起了需求量从 $Q'1$ 至 $Q'2$ 较大幅度下降。如果价格变化时需求量变化小，可称为无弹性需求，或称需求缺乏弹性；反之，当价格变化时需求量变化大，我们称之为弹性需求。

需求的价格弹性=需求变化的百分比/价格变化的百分比

如果销售者提高 2% 的价格，需求量下降 10%，需求的价格弹性就等于-5，负号表示需求量与价格的反方向变动关系，需求是有弹性的。如果价格增加 2%，需求量下降 2%，弹性就是-1，这种情况下，销售收入保持不变。如果价格增加 2%，需求量下降 1%，弹性就是-0.5，需求是无弹性的。也就是说，当价格的需求弹性大于等于-1 时，需求缺乏弹性，销售者可以提高价格。相反，需求弹性很高时，销售者就必须通过降低价格来增加需求量。

在以下条件下，需求可能缺乏弹性：①市场上没有替代品或没有竞争对手时，消费者对价格不敏感。②当产品是独一无二的，或者质量很高、有威望或专有的时候，消费者对价格的敏感性也不高。③如果购买产品的价格与收入比起来微不足道，或者费用不全是自己支出，消费者对价格也不敏感。④购买者对产品有较强的购买习惯且不易改变时，可能对价格的敏感性也不高。如果某种产品不具备上述条件，那么这种产品的需求就有弹性。在这种情况下，企业营销人员须考虑适当降价，以刺激需求，增加营销收入。

3. 需求的交叉弹性

需求的交叉弹性，是指一种商品因价格变动引起其他相关商品需求量的相应变动率。企业在为产品线定价时必须考虑各产品的项目之间相互影响的程度，产品线中某一个产品项目很可能是其他产品的替代品或互补品。

替代品是消费时使用价值可以相互替代的商品，如毛料服装与纯棉服装、企业同时生产的两种不同型号的照相机等。当消费者在消费互相替代的商品时没有明显偏好的情况下，一种产品价格的提高会导致另一替代品需求量的上升；反之，价格下降会导致替代品需求下降。

互补品是消费中使用价值必须相互补充的商品，如照相机与胶卷。当其中一种商品价格上升时，不仅该种商品需求量会下降，而且其互补品的需求量也会下降；反之，当其中一种商品价格下降时，两种互补品的需求都会跟着上升。不同商品的交叉弹性各异，企业定价时就不仅要考虑价格对其自身产品需求量的影响，也要考虑市场上相关商品价格对其产品的需求的影响。特别是企业本身产品线多时，应区别对待。替代性商品定价要同时兼顾各品种间需求量的影响，选择恰当的比价；互补性商品定价则应错落有致，高低分明，以一种商品需求的扩大带动另一种商品需求的增加，从而实现销售量与盈利水平增长双赢之利。如可口可乐公司总部廉价向其他国家供应罐装生产线，高价供应浓缩液，采用的就是此类策略。

案例启示

2008 年，美国的金融危机导致世界性的经济衰退，由于经济的不确定性使人们更在意支出，很多公司已经降低了产品和服务的价格。仍然有很多公司成功地保持了稳定的价格，并且能取得与经济低谷发生之前相当的或者更多的销售量。高露洁棕榄公司是少数幸运儿之一———在这种更为节约的时代能够提高价格，并通过这种方式聚敛利润。试想，你的经济情况糟糕到什么程度，你才会停止刷牙和洗澡。经济形势对于人们的基本个人护理习惯的影响很小，而对于这些日常必需品的品牌偏好在消费者心目中却早已根深蒂固。根据一项对于顾客购买习惯的精确评估，高露洁棕榄上调了平均 7.5%的价格，而销量却没有下降。更高的价格和不变的销量等于高利润。实际上，在经济衰退最严重的时期，高露洁的利润 2008 年上升20%，2009 年上升 17%。看起来和闻起来清爽干净似乎是人们对抗经济衰退的一个办法。

由高露洁在经济衰退时还可以通过提价获得更多利润可以看出，价格对需求弹性小的用品可以采取适当高价的策略，因为，价格对需求量并不产生多大影响；相反，价格提升，使得单位产品利润提高，整体利润增加。但值得注意的是，公司应该考虑消费者的感受，不能趁消费者之危，随着经济的复苏，高露洁应预见到伴随提价会产生的问题。

（三）市场竞争因素

市场营销理论认为，产品的最低价格取决于该产品的成本费用，最高价格取决于产品的市场需求。在最高价格和最低价格的幅度内，企业把这种产品价格定多高，则取决于竞争者同种产品价格水平。可见，竞争因素对定价的影响主要表现为竞争价格对产品价格水平的约束。

同类产品的竞争最直接地表现为价格竞争。企业都试图通过制定适当的价格和价格的调整来争取更多的顾客。市场竞争的程度不同，对市场营销者制定商品价格产生的影响不同。

1. 在完全竞争市场上

任何一个卖主或买主都不能单独左右该种商品价格，价格在多次市场交换中自然形成，买卖双方均是价格的接受者；这时，价格、广告和销售的促进作用很小，甚至不起作用，因此，销售者不会在市场营销策略上花费太多精力。

2. 在完全垄断市场上

企业没有竞争对手，独家或少数几家企业联合控制市场价格，定价基本上可以不考虑竞争因素，这种完全垄断市场的销售者可能是国有垄断企业（石油、电力）。

3. 在不完全竞争市场上

市场竞争激烈，企业都会认真分析竞争对手的价格策略，密切注视其价格变动动向并及时做出反应。不完全竞争条件下，市场有很多的销售者和购买者，他们的交易价格在一定的范围内有很多种，而不是一个。价格有一定的范围，这是因为销售者可以让他们的产品对于购买者来说是差异化的。销售者努力为不同细分市场的购买者开发差异化的产品，并且，除了价格，他们还通过品牌、广告、人员推销方法的不同来区别竞争对手。例如，丰田通过强大的品牌经营和广告来使自己的普锐斯品牌与众不同，以降低价格带来的影响。它的广告称第三代普锐斯可以将你"已经低70%的排放中拿走0到60"。在这种市场中有很多竞争者，每一个公司受到竞争者定价的影响不像在垄断竞争市场中那么大。

4. 在垄断竞争市场上

市场由几个对彼此定价和市场营销策略很敏感的公司组成。因为销售者少了，每一个销售者对竞争者的定价策略和行动都保持警惕和积极反应。如通信领域里的移动、联通，在大学校园市场大打价格战，向师生推出各种优惠套餐。

价格竞争只是同类产品竞争的一个方面。实际上，同类产品的竞争体现在产品的开发、研制、销售的全过程，包含了以产品为核心的价格、渠道及促销的全面竞争。价格竞争的实质是通过价格的调整，改变产品的质量价格比、效用价格比，促使消费者对商品重新做出评价。消费者的购买行为只有在期望得到的满足与愿意付出的货币量至少相等时（满足≥付出）才会发生。因此，企业定价时不仅要关注竞争者的价格策略，对其产品策略、渠道策略及促销策略也不能忽视。

（四）社会经济因素

社会经济因素主要是指一个国家或地区的经济发展状况，它从宏观上对企业产品定价产生软约束。也就是说，企业产品的定价水平，必须符合目标市场的经济发展水平，只有这样，企业的营销定价才能为目标市场所接受。对企业营销定价有约束作用的社会经济因素主要有：

1. 社会生产的发展状况

在一般情况下，社会生产发展较快或建设扩充时期，由于社会需求量增大，产品价格容易上涨；反之，在社会生产萎缩或衰退时期，社会需求减少，产品价格就会下跌。社会生产若处于良性平衡发展阶段，社会物价整体水平平稳；社会生产若处于失衡发展阶段，必然会出现结构性供求失衡矛盾，社会物价水平便会发生动荡。这些都会影响企业产品的定价。

2. 社会购买水平

社会经济发展与社会购买力水平是紧密相连的，社会经济发展的同时，人们购买力水平则会相应提高。在此情况下，消费者对价格敏感程度会有所下降，产品价格可适当提高；反之，产品价格则应适当降低。

3. 社会货币发行量

社会货币发行量与价格水平有着密切的关系。货币的发行量如果超过了商品流通中的正常需要，就意味着通货膨胀，纸币贬值，产品价格就会上涨；如果国家保持适度从紧的货币政策，控制信贷规模，货币发行量与流通中对货币需要量保持基本一致，产品价格就会稳定。

4. 社会资源状况

社会资源的稀缺程度及利用状况对企业定价也有重要影响。当资源供应充足时，企业可以选择价格较低的原材料进行生产，使产品成本降低，企业在定价时就会扩大价格选择余地；当资源供应紧张时，原材料价格会上涨，产品成本会增加，企业在定价时就会缩小选择余地。

（五）法律和政策因素

市场经济的发展、价值规律、供求规律和竞争等的自发作用，会产生某些无法自我完善的弊端。在我国社会主义市场经济中，政府制定了一系列的政策和法规，对市场进行管理，并制定和建立了较为完善的价格监管体制。这些政策、法规和措施具有监督性的、保护性的、限制性的等三种，它们在市场经济中制约着价格的形成，是企业定价时的重要依据，企业在制定价格策略时都不能违背。国家在某些特殊时期，会利用行政手段对某些特殊产品实行最高限价、最低保护价政策，如对农民的稻谷规定了最低收购价，以确保农民种粮积极性；为刺激或抑制需求、扩大或减少投资而采取的提高或降低利率或税率的经济政策；为保护竞争、限制垄断，促进市场竞争的规范化、有序化而通过立法手段制定的一些相应法规，如《价格法》《反不正当竞争法》等。从长期来看，法律因素将会对企业定价行为产生越来越大的影响。

三、确定产品定价的一般方法

影响定价最基本的三个因素是产品成本、市场需求和竞争。因此，定价方法也可以分为三类：成本导向定价法、需求导向定价法和竞争导向定价法。

（一）成本导向定价法

成本导向定价法是以产品的成本为基础，将成本加上预期利润来制定价格的定价方法。这是一种按卖方意图定价的方法，体现了"以产定销"的经营思想。这种方法注重成本的补偿，认为成本是定价的基础，其他外部因素的变化对定价不发生实质性影响。其具体方法有以下几种。

1. 成本加成定价

成本加成定价法包括完全成本加成定价和进价加成定价。完全成本加成定价为制造业普遍使用，这种方法的定价程度是：首先，确定单位变动成本，再加上平均分摊的固定成本组成单位完全成本，在此基础上，加上一定的加成率，形成销售价格。这里的加成率就是销售利润率，即预期获得的投资利润。对于制造企业而言，其计算公式为：

产品出厂价=单位完全成本/（1-成本加成率）

例如，某公司生产 10 万个台灯，固定成本 30 万元，每个台灯的变动成本为 45 元，确定加成率 20%。则：

固定成本	300 000 元
单位变动成本	45 元
单位完全成本（45+300 000/100 000）	48 元

故产品出厂价=48/（1-20%）=60（元）

制造商以 60 元的价格将台灯卖给零售商，其利润为 12 元，产品销售利润率为 20%。

如果制造商以 60 元出售给零售商，而零售商打算赚 50%，则零售价格为：

产品零售价=进货价格/（1-加成率）=60/（1-50%）=120 元

在加成定价方法中，加成率的确定是定价的关键。一般来说，加成率的大小与商品的需求弹性和企业预期盈利有关。需求弹性大的产品，加成率低，以求薄利多销；需求弹性小的产品，加成率不宜低。在实践中，同行业往往会形成有大多数企业所共同接受的加成率，如零售行业中，超市可能在 10%～12% 之间。

成本加成定价法的优点是：计算简单，简便易行；正常情况下能补偿成本并获得预期利润；可以减少价格竞争的风险。其缺点是：缺乏灵活性和适应性，因为它忽视了市场的需求和竞争对定价的影响，难以适应市场变化；加成率难以确定，其主观色彩较浓；固定成本分摊的不合理性，因为在价格既定的情况下，企业难以准确得知对应该价格水平的市场销售量，使固定成本费用分摊难保其合理性。

2. 盈亏平衡定价

盈亏平衡定价法又称收支平衡定价法或保本定价法，企业试图找到一种价格，使得企业的收入与成本相抵后，保持平衡，即找出利润为零时的销量水平，或达到期望利润时必须增加销量为多少。

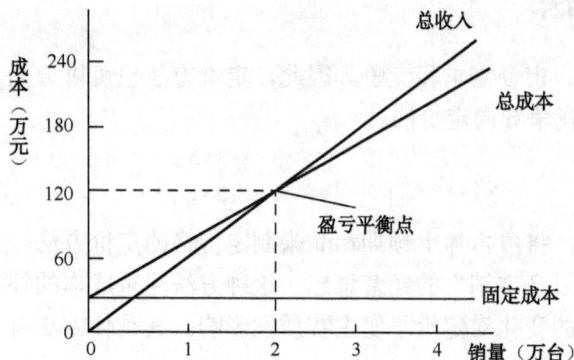

图 8-2 盈亏平衡分析

盈亏平衡定价法利用盈亏平衡图展示了在不同的销量水平下期望的总成本和总收入。图 8-2 提供了台灯制造商盈亏平衡的情况，不管销售量是多少，固定成本都是 30 万元。变动成本，它随产量的增加而增加。总收入从 0 开始，随销量的增加而增加。总收入曲线的斜率表示单位产品的价格是 60 元。

总收入和总成本曲线在产量为 2 万个时相交，这是盈亏平衡点的产量。价格是 60 元时，公司必须至少销售 2 万个，才能达到盈亏平衡，也就是总收入和总成本相抵。盈亏平衡产量的计算公式是：

盈亏平衡产量=固定成本/（价格-变动成本）=300 000/（60-45）=20 000 个

盈亏平衡点的销售量，使企业刚好保本，因此，该价格实际上是保本价格，即：

保本价格=固定成本/盈亏平衡点的销售量+变动成本=300 000/20 000+45=60 元

在企业定价实务中，可利用此方法进行定价方案的比较与选择。对于任一给定的价格，都可以计算出一个保本销售量。如果企业要在几个价格方案中进行选择，只有给出每个价格对应的预计销售量，将其与此价格下的保本销售量进行对比，低于保本销售量，则被淘汰。而在保留的定价方案中，具体的选择取决于企业的定价目标。

如果台灯制造企业投资了 100 万，想要实现利润总额为 30 万元，如果其价格为 60 元一个台灯，则至少要销售 4 万个台灯。

其计算公式为：保本销量+盈利额/（价格-变动成本）=2+300 000/（60-45）=4 万个

盈亏平衡定价法侧重于总成本费用的补偿。这一点对于经营多条产品线和多种产品项目的企业极为重要。因为一种产品伴随其他产品亏损的现象时有发生，经销某种产品时所获的高额盈利与企业总盈利水平的增加并无必然联系。因此，定价从保本入手而非单纯考虑某种产品的盈利状况无疑是必要的，并以此确定企业最佳产品的结构和产量与价格组合。

3. 目标收益率定价

目标收益率定价法是以某一估计销量下的总投资额为依据，再加上投资的目标收益率来制定价格的方法。目标收益率即投资报酬率，目标收益即投资报酬，它是投资总额或占用资产总额与投资报酬率的乘积。投资报酬率的确定，在前面定价目标中已经阐述，其价格计算公式为：

单位产品价格=（计划总成本+投资总额×投资报酬率）/计划产量

例如：某企业生产产品，投资总额为 2 000 000 元，预期投资收益率为每年 15%，预计年产量为 100 000 件。假设该企业固定成本消耗为 400 000 元，单位产品可变成本为 6 元。那么，该产品的市场价格为：

单位产品价格=（400 000+100 000×6+2 000 000×15%）/100 000=13 （元/件）

目标收益率定价法更全面地考虑了企业资本投资的经济效益，尤其对一些大型企业或大型公用事业来说，因为投资巨大，更须顾及投资的补偿和回收，因此常用该种方法定价。如美国通用汽车公司以总投资额的 15%～20%作为每年目标收益率，然后摊入汽车售价。其次，这种方法有助于确定可以接受的能获得一定资产报酬的最低价格，或按规定价格出售，企业可以得到多大的资产报酬率。因此，这种方法为选择最佳定价方案和投资方案提供了必要的参考。但这种方法与收支平衡定价法一样，是根据计划产量或预计销售量推算价格的。而价格又是影响销售量的一个重要因素，因此，据此而计算出来的价格不一定能保证销售量达到预期目标，从而影响目标收益率的实现。所以，在实际定价中，还须结合企业实力和市场引力两方面因素加以调整。

4. 目标贡献定价

目标贡献定价法又叫变动成本定价法，即以单位产品的变动成本为依据，加上单位产品贡献，形成产品售价。即：

单位产品价格=单位产品变动成本+单位产品贡献额

例如，某企业的年固定成本消耗为 200 000 元，单位产品可变成本为 40 元，计划总贡献为 150 000 元，当销量预计可达 10 000 件时，其价格为：

单位产品价格=150 000/10 000+40=55（元/件）

在这里，产品售价超出可变成本的部分被视为贡献，它的意义在于，单位产品的销售量收入在补偿其变动成本之后，首先用来补偿固定成本费用。在盈亏分界点之前，所有产品的累积贡献均体现为对固定成本的补偿，企业无盈利可言。到达盈亏分界点之后，产品销售收入中的累积贡献才是现实的盈利。由于补偿全部固定成本费用是企业获取盈利的前提，因此，所有产品销售收入中扣除变动成本后的余额，不论能否真正成为企业盈利，都是对企业的贡献。在实践中，由于以可变成本为基础的低价有可能刺激产品销量大幅度提高，因此，贡献额有可能弥补固定成本甚至带来盈利。

这种定价法的优点：易于在各种产品之间合理分摊固定成本费用；有利于企业选择和接受市场价格，市场价格可能接近甚至低于企业的平均成本，但只要这一价格高于平均变动成本，就能大大提高企业的竞争能力；根据各种产品贡献的多少安排企业的产品线，易于实现最佳产品组合。这种定价方法一般在卖方竞争激烈时采用。

（二）需求导向定价法

需求导向定价法是以消费者对商品价值的认识程度和对商品的需求程度为依据来制定价格的方法。如果成本定价确定了公司可以制定的价格下限，则需求定价可以确定价格的上限。

由顾客决定一个产品的价格是否恰当，这种方法实际上就是根据目标市场消费者所能接受的价格来进行定价的，体现了"以需定产"的经营思想。它按买方意图定价，最能为消费者所接受，有利于产品销售的扩大。但是这种方法很少考虑企业的生产能力和成本方面的影响，同时，市场需求是难以确定和计算的，因此，采用此法确定的价格很难为企业接受和消化。

需求导向定价法有理解价值定价法、区分需求定价法和逆向定价法等具体方法。

1．理解价值定价

理解价值定价法是依据消费者对商品价值的理解程度来定价的方法。这种方法实际上就是根据买方的价值观念来定价的，定价的关键问题是买方的价值观念，而不是卖方的成本。各种商品的价值在消费者心目中都有特定的位置，消费者选购某一产品，常常会将该产品与其他同类产品进行比较，通过权衡相对价值的高低来决定是否购买。因此，采用理解价值定价法定价要准确估计消费者对本企业产品价值的理解。如果企业对消费者的理解价值估计过低，则定价过低，影响销售的经济效益；反之，估计过高，定价必然过高，则会影响产品的销售量。因此，在定价前必须做好市场调查。

企业为影响消费者对产品的认识，往往运用各种策略、方法和措施，使消费者形成对企业有利的理解价值之后，再根据产品在消费者心目中的价值来定价。例如，企业可以借助促销宣传，来创造产品的名牌形象，以制定较高的价格，获取超额利润。

案例启示

格力电器销售某一型号空调，成功地使用了理解价值定价法。这一型号产品其价格比同类产品高 600 元，但由于格力的高质服务的形象，销量仍很大。公司销售人员对本产品定价高的原因作出了如下解释：

- 与同类产品同价   2400 元
- 比同类产品耐用   多收 300 元
- 比同类产品可靠、安全   多收 500 元
- 比同类产品服务优良   多收 400 元

实际价格   3600 元

实行价格折让   -600 元

最终定价   3000 元

2. 区分需求定价

区分需求定价法是企业对同种产品依据不同的需求强度而制定不同价格的方法。这种方法确定的同种产品的价格差异，体现了消费者需求强度方面的差异，但并不一定反映成本的差异。它主要有以下几种具体方法：

（1）区分顾客定价。不同顾客，对同种产品的需求强度不同，因而可对不同顾客实施不同的价格，以争取更多的购买者。有时，企业对特殊顾客实行特价照顾，借以改善企业形象，取得顾客的好感，如客运公司对儿童、残疾人与一般乘客实行不同的票价。

（2）区分产品外观、花色定价。同种产品，因其外观、花色等不一样，消费者的需求强度就有差异，可以制定不同的价格。如同种电风扇，内部构造相同，但外观上有普通型与豪华型的差异，因此定价也不一样。

（3）区分时间定价。同种产品或劳务，由于季节、日期（如周末或非周末）甚至钟点不同，消费者对它的需求就存在着差异，因此可以制定不同的价格或收费标准。这种方法在季节性消费品、某些公用事业（如电报、电话）中采用得最多。

（4）区分位置（地区）定价。同种产品或劳务在不同的位置或目标市场上有不同的需求强度，如影剧院、体育场可按不同的座位定价，同种产品可按不同目标市场情况来分别定价等。

3. 逆向定价

指企业依据消费者能够接受的最终销售价格，计算自己从事经营的成本和利润后，逆向推出商品的批发价和出厂价。这种定价方法不以实际成本为主要依据，而以市场需求为定价出发点，力求价格被消费者接受。市场营销渠道中的批发商和零售商较多地采用此定价方法。

例如，消费者对某牌号电视机可接受价格为 2500 元，电视机零售商的经营毛利 20%，批发商的批发毛利 5%。

零售商可接受价格＝消费者可接受价格×（1-20%）＝2500×（1-20%）＝2000（元）

批发商可接受价格＝零售商可接受价格×（1-5%）＝2000×（1-5%）＝1900（元）

1900 元即为该电视机的出厂价。

（三）竞争导向定价法

竞争导向定价是以市场上相互竞争的同类产品价格为定价基本依据，随竞争状态的变化而确定和调整价格水平的定价方法。成本定价决定企业可以制定的价格下限，需求定价则决

定价格的上限，而竞争定价则在下限和上限之间依据竞争产品价格进行价格调整，以获得价格上的竞争优势。在执行竞争定价的过程中，公司应当明确几个问题：首先，在消费者价值上，本公司的产品与竞争者相比如何呢？如果消费者感觉本公司的产品或服务提供了更大的价值，公司可以定更高的价格。如果消费者感觉本公司比竞争者产品的价值更小，公司要么定一个更低的价格，要么改善消费者的感知以使他们接受更高的价格。其次，需要判断现有的竞争对手有多么强大，它们正使用何种定价策略？如果公司面对的是一群势力弱小的竞争者，且其定价高于顾客感知价值，则可以制定低价来削弱小型竞争者并将之驱逐出该市场。如果市场被低价的大型竞争者主宰，公司可以通过提供高价的增值产品，来瞄准未被满足的补缺市场。

例如，台湾的成名书店，似乎在价格战上不能与其他书店相比，它也根本不去尝试这种以价格竞争的策略。相反，它依靠其个性化的方法、舒适的购书环境和友好且知识渊博的员工来打造知名品牌，将图书爱好者变为忠实主顾，即使他们需要为此多付出一点钱，也心甘情愿。

依据竞争者的定价策略及竞争产品的价格来制定本公司的产品价格的方法主要有：通行价格定价、主动竞争定价、密封投标定价等方法。

1. 通行价格定价

这是竞争导向定价方法中广为流行的一种。定价原则是使本企业产品的价格与竞争产品的平均价格保持一致。这种定价法的目的是：

（1）平均价格水平在人们观念中常被认为是"合理价格"，易为消费者接受。

（2）试图与竞争者和平相处，避免激烈竞争产生的风险。

（3）一般能为企业带来合理、适度的盈利。

这种定价适用于竞争激烈的均质产品，如大米、面粉、钢铁以及某些原材料的价格确定。在寡头垄断竞争条件下常采用这种方法。

2. 主动竞争定价

与通行价格定价法相反，主动竞争定价法不追随竞争者的价格，而是根据本企业产品的实际情况及竞争对手的产品差异状况来确定价格。首先，将市场上竞争产品价格与企业估算价格进行比较，分为高于、一致及低于三个价格层次。其次，将本企业产品的性能、质量、式样、产量等与竞争企业进行比较，分析造成价格差异的原因。再次，根据以上综合指标确定企业产品的特色、优势及市场定位，在此基础上，按定价所要达到的目标，确定产品价格。最后，跟踪竞争产品的价格变化，及时分析原因，相应调整本企业产品价格。一般来说，实力雄厚或产品独具特色的企业采用主动竞争定价方法。

3. 密封投标定价

密封投标定价法主要适用于投标交易方式。投标价格是投标企业根据对竞争者的报价估计确定的，而不是按企业自己的成本费用或市场需求来制定的。企业参加投标的目的是希望中标，所以它的报价应低于竞争对手的报价。一般来说，报价高、利润大，但中标机会小，如果因价高而招致败标，则利润为零；反之，报价低，中标机会大，但利润低，其机会成本可能大于其他投资方向。因此，报价时，既要考虑实现企业目标利润，也要结合竞争状况考虑中标概率。最佳报价应是使预期利润达到最高水平的价格。此外，预期利润是指企业目标利润与中标概率的乘积，显然，最佳报价即为目标利润与中标概率两者之间的最佳组合。运用这种方法，最大的困难在于估计中标概率，这涉及对竞争投标情报的掌握，但一般也只能通过市场调查及对过去投标资料的分析大致估计。在国际上，建筑包工和政府采购往往采用这种方法。

投标定价法有如下步骤：

（1）招标。招标是由招标者发出公告，征集投标者的活动。在招标阶段，招标者要完成下列工作：

① 制定招标书。招标书也称招标文书，是招标人对招标项目成交所提出的全部约束条件。包括招标项目名称、数量，质量要求与工期，开标方式与期限，合同条款与格式等。

② 确定底标。底标是招标者自行测标的愿意成交的限额，它是评价是否中标的极为重要的依据。底标一般有两种，一为明标，它是招标者事先公布的底标，供投标者报价时参考。二是暗标，它是招标者在公证人监督下密封保存，开标时方可当众启封的底标。

（2）投标。由投标者根据招标书规定提出具有竞争性报价的标书送交招标者，标书一经递送就要承担中标后应尽的职责。在投标中，报价、中标、预期利润三者之间有一定的联系。

（3）开标。招标者在规定时间内召集所有投标者，将报价信函当场启封，选择其中最有利的一家或几家中标者进行交易，并签订合同。

在决定相比竞争者而言应该定什么样的价格时，不管你定什么价格，基本的原则就是要提供给顾客比价格更多的价值。

四、制定产品定价的基本策略

企业市场营销定价策略，就是把产品定价与企业市场营销组合的其他因素结合起来，制定出最有利于市场营销的价格，以实现企业营销目标的一种价格措施。定价策略的全部奥妙，就是在一定营销组合下，如何把产品价格定得既能为消费者所接受，又能为企业带来比较多的效益。定价策略主要有新产品定价策略、产品组合定价策略、价格调整策略和价格反应策略。

（一）新产品定价策略

定价策略在产品生命周期的不同阶段常常要作出改变。尤其是在产品的成长阶段，更有挑战性。当公司推出一种新产品时，就面临着第一次定价的挑战。公司可以采取两种定价选择：市场撇脂定价法和市场渗透定价法。

1. 市场撇脂定价法

市场撇脂定价法，又称高价策略。它是指在新产品上市时把价格定得较高，以期获取超额利润，在短期内收回投资并取得较高收益的一种定价策略。这种策略含有提取精华之意，所以称之为撇脂定价策略。

苹果公司经常使用这一策略，当苹果公司推出第一部 iPhone 手机时，美国初始售价为 599 美元，而在中国市场其价格则更高。只有那些喜欢时髦新产品，并且有能力支付高价的消费者才会考虑购买。六个月之后，苹果公司将价格下调以吸引新的消费者，8G 型号的 iPhone

售价下调至 399 美元，16G 型号的售价下调至 499 美元。不超过一年，iPhone 的售价分别再次下调至 199 美元和 299 美元。现在，你甚至可以用 99 美元的价格买到一部 8G 型号的 iPhone。通过这种方法，苹果公司从各个细分市场上获得了最大利润。

高价策略的优点是：第一，采用高价策略，有利于树立产品高品质形象，扩大销售。最初上市的产品，往往需求弹性小，竞争者尚未进入市场，加上顾客对产品还不熟悉，可利用其求新好奇心理，以偏高价格提高产品身价，刺激顾客购买，配合产品品质较高的特性，有助于开拓市场，扩大销售；第二，采用高价策略，有利于企业掌握价格主动权。当高价引发了竞争或市场反映不佳时，可以主动降价；第三，采用高价策略，可在市场上一层一层地获取收入，就像苹果公司一样，不断扩大消费者群体。

高价策略的缺点是：第一，会损害消费者利益。价格远高于价值，必然损害消费者利益，引起顾客反感；第二，不利于拓展市场。当新产品在消费者心目中的声誉尚未建立时，初期高价不利开拓市场，甚至无人问津；第三，容易诱发竞争。如果高价投放，销路旺盛时，则极易诱发竞争，迫使价格惨跌，影响企业本身的长期目标，因此，往往好景不长。

高价策略一般适用于以下情况：首先，产品的质量和形象必须能够支撑它的高价位，并有足够的购买者愿意在高价位下购买；其次，生产小批量产品的单位成本不能高到抵消了高价位所带来的利润；最后，竞争者不能轻易进入市场和削弱高价位。

2. 市场渗透定价法

市场渗透定价法，又称低价策略。它是指在产品上市初期，将产品价格定得低于预期价格，以便迅速吸引大批购买者，赢得较大市场份额。低价策略以扩大市场占有率，扩大销售量为目标。较高的销量可以降低成本，使得公司有可能进一步降低价格。例如，瑞典零售巨头宜家家居曾以市场渗透定价法推动了其在我国市场上的成功。2002 年，当宜家在中国市场的首家店面开业时，人群涌入店面，不是为了购买家居用品，而是为了享受免费设施，例如，空调、厕所、甚至装修创意。当需要购买时，节约的中国消费者会在街边的商店里以低价购买类似宜家设计的仿制品。为吸引挑剔的中国消费者，宜家家居采取与多数西方零售商店相反的做法，将中国市场的产品价格削减到世界最低水平。通过不断增加在中国本土制造的产品，宜家将部分产品的价格压低到中国以外市场的 70% 以下。市场渗透定价法使得宜家独自占有中国快速增长的家具市场 43% 的市场份额，并且在 2010 年一年，七家店面销售额激增 25%。宜家北京的店面每年接待将近 600 万顾客。周末庞大的人流量使得员工必须通过喇叭维持秩序。

低价策略的优点：第一，低价易为顾客接受，有利于迅速打开产品销路；第二，低价可以有效地排斥竞争者介入，因而能在较长时期内占领市场；第三，低价能带来销售额的迅速增长和市场占有率的扩大，从而保证企业经营长期稳定地发展。

低价策略的缺点：第一，由于新产品刚上市就实行低价，影响同类产品的销路，造成同类产品寿命周期短；第二，不利于其高质量形象的确立，往往会影响产品的声望；第三，在成本发生变化等原因需要提高产品价格时，会引起顾客的反感，从而影响销路。

案例启示

据韩联社 2014 年 11 月 6 日报道，仅看智能手机的市场份额，小米为 16.2%，成为中国智能手机的销售冠军,三星电子则为 13.3%。去年同期,小米在智能手机市场所占份额为 6.4%,三星电子则达 21.6%。在短短一年后,小米实现了飞跃发展。作为只生产智能手机、不生产功能手机的制造商,小米智能手机销量大于三星电子智能手机与功能手机销量之和。

苹果的市场份额今年也创下新低,为 4.7%。三星电子和苹果市场份额之和达到 18%,也是 2011 年来的最低值。相比之下,中国本土企业迅猛发展。值得注意的是,联想、华为、酷派等老制造商市场份额下滑,而 Vivo、Oppo 等第二代智能手机制造商市场份额扩大一倍。

小米成功的主要原因是它的高配低价。拿最新的小米 4 来说,其搭载高通骁龙 801(V3)2.5GHz 处理器、3GB RAM 及 16/64GB ROM,后置摄像头为 1300 万像素的 Sony IMX214,800 万像素前置摄像头,屏幕为 5 英寸 1080p,延续了小米以往高配超低价的风格。小米 4 丝毫不逊色于三星 Galaxy S5 和苹果 6,但价格却不及三星和苹果的一半,这迎合了追求高性价比的广大米粉的消费心理。

小米之所以能以如此之低的售价获取如此高额的利润,可能源自其成本低廉但却行之有效的营销策略。老牌竞争对手都花费了巨额资金投放电视广告和其他传统广告,但小米的营销却主要集中于社交媒体和互联网论坛,那里有很多用户发表评论、宣泄不满、表达诉求。在中国,小米过去几年一直在通过网络渠道销售手机,并且实现了不俗的增长,主要依靠的就是 6 亿多网民之间的口口相传。由于经常与用户在线互动,而且会根据用户的反馈调整软件和功能,帮助小米建立了忠实的用户基础。分析师认为,这项战略不仅有效地保留了用户,而且帮助该公司节省了大笔营销开支。

低价策略较之高价策略具有积极的竞争性。它适用于以下情况:首先,需求弹性大、市场对价格非常敏感的产品,实行低价会导致市场份额的增长,带来销售的扩大;其次,生产和分销成本必须随着销量的增加而下降;最后,低价格要阻止竞争,潜在市场大的产品以及竞争者很容易进入的市场,实行低价低利,可使竞争者望而却步,而采取低价策略的公司必须能够保持其地位,否则价格优势很快就会失去。

(二)产品组合定价策略

产品组合定价策略,是企业依据产品结构特点以及产品组合策略,寻求一组价格,使整个产品组合的利益最大的方法。由于各个产品的需求、成本,以及面对的竞争程度各不相同,所以定价的难度较大。通常可以采取以下五种产品组合定价方法:产品线定价法、备选产品定价法、附属产品定价法、副产品定价法和产品束定价法。产品组合定价策略见表 8-1。

表 8-1　产品组合定价策略

定 价 策 略	内 容 描 述
产品线定价法	对同一产品线内的不同产品差别定价
备选产品定价法	对与主体产品同时卖出的备选品或附件定价
附属产品定价法	对必须与主体产品一起使用的产品定价
副产品定价法	为低价值的副产品定价以抵销处理成本
产品束定价法	对共同出售的产品组合定价

1. 产品线定价法

公司通常会开发产品线而非单一产品。例如，法国金鸡（Rossignol）提供了七种设计型号不同的高山滑雪系列设备。其价格范围从为初学者量身打造的 150 美元的 FunGirls 系列，扩展到价格 1100 美元的竞赛系列。它同时提供北欧和乡村滑雪板、单板以及滑雪相关设备。在产品线定价过程中，管理部门必须决定同一产品线中不同产品的价格差异。

价格差别要考虑同一产品线中不同产品的成本差异，更重要的是，要考虑到消费者对不同产品特色看法。例如，小米系列产品的价格，小米手机 2S，16GB，1299 元；小米手机 2S，32GB，1799 元；尽管小米手机"2S，32GB"的智能并不比 16GB 同品种强，但其内存增加一倍，可以储存更多信息，因此，消费者乐意为大储存量出更多的钱。小米的任务就是创造可被顾客感知的价值差别，来让消费者接受各品种的价格差异，愿意为自己的感知价值买单。

2. 备选产品定价

许多公司在销售与主体产品配套的备选产品或附件时，采用备选产品定价法。例如，汽车购买者可能会选购车载卫星定位系统、防盗系统和蓝牙无线交互设备。电冰箱则会配有制冰机。当你选购一台新电脑时，你要在一系列令人眼花缭乱的中央处理器、硬盘、存储系统、软件和服务计划中进行选择。公司必须为这些与主件配套的备选产品进行定价。为备选产品定价是很复杂的，公司必须决定哪些项目需要包括在基本价格以内，哪些可以作为备选产品。

3. 附属产品定价

如果公司生产的产品必须与一个主体产品同时使用，需要使用附属产品定价法。例如，剃须刀片、电子游戏以及打印机墨盒都是附属产品。主体产品的生产商常常将主体产品（剃须刀、电子游戏机和打印机）的价格定得较低，但把附属产品的价格定得很高。例如，当索尼首次推出 PS3 电子游戏机时，将基本版和增强版的价格分别设定为 499 美元和 599 美元。每销售出一台 PS3，公司将遭受将近 306 美元的损失。索尼希望能够通过销售更能盈利的 PS3 游戏来弥补这一损失。

然而，使用附属产品定价法的公司必须谨慎行事。在主体产品和附属产品之间找寻价格的平衡是极为棘手的。以索尼的 PS3 为例，尽管 PS3 游戏的销售额处于行业领先地位，但索尼仍未弥补上 PS3 电子游戏机的损失，被迫购买昂贵附属产品的消费者甚至可能对索尼使他们陷入困境而感到愤怒。

4. 副产品定价

生产产品或进行服务的过程往往会产生副产品。如果这些副产品没有价值，并且处理掉的成本较高，会影响主体产品的定价。使用副产品定价法时，公司找寻这些副产品的市场以抵消处理它们的成本，此外还可以帮助降低主体产品的价格，使其更具有市场竞争力。

副产品甚至可以盈利，即变废为宝。例如，用煤炭发电的电力公司，会产生大量的粉煤灰，这种副产品是建材混凝土的重要添加剂，通过出售可以降低煤炭发电的成本。动物园里的动物粪便，可以收集起来变为混合肥料，出售给蔬菜种植基地或果园，不仅可以变废为宝，而且还对地球有益，绿色环保。

5. 产品束定价

使用产品束定价法时，销售商一般可将几种产品组合在一起，降价销售。例如，快餐店将汉堡、薯条和汽水捆绑，以套餐价格销售。超市将肥皂和洗衣粉、洗衣液三合一套装进行定价。移动通信公司将互联网宽带业务、短信、电话捆绑，低价销售。产品束使消费者购买原来可能不会买的产品，但产品束的价格必须足够低，以促使消费者购买。

（三）价格调整策略

针对不同的消费者差异和变化的形势，公司通常会调整基础价格。表 8-2 中总结了六种价格调整策略：折扣和折让定价策略、细分市场定价策略、心理定价策略、促销定价策略、地理定价策略、动态定价策略。

表 8-2　价格调整策略

定 价 策 略	内 容 描 述
折扣和折让定价	为回报顾客的某些行为，如提前付款或促销产品等，调整产品基础价格
细分市场定价	调整产品基础价格以适应不同的消费者、产品和销售地点
心理定价	根据心理因素调整定价
促销定价	暂时降低产品价格以促进短期销售
地理定价	针对顾客的地理位置差别调整价格
动态定价	不断调整价格，以适应消费者个体和形势的特点和需求

1. 折扣与折让定价策略

许多公司通过调整基础价格，以回报消费者的某些行为，如提前付款、批量购买和淡季购买等，这些价格调整被称为折扣和折让。折扣与折让，是指企业对标价或成交价款，实行降低或减让策略，是激励消费者购买的一种促销手段。折扣和折让形式有很多，主要有现金折扣、数量折扣、交易折扣、季节折扣、推广折扣、旧货折让、运费折让等。

（1）现金折扣，即（卖方）对按约定日期以现金付款的购买者，按原价享受一定折扣的策略。实行这种策略的目的是为了鼓励买主早日以现金付款，减少赊销。应用现金折扣，应考虑三个方面的因素：一是折扣率的大小；二是给予折扣的限制时间的长短；三是付清货款期限的长短。典型的例子是"2/10，30"付款方式，意思是应于 30 天内付清货款，如果能在 10 天内付款，就可以享受 2%折扣。例如，某商业批发企业与客户成交某产品，价款为 690 万元，如果能在 10 天内付清货款，可按原价的 2%给予现金折扣。

商业销售者乐于采用现金折扣的策略。其原理是，可以提早收回货款，加速资金周转，并减少呆账的风险，减少收款的手续和费用，吸引顾客的购买兴趣。

（2）数量折扣，是卖方根据买方的购买数量或金额的多少，分别给予大小不同折扣的策略。对于购买数量大、购买金额多的顾客，给予其折扣也愈大，以此鼓励顾客大量购买，或吸引顾客长期购买本企业的产品。数量折扣有两种具体形式：

① 累计数量折扣。即在一定时期内，按照买方购货累计达到的数量或金额的大小给予不同的折扣。根据时间的长短，可以任意制定为一周、一月、一季、半年、一年等。这种策略

有利于稳住顾客，鼓励顾客长期购买，使之成为企业可以信赖的老主顾。企业掌握的这类顾客越多，就越易掌握产品的销售规律。但这种策略在实施中也会遇到一些问题，如购买者为获得较多的折扣率，常在规定期届满之际大批进货，直接影响到企业市场营销计划的平衡性。

②非累计数量折扣。即规定顾客每次购买达到一定数量或金额时，给予其一定的折扣优惠。购买的数量、金额越多，折扣率就越大，目的在于鼓励顾客一次性地大量购买。因为购买量大，卖方费用开支并不成比例增加，反而可以节省费用，加速资金周转，增加盈利。目前，很多企业都采用了这一策略，使销售量迅速增加，营销效果极为显著。

（3）交易折扣，又称功能折扣，是指卖方根据中间商的不同交易职能而给予不同价格折扣的策略。例如，批发商为供应商承担仓储职能、产品推广职能；零售商承担促销职能、导购职能等。如某生产厂家的产品零售价格为 100 元，其交易折扣率分别为 15%、10%、5%。表示零售商从批发商购进的价格为 100×（1-15%）=85 元，批发商从总经销商购进的价格为 85×（1-10%）=76.5 元，总经销商从厂家购进的价格为 76.5×（1-5%）=72.68 元。实行交易折扣的依据是买方企业性质。不同性质的企业，处于分销渠道不同环节，所担负的功能不一样，开支的费用存在差异，需要卖方以各不相同的折扣率补偿。因此，交易折扣率的大小，应根据行业和产品性质，特别是买方企业所提供的功能性服务和正常流通环节多少而定。

（4）季节折扣。是指生产或经营季节性产品的企业对提前进货的买方给予一定价格优惠，或者对过季节产品折价出卖的策略。其目的是鼓励批发商、零售商提前进货，增加库存；消费者早期购买或淡季购买，以便充分利用企业设备，减少资金占用和仓储费用，有利于常年的均衡生产或经营。季节折扣目前也可以应用于非商品买卖的第三产业中，如旅游业，往往在旅游淡季也实行折扣，以招徕游客。

（5）折让是另一种降价形式。例如，以旧换新折让是对在购买新商品时交还一个旧商品的顾客提供价格优惠方式。这种折让方式在汽车销售中最为流行，其他耐用消费品的销售也经常使用，如创维推出以旧换新业务，而且通过专门上门收旧货来鼓励消费者购买新产品。推广折让又称推广津贴，是指生产者对开展各种推广活动的中间商给予减价或津贴，以作为报酬的策略。其目的在于鼓励中间商对生产者的产品进行推广宣传。如刊登地方性广告，特设新产品展销橱窗等，以提高生产者产品在该地区市场的市场影响和知名度。这种策略特别适用于新产品的投入期。运费折让是指卖方对较远的买方用减让部分价格的办法弥补买方全部或部分运费，以吸引较远买方的策略。

2. 细分市场定价策略

公司常常通过调整基础价格以适用于不同的顾客、产品和销售地点。通过细分市场定价，公司以两种或多种价格销售具有相同成本的产品和服务。细分市场定价策略有以下几种形式。

（1）消费者子市场定价，是指对于同一种产品，不同消费者支付不同的价钱。例如，博物馆和电影院对学生和老人收取较低价格的门票。

（2）产品形式定价，是指对不同款式的产品制定不同的价格，但并不是因为成本差异。例如，青岛啤酒在超市的零售价为 4.5 元一瓶/500ml，而罐装青岛啤酒在酒吧可能需要 30 元一厅，这些啤酒品质并没有什么区别，而且罐装容器比瓶装容器还要小一点，但价格差异很大，因为一个是满足普通消费者需要，另一种是满足娱乐的高消费者需要。

（3）地点定价，即公司在不同销售地点制定不同价格，即便销售成本相同。例如，同一飞机上，有商务舱和经济舱，其价格差异很大；观看演出，座位不同票价不同，离前台近的价格高，离前台远的价格便宜。

（4）时间定价。电影院白天顾客少，票价便宜，晚上顾客多，票价贵；飞机提前订票可以获得较多优惠；酒店房间淡季价格便宜、旺季价格上涨；一些新鲜水果和蔬菜甚至按小时定价。

细分市场定价策略要达到预期效果，必须满足一些条件。市场必须是可以细分的，不同的子市场在需求上必须有差别；细分市场和进入市场的成本不能超过差别定价带来的利益。还有，细分市场定价必须是合法的。例如，春运期间各种交通工具都比较紧缺，但也不能随意涨价，因为关系民生，必须受国家物价管理部门统一管理。

细分市场定价必须真正让不同消费者感知价值的真实差异。例如，高价购买商务舱的乘客应该享受与普通舱不一样的小环境和更加舒适的、周到的服务，即让高价购买者感知他们所花的额外金钱得到的价值对得起这一高价格。出于同样的原因，公司既要避免如同对待二等公民般对待低价购买者们，也要避免使头等舱和商务舱的人感觉他们被索价过高。

3．心理定价策略

心理定价策略是企业根据消费者在购买产品时的心理需要而采取的定价策略。价格能表明产品的一些特性。例如，许多消费者以价格来判断产品质量。一瓶香水可能只装有价值30元的香料，却有人愿意花600元购买它，这表明价格能表现一些特殊的东西。

在心理定价时，销售商不仅要考虑经济学方面的因素，还必须考虑与价格有关的心理方面的因素。例如，消费者通常认为较高价格的产品质量较好。当消费者可以检验产品质量或者通过过去的经验判断产品质量时，他们不怎么用价格衡量质量，但当他们缺乏必要的信息和技能来判断产品质量时，价格就成为重要的质量标志。例如，一个要价100元一小时和一个要价500元一小时的律师，哪个更好？为客观地回答这个问题，你不得不深入研究这两个律师的材料。尽管如此，你也不一定能够准确判断。大多数人会简单地认为要价较高的律师更好。心理定价的形式很多，具体包括非整数定价与整数定价、声望定价、分级定价、招徕定价和习惯定价等。

（1）非整数定价，即企业在制定产品价格时，根据消费者求廉心理，以零头数结尾或拆整为零，以促进消费者购买欲望的一种策略。例如，一双运动鞋定价为99元，比定价为100元要受欢迎。非整数定价在消费者偏重于价格低廉时使用最佳。

消费者之所以欢迎非整数定价，有三个方面的原因：第一，消费者对非整数定价有一种信任感。对于整数价格，如1元、30元、100元，消费者从心理上会认为这是一种概略性价格；而非整数定价，如0.9元、29.9元、99元，则给消费者一种经过了精确计算、对顾客负责任的价格概念；第二，非整数定价有一种便宜感。人们在购物时，往往重视价格的首位数而忽视价格的零头数，因此，用非整数定价制定出来的价格虽然与整数价格十分接近，有时只相差几分钱，但却给人低一级数目的便宜感觉。当然，要使消费者产生这种感觉，在具体定价时，要使用靠近整数以下的零头数，如9.9元、89元，而不要使用整数以上的零头数，如10.5元、90.8元。所以，非整数定价只要使用得当，便会使顾客产生便宜感；第三，可以顺应某些地区、民族的风俗习惯。如中国和日本客人忌讳4，基督教徒忌讳13。如果产品价格正好在这些数字上，应进行调整和变通。如把价格改为3.98元、12.98元等。西方人喜爱奇数，所以以奇数结尾的定价在欧洲市场受欢迎；而东方人喜欢偶数，所以以偶数结尾的定价在东方市场受欢迎。另外，在非整数定价中，很多定价人员根据中国人对数字迷信或崇拜的心理，利用一些特殊数字的谐音，给顾客留下一个吉祥、发财的联想。如"168""158""888""6666"等。

（2）整数定价，即企业在制定产品的价格时，根据消费者价高质优的心理，以整数出现，不用零头数，以满足消费者心理需要的一种策略。适合采用这种定价策略的产品，主要是消费者偏重于质量的产品，如高档产品、耐用消费品、礼品等。因为消费者对这些产品质量往往缺乏了解，往往凭借价格的高低来进行判别，容易产生"一分钱一分货"的消费心理。在当代社会，随着人们生活水平的提高，产品及其定价除了满足人们物质生活需要外，还应满足其精神生活需要，人们容易产生高价消费心理。在顾客有按质论价心理和高价消费心理需求时，产品宜采用整数定价。如某种礼品定价为 100 元比定价为 99.5 元更受欢迎。因为，在消费者看来，100 元比 99.5 元高出一档。

（3）声望定价，即企业利用消费者求名好胜心理，凭借企业或产品的声望，在制定价格时以高价来增进消费者购买欲望的一种策略。这种策略适用于一些名牌优质产品、时尚产品及奢侈品。这些产品市场声誉极佳，顾客非常信任，甚至以追逐这些产品为荣耀，因此，定价较高反而能刺激购买。某些不易直接鉴别质量的产品，有时定价低了，消费者认为"便宜没好货"，或是购买低价产品认为降低了自己的身份，反而影响到产品的销路。

（4）分级定价，即零售业根据不同层次消费者的不同的消费心理，将众多规格、型号、款式的同类产品分成几个档次，每个档次制定一个价格，以满足不同消费者需要的定价策略。例如，皮鞋店将各种式样的皮鞋分为五组，分别标价为 188 元、218 元、318 元、488 元、588 元，形成价格系列。这样标价，可使消费者感到高低档次的差别，档次高的，可以满足高收入消费者优越的心理需要；档次低的，可以满足低收入消费者求廉的心理需要。消费者根据自己的需求能力和期望目标，很快就能做出购买决策。运用这种策略应注意的是：分级不宜过细或过粗，档次价格不宜拉得太大或太小，否则就失去了档次的差别感；分级太粗或价格差别太大，就容易失去顾客，减少销售机会。

（5）招徕定价，是企业利用消费者的求廉、好奇心理，暂时将少数几种产品降价来吸引顾客，以招揽生意的一种策略。招徕定价包括特品定价和引诱定价。

（6）特品定价，即企业将几种产品暂时削价，借低价来吸引顾客，以增加顾客流量，从而增加消费者购买商品的机会和可能性。当顾客被吸引到商店购买特别商品时，商店还可以继续运用连带推销、增加售中服务等，促使顾客购买其他众多的非特价品，以扩大企业销量。例如，根据季节或某些节日，采用大减价，或大做宣传，以招揽生意、吸引顾客登门选购。采用特品定价应注意以下几点：第一，特价品必须是广大群众常用的、价值不大的商品；第二，特价品的价格必须真正削价，使价格接近成本，才能取信于消费者；第三，实行特价品定价的商品，必须是规模较大、经营商品种类多的商店；第四，特价品应有一定的限制，数量上应有一定限额，并经常变化品种。

（7）引诱定价也是用低价吸引顾客，但不打算出售"引诱品"，而出售其他价格较高商品的一种招徕定价。当顾客被低价引诱到商店之后，卖主就指出这些低价品的缺点，进而介绍其他高价商品，因此，引诱定价带来较大的欺骗性，容易损害企业形象。

（8）习惯定价，是指企业将市场上长期流通、广为消费者熟悉的产品的价格定在消费者已知和习惯的固定水平上，以稳定消费者购买情绪的一种定价策略，如食盐、肥皂等产品的定价，都应采用这种策略。如果在定价中违反习惯价格而稍有变动，便会使消费者感到价格的波动，影响购买情绪，使得需求急剧变动。如果高于习惯价格，人们马上会产生涨价的感觉，产生不满情绪；如果低于习惯价格，消费者往往对产品产生怀疑，认为它不是次品就是冒牌货，不然为什么那么"贱"呢？因此，很多企业即使在成本上升或通货膨胀时期，也不轻易变动习惯价格，否则不仅会遭到公众反对和政府干预，还会使产品销路受阻。因此，在这些情况下，企业一般都是通过采取价格以外的措施来改善处境，如改善经营管理，生产或经营同类新产品，使产品以新面貌出现于市场，等等。

4. 促销定价

促销定价是指公司暂时制定低于标准，甚至低于成本的价格，以引起购买的兴奋感和紧迫性。促销定价有多种形式。销售者可以仅在正常价格上提供折扣，以增加销量和减少存货。销售者在某些特殊时节也使用事件定价策略，以吸引更多的顾客。如利用"五一""国庆"家用电器进行降价促销，以吸引假日消费者进入商店购买。

制造商有时对那些在特定时段购买产品的消费者采用现金返还的优惠方式，即将现金直接送到消费者手里。近年来，汽车制造商、手机生产商尝试使用现金返还的方法进行促销。还有汽车经销商提供低息或免息分期付款、长期质量担保或者免费维修服务，通过降低消费者心理的"价格"来进行销售。

但促销定价如果使用太频繁，会带来许多负面的影响：一方面，促销价格会制造出一批"优惠倾向"消费者，他们在品牌降价之前是不会进行购买的；另一种情况是频繁降价会使得品牌在消费者心目贬值。市场营销人员有时为了短期销量上升，完成销售任务，将降价促销作为一条捷径，而不是去努力为品牌建立长期有效的战略。

5. 地理定价策略

地理定价，是企业根据买主所在地区或路途的远近，考虑产品的运杂费负担的一种定价策略。这种策略主要是在价格上灵活反映和处理运输、装卸、仓储、保险等多项费用。当运杂费用开支比较大时，企业在定价时必须考虑这方面的问题，以提高买主进货的积极性。地理定价策略主要包括产地定价、销地定价、统一交货定价、分区送货定价等。

（1）产地定价，又叫离岸价格（FOB），即由卖方在产地制定出厂价或产地价格，由买方负担全部运杂费。这种策略在地理价格策略中应用最普遍。产地定价对卖方来说，是最单纯、最便利的定价，适用于各地的买主，但实际上不利于路途较远、运输费用和风险较大的买主，因而会限制企业产品的销售范围。

（2）销地定价，又叫到岸价格（CIF），即由卖方负担全部运杂费和运输途中的风险损失，与买主在销地交货定价。销地价格包括卖方产地价格加上到达销地的一切手续费、运杂费、风险损失等。这一策略运用于价高利大且运杂费在成本中所占的比重较小的产品，卖主把送货上门作为一项服务，以求扩大和巩固买主，发展业务。

（3）统一交货定价，即卖方对买方不论路程远近，由卖方将货物运送到买主所在地，收取同样的价格。在运费低廉的地方或运费占成本比重小，以及产品重量轻、体积小的情况下，卖方都倾向于采用这种定价。它使买主认为运送是一项免费的服务，因而有利于巩固卖主的市场地位。

（4）分区送货定价，是介于 FOB 离岸价和统一交货定价之间的一种定价法。即卖方将市场划分为几个区域，以每个区域与卖方距离分别定价，在每个区域实行统一定价。

如我国可以划分为东部地区、中部地区和西部地区，如果销售点在中部地区，则可以采取三个价格，中部距离最近，价格最低；东部交通发达，距离比西部平均短，则价格高于中部，低于西部；西部距离相对较远，价格最高。

6. 动态定价策略

动态定价是对于长期以来由卖方制定统一固定价格的做法提出的由买卖双方协商决定价格的定价方法，或卖方根据市场变化不断地调整价格以适应单个消费者的特性、需求以及环境。

互联网的灵活性允许网络销售商即时、迅速地对大量产品的动态需求作出价格调整（有时也称为实时定价）。彻底颠覆了传统的卖方固定价格定价法，顾客通过在易拍之类的拍卖网上出价或团购网上讨价还价，从而控制价格。例如，航空公司在网上可以针对特殊顾客定制报价。

案例启示

美国阿拉加斯航空公司推出了一个系统，当人们在上网时，系统会为人们推送独一无二的广告和价格。系统通过电脑上的一个被称为 Cookie 的小段代码来辨识顾客。然后，系统通过组合服务器中的详细数据，得出坐在屏幕另一端人的特征。当人们点击一条广告时，系统迅速分析数据，评估顾客应有的价格敏感程度。片刻，一位顾客得到从西雅图飞往波特兰的价格为 99 美元的航班报价，而另一位顾客得到的是 199 美元的报价。或者，对于曾经经常浏览阿拉斯加航空公司网站，但意外终止访问的顾客，会接到 200 美元飞往夏威夷报价的问候。阿拉斯加航空公司客户关系管理及线上营销经理认为，许多人会欣然接受这样的特价机票。

动态定价对营销人员来说，具有许多优点。网络营销商，如亚马逊网站可以挖掘数据以判断购买者的期望，衡量其意图，立即调整产品及其价格，以适应他们的行为。许多直销商都在监控每一时刻的库存、成本和需求，并会针对具体情况迅速作出价格调整。

顾客也可以从网络和动态定价策略中受益。大量比价网站，例如，淘宝、京东商城提供了数千个卖家即刻的产品和价格比较。购买者可以按品类随意查阅获得特定产品或品牌。然后再搜索网站，并将卖家提供最优价格和客户评价链接反馈回来。除了简单地找到最好产品和提供最优价格的供应商，顾客在充分了解价格信息后，往往可以获得更低价格。

另外，消费者可以在拍卖和交换网站上议价。你可以将要出手的二手书籍或家中收藏已久的书画传到世界上最大的在线跳蚤市场 eBay，就会有人来竞价。如果你想按心目中的价格订到酒店客户和租车旅行，只要浏览举手网（http: //www.handsup.cn），我开价网（http: //www.wokaijia.com），就可以根据买方价格拍到商品和酒店。

（四）价格反应策略

由于市场形势或企业产品的成本的变化，商品价格执行一段时间后就需要调整。价格反

应策略按本企业是否率先行动，分为主动性调价策略和被动性调价策略；按调价的方向，分为提价策略和降低策略。

1. 主动性调价策略

主动性调价策略是指在同行业其他企业尚未变动价格之前，本企业出于自身经营或适应市场的考虑而率先改变价格的策略。按调价方向，有主动性提价策略和主动性降价策略。

（1）主动性提价的原因主要有：原材料价格上涨，导致成本上升；商品供不应求，再购率提高；产品处于垄断地位等。主动性提价有直接提价和间接提价两种方式。直接提价表现为直接提高原价、降低价格折扣等。间接提价则主要表现为提高批发起点及各档次数量折扣的数量（或金额），改送货制为提货制，变免费服务为收费服务，或提高定金标准以及预收货款等。主动性提价的幅度不宜太大，一般不能突破25%。由于主动性提价是本企业率先进行的，为了维护企业形象，必须选择好提价的时机。主要应选择在产品成长期、市场严重供不应求时期、需求旺季以及市场价格普遍上涨时期。

（2）主动性降价的原因主要有：市场供过于求，商品严重积压，商品过时；为了薄利多销，扩大市场占有份额；为了纠正定价偏高的失误等。主动性降价有直接降价和间接降价两种方式。直接降价表现为直接降低原价或提高价格折扣等；间接降价表现为降低批发起点以及各档次的折扣数量（或金额），提供更多的优惠条件等。主动性降价幅度的大小，应根据不同商品或市场的不同变化而定，降价幅度不是越大越好。通常，降价幅度若达50%以上，则会给人"便宜没好货"之感或对降价商品价值产生怀疑。一般，降价幅度控制在20%内效果最好。因为，主动性降价一般都会处于被动地位。主动性降价的时机，一般应选择在销售临近顶峰之时、或产品供过于求之时、产品过季之时或市场临近大萧条之时。联想集团使用低成本、低价格战略，在国内个人电脑市场获得较高市场份额。

2. 被动性调价策略

被动性调价策略是指当竞争者调价之后本企业再采取的相应调价举动的策略。被动性调价，按其调价方向，也有被动性提价和被动性降价两种。不论哪一种，其调价的目的，主要是为了应付竞争。所以，在采用被动性调价策略时，企业首先要了解竞争者率先调价的意图以及调价的品种和调价幅度，然后分析与预测其他竞争者可能做出的反应和消费者的反应，最后再确定本企业相应调价的品种与幅度。

主动性调价策略与被动性调价策略各有其利弊，企业在选用时，应根据市场形势和销售需要，结合调价方向，灵活掌握。一般情况下，若要提价，宜采用被动性调价策略；若要降价，则宜采用主动性调价策略。

3. 购买者对价格变动的反应

消费者并不总是在简单地理解价格变动。价格升高通常会降低销售量，但也会对购买者产生一些正面影响。例如，海尔最新款的冰箱价格提高了，你会怎么想呢？也许，你认为海尔冰箱生产技术更高、质量更好了；也许，你认为海尔公司过于贪婪，价格定得越来越高了。

同样，消费者对价格降低也会有多种想法，一种是认为购买这种产品可以获得更多优惠，另一种想法是，产品降价，会不会有质量问题，而且企业也经常有对降价产品不提供质量保证的做法，还有一种是降价后销量并不一定提高，因为消费者期待价格还会下降。例如，在房地产行业，价格下降时交易量并不一定上升，反而价格上涨时，交易量增加，人们习惯买涨不买跌。

4. 竞争者对价格变动的反应

公司在考虑价格变动时，不但要考虑消费者的反应，还必须关注竞争者的反应。当价格变动影响到的企业少，产品的一致性较高，购买者对产品和价格的了解比较充分的时候，竞争者最容易作出反应。

竞争者对对方公司的降价活动有多种看法。它可能认为对方公司试图抢占更大的市场份额；认为对方公司经营不善，因此想要扩大销售；或者认为对方公司想让全行业降低价格以促进总需求增加。对方公司要预测竞争者的反应，以准备好对策。

小结

价格策略在营销组合策略中是唯一不需要投入，只需要调整就可以为企业带来效益的因素。本任务重点探讨了影响产品定价的因素、定价的三种方法和定价策略。

1. 价格的定义及定价目标和定价程序

狭义角度的价格定义是指某产品或服务的标价。而价格广义的定义为通过拥有和使用产品和服务所交换的价值。企业定价目标包括通过定价实现企业利润、保持和扩大市场占有率、提高竞争能力、保持稳定价格以维护企业形象。

定价程序包括确定定价目标、估算产品和服务成本、测定目标市场需求、分析竞争情况及竞争对手定价、选定定价方法、确定最终价格。

2. 影响产品定价的主要因素

影响定价的因素是多方面的，主要有企业自身因素，如产品成本、营销目标和营销组合等其他因素；市场需求和竞争因素，价格对需求的弹性是制定价格的重要参考因素，需求价格弹性大的产品可以采取低价策略，而需求价格弹性小的产品则经常制定高价。完全竞争情况下，价格对销售影响较小，而不完全竞争情况下，销售者可以利用价格来与竞争对手区分开来，通过合理定价和调整价格来吸引消费者，扩大销量。在垄断竞争情况下，销售者可以控制价格，并且在竞争者之间对价格变动保持积极反应。

经济因素，如经济衰退，消费者支出水平下降，产品价格必须下降；经济增长，收入水平提高，消费能力提升，价格可以上升。法律和政策因素对价格有约束性影响，如企业必须遵守《价格法》，不能利用价格来恶性竞争，一些关系国家经济、民生的产品价格受到政策调节，不能任意涨价或降价，如粮食、石油等产品。

3. 制定价格的三种基本方法

影响价格的主要因素是成本、需求和竞争，因此，制定价格也从考虑三大因素入手，包括成本导向定价法、需求导向定价法和竞争导向定价法。成本导向定价又包含成本加成定价、盈亏平衡定价、目标收益率定价和目标贡献定价。需求导向定价又分为理解价值定价、区分需求定价和逆向定价。竞争导向定价包含通行价格定价、主动竞争定价和密封投标定价。

4. 制定产品定价的基本策略

产品定价的基本策略包括新产品定价策略和产品组合定价策略。

（1）新产品定价策略分为高价策略和低价策略两种方式，由新产品的市场特点来决定，如果新产品市场规模小，只满足少数人欲望，则采取高价策略，而新产品使用人数多，而且竞争者很容易模仿，则采用低价策略，以吸引更多人购买，并阻止竞争者进入。

（2）产品组合定价策略包含了产品线定价、备选产品定价、附属产品定价、副产品定价、产品束定价等。

5. 价格调整策略

产品生命周期各阶段特点不同，价格也随生命周期阶段变化而变化，价格调整主要形式有折扣和折让定价、细分市场定价、心理定价、促销定价、地理定价和动态定价等六种。

6. 价格反应策略

价格反应策略是指在特定情况下，公司对原有价格的改变，有主动改变和被动改变两种，其中改变又包括主动提价和主动降价。虽然提价容易招致消费者不满，但降价也不一定就是消费者喜欢的。频繁降价可能会影响企业产品形象，甚至怀疑质量问题。

总之，价格是营销组合中的重要因素，在制定价格时必须全面考虑，制定合理价格，既为顾客创造价值，又实现企业盈利目标。

复习与思考

1. 分析影响商品定价的主要因素有哪些？营销中的价格与经济学中的价值规律有矛盾吗？

2. 产品定价有三种方法，这三种方法各有哪些优缺点？分别适用于何种条件下的商品定价？

3. 价格策略在营销组合策略中是唯一投入最省，效果显著的策略。企业可以运用的价格策略有哪些？分析频繁运用降价进行竞争的利弊。

4. 新产品定价策略有哪两种方法？举例说明如何运用这两种方法。

5. 产品组合定价策略包括哪些内容？举例说明如何运用产品组合定价策略。

6. 价格调整中，无论是调高还是调低都会引起消费者与竞争对手的反应，企业应该针对可能的反应采取哪些调价策略？举例分析。

7. 价格调整策略通常包括哪些形式？举例说明这些策略的运用。

模块 二 实训操练

实训一：案例分析

一、实训内容

分析定价策略对企业营销战略的影响。

二、实训准备

1. 授课老师提前布置案例分析资料；

2. 以 4~5 人为一组分工协作，收集案例的背景资料；

3. 分析案例中价格策略运用情况，提出个人观点。

三、实训组织

1. 授课老师指导下运用头脑风暴法开展案例讨论；
2. 小组长记录下每位同学提出的不同观点；
3. 对核心的观点进行再讨论得出结论；
4. 各组由一名代表陈述讨论的结果；
5. 授课老师引导学生对一些重要观点进行辩论；
6. 授课老师对讨论进行最后点评。

四、实训评价

1. 讨论记录翔实，观点鲜明；（3分）
2. 课堂讨论认真，组织严格；（2分）
3. 思维开放创新，结论切实；（3分）
4. 陈述条理分明，集思广益。（2分）

【案例分析】

吉利汽车公司的价格策略

如果不是因公事羁绊，李书福绝对不会缺席2014年2月16日在成都举办的经销商大会。不过，李书福还是向大会发来了他的一段视频："成败就在一念之间，全局决定格局，格局决定布局，布局决定结局。"今年的大会来了1500多人，超过以往任何一届。更为特别的是，席间还有从某直接竞争对手"反水"过来的经销商，如湖南光大、成都平通这样在西部和次级市场上的"大腕"。次日，李书福还是赶到了成都。会上，李书福再次提请经销商们注意，中国车市正在发生前所未有的巨大变局。

变局在第二天就发生了。2月18日，吉利在二三线市场上的主力对手比亚迪，打响了年度价格战第一枪。比亚迪宣布，旗下的车型除F3DM和M6、L3等新车型以外，其余车型一律降价，部分车型甚至降价1.5万元。

在本土品牌价格战下，李书福和他的团队需要拿出更好的办法。

自2007年在宁波的经销商大会上，李书福发布"宁波宣言"以来，吉利一直在试图告别低价取胜战略，向技术领先、品质领先、客户满意、全面领先等四大目标转型。

吉利公关总监杨学良出示的一本《吉利战略转型报告》绿皮书上，明确写着吉利从2007年到2015年的战略构想：第一阶段（2007—2009年），吉利要变成"有知名度"的品牌；第二阶段（2010—2012年），吉利要成为"有影响力"的品牌；第三阶段（2013—2015年），吉利要成为"有竞争力"的品牌。"我们的第一阶段已经完成，第二阶段正在进行，我们的目标是最终完成第三阶段的脱胎换骨。"杨学良表示。

今年突变的市场风云令吉利始料不及。吉利面对的第一仗，就是价格战。"我们不会回应价格战"，吉利副总裁兼销售公司副总刘金良表示："相反，吉利还要提升价格。"吉利约60%的销售来自二、三级市场，提升价格以后，吉利是否会再次重演2007年时期的颓势？当年，吉利在"宁波宣言"后，将车款提价20%至30%，月销量一度从3万多辆骤降到6千，并让比亚迪、奇瑞趁势实现反超。"形势已经完全不同，我们现在的优势是品质取胜。"杨学良表示。

吉利不打价格战有充分依据。"宁波宣言"之后，李书福用了 3 年时间对吉利产品线做了破釜沉舟式的调整：首先，是停产旧款车型，垂直切换到了附加值更高的"新三样"远景、金刚、自由舰；其次，是实施"多品牌战略"，对吉利的品牌和车型进行重新梳理和定位，分别诞生了全球鹰、帝豪、英伦等三大子品牌，并导入了全新的终端 VI 系统；再次，吉利构建了 5 大技术平台、15 大产品平台，由此衍生出 42 款产品的储备。

本次经销商大会上，李书福再次明确表示："吉利的对手是丰田、本田、通用、大众、福特和现代。"言下之意，本土品牌并不在他的竞争之列。

在汽车销售的金九银十过后，2014 年 10 月汽车销量排名出炉，吉利帝豪 EC7 品牌车型再次排名本土汽车品牌第一名，前 10 月累计销售 117 571 辆。

问题讨论：
1. 在本土品牌价格战背景下，吉利公司采取了什么定价策略？
2. 吉利不打价格战的原因是什么？吉利的营销战略是怎样的？
3. 吉利公司的定价策略对本土汽车公司的定价策略有何启示？

实训二：产品定价策划

一、实训内容

针对任务七中选定的企业产品进行定价策划。

二、实训准备

1. 认真分析上次实训收集的资料；
2. 分析企业产品的成本构成；
3. 分析竞争品和替代品价格策略；
4. 分析目标消费者对企业产品价格的反映；
5. 分析现有价格的优势和不足；
6. 拟定价格方案。

三、实训组织

1. 以 4～5 人为一组进行定价方案讨论；
2. 每位同学对拟订方案提出个人观点；
3. 综合考虑作出最终的定价决策；
4. 小组代表陈述新产品定价方案；
5. 授课老师引导各组学生进行方案讨论；
6. 编写书面价格策划报告。

四、实训评价

1. 价格策划报告格式规范；（3分）
2. 全面定价依据充分；（3分）
3. 定价方法运用得当可行；（2分）
4. 团队协作，个体参与度高。（2分）

【附件】

你是营销者：索尼克公司的新产品营销计划

在每一个营销计划中，定价是一个关键性的因素，因为它直接与公司的收入和利润目标相联系。为了有效地设计定价战略并对其进行管理，营销人员不仅要考虑它们的成本，而且还要考虑顾客的看法及其竞争对手的反应。

作为产品经理，你负责对索尼克公司的新产品 Sonic1000 掌上电脑进行定价。再看一下该公司目前的处境，尤其是产品的优势、劣势、机会以及面临的威胁。同时，要考虑目标市场消费者价格敏感性及其产品市场定位所了解的情况。然后，回答下面的关于定价方面的几个问题：

1. 索尼克公司的首要定价目标是什么？为什么？
2. 索尼克公司的顾客们对价格敏感吗？其需求是有弹性的，还是无弹性的？产品定价的含义是什么？
3. 索尼克公司如何对其整个产品线进行定价？产品定价如何与营销组合中的其他因素相协调？
4. 索尼克公司这次是新产品定价，采取哪种或哪几种定价方法比较好？

在你制定完定价战略和方法后，总结一下你的建议，并把它们写进营销计划的营销组合策略部分。

任务九

制定分销渠道策略

任务目标

知识目标

1. 理解分销渠道的概念与作用；
2. 了解分销渠道模式与渠道策略；
3. 了解中间商的作用、类型；
4. 了解产品实体分销的一般内容。

能力目标

1. 能正确设计渠道策略；
2. 能有效地管理渠道人员。

模块一　理论指导

案例导入　　娃哈哈渠道的成功与困惑

娃哈哈是全球第五大饮料生产企业，其销售规模仅次于可口可乐、百事可乐、吉百利、柯特4家跨国公司。娃哈哈成功的四大法宝：集权管理提升企业的运作效率；保证金制度捍卫企业资金安全；联销体激发经销商热情；科技创新确保娃哈哈品牌经久不衰，朝气蓬勃。四大法宝中有两个因素是渠道的作用。

娃哈哈的产品并没有很高的技术含量，其市场业绩的取得和它对渠道的有效管理密不可分。娃哈哈在全国31个省市选择了1000多家能控制一方的经销商，组成了几乎覆盖中国每一个乡镇的联合销售体系，形成了强大的销售网络。娃哈哈非常注重对经销商的促销努力，公司会根据一定阶段内的市场变动、竞争对手的行为以及自身产品的状况而推出各种各样的促销政策。针对经销商的促销政策，既可以激发其积极性，又保证了各层销售商的利润，因而可以做到促进销售而不扰乱整个市场的价格体系。娃哈哈对经销商的激励采取的是返利激励和间接激励相结合的全面激励制度。娃哈哈通过帮助经销商进行销售管理，提高销售效率来激发经销商的积极性。娃哈哈各区域分公司都有专业人员指导经销商，参与具体销售工作；各分公司派人帮助经销商管理铺货、理货以及广告促销等业务。

娃哈哈的经销商分布在全国 31 个省市，为了对其行为实行有效控制，娃哈哈采取了保证金的形式，要求经销商先交保证金，对于按时结清货款的经销商，娃哈哈偿还保证金并支付高于银行同期存款利率的利息。娃哈哈总裁宗庆后认为："经销商先交保证金的意义是次要的，重要的是维护相互之间的独特信用关系。我们要经销商先付款再发货，但我给他利息，让他的利益不受损失，每年还返利给他们。这样，我的流动资金十分充裕，没有坏账，双方都得了利，实现了双赢。娃哈哈的联销体以资金实力、经营能力为保证，以互信互助为前提，以共同受益为目标指向，具有持久的市场渗透力和控制力，并大大激发了经销商的积极性和责任感。"

为了从价格体系上控制窜货，娃哈哈实行级差价格体系管理制度。根据区域的不同情况，制定总经销价、一批价、二批价、三批价和零售价，使每一层次、每一环节的渠道成员都取得相应的利润，保证了有序的利益分配。

同时，娃哈哈与经销商签订的合同中严格限定了销售区域，将经销商的销售活动限制在其市场区域范围之内。娃哈哈发往每个区域的产品都在包装上打上编号，编号和出厂日期印在一起，根本不能被撕掉或更改，借以准确监控产品去向。娃哈哈专门成立了一个反窜货机构，巡回全国严厉稽查，保护各地经销商的利益。娃哈哈的反窜货人员经常巡查各地市场，一旦发现问题马上会同企业相关部门及时解决。总裁宗庆后及各地的营销经理也时常到市场检查，一旦发现产品编号与地区不符，便严令彻底追查，按合同条款严肃处理。娃哈哈奖罚制度严明，一旦发现跨区销售行为将扣除经销商的保证金，情节严重的将取消其经销资格。娃哈哈全面激励和奖惩严明的渠道政策有效地约束了上千家经销商的销售行为，为庞大渠道网络的正常运转提供了保证。

有学者将娃哈哈的成功模式归结为"三个一"即"一点，一网，一力"。一点指的是它的广告促销点，一网指的是娃哈哈精心打造的销售网，一力指的则是经营经销商的能力。"三个一"的运作流程是：首先，通过强力广告推新产品，以轰炸式广告把市场冲开，形成销售的预期；其次，通过严格的价差体系做销售网，通过明确的价差使经销商获得第一层利润；最后，常年推出各种各样的促销政策，将企业的一部分利润通过日常促销与年终返利让渡给经营经销商。但这种模式也存在着问题：当广告愈来愈强调促销的时候，产品就会变成"没有文化"的功能产品，而不是像可口可乐那样成为"文化产品"，结果会造成广告与产品之间的刚性循环：广告要愈来愈精确地找到"卖点"，产品要愈来愈多地突出功能，结果必然是广告的量要愈来愈大，或者是产品的功能要出新意，才能保证销量。

思考题：

1. 娃哈哈成功地运用了哪些渠道模式？其特点是什么？

2. 娃哈哈为了实现有效的渠道管理采取了哪些措施？目前面临的困惑是什么？

前面两个任务分别探讨了营销组合的两种工具，即产品策略和定价策略，本任务则是营销组合的第三个工具，即分销渠道策略。渠道是连接生产与消费的桥梁，是实现商品或服务从生产者手中转移到消费者手中的纽带。公司的渠道决策直接影响着其他任意一个营销决策。

正如以上娃哈哈的渠道策略，直接影响到其广告策略。因此，公司的渠道选择和管理非常重要，本任务重点讨论分销渠道的作用与类型、渠道设计和管理决策、渠道人员的选择和激励、零售商和批发商的作用、实体分销。

一、了解分销渠道的作用与类型

很少有制造商直接将它们的商品卖给终端用户，相反，大多数通过中间商将产品在市场上销售。通过一些相互依赖的组织联合起来，形成一条价值供应链，传递产品或服务价值，以满足消费者或产业用户的需要。这条价值供应链就是通常所说的分销渠道。

（一）分销渠道的含义

分销渠道，也叫销售渠道，指某种商品或服务从生产者向消费者或产业用户转移所经过的流通途径和路线。美国市场营销学权威菲利普·科特勒这样定义分销渠道：分销渠道是指某种货物或劳务从生产者向消费者移动时，取得这种货物或劳务的所有权或帮助转移其所有权的所有企业和个人组成的销售网络。因此，渠道成员包括制造商、营销中介和消费者或产业用户。

分销渠道在传递产品或服务的同时，也传递信息、转移商品的所有权和回笼资金，并承担促销，以分销渠道为载体形成了物质与非物质的各种"流"，即实体流、所有权流、付款流、信息流和促销流。

由于生产者与消费者之间存在时间、空间和所有权上的差距，因此，分销渠道就起着联系生产与消费的桥梁和纽带作用。

（二）分销渠道的作用

为什么制造商将一部分销售工作交给渠道伙伴去做？毕竟这意味着制造商在如何销售、销售给谁等方面失去了部分控制权。使用中间商主要是由于它们在为特定市场提供产品方面具有更高效率，通过它们的关系、经验、专门知识和经营规模，中间商通常能做到制造商自己做不到的事情。

图 9-1 表明使用中间商取得经济效益的情况。图 9-1（a）中三个制造商，分别通过直销的方式达到三个顾客群，这一系统需要九次不同的渠道交易。而图 9-1（b）中，三个制造商与同一个中间商联系，再由这一家中间商与三个顾客群联系，这个系统只需要六次渠道交易就能完成图 9-1（a）同样的交易量。中间商减少了制造商和消费者必须完成的大量工作。

从经济系统的观点来看，中间商的作用是将生产者产出的各种产品转换成消费者需要的各种产品。实际中，制造商产出的产品品种有限，但数量很大，而消费者需要各种产品，但数量不多。在分销渠道中，中间商购买许多制造商生产的大量产品，然后把它们分散开来，组成消费者需要的数量较小的多种产品。

例如，宝洁公司每周都会生产几百万块舒肤佳肥皂，虽单个消费者一次只买一块或几块，但由于消费者群的总需求量大，因此，沃尔玛和家乐福这些中间商就可以大批量地采购，然后把它们摆在超市的货架上。消费者除了购买肥皂，还可能购买少量牙膏、洗发水或其他物品。由此可见，中间商在匹配供应和需求之间扮演着一个重要角色。

M——制造商　　　　　D——中间商　　　　　C——顾客

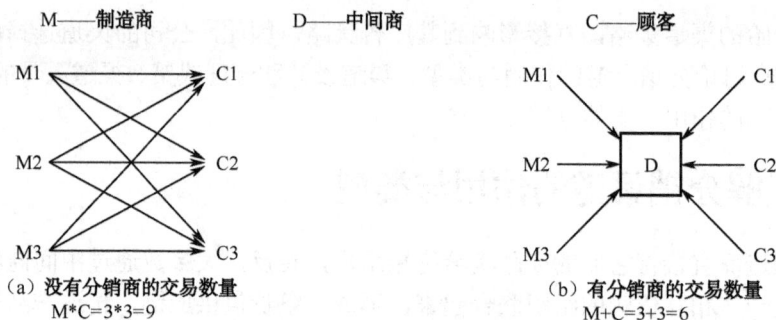

（a）没有分销商的交易数量　　　　　　（b）有分销商的交易数量
M*C=3*3=9　　　　　　　　　　　　　　M+C=3+3=6

图 9-1　中间商的效益图

在将产品或服务从制造商转移到消费者手中的过程中，中间商能够消除产品和服务与消费者之间存在的时间、地点和所有权上的差距，增加了价值。渠道成员承担了许多关键的职能，有些能帮助完成交易：

（1）收集与传播信息。收集和发布营销环境中现实顾客、潜在顾客、竞争对手和其他参与者的市场研究情报信息，用于制订计划和帮助交易。

（2）促销产品。通过渠道成员宣传和传播有关产品的富有说服力的沟通材料，制造商新品上市促销等供应信息，以吸引更多的顾客购买。

（3）联系顾客。通过中间商自己的销售队伍，开拓市场，寻找潜在的消费者并与之进行联系。

（4）匹配商品。根据购买者的需求进行匹配以提供合适的产品，包括生产、分类、组装与包装等。

（5）谈判交易。制造商与中间商相互协商以达成有关价格与其他方面的协议，完成所有权或使用权的转换。

（6）实体分派。中间商拥有仓库、经营场所和运输工具，以实现产品运输与货物贮存。

（7）资金融通。渠道成员间可以通过预付款、商业信用等形式解决相互间资金短缺情况。

（8）风险承担。渠道成员拥有商品所有权，同时也承担了商品经营的各种风险。

问题不在于上面的工作是否需要执行，而在于由谁来执行，因为这些工作总是要做的。如果让制造商执行这些职能，成本会增加，价格也会上升。如果这些职能中的一部分转移到了营销中间商那里，制造商成本和价格就会下降，但中间商也会把价格提高，以补偿它们工作的成本。在分配渠道工作时，应该将多种多样的职能安排给以相对低的成本可以增加最大价值的渠道成员承担。

（三）分销渠道的类型

1．直接渠道与间接渠道

由于个人消费者和产业用户消费的商品性质不同，消费目的和购买特点的差异性，企业采用两种不同的分销模式，即消费者市场分销渠道和产业市场分销渠道。而这两种模式都可按是否有营销中介划分为两种类型，即直接渠道和间接渠道。

图 9-2（a）表示了消费者市场的分销渠道模式，图 9-2（b）表示了产业市场分销渠道模式。渠道 1 称为直接分销渠道，没有营销中介，公司直接向消费者或产业用户销售产品。例

如，雅芳和安利都是通过家庭和集团销售人员上门推销或网络销售产品；有的公司通过邮寄目录、电话或是网站销售服装；一家大学在校园里销售教育或远程学习；产业市场的营销者可以直接利用自己的销售队伍向生产者用户进行销售。渠道 2、渠道 3 都属于间接分销渠道，它包含了一层或多层营销中介。直接分销渠道和只有一层营销中介的渠道称为短渠道，有两层或两层以上营销中介的渠道称为长渠道。

2. 长渠道与短渠道

分销渠道可以按渠道层次的数量划分为长渠道与短渠道。渠道层次就是指将产品或产品所有权带给最终购买者的过程中的每一类营销中介，如批发与零售就属于不同层次。渠道层次在一层或以下的为短渠道，渠道层次在二层或以上的为长渠道。图 9-2 中的渠道 1 和渠道 2 为短渠道，渠道 3 为长渠道。

无论是消费者市场，还是产业市场，都可以选择渠道层次更多的分销渠道，如可口可乐、娃哈哈这些快速消费品，由于它们的市场范围广，竞争激烈，为了开辟农村市场，目前已采取的渠道可能有三到四层。但渠道过长，渠道成本和渠道管理的难度增加。从制造商的角度来看，多渠道层次意味着更少的控制权和更复杂的渠道关系。而且，分销渠道的所有成员都由几种"过程"联系在一起，包括产品实体运输过程、所有权转移过程、付款过程、信息传送过程和促销过程。这些过程会使只有一个或几个层次的渠道也变得十分复杂。

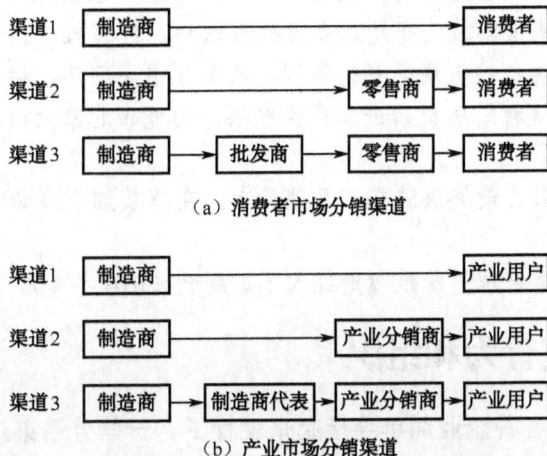

渠道1　制造商 ——————————————→ 消费者

渠道2　制造商 ——————→ 零售商 ——→ 消费者

渠道3　制造商 → 批发商 → 零售商 → 消费者

（a）消费者市场分销渠道

渠道1　制造商 ——————————————→ 产业用户

渠道2　制造商 ——————→ 产业分销商 → 产业用户

渠道3　制造商 → 制造商代表 → 产业分销商 → 产业用户

（b）产业市场分销渠道

图 9-2　消费者市场和产业市场分销渠道

3. 宽渠道与窄渠道

分销渠道也可以按各个渠道层次中拥有中间商数目的多少，划分为宽渠道与窄渠道。宽渠道是指制造商在同一渠道层次中选择多家中间商作为合作伙伴，开展营销活动。窄渠道则是指制造商只选择一家或少数几家中间商合作营销。宽渠道适用于产品单位价值低、市场范围广、经济状况好的情况；而窄渠道则适用于产品单位价值高、技术含量高、服务要求高、市场范围有限的一些特殊商品或生产者市场的专用品的销售，如日化用品就适合在宽渠道营销，而古玩字画则适合在窄渠道专营。

4. 单渠道与多渠道

分销渠道按照制造商所采用的渠道类型的多少，可分为单渠道和多渠道。单渠道是指企业在所有市场区域内只采用一种渠道分销产品，如雅芳化妆品在美国刚上市时只选择了人员推销这样的直接渠道。但更多的企业是采用多渠道分销，即在同一市场区域内选择多种渠道类型，或在不同市场区域采用不同的分销渠道、形成渠道组合。有的企业在本地销售采用直接渠道，在外地则采用间接渠道；有的企业在新产品刚上市时采用窄渠道、独家经销，而在产品成熟期则采用宽渠道、密集型分销。

案例启示

加多宝比可口可乐更流行的秘密是什么？从 2007 年到 2013 年，加多宝连续 7 年在中国市场上打败世界饮料巨头可口可乐，成为罐装饮料里销量最大的品牌，改写了中国快速消费品市场外资垄断的局面。对于消费者来说，加多宝的营销实力是有目共睹的，而在快速消费品业界，加多宝在渠道方面的掌控与占有率则更为瞩目。据统计，2013 年上半年，加多宝在凉茶行业的市场占有率达到 80% 以上。

在明确定位为预防上火的饮料之后，加多宝就制定了走出南方的市场战略，开始寻找除传统的食杂小店、批发商、超市之外能够开拓全国市场最快速的渠道。而最终，基于产品本身的特性和功能，加多宝决定以餐饮渠道为突破口。

餐饮渠道是加多宝打入北方市场的重要突破口。例如，在以麻辣特色餐饮店著称的北京簋街内，85%的店内冷藏柜摆放的都是加多宝凉茶饮料。经过推广，加多宝的销售渠道从火锅店延伸到湘菜馆、烧烤、铁板烧等餐饮领域，成为了很多门店、餐馆的不二选择。如今，在一些批发市场，许多饮料门店也只进加多宝凉茶，而遍布北京大街小巷的小卖部和小门店也只卖加多宝凉茶。

销售渠道的成功拓展，最终反映在产品销量上。在凉茶细分市场中，每卖出 10 罐凉茶，就有 7 罐加多宝。

（文章来源：陈默《财经天下》周刊 2014 年 4 月 7 日第 54 期，经整理）

二、分销渠道行为和组织

分销渠道并不是将各种企业简单连接起来就行了。一些分销渠道上的企业只保持松散的非正式接触，而另一些分销渠道企业则有很强的组织结构来引导正式交往。

（一）分销渠道行为

分销渠道由那些被共同利益结合在一起的企业组成。每个渠道成员都依赖于其他成员。例如，现代汽车公司的经销商依赖于现代汽车公司设计适合消费者需求的汽车，而现代汽车公司则依赖于经销商吸引消费者，说服他们购买现代汽车，并在销售之后提供服务。现代的每位经销商还依赖于其他经销商良好的销售和服务表现，从而能够保持现代汽车公司和销售商整体声誉。每一个现代经销商的成功都取决于整个现代汽车公司分销系统与其他汽车制造商渠道系统的竞争状况。

每一个渠道成员都在渠道系统中发挥着自己的作用，扮演着一项或多项角色。例如，日化用品制造商宝洁的角色是生产出消费者喜欢的日化产品，并通过全球性的广告创造需求；

而家乐福、沃尔玛超市的角色则是选择有利的地点、合适的货架摆放和展示宝洁产品，回答购买者的问题，并完成销售。如果我们选择的每个渠道成员都是其任务的最好完成者，那么这个渠道系统就是最有效的。

理想的状况是所有渠道企业之间都能保持良好的关系，协同努力，彼此理解和承担各自的任务，相互合作以达到整体目标。但渠道成员并不总是这样全面考虑，合作完成渠道的总目标。它们经常为自己的短期利益最大化而工作，放弃渠道的总目标，损害整体利益。渠道企业经常在各自的职能上发生争论，比如谁做什么，该得到怎样的回报等。这些对目标和职能的不同意见就产生了渠道冲突。渠道冲突形式分为水平冲突和垂直冲突两种。

1. 水平冲突

水平冲突发生在执行同一渠道职能的企业之间。例如，现代汽车公司在湖南长沙的一些经销商抱怨这个城市的其他经销商抢走了自己的生意，控告它们在定价和宣传推广上过于激进，或是超越限定范围销售产品。一些获得梦洁特许经营权的加盟商抱怨其他特许经营商定价太高，服务不好，从而损坏了整个公司的形象。

2. 垂直冲突

垂直冲突是指发生在同一渠道不同层级之间的冲突，这种冲突更为常见。例如，近年来，国内 SD 咖啡连锁总部与它的特许经营商之间发生着持续不断的冲突，这种冲突发生在增加广告花费，统一推出新品，再到一些特惠咖啡饮品定价等事情上。下面的例子就是这一咖啡连锁总部对特许经营商发号施令的权利之争。

案例启示

SD 咖啡品牌以其良好服务、超低定价而出名。连锁总部在全国特许经营商中推出吸引顾客的"超级饮品单"。但最近，一款拿铁咖啡的定价问题在 SD 的特许经营商中产生了很大的争议。悬而未决的一个争议是，SD 连锁总部坚持迷你拿铁咖啡的售价不能超过 10 元人民币，同它的饮品单上的其他项目保持一致，提供"超级饮品单"。SD 将低价视为在目前经济环境下有效竞争的关键。但是公司的特许经营商却认为在这种定价下，他们将亏本。为了解决这个争议，气愤的特许经营商们提起了法律诉讼，他们宣称 SD 的特许经营合约并没有允许其控制定价。在数个月的公开辩论之后，SD 最终同意让特许经营商各行其是。SD 总部推出了价格仅为 10 元人民币的迷你拿铁咖啡，其咖啡杯比原正常情况小了 1/3，看上非常可爱和迷人，由于大大节约了原材料，降低了成本，更以超低的价格来吸引顾客。而常规的拿铁咖啡仍然出现在饮品订单上，但价格为 20 人民币。

一些渠道冲突是以良性竞争的形式出现的，这样的冲突推动渠道不断创新，如 SD 与特许经营商之争，推动新产品推出，改善连锁总部与特许经营商的互利共赢关系。但有的冲突会影响到渠道效率，损害品牌形象。因此，公司应该变革渠道组织模式，避免渠道管理超出自己的掌控范围。

（二）渠道组织变革

为了整个渠道系统良好发展，每个渠道成员都必须专注于自己的角色，渠道冲突应当得

常规的分销渠道　　　垂直营销系统

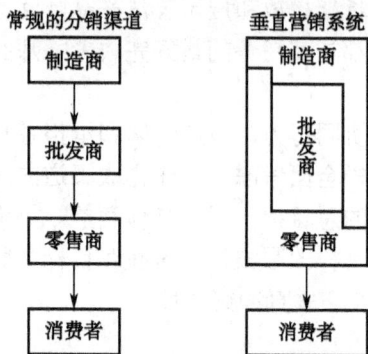

图 9-3　常规分销渠道与垂直营销系统

到很好的管理。如果渠道系统中有一个企业、机构或是机制领导，并且能够有效地分配职能和管理冲突，这个系统就会更加完善。近年来分销渠道方面最大的发展之一就是提供了渠道领导的垂直营销系统的组织管理形式。图 9-3 对比了常规分销渠道与垂直营销系统的组织管理形式。

常规分销渠道，由一个或多个独立的制造商、批发商和零售商组成。每个渠道成员都是独立企业，往往为了自身短期利益最大化而不惜牺牲渠道系统整体利益；渠道中没有一个成员可以对其他成员进行控制，也没有正式的划分职能和解决冲突的方式。

近年来，分销渠道系统突破了传统模式，有了新的发展，形成了垂直营销系统，能较好地解决渠道中的一些冲突问题。

1. 垂直营销系统

垂直营销系统，由制造商、批发商或零售商组成的一个统一的系统。垂直营销系统可以由制造商、批发商或是零售商控制。垂直营销系统主要有三种类型：统一型、契约型和管理型。每种类型都采用不同方式在渠道中形成了领导和权力。

（1）统一型垂直营销系统，将一系列从生产到分销的步骤统一起来，归于同一个所有权下。协调和冲突管理工作通过常规的组织渠道完成。如广州惠阳的一台资制鞋企业拥有自己的产品设计中心、生产制造企业和全国近 1000 家直营专卖店。采取垂直营销系统，使这家制鞋企业对市场反应迅速，新产品上市快，产品没有积压，市场上价格比较稳定，树立了良好的品牌形象。一家食品商店拥有制冰设备、软饮料装瓶厂、冰激凌工厂和点心厂，供应它所销售的从饮料到生日蛋糕的一切产品，整个营销系统都由零售商控制。

（2）契约型垂直营销系统，由处在不同的生产和分销层次的企业组成，它们通过合同连接在一起，以达到比各自单独经营更好的经济效果。渠道成员的协调和冲突管理通过契约来达成。特许权组织是最常见的一种契约型关系，特许经营授权商的渠道成员把从生产到分销过程中的多个步骤联系起来，如国内快餐、咖啡、汽车 4S 店，其特许经营授权商和它们的特许经营商的经济产出规模在日益扩大。目前，主要有三种特许权形式。

第一种是制造商主办的零售特许权系统，例如，汽车产业。福特公司及其独立的特许经销商组成的网络。福特公司的经销商都注册了公司，它们都是独立的商业企业，同意遵守各种销售和服务的条件。

第二种是制造商主办的批发特许权系统，例如，软饮料产业。可口可乐公司在各种市场给负责装瓶的批发商特许权，这些批发商购买可口可乐公司的浓缩液，加入碳酸气，装瓶，然后售给本地市场的零售商。

第三种形式是服务企业主办的零售特许权系统，服务型企业给零售商特许权，让它们向消费者提供服务，例如，快餐业。麦当劳公司给负责经营麦当劳快餐的零售商特许权，零售商则承诺按总部的要求统一形象，提供标准化的服务。这样的例子还有许多，例如，教育培训机构、酒店行业、健身行业等。

（3）管理型垂直营销系统，协调生产和分销的连续过程，但不是通过共同的所有权或合同，而是通过其中某个成员的规模和实力。在管理型垂直营销系统中，一个或几个渠道成员掌握领导权。拥有优势品牌的制造商可以获得经销商强有力的贸易合作和支持，如宝洁、娃哈哈企业能够指挥经销商如何安排商品展示、货架空间、促销和价格政策，沃尔玛、国美电器这样的大型零售商可以对供应产品的制造商施加很大的影响。

2. 水平营销系统

渠道的另一个发展方向是水平营销系统，同一层次的两个或多个企业联合起来，把握新的营销机会，如可口可乐公司与雀巢公司建立了合资企业，在世界范围经销速溶咖啡和茶饮料。可口可乐公司提供在世界上经营和分销饮料的经验，雀巢则提供两个著名的品牌——雀巢咖啡和雀巢奶茶。水平营销系统通过共同工作，各企业将资产、生产能力或者营销资源结合起来，以达到单一企业不可能达到的经营成果。

企业可以和竞争者联合，也可以与非竞争者联合；可以暂时合作，也可以长期合作，还可以建立一个新公司。例如，麦当劳将餐厅开进沃尔玛，麦当劳可以从沃尔玛大量的客流中获利，而沃尔玛则留住了那些饿肚子的顾客，避免他们去别的地方用餐。

微软与雅虎这两个竞争对手已经联合起来建立了一个水平型的互联网搜索联盟。在接下来的十年里，微软的必应（Bing）将成为雅虎网站的搜索引擎。而雅虎则将专注于创造一个更丰富的搜索体验，整合海量的雅虎网站内容，提供工具来个性化雅虎用户体验。通过合作，它们可能成为谷歌的一个强有力的挑战者。

3. 混合营销系统

过去，许多企业使用单一渠道在一个或多个细分市场上进行销售。今天复杂的细分市场结构和各种营销渠道的潜力，使得越来越多的企业采取多渠道营销系统，这种多渠道营销系统又被称为混合营销系统。当一个企业建立两个或两个以上的分销渠道为某个或多个消费者细分市场服务时，就产生了多渠道营销。图 9-4 展示了一个混合营销系统的模式。

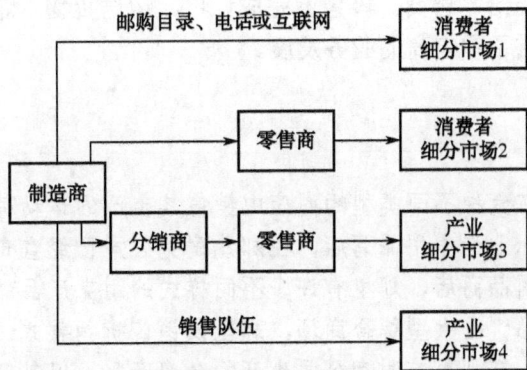

图 9-4　混合营销系统

图 9-4 中，制造商通过邮购目录、电话或互联网，直接向消费者细分市场 1 销售；通过零售商向消费者细分市场 2 销售；通过分销商和零售商间接向产业细分市场 3 销售；依靠自身的销售队伍向产业细分市场 4 销售。

现在，几乎每家公司都采用混合渠道进行分销。例如，中国家电知名品牌格力，通过各地代理商和零售商销售空调，同时也借助京东商城的网络渠道销售空调，未来也可以开辟自己的专门网店来销售产品。

混合营销系统给那些面对大型和复杂市场的企业提供了许多好处。企业通过多渠道可以扩大市场覆盖率，赢得市场机会，调整产品和服务以满足各种消费者细分市场的需要。但多渠道很难控制，而且经常出现渠道内部为争夺市场和顾客，产生渠道冲突，如格力向国美直接供货，就遭到已经建立起来的各地经销商的抵制，因为制造商向大零售商直接供货时，抢占了经销商的市场份额。如果通过互联网与零售商销售相同产品，且网络价格优势明显，就会遭到实体店的抵制。

渠道系统在不断发展与变化，中介弱化是渠道变化的一个主要趋势。直销、网上营销的迅猛发展，对营销渠道的性质和设计产生了深厚的影响。产品和服务的制造商可以轻易绕过营销中介，直接向最终购买者销售，或是以全新的渠道中介形式取代旧有的方式。

因此，许多产业中，传统的中间商面临着巨大挑战，并渐渐走向衰落。例如，戴尔和亚马逊这样的公司完全把零售商从营销渠道中去掉，直接将产品卖给最终消费者。电子商务在数量和规模上都发展迅速，逐步取代了传统的实体零售店。书、音乐、服装都可以通过网络订购，完全不需要到商店去。

中介弱化对于制造商和中间商来说既是挑战也是机遇。为了避免被淘汰，传统的营销中介必须找到新的方式为供应链增值，如传统的书店开始建立自己的销售网站，并提供音乐下载服务，同时实体商店可以增加体验，书店设计为舒适的、听音乐、喝茶、看书的好场所。为了保持竞争力，产品和服务的生产商必须发展新的渠道机会，如互联网和其他直接的渠道。

但发展新渠道常常会对原有渠道产生冲突，企业如何解决这一问题呢？企业可以寻求一种方式使新渠道既能促进公司销售，又能协助渠道企业发展。例如，惠普公司建立了三个直销网站，分别针对消费者（Shopping Village）、授权零售商的购买业务（H-PCommerce Center）和现有的签约客户（Electronic Solutions Now）。但为了避免与原有的零售商渠道发生冲突，惠普将所有的网站订单交给零售商。零售商完成订单，运送货物，赚得佣金。这样惠普既获得了直销的利益，又促进了零售商的业务发展。

案例启示

耐克（Nike）公司在六种不同类型的商店中销售其生产的运动鞋和运动衣：①体育用品专卖店，例如，高尔夫职业选手用品商店，在那儿耐克公司已经宣布准备生产一种新型运动鞋的计划；②大众体育用品商店，那里有许多不同样式的耐克产品；③百货商店，那里集中销售最新样式的耐克产品；④大型综合商场，那里仅销售折扣款式；⑤耐克产品零售商店，包括大城市中的耐克城，在那里有耐克公司生产的全部产品，但其重点是销售最新样式的耐克产品；⑥工厂的门市零售店，所销售的大部分是二手货和存货。同时，耐克公司还限制销售其产品的商店的数量。当然，现在大量的耐克网络经销商使得年轻消费者更轻而易举地就能获得自己喜欢的宝贝。

耐克根据不同的产品选择自己的营销渠道，采用多样化的渠道策略，使自身成为随处可见的国际知名品牌。

三、分销渠道设计与管理决策

（一）影响分销渠道选择的因素

影响分销渠道的选择的因素很多，制造商在决定选择怎样的分销渠道前，应对产品、市场及企业本身等因素进行综合分析，以便做出正确的决策。

1. 产品因素

（1）产品的单位价值高低。单位价值低的产品，往往通过中间商来进行销售，让中间商承担部分销售成本，增加市场的覆盖面。其分销路线长、销售层次多，且每层次的中间商数量多，即采取长而宽的分销渠道。反之，单位价值高的产品，则采取短而专的分销渠道。

（2）产品的体积与重量。体积大、分量重的产品，往往意味着高的装运成本和高的重置成本，一般应尽量选择最短的分销渠道，如机械设备多数只通过一个环节，甚至取消中间环节由生产者直接供应给用户。

（3）产品的易腐、易毁性。产品是否会迅速腐烂、容易损坏，这是一个在实体运输和储存中非常关键的问题。易腐、易毁的产品，应尽量缩短分销渠道，迅速地把产品出售给消费者，如鲜活产品的渠道一般都较短。

（4）产品的技术和服务要求。技术要求比较复杂、对售后服务要求较高的产品，如微机、现代办公用品、大型机电设备等，一般要求较高的技术性，生产企业要派出专门的人员去指导用户安装、操作和维修。因此，这些产品一般由生产企业直接销售给用户，其分销渠道一般都是短而窄的。因为中间商可能对产品的各项性能不是很了解，有可能对顾客产生误导，为以后的销售埋下隐患。

（5）产品的时尚性。时尚程度较高的产品，即样式或款式较容易发生变化的产品，如各种新奇玩具、时装等，分销渠道应尽量缩短，以免流转环节较多、周转时间较长。而过时或时尚性不强、款式不易发生变化的商品，分销渠道可以适当长一点，以便广泛销售。

（6）产品的标准化与专用性。一般而言，渠道的长度与宽度是与产品的标准化程度成正比的。产品的标准化程度越高，渠道的长度越长，宽度越宽。而对于专用性产品一般采用短渠道或直销、专卖店经销。

（7）产品的市场生命周期。处于产品市场生命周期不同阶段的产品，渠道也应有所不同。对处于投入期的新产品，企业为了尽快地打开市场，通常应采取强有力的推销手段去占领市场，生产企业往往不惜为此付出大量的资金以组建推销队伍，直接向消费者推销。在情况许可时，也应考虑利用原来合作紧密的经销商分销。而对于成熟期的产品，以间接渠道销售较多。

2. 市场因素

（1）市场范围的大小。在一般情况下，产品销售范围越大，分销渠道就越长。如果产品要在全国范围销售或准备进入国际市场，则要选择长渠道与宽渠道，广泛利用中间商；如果产品销售范围很小，或就地生产就地销售，则由生产者直接销售或选择短渠道、窄渠道销售。

（2）潜在顾客的地理分布情况。如果某种产品的潜在顾客分散在全国广大地区，制造商就要通过若干不同的中间商将产品转卖给潜在顾客，此时使用较长的分销渠道；如果某产品的潜在顾客集中在少数地区，制造商就可以直接销售而不用中间商，此时使用较短的分销渠道。

（3）消费者的购买习惯。消费者的购买习惯，也影响分销渠道的选择。一些日用生活必需品，其价格低，消费者数量大，购买频率高，顾客不必做仔细的挑选，希望随时随地都能买到。制造商应尽量多采用中间商，扩大销售网点，其分销渠道应长而宽。对于一些耐用消费品，制造商一般只通过少数几个精心挑选的零售商去推销产品，甚至在一个地区只通过一家零售商去推销其产品，其分销渠道可以短而窄。总之，要通过分析消费者的需求来确定渠道类型，要了解消费者在获取某种产品时，是希望就在附近购买还是到较远的商业中心去购买？他们愿意亲自购买，还是通过电话、邮寄或网络购买？他们看重产品类型多样化还是专业化？消费者是否需要大量增值服务（运送、维修、安装）？

（4）市场上竞争者使用分销渠道的情况。一般来说，制造商要尽量避免和竞争者使用相同的分销渠道。如果竞争者使用和控制着传统的分销渠道，本企业就应当使用其他不同的分销渠道来推销其产品。有时，同类产品也采取与竞争者相同的分销渠道，以便让顾客进行产品价格、质量等方面的比较。

（5）市场的其他特点。销售季节性的变化、节日商品等市场的其他特点也都是企业选择分销渠道时应考虑的因素。

3. 生产企业本身的因素

（1）生产企业的声誉与资金。生产企业的声誉越高，资金越雄厚，越可以自由选择分销渠道，甚至还可以建立自己的销售网点，采取产销合一的方法经营，而不用经过任何其他中间商。如果生产企业财力微薄，或声誉不高，则必须依赖中间商提供服务。

（2）生产企业自身的销售力量和销售经验。一般来说，如果生产企业自身有足够的销售力量，或者有丰富的销售经验，就可以少用或者不用中间商；否则，就只有将整个销售工作交给中间商。

（3）生产企业对分销渠道的控制要求。如果企业的市场营销策略要求严格控制产品的价格和新鲜程度，或为了产品的时尚，则要选择尽可能短的，或尽可能窄的分销渠道，因为短而窄的分销渠道，企业比较容易控制。

（4）生产企业提供服务的态度和能力。如果生产企业愿意为最终消费者或用户提供更多的服务，则可采用较短的分销渠道；如果生产企业愿意且有能力为中间商提供更多的服务，就会吸引更多的中间商来经营本企业的产品。

4. 其他因素

影响分销渠道选择的因素除上述产品、市场、企业因素之外，还有经济、政策、法律和技术等因素。例如，在经济萧条情况下，制造商希望通过最经济的方式来进行分销，采用短渠道，去掉那些抬高了产品价格而并不十分必需的附加服务。电子商务时代的到来，使得营销中介越来越弱化，直接销售成为一种趋势。

（二）分销渠道设计决策

分销渠道设计是在充分考虑影响分销渠道因素的基础上开展的一项工作，包括明确主要的渠道选择、评估主要的分销渠道。

1. 明确主要的渠道选择

渠道选择包括三个内容：即中间商的层次数、同一层次中间商数和各渠道成员的责任。

（1）中间商的层次数。公司在设计渠道时首先要依据影响渠道的各种因素进行综合平衡，确认渠道的长短，即渠道上中间商的层次多少。如是选择零售商一个层次，还是选择批发商、零售商两个层次，或者更多的层次数。大部分企业面临着很多的渠道成员选择。例如，戴尔过去一直通过它的精细的电话和互联网渠道向终端消费者和企业客户直接销售。它也使用它的直接销售队伍向大型企业、组织和政府客户直接销售。然而，为了接近更多的消费者并与惠普这样的竞争者进行竞争，戴尔也开始通过国美、电脑城专柜、专卖店等零售商进行间接销售；另外，戴尔还在各地区设置增值经销商面向中小企业客户销售电脑系统和应用软件。

在渠道中使用多种中间商有利也有弊。例如，戴尔在自己的直销渠道之外，还通过零售商和增值经销商销售产品；这样，戴尔可以接触更多的不同种类购买者。然而，新渠道将会更加难以管理和控制。直接渠道和间接渠道将会为许多相同的顾客彼此竞争，导致潜在的冲突。戴尔公司经常发现自己夹在中间，直销人员抱怨零售商店的竞争，而增值经销商则抱怨直销人员正在抢走他们的生意。

分销渠道越短，制造商承担的销售任务就越多，信息传递越快，销售越及时，就越能有效地控制渠道。越长的分销渠道，中间商承担的销售渠道任务越多，信息传递就越慢，流通时间越长，制造商对渠道的控制就越弱。制造商在决定分销渠道长短时，应综合分析制造商的特点、产品的特点、中间商的特点以及竞争者的特点。

（2）同一层次中间商数。公司在确定采用间接渠道来分销后，还必须确定各个层次上渠道人员的数量，即渠道宽度。有三种可供选择的策略：密集分销策略、独家分销和选择分销。

密集分销策略，是指制造商广泛利用大量的中间商经销自己的产品，一旦消费者需要这些产品，就能方便快捷得到。该策略通常用于日用消费品和工业品中标准化、通用化程度较高的产品（如小件工具、标准件等）的分销。这类产品的消费者在购买产品时注重产品购买过程的快捷和方便，而不太重视产品品牌、商标等。其制造商则希望自己的产品能尽量扩大销路，使广大消费者能及时、方便地买到。例如，牙膏、洗衣粉之类的日常生活用品在数以万计的商店里销售，最高程度地展示了品牌，也为消费者创造了便利。宝洁、娃哈哈和其他一些快速消费品生产商都采用这种渠道来销售产品。采取密集分销可使得产品与顾客接触机会多，广告的效果好，但制造商基本上无法控制这类渠道，与中间商的关系也较松散。

独家分销策略，是指制造商在一定的市场区域内仅选用一家经验丰富、信誉高的中间商销售本企业的产品。在这种情况下，双方一般都签订合同，规定双方的销售权限、利润分配比例、销售费用和广告宣传费用的分担比例等；规定在特定的区域内不准许制造商再找其他中间商经销其产品，也不准许所选定的中间商再经销其他企业生产的同类竞争性产品。这种策略主要适用于顾客挑选水平很高、十分重视品牌和商标的特殊品，以及需要现场操作表演和介绍使用方法的机械产品。例如，劳斯莱斯汽车的经销商就很少，在整个湖南仅在长沙有一家经销商，在中国的经销商数量都很有限。通过独家分销，生产商可以获得分销商强有力的支持，并且能够很好地控制价格、促销、信用和服务。独家经销也可提高品牌形象，保证高盈利。

选择分销策略，是介于密集分销与独家分销之间的一种方式，是指制造商从愿意合作的中间商中选择一些条件较好的中间商去销售本企业的产品。这种策略的特点是制造商只在一定的市场上选用少数几个有支付能力、有销售经验、有产品知识及推销知识、信誉较好的中间商推销本企业的产品，适用于顾客需要在价格、质量、花色、款式等方面精心比较和挑选后才能决定购买的产品。例如，海尔会选择在国美、苏宁和当地一些连锁家电超市销售电器产品。

使用选择分销的公司能够与所选择的渠道成员保持良好的工作关系，使销售努力保持在平均水平之上。与密集分销比，选择分销使生产者能够很好地覆盖市场，同时能获得更多控制权，成本也较低。

（3）各渠道成员的责任。制造商和中间商需要对合作条款以及各个渠道成员的责任达成一致，包括各成员应遵守的价格政策、销售条件、地区特权和具体服务。制造商要制定一个价格表和一系列公正的中间商折扣条约，还要指定每个渠道成员的经营区域，在安排新的经销商时要特别仔细。

相互的义务和责任应当通过经销协议定明，特别是对于特许权系统和专卖分销渠道。例如，麦当劳公司提供特许权，外加促销方面的支持、一套营业记录系统、培训以及一般管理工作方面的帮助。同时，获得特许权的公司必须达到设备方面的标准，配合新的促销计划，提供必要的信息，购买指定的食品产品。

2. 评估主要的分销渠道

当一个企业设计了几种可供选择的渠道时，希望从中选出一种最能满足长期经营目标的渠道方案，此时，可根据评估渠道方案主要的三类标准，即经济标准、控制标准和适应性标准，对渠道方案进行评估。

经济标准主要是指比较不同渠道选择的可能销售额、成本和盈利能力。每种渠道需要多少投资，带来多少回报？制造商企业当然希望获得长期的利润最大化。

控制标准主要是指制造商企业对渠道的控制能力，使用中间商意味着要给它们一些产品营销方面的控制权，而有的中间商要求的控制权比其他中间商更多。在其他条件相同的情况下，制造商希望尽可能多地保留控制权。

适应性标准主要是指渠道的灵活性，渠道通常意味着长期承诺，而企业希望尽可能保持渠道的灵活性以适应环境的变化。如果要采用一个涉及长期承诺的渠道，它必须在经济和控制方面非常有优势。

（三）分销渠道管理决策

企业营销人员在进行渠道选择，并确定了最好的渠道设计方案之后，必须实施和管理选中的渠道系统。渠道管理的主要任务是选择和激励渠道成员，并定期评估它们的工作表现。

1. 选择分销渠道成员

各个制造商在吸引合格的营销中间商方面的能力是各不相同的。有的制造商与渠道成员签订合约是很容易的事情。例如，宝洁日化用品进入中国市场，许多日化用品批发商和零售商争相经销，实际上宝洁还要拒绝许多经销商。而相反，有的制造商必须作出很大的努力去吸引足够合格的经销商。企业选择什么样的中间商作为渠道合作伙伴，将直接影响分销效率和品牌形象。选择中间商必须考虑以下条件：

（1）中间商的市场范围。即企业所要选用的中间商的经营范围，应该与制造商的产品销路基本对口，这是最基本的条件。例如，专门生产高档服装的制造商，应选择有名的服装商店，或选择大型的综合商厦设立专柜销售。

（2）中间商的地理位置。即选择的零售商的地理位置，最好是企业产品的顾客经常到达之处；而选择的批发商的地理位置，要能较好地发挥其储存、分销、运输的功能和有利于降低销售成本。

（3）中间商的产品结构。即中间商的商品构成中是否也有竞争者的产品。具体地说，如果本企业的产品优于竞争者的产品而价格又不高的话，则适宜选择这个中间商，否则，则不宜选用。

（4）中间商的职工素质及服务能力。如果中间商在销售商品的过程中能够向顾客提供比较充分的技术服务与咨询指导，具有懂技术、善经营、会推销的营销职工队伍，则适宜选择这个中间商，否则，不宜选用。

（5）中间商的储存、运输设备条件。即选择的中间商要具备能经营本企业产品的必要的仓库、运输车辆等储运设施设备。

（6）中间商的资金力量、财务和信誉状况。资金力量雄厚，财务状况良好，信誉度高的中间商，不仅能及时付款，而且能够对有困难的制造商给予适当的帮助，有利于形成制造商与中间商的联合或密切结合。否则，中间商的财务状况不好，信誉度不高，不仅不利于产品销售，甚至会给制造商带来风险。

（7）中间商的营销管理水平和营销能力。如果中间商不仅是行家里手，而且精明强干，工作效率很高，企业管理得井然有序，显然推销能力就强，产品销售业绩就好。否则，就难以使产品占领市场。

由此可见，制造商对中间商的选择是否恰当，不仅关系到营销渠道是否畅通无阻，而且关系到产品销路的好坏和企业营销活动的成效。因此，制造商应全面考虑以上条件，慎重选择中间商。

2. 管理和激励分销渠道成员

分销渠道成员选定后，需要不断地管理和激励他们，使他们做到最好。在渠道管理中，激励渠道成员是分销渠道管理最基本、最重要的内容，是制造商为促进渠道成员在实施制造商分销目标时相互协作而采取的一切措施或者活动。

制造商和中间商以某种契约为纽带，以"风险共担，利益共享"为基本原则，结成产供销一体化经营的产业系统，共同分享来自生产、加工和销售环节的增值利益。因此，合理地分配共同的经济利益，是渠道成员实现联合的基石。这就需要制造商通过一系列的激励机制和约束机制来维系和调节。

然而，与制造商相比，中间商的需求和面临的问题是完全不一样的，存在典型的区别，主要表现在以下几个方面。首先，中间商并不认为自己是制造商供应链中的一员，而是追求自身利益最大化，因此在利益关系上，与制造商是相互冲突的。其次，中间商首先是客户的采购代理商，然后是供应商的销售代理商，更多地关注销售客户的需求，更愿意为客户提供其所需要的系列商品。再次，中间商除非得到一定的激励，否则不会愿意保留单一品牌的销售信息，甚至故意隐瞒对制造商的产品、定价、包装或促销计划有用的信息。由此看来，制造商与中间商并不是上令下行的关系，维系相互之间合作关系的纽带是对利益的追求。因此，对制造商而言，为了使整个系统有效运作，制造商不断地增强维系双方关系的利益纽带，针对中间商的需求持续地提供激励，日益成为制造商进行渠道管理的重头戏。

制造商给中间商提供激励，提供各种支持，以激发中间商的经营积极性，其形式是多种多样的，从本质上来讲，通常可以分为直接激励方式和间接激励方式。

（1）直接激励。制造商通过给予物质或金钱奖励来肯定中间商在销售量和市场规范操作方面的成绩。主要方式是给中间商提供物质、现金的奖励或更优惠的价格让步，来肯定中间商的销量和市场规范管理方面的业绩，以激发中间商的积极性，更好地实现制造商的销售目标。制造商为提高销量和盈利，刺激中间商进货和付款力度，使不同市场区域的中间商展开竞争，设立专门的奖项，目前比较普遍的有返利和等级奖励两种。但是这种直接奖励实质上等同于变相降价，类似于一种短期销售行为，虽然可以提高中间商的经营利润，刺激其销售积极性，但在实施过程中易造成许多负面影响，使中间商之间产生无序竞争，产品市场价格一片混乱，甚至形成恶性循环，最终损害制造商和中间商的长期共同利益。

在实践中，根据返利的不同目的，分为过程返利和销量返利两种。前者是一种直接对管理销售过程进行激励的方式，通过考察市场运作的规范性来激励，使用的衡量指标包括铺货率、售点气氛、开户率、安全库存、指定区域销售、规范价格、专销、积极配送和守约付款等。而销量返利主要是为了提高销售量和利润，直接刺激中间商的进货力度而设立的一种奖励，主要有销售竞赛、等级进货奖励和定额返利三种形式。

（2）间接激励。为了提高中间商的经营效率，使制造商与中间商建立长期稳定的合作伙伴关系，甚至是建立利益共享的企业战略联盟，不断地帮助中间商加强促销和销售管理，来激发其销售积极性。在不同的市场区域，不同的厂商会采取不同的间接激励方法，其方法和形式也多种多样。常用的间接激励方法有：给中间商提供广告费用补贴、厂商随销售商品发送赠券以促进销售、帮助中间商建立自动纪录的数据库系统来加强库存与销售管理、培训中间商的销售人员和管理人员、免费送货上门以减轻中间商的运输成本、特定时期给中间商提供资金支持或多种保护措施等。所有这些激励方法在适当的条件下都能够起到很好地激发中间商经营积极性的作用。

3. 评估分销渠道成员

制造商除了选择和激励渠道成员之外，还必须定期评估它们的绩效。制造商营销目标能否实现，高度依赖于渠道成员绩效所达到的程度。

制造商对中间商进行绩效评估的衡量标准主要有：销售指标、平均仓储水平、向顾客交货的时间、损坏和丢失货物的情况、配合公司促销和培训计划的情况，以及客户服务水平。公司应当认可并奖励表现好的经销商，工作不好的要进行帮助或撤换。公司应当周期性地进行检查，舍弃不好的中间商，保证中间商的质量。

案例启示

广州本田在选择经销商和设立销售网点的过程中一直本着公开、公平、公正的原则。因为广州本田在发展初期，产量还有限，尚未达到年产 10 万辆。（现有生产能力达到年产 48 万辆。）如果销售网点布得太多，经销商的投资回报率会比较差。广州本田的目标是，每个销售点 3 年内必须能够收回投资。因此为了保证经销网络建一家成功一家，在投资过程中，厂家都要返回一部分投资额给经销商或专卖店，如经销商投资 1000 万元，广州本田根据情况有可能给其返回 200 万元或 300 万元，从而激励经销商大胆投入。广州本田选择经销商有几个必要的条件和标准。首先，必须有资金的保障；其次，经销商资产结构应比较紧密和合理；还必须有合法的经营场地和场所；最关键的还是要有为用户服务的正确观念和意识，也就是要有先进的服务理念。在选择经销商的过程中，广州本田是在进行调查的基础上，经中日双方企业领导层召开评价会，对其经营能力、资格进行评估后才作出结论的。需要特别解释的一点是，广州本田所提出的资产结构合理，主要是指经销企业应该资产清晰，而且负债率不要太高。广州本田并不排斥国有资产的进入，但如果资产负债率高，则意味着该企业没有资金和能力开展汽车购销业务，必然会影响其业务的发展，这样的申请者广州本田是不会选择的。广州本田把设立销售网的重点放在大中城市和一些经济发达地区等用户群集中的地方。广州本田的建店原则是：客户在哪里，广州本田的网点就设在哪里。对不同的地区，广州本田根据其市场保有量情况，并考虑投资者回报率情况，会提出广州本田的一些合理建议，如某个店一年销售达到多少台、某个城市的合理销售规模有多大等。但今天广州本田规模扩大，营销体系也开始变革，去年销量达到了 43.5 万辆，建立了营销本部和区域营销商务中心，营销体系明显升级，营销管理日渐成熟。

四、认识典型中间商——零售与批发

分销渠道设计的一个重要工作就是选择渠道上的中间商，渠道有两种典型的中间商，即零售商和批发商，它们分别承担分销渠道的两种重要职能，即零售与批发。

（一）零售商

1. 零售的概念及作用

谈到零售商，大家并不陌生，超市、百货商店，如沃尔玛、家乐福、王府井百货这些都是零售商，雅芳、安利的销售代表、京东商城、淘宝网店、酒店和正在给病人看病的医生也是零售商。零售商是指把商品和服务直接销售给最终消费者，以供应消费者个人或家庭消费的中间商。

零售在大多数营销渠道中扮演着十分重要的角色。2013 年，我国消费品零售总额达到 23.7 万亿人民币。零售将品牌与消费者连接在一起，是完成消费者购买的最后一站。消费者有大约 40%的决策是在商店里面或附近作出的。因此，零售商店是"在关键时刻接触消费者，最终影响他们购买行动的点"。

许多营销人员现在正在接受购物者营销这个概念，即利用店内促销和广告来将品牌资产延伸到"最后一里"，鼓励对企业有利的店内购买决策。购物者营销认识到零售店自身就是一个重要的营销媒介。因此，营销必须在商店层面驱动购物者行动。例如，宝洁开始要求所有的营销想法要在商店货架层面有效，然后从商店销售往后预估所需要做的工作，根据消费者视角来构建自己品牌。

在一个大型零售连锁商店的销售点营销，可以创造与热门电视剧后的广告所吸引的相同的观众数。例如，一个热门电视剧平均每集的收视人群可能有 2000 万人，而一个大型零售商如沃尔玛、家乐福连锁店在中国每周可以吸引的消费者超过 3000 万。与电视广告的远程影响不同，销售点的促销正在影响作出实际购买决策的消费者。

购物者营销强调，将从产品和品牌开发到物流、促销和推销的整个营销过程，着力把在销售点逛商店的人转化为购买者。当然，每一个设计良好的营销方案都在关注顾客购买行为，但是购物者营销这一概念却指出这些方案应该与购物过程本身很好地协调。从商店销售着手，向后预估所要做的工作，你可以设计一个对消费者发挥作用的整合项目。

尽管大多数零售业务在零售店中完成，但近几年，随着电子商务的发展，无店铺零售比实体店零售发展得更快。

2. 零售商类型

零售商以不同形式和规模出现在我们的生活中，从社区内的便利店到沃尔玛这样的大型超市。最重要的零售商类型如表 9-1 所示。

表 9-1　主要的零售商类型

类　型	描　述	例　子
专卖店	经营狭窄的产品线，产品线内的花色品种繁多，例如，服装店、运动用品店、家具店、花店和书店。一家服装店可以算是单一产品线，而一家男式衬衫店算得上是超级专卖店	新华书店、萝莎蛋糕店
百货店	经营数条产品线——一般包括服装、家具和家居用品——每条产品线都作为一个单独的部门由专业购买者或商人管理	王府井百货、平和堂、友谊百货、通程商业广场
超级市场	通常规模很大、成本低、薄利多销，采用自助服务的方式经营来满足顾客对食品、洗涤品、家居日常用品的全面需要	沃尔玛、家乐福、步步高超市
便利店	规模相对较小，位于居民区附近，一周七天营业，每天营业时间很长，经营品种不多、周转速度快，价格相对比较高	7-11 便利店、社区夫妻店
折扣店	以薄利多销的方式通过比较低的价格销售标准商品和品牌产品	（深圳首家折扣店）友谊城富客斯、奥特莱斯名品折扣店、（深圳）华润万家超市折扣店、（深圳）人人乐超市折扣店
低价零售商	销售从制造商或其他零售商那里减价购得的库存剩余品、特号品和不规则规格品。低价零售商以低于正常批发价购货，以低于零售价将产品卖给消费者	9 元店、10 元店
购物中心	满足消费者对经常采购的食品和非食物产品的全面需要的大型购物场所，包括酒店、餐饮、娱乐等服务项目	武汉万达商业广场、北京东方新天地、上海华润时代广场、大连胜利广场

这些零售商可以根据提供服务的数量、产品线的宽度和深度、索要的相对价格以及其组

织形式等几个特征进行分类。

（1）按服务的数量划分。不同的产品要求不同数量的服务，而顾客对服务的偏好也有差别。零售商可以提供三种服务水平的一种：自助服务、有限服务和全面服务。

自助服务零售商，服务于那些愿意自己进行"寻找—比较—选择"的过程并从中寻求省钱途径的顾客。自助服务是所有折扣店运营的基础，而且通常被拥有便利品和全国性品牌、快速周转的消费品的销售者所采用，如超级市场、自助快餐店、仓储式商店。

有限服务零售商，提供更多销售支持，包括售前宣传、售中的导购、售后服务等，如国美电器超市、电脑城、零售药店。

全面服务零售商，销售人员在购物过程的每个阶段都为顾客提供帮助和支持，如手机专卖店和一流百货商店。全面服务的商店通常提供顾客需要帮助或建议的特种商品，这些商品的技术含量高，需要专业销售人员解释；或因价格昂贵和为体现顾客身份地位，需要专人接待。由于提供更多服务带来了更高运营成本，所以，价格也定得较高。

（2）按产品线的宽度和长度划分。零售商根据其产品组合的宽度和长度进行分类，可分为专卖店、百货店、便利店和超级商店。

专卖店是专门经营某一类商品，或专门经营具有连带性的几类商品，或专门针对特殊消费对象而经营特殊商品的商店，如钟表店、眼镜店、妇女用品商店、体育用品商店、文化用品商店、花店等。这类商店的特点在于经营的商品种类比较单一，专业性较强，商品品种、花色、规格较全。它有利于消费者为满足某种特定需求而广泛挑选，同时也能够随时了解消费者的需求变化。专卖店的经营要求其经营者具有较高的专业知识和操作技能，能将销售与服务密切结合，能提供周到的服务。

百货店是一种大规模、综合性、分门别类地销售品种繁多的商品的零售商业企业，具有经营范围广、商品类别多、花色品种齐全、能满足消费者多方面的购买需要的特点。实际上，它是许多专业商店的综合体。通常每一大类商品作为一个独立的部门，有各自的管理人员负责商品的进货业务、控制库存、安排销售计划等。

近年来，百货店受到双重排挤，一方面是更加集中化和柔性化的专卖店，另一方面是更有效率的低价折扣店和超级市场。面对这种情况，百货店通过增加促销活动以对抗折扣店的威胁；一些通过发起商店品牌运动，设立单一品牌的设计师专属商店来与专卖店竞争；也有一些百货店通过开展电话购物和网上购物活动，并不断改善服务，如国内知名百货店王府井百货、平和堂百货等，以百货品牌来吸引顾客。

超级市场，也叫自选商场，其特点是采取开架销售，由顾客自取自选，自我服务，定量包装，预先标价，顾客出门时一次性交款，因而可以节省售货时间，节约商店人力和费用，避免或减少顾客与售货员的矛盾。超级市场一般以经销食品和日用品为主，有的大型超级市场还兼营化妆品、文具、五金、服装等商品。目前，不少超级市场通过开设大型商场，扩大经营的品种、建造大型停车场、周密设计商场建筑和装潢风格、延长营业时间、广泛提供各种顾客服务来进一步扩大其销售量和提高其方便性。

便利店以经营最基本的日常消费品为主，产品线有限，规模相对较小，如位于住宅区附近的综合商店。便利店营业时间较长，不少是24小时营业，一般经营周转较快的方便商品，如日用百货、常用药品、应急商品、方便食品、调料、烟酒饮料等。由于便利店能够随时满足消费者的即时需求，所以商品的价格相对较高。有人认为，根据居民的生活特点和消费需求，大约每一万人应当配备一家便利店。

购物中心，是指由多家商店组合而成的大型商品服务中心，一般设在公共建筑物内，以一家或数家百货商品、超级市场为骨干，由各类专业商店、书店、餐馆、旅馆、银行、影院等组合而成，融购物、服务和娱乐休闲于一体。我国大型购物中心主要分布于经济发达地区的一线中心城市，如北京东方新天地、金源时代购物中心、上海华润时代广场、中融国际商城、广州天河中国第一商城、武汉万达商业广场、大连胜利广场等。

（3）按相对价格划分。零售商也可以根据其商品价格定位来划分，大多数零售商以正常价格提供一般质量的商品和顾客服务，还有一些以更高价格提供更高质量的商品和更好的服务，而另一些零售商以低价为特征，主要包括折扣店、低价零售商。

折扣店，指以较低价格销售较大批量标准商品、接受较低的毛利的零售商。目前，国内折扣店的发展还处于起步阶段。国外折扣店发展比较早，如沃尔玛、好事多在国外都是以折扣店形式经营，早期的折扣店很少提供什么服务，一般在租金低廉的仓库式设施内营业，把店面开设在人们往来频繁的街区，以此来削减费用。现在折扣店已经改善了店面环境和增加服务，同时通过有效的运营来保持低价。

低价零售商，当主要的折扣商店提高档次的时候，新一批的低价零售商则进入市场，填补低价格、大批量的空缺。普通的折扣商以正常批发价进货，通过接受较低的毛利保持较低的价格。与之相反，低价零售商以低于正常批发价的价格进货，又以低于零售价的价格将产品出售给消费者。

低价零售商有三种形式：独立的低价零售商、厂家门市部和仓储俱乐部。独立低价零售商或者由企业家所有或经营，或者是更大的零售公司的分支。

（4）按零售组织形式划分。尽管许多零售店是独立所有的，越来越多的零售商正以某种公司或协议组织的形式共同使用一个品牌。如表9-2所示，主要的零售组织类型有以下几种：公司制连锁店、自愿连锁店、零售商合作社和特许经营组织。

连锁店，是指由多家出售同类商品的零售商组成的一种规模较大的联合经营组织。其特点是：由中心组织统一向生产者进货（选购商品），以较大的订购批量获得最大的价格优待；采取薄利多销的方针争取顾客；商品价格经常浮动，有竞争对手时便减价争取顾客，无竞争对手时则提价争取多盈利。

公司制连锁店可以获得促销上的经济性，因为其广告成本可以分摊到众多的商店，分摊到巨大的销量上。公司制连锁的巨大效益促使很多独立零售商采用两种协议组织形式的某一种来共同使用品牌。其中一种是自愿连锁，即由批发商发起的独立零售商群体，它们进行集体采购和共同推销活动，如绝味鸭脖连锁店。另一种协议组织的形式是零售商合作社，即一组独立零售商组成一个共同拥有的集中批发组织，独立零售商们采取共同采购组织和促销行动，如建立食品杂货店协会。这些组织给独立零售商们提供了采购和促销的经济性，使得它们能够获得公司制连锁那样的价格。

特许经营组织和自愿连锁店、零售商合作社的主要区别在于，特许经营体系建立在特许经销商开发的独特产品或服务，经营的独特方法、商标、商誉或专利的基础上。特许经营在快餐、健康或保健中心、汽车销售和服务、汽车旅馆、物业管理、教育培训和家政服务等领域。麦当劳应该是全球发展最好的快餐特许经营商之一，现在已经在 119 个国家或地区开办了超过 3.5 万家店面，其中在美国的有 1.4 万家，在中国已超过 2000 家店面，其全球 80%的餐厅是由当地被特许的人持有和管理的。

表9-2　主要零售组织类型

类　型	特　点	例　子
公司制连锁店	由两家或更多共同所有和控制的商店组成。在所有类型的零售业中都有公司制连锁店出现，但是它们在百货店、折扣店、食品店、药店和餐馆里最为强大	湖南步步高超市有限公司、长沙友谊——阿波罗集团、湖南通程商业有限公司
自愿连锁店	由批发商发起，进行大批采购和共同销售的独立零售商群体	某某饰品、精品连锁店
零售商合作社	组成一个集中采购组织并采取共同促销活动的独立零售商群体	一些食品杂货、五金零售商
特许经营组织	由特许经营商（一个制造商、批发商或服务组织）和受权经营商（经购买获得权利在特许经营体系中增开一个或多个店面的独立商人）组成的协议组织	麦当劳、必胜客、肯德基、7-11 便利店、屈臣氏

（二）批发商

1. 批发商的概念及作用

批发商是指向制造商或经销单位购进商品，供应其他单位（如零售商）进行转卖或供给制造商进行加工制造产品的中间商。批发商在工商企业之间进行交易活动，批发交易结束后，商品仍留在流通领域。

为什么制造商不直接将产品销售给零售商或消费者，而要借由批发商进行转卖呢？批发商的渠道职能有以下几点：

（1）销售和促销。批发商的销售能力有助于制造商以低成本接触到众多小客户。与遥远的制造商相比，批发商有更多的联系，经常更能得到购买者的信任。

（2）采购和产品类别管理。批发商能够根据顾客的需要选择产品种类，建立产品组合，因此，能大量节省消费者的负担。

（3）化整为零。批发商通过整车进货再化整为零，把大批量分成若干小数量，为顾客省钱。

（4）仓储。批发商保管存货，降低了供应商和顾客的存货费用和风险。

（5）运输。由于比生产商更加接近顾客，批发商能够更快捷地把货物送给购买者。

（6）融资。批发商通过提供信用为客户融资，通过提前订货和按时付款为供应商融资。

（7）承担风险。批发商保管货物并且承担失窃、损坏、消耗和过时老化的成本。

（8）市场信息。批发商向供应商和顾客提供有关竞争对手、新产品和价格变动的信息。

（9）管理服务和建议。批发商经常帮助零售商培训售货员，改进店面布置和陈设，并建立会计和存货控制系统。

2. 批发商的类型

批发商主要分成三类，包括独立批发商、经纪人和代理商，以及制造商和零售商销售分支和办公室。主要批发商类型如表 9-3 所示。

表 9-3 主要批发商类型

类　型	特　征
独立批发商	对经营的商品拥有所有权的独立存在的企业。在不同行业中，它们被称做中间商、分销商或工厂配售商，包括完全服务批发商和有限批发商
完全服务批发商	提供全套服务：保管存货，维持销售队伍，提供信用、配送并且提供管理支持
有限服务批发商	比完全服务批发商提供的服务要少。有限服务批发商包括现货自运批发商、直运批发商、卡车批发商、货架批发商、邮购批发商等
经纪人和代理商	对商品不拥有所有权。主要职能在于促成购买和销售，因此根据售价赚取佣金。一般来说，根据产品线和顾客类型实现专业化
经纪人	主要职能在于把买卖双方撮合到一起，并协助商谈。由雇佣他们的一方支付报酬，经纪人不保管存货，也不涉及融资事宜或承担风险，如房地产经纪人、保险经纪人和证券经纪人
代理商	相比经纪人来说，能更长久地代表卖方或买方当中的一方，包括制造商的代理商、销售代理商、采购代理商、佣金商人
制造商和零售商的销售分支和办公室	不通过独立批发商而是由买方或卖方自己完成批发业务。各个分支和办公室可以专门致力于销售或采购
销售分支和办公室	由制造商设立以改进存货管理、销售和促销。销售分支掌管存货，常见于木材以及汽车设备与配件业。销售办公室不掌管存货，在干货和小件日用品行业比较成功
采购办公室	扮演着和经纪人或代理商相似的角色，但是属于买方组织一部分。买方组织一般会在有很多零售商的经济和商业发达的中心城市设立采购办公室

（1）独立批发商，是批发商当中最大的一个单独群体，大约占到整个批发业的 50%。独立批发商包括完全服务批发商和有限服务批发商两大类。完全服务批发商执行批发商的全部功能，提供诸如存货、推销、顾客信贷、送货以及协助管理等服务。它包括批发中间商和工业分销商。前者主要向零售商销售产品，并提供全面服务；后者向生产者提供生产性消费的商品或服务。有限服务批发商是指批发商为了减少费用，降低批发价格，因而只对其顾客提供有限的几项服务，如现货自运批发商、直运批发商、卡车批发商、货架批发商、邮购批发商等。

（2）经纪人和代理商与独立批发商的区别在于它们并不拥有商品的所有权，而且它们仅执行几项职能。

代理商接受生产者委托从事销售业务，其收益主要是从委托方获得的佣金或者按销售收入的一定比例的提成，代理商一般不承担经营风险。代理商又分销售代理和采购代理。

经纪人俗称掮客，既不拥有产品所有权，也不控制产品实物价格以及销售条件，其作用是沟通买卖双方，促成交易；其主要任务是安排买卖双方的接触与谈判，交易完成后，从交易额中提取佣金，他们与买卖双方没有固定的关系。

（3）制造商和零售商的销售分支和办公室一般不通过独立批发商，而是由买方或卖方自己完成批发业务。各分支和办公室可以专门致力于销售或采购。由制造商设立的销售办事处，主要负责所在区域的客户开发和管理，售后服务和零售配件供应，如汽车设备与配件销售办事处、工程机械销售办事处等。也有许多零售商设立采购办公室，扮演着和经纪人或代理商相似的角色，但它们是代表买方进行商品采购的。

（三）零售和批发发展趋势

1. 巨型零售商业的兴起

大型大众商店和专卖超级商店的兴起、垂直营销体系和采购联盟的形成，以及零售业并购的浪潮已经创造了超强的巨型零售商。凭借其优越的信息系统和购买能力，这些超大零售商能够提供更多商品选择、优质服务，并且可为消费者节省大笔花费。它们通过排挤那些更小、更弱的竞争对手来获得进一步的壮大，如沃尔玛、家乐福这些跨国巨型零售超市的出现，对周边原有的零售店有巨大冲击。

巨型零售商还扭转了零售商与生产商之间的力量平衡形势。现在为数不多的几个零售商就控制着到达无数消费者的途径，这使得它们与制造商打交道的时候占据上风。例如，你可能从来都没有觉得宝洁公司跟你有什么关系，可是你经常在附近的沃尔玛或家乐福超市购买汰渍洗衣粉、舒肤佳肥皂、海飞丝和沙宣洗发水。对于宝洁来说，沃尔玛、家乐福是它的一个非常重要的客户。而对于沃尔玛或家乐福而言，宝洁产品的销售额只占它们总销售额的较小比重。因此，沃尔玛这个巨型零售商可以利用优势权力从宝洁和其他数以千计的较小的供应商那里获得妥协。

2. 非店铺零售业的发展

现在，受益于先进的技术、易于使用和吸引人的网络、改善的在线服务以及日益精细化的搜索引擎，网络零售正在蒸蒸日上。据统计数据显示，2014 年 1～6 月，网络零售虽然只占到社会总零售额的 8.7%，但比去年同期增长了 27.9%。网络购买正在以比总体零售更快速度增长。

零售商的网站也吸引了很多的店内购买。下面是国外的一些统计数据：80%的购物者在去实体商店购买之前会在网上搜索商品；62%的购物者每周会至少花费 30 分钟进行网络搜索来帮助他们决定是否购买和购买什么东西。因此，现在的问题已经不再是顾客决定是在实体商店购买还是在网上购买。越来越多的顾客正在将实体商店的在线商店整合进一个单一的购买过程。互联网已经创造了一种全新的购物者类型和购物方式。橱窗购买者已经成为了"视窗购买者"（Windows Shoppers）。国外近期调查发现，有 92%的人说道，相对于从销售人员或其他来源处获得的信息，他们对于网络上搜索到的信息更有信心。

所有类型的零售商现在都在使用网络销售渠道，如沃尔玛、苏宁、国美等大型的实体零售商的网络销售正在快速增长。一些大型的仅有网络渠道的零售商，如京东商城、当当网、亚马逊等网络零售商正在壮大。不过，网络销售预期增长的大部分将会被多渠道零售商获得，也就是那些能够成功地整合虚拟和实体世界的实体零售商。

3. 越来越重要的零售技术

零售技术作为竞争工具正变得日益重要。先进的零售商正使用计算机提高预测水平，控制仓储成本，利用电子技术向供货商订货，在商店之间通过电子邮件传递信息，甚至在店内用电子技术向顾客售货。它们正在采用扫描收款系统、在线交易处理、电子数据交换、店内闭路电视和经改进的商品处理系统。

4. 主要零售商的全球性扩张

拥有独特设计和布局以及强势品牌定位的零售商们越来越多地拓展进了其他国家。很多零售商正在进行国际化扩张，以从本国成熟和饱和的市场中脱身。过去几年间，麦当劳、沃尔玛等美国零售巨头因其超强的营销能力已经享誉全球。沃尔玛的国际分公司 2010 年的销售额超过了1000 亿美元，比它的竞争对手塔吉特的全年销售额还超出 50%以上。在进军世界的外国零售商当中，还有法国的家乐福和欧尚、德国的麦德龙和阿尔迪、英国的易购。目前，中国零售业进军海外市场刚刚起步，只有一些小的零售餐饮在华人区经营，没有大型零售集团占领全球市场。

5. 批发业发展趋势

大零售商和大批发商之间的界限越来越模糊。许多零售商开设的批发俱乐部和特级市场行使了很多批发商的职能。相应地，很多大批发商也开办了自己的零售店。例如，麦德龙既面向会员个人消费者做零售，也面向会员单位或会员零售商做批发；高桥的一家精品批发商，现在在各高校开发了数家精品连锁店，它既是批发商也是零售商。

批发商会继续增加它们提供给零售商的服务，如零售定价、合作广告、营销和管理信息报告、会计服务、网上交易等。由于大型零售商的兴起、物流产业发展，那些传统的批发商将迅速被淘汰。但随着计算机、自动化和互联网的普遍应用，将帮助批发商控制市场订货、运输和存货保管成本，提高生产效率。

案例启示

由于电商的冲击，我国传统零售业增速大幅放缓，但一直主打"小而美"的便利店却有一种逆势上升的态势。根据日前中国连锁经营协会最新发布的《中国便利店发展报告（2012—2013）》，2012—2013 年，中国便利店企业的销售额保持了 17%的增速，单店日均销售额为5785 元，毛利为 26.3%。来自湖南芙蓉兴盛便利超市的数据显示，截至 2013 年年底，湖南范围内已有店铺 1482 家，除了省内重要城市，也已发展至省内地县级城市。而蔚然锦和仅在长沙地区就已开设 1198 家加盟店，全省范围内已累计开设 1584 家门店。家门口到大超市之间是商机，这些便利店长期扎根社区，不但在地理位置上有很大优势，也容易通过日常交往与潜在客户建立感情，这就是这种经营模式的优势所在。"大超市小便利店共荣"成为未来发展的趋势。

（资料来源：朱蓉，三湘都市报 2014-02-13）

五、了解产品实体分销过程

（一）实体分销的概念与职能

1. 产品实体分销

产品实体分销又称为物流，是指通过有效地安排商品的仓储、管理和转移，使商品在需要的时间达到需要的地点的经营活动。在社会化大生产和市场经济条件下，商流与物流的分

工有其客观的必然性。在产品流通过程中，产品通过买卖而发生价值形式的变化和所有权的让渡，叫做商流。伴随着商流而发生的商品实体的运输、储存、装卸等活动称为物流。商流与物流既可以互相结合，又可以互相分离。商流与物流的起点和终点是结合的，但中间允许分离，流通路线可以不一致。因此，流通过程是产品所有权的转移和产品实体运动统一的过程。如果产品实体不以适当的批量、适当的时间与地点，从制造商那里转移到顾客手中，整个市场营销活动就将落空。产品实体分销是商品流通过程的重要组成部分，而且搞好产品实体分销可以降低成本，促进销售，增加利润。

2. 产品实体分销的职能

（1）运输。运输就是制造商将产品发运给购买者的活动过程。发运产品，通常要解决选择运输方式、运输工具、发货批量、发运时间和最佳的运输路线等问题。运输是以改变"物"的空间位置为目的的活动，可对"物"进行空间转移。

（2）储存。储存指制造商直接利用仓库储存和管理产品。在生产加工、消费、运输等活动之前或之后，都存在储存。与运输概念相对应，储存是以改变"物"的时间状态为目的，通过克服供需时间差异来获得更好的效用的活动。

（3）装卸搬运。装卸是物品在指定地点以人力或机械装入运输设备或从运输设备上卸下的活动。搬运是指在同一场所，主要对物品进行水平移动的物流作业。产品必须经装卸与搬运才能进入仓库储存，在产品出库前需要经过必要的整理、待运环节。

（4）订单处理。实体分销始于顾客订单，订单由企业的销售代表、经销商或顾客送达企业。企业的订单处理部门需编制提货单一式多份分送各有关部门，仓库收单后进行检查，同时按货单要求迅速、准确地备货、发运商品。整个订单处理要做到快速传递、快速处理、快速发货、快速收款。在这个作业循环中，应用计算机管理是必要的。

（5）保护性包装。为了保证企业产品的质量，维护消费者的权益，对于易损、易腐、易变质的商品，发运前应进行必要的、妥善的包装。

（二）实体分销的决策

1. 仓储决策

仓储决策首先要解决仓库设置的地点和数量。仓库地点与数量的设置要以对顾客交货服务与分销成本的平衡为原则，此原则表现在三个方面：一要有利于增加企业利润；二要有利于减少向顾客发货、运输的费用；三要有利于为顾客提供满意的服务。

企业既可以自行设置仓库（称为"自用仓库"），也可以租用"公共仓库"。运用自用仓库，能有效地实施控制，但缺点是占用资金较多，同时在需要更换仓库地点时缺乏弹性。反之，企业使用公共仓库，只要按使用空间大小支付费用即可；同时，公共仓库能为企业提供其他额外服务，如货物检查、包装、代运、提供办公地点及设备等。企业如决定租用公共仓库，需要对仓库地点和类型加以选择，特别要根据储存商品的需要选择专业性仓库，如冷藏仓库、散装仓库等。

企业使用的仓库类型很多，如储存仓库、分销仓库、采购供应仓库、商业批发仓库、商业零售仓库、商业中转仓库、战略储备仓库、商业加工仓库等。企业要根据营销和产品实体分销需要，选择仓库的类型。

2. 存货决策

企业的存货水平是实现顾客满意的另一类重要决策。企业存货的多少，既关系到能否及时向顾客供货，又关系到企业利润水平的高低。营销人员都希望自己企业存货充足，以便立即为顾客的订单供货，但是企业存货过多，会使库存成本增加。为了保持适当的存货水平，必须确定订货多少和何时订货的问题。

（1）订货量。企业每次订货的数量，在任何情况下，企业的订货数量都会遇到两个相互矛盾的成本因素，即订货费用和存储费用。

订货批量和订货费用是反比例关系，因为每进一批商品，就要花费一次订货费用。在一定时间内，商品的订货总量不变，则每次订货批量大，订货次数就少，订货费用也就少；反过来，在订货总量不变的前提下，订货批量小，订货次数就多，订货费用也就多。因此，为了节省订货费用，就要求订货批量大一些。

订货批量和存货费用是正比例关系。在一定时期内，商品的订货总量不变，则每次订货批量大，平均库存量也大，存货费用就多；相反，订货批量小，平均库存量小，存货费用也少。

当批量较小时，仓储费用较低，但订货费用较高；反之，仓储费用高，但订货费用低。由图 9-5 所示，只有在存货占用成本曲线和订货处理成本曲线交叉时，总费用获得最小值，我们称这一点的订货量为经济订货批量。其计算公式为：

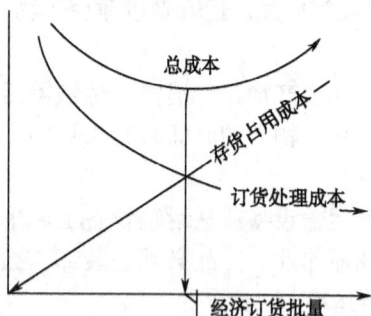

图 9-5　确定最佳订货量

$$Q = \sqrt{\frac{2DS}{IC}}$$

式中：Q——每次订货批量（以实物单位计）；

D——年需求货物总量（以实物单位计）；

S——每次订货成本（以金额计）；

I——年存货成本占单位成本的百分比；

C——商品的单位成本（以金额计）。

（2）订货点。存货水平随着不断销售而下降，当降到一定数量时，就需要再次订货、进货，这个需要再进货的存量就称为订货点。其计算公式为：

$$R = dm + M$$

式中：R——订货点；

m——产品备运天数；

d——每日销量；

M——安全库存。

3. 运输决策

运输决策主要涉及运输方式和运输路线两个方面。运输方式主要有铁路运输、公路运输、水路运输、航空运输和管道运输五种。各种运输方式都有各自的特点：

（1）铁路运输货运量大，速度较快，一般不受气候和季节的影响，连续性强，成本较低；

（2）公路运输比较灵活、迅速，能将产品直接运到指定地点，在短距离及某些货物的中距离运输中有明显优势，但运量小，运费高；

（3）水路运输载运量大，耗能少，运费低，但速度较慢；

（4）航空运输速度最快，运量小，成本最高；

（5）管道运输连续性强，损耗小，成本低，安全可靠，但限制性强，只能适用于液体、气体等产品的运输。

由于运输方式对产品的交货时间、运输费用、产品损耗等会产生重要影响，因此，企业应根据产品特点、交货时间、运输距离、成本费用、顾客要求等来具体选择、确定运输方式，特别要注意选择集装箱运输、联运方式，以提高运输效益。

运输决策的另一重要内容是运输路线决策。企业选择运输路线的基本原则有以下几点：

（1）所选定的运输路线应保证把商品运送给顾客的时间最短；

（2）所选定的运输路线应能减少总的运输里程；

（3）所选定的运输路线能保证广大的购买者得到较好的服务；

（4）所选定路线在满足以上条件的基础上，使运输成本最经济。

实际中要同时满足以上的诸多条件是非常难的，营销者必须在综合考虑各种因素的前提下，按要素的重要次序排列，首先满足那些重要的要素，再满足次要的要素。

小结

公司渠道决策直接影响着其他所有的营销决策。管理人员必须仔细地进行渠道决策，将现今的需求和未来可能的销售环境结合起来考虑。

1. 分销渠道的作用

在创造顾客价值的过程中，一个公司不可能独自完成。它必须整合一个价值传递网络并通过共同协作来完成任务。制造商必须借助中间商将产品和服务从生产车间转移到消费者容易获得的地方。

由制造商、中间商和消费者组成的价值传递系统，称为分销渠道。分销渠道成员承担了许多关键职能：收集和公布信息，协助完成计划和调整；计划和发布有关的广告信息；寻找潜在的消费者并与之联系；根据购买者的需求进行调整以提供合适的产品；达成价格及其他方面的协议，完成所有权的转换；实体分配、运输和贮存货物；融资和风险承担。

2. 渠道功能的发挥

如果每个渠道成员所分派到的工作是它所能完成得最好的，整个渠道就是最有效的。最理想情况是，所有的渠道企业都能协同合作，服从整个渠道整体的利益，合作达成总体渠道目标。但现实情况并不总是这样，渠道企业往往为了各自眼前利益的最大化，而舍弃渠道整体利益，渠道上不同层次中间商和同一层次的中间商之间经常会出现冲突。

传统渠道上的企业是彼此独立的经济实体，因此，很难达到利益的平衡和一致。现在一些大公司正在建立新的营销系统，包括垂直营销系统、水平营销系统和混合营销系统。通过确定渠道中的领导权力或采取契约形式建立渠道企业间共同利益体，消除冲突。

3. 影响公司渠道选择的因素

影响公司分销渠道选择的因素很多，制造商在决定选择怎样的分销渠道时，主要考虑以下因素：产品因素、市场因素、企业自身因素和其他因素。产品因素主要包括产品的特性、体积和重量、技术服务要求、易脆易腐性、产品生命周期等。市场因素主要包括产品销售范围、消费者希望怎样获得商品、市场上竞争者采取怎样的渠道等。生产企业自身因素一方面包括企业的资金实力、品牌知名度、销售能力等，另一方面还包括政策法律规定、经济发展水平等。

4. 公司对渠道成员的选择、激励和评估

各制造商吸引合格的营销中间商方面的能力各不相同。有的制造商与渠道成员签订合同是不成问题的，有的制造商必须作出很大努力去吸引足够多的合格中间商。

在选择中间商时，公司应当评价每个渠道成员的质量，并选择那些最符合自己的渠道目标的中间商。分销渠道成员选定之后，需要不断地激励它们，使它们做得最好。公司不只是通过中间商销售，还要和渠道成员形成长期的合资伙伴关系，以建立一个能同时满足公司及其营销合作伙伴需求的营销系统。制造商必须经常评估分销渠道成员的业绩，认可并奖励表现好的经销商，帮助或撤换表现不好的经销商。

5. 零售商和批发商的作用

零售包括与直接向最终消费者销售产品和服务以满足其个人的非商业目的相关的所有活动。零售在大多数营销渠道中扮演着一个非常重要的角色。零售商店是一个重要的营销媒介，一个大型零售连锁店的销售点营销，可以创造与热门电视剧后的广告所吸引的相同观众数。零售商着力于把在销售点逛商店的人转化为购买者。

批发是将产品和服务出售给制造商或其他产业用户用于商业用途的全部活动。这些从事批发活动的企业就是批发商。批发商的主要职能有销售和促销、采购和产品类别管理、化整为零、仓储、运输、融资、承担风险、市场信息、管理服务和建议等。

6. 产品实体分销的职能

在如今的全球市场上，有时候销售一件产品比把这件产品送到顾客手中要容易。公司必须决定储存、装卸和运送产品或服务的最佳方法，使消费者能在适当的时间、适当的地点获得适当的产品。实体分销和物流管理的有效性对顾客满意程度和公司成本都有着重要的影响。

实体分销的职能包括：仓库管理、存货管理、运输、物流信息管理等方面。

复习与思考

1. 分销渠道是产品从生产者到消费者的路线和途径，渠道在消除生产者与消费者之间存在的时间、地点、所有权的矛盾上起着重要作用。请你简述分销渠道的具体作用。

2. 分销渠道有哪些类型，各种渠道类型的适应条件及特点是什么？

3. 分销渠道设计主要包括确定中间商层次数量和各层中间商数量，在确定各层中间商数量时包括三大策略。请简述三大策略的内容与适用条件。

4. 影响分销渠道选择的因素主要有产品因素、市场因素、企业自身因素和其他因素，请举例说明各因素对分销渠道选择的影响的主要表现。

5. 零售商和批发商的主要作用是什么？

6. 分析零售和批发发展趋势及其面临的挑战。

7. 简述实体分销的概念和实体分销的主要职能。

模块二 实训操练

实训一：案例分析

一、实训内容

认识分销渠道的作用与管理过程。

二、实训准备

1. 授课老师提供分销渠道的系列案例；
2. 学生通过网络或文献资料收集案例背景资料；
3. 分析案例中渠道成功的原因或存在的不足；
4. 对案例中采用的渠道模式与渠道管理提出改进建议。

三、实训组织

1. 以 4～5 人为一组，开展案例讨论；
2. 每位同学在组内发表个人观点；
3. 组长整理讨论内容，形成小组的分析结论；
4. 由代表陈述各组的观点；
5. 授课老师引导各组之间进行观点的辩论；
6. 授课老师对讨论进行点评。

四、实训评价

1. 个人准备充分，小组讨论积极；（3分）
2. 小组结论明确，陈述表达流畅；（2分）
3. 课堂辩论活跃，提出观点新颖；（2分）
4. 原理运用正确，改进建议可行。（3分）

【案例分析】

宝洁公司的渠道运作管理体系

宝洁公司（简称P&G公司），被公认为"日用消费品大王"，是世界日化洗涤行业巨头企业。2002—2003财政年度，公司全年销售额为434亿美元。在《财富》杂志最新评选出的全球500家最大服务业企业中，排名第86位，并列于最受尊敬企业第七位。宝洁公司全球雇员近 10 万，在 80 多个国家设有工厂及分公司，经营 300 多个品牌的产品，包括洗发、护发、护肤用品、化妆品、婴儿护理用品、妇女卫生用品、医药、食品、饮料、织物、家居护理及个人清洁用品，畅销全球 160 多个国家和地区。

宝洁公司从 1988 年开始进入中国内地市场，先后创建了合资企业：宝洁（广州）有限公司、广州宝洁纸品有限公司、广州宝洁洗涤用品有限公司等，陆续在北京、天津、上海、成都等市建立分公司，在华东、华南、西北、华北等地建立分销机构，不断向市场推出多种品牌的产品，提供一流的产品和服务，销售覆盖面遍及全国。经过投资初期几年的高投入、大亏损后，从 1994 年财政年度开始扭亏为盈，其销售额以每年 50％的速度递增。迄今为止，宝洁在华投资总额已逾 10 亿美元，拥有约 4000 名员工。自 1993 年起，宝洁公司连续九年成为全国轻工行业向国家上缴税额最多的企业。

宝洁公司作为西方名牌进入中国内地市场，其成功是有目共睹的。虽然巨额广告投入是其取得成功的法宝之一，但许多外企营销人士认为，宝洁公司成功的真正秘密武器，是在营销理念指导下的渠道运作综合管理体系，即 P&G 在中国内地实行的"无缝营销渠道"模式。所谓"无缝营销渠道"，是指提高整条营销渠道的服务质量，从而为消费者创造更有价值的服务，营销渠道中的各成员组织打破原有的组织边界，在多层面的基础上相互协作，就如同在一个企业的团队中工作一样的营销方法，这里既包括制造型企业与其经销商之间可能建立的合作关系，也包括批发商与零售商之间的联盟。

宝洁公司把握市场发展趋势，实施"无缝营销渠道策略"，主要从以下三个方面来展开：

1. 建立良好的协作关系，并根据各自优势进行合理分工

首先，宝洁公司在全国各地精心地挑选实力雄厚的批发商，要求他们：必须符合一定规模、财务能力、商誉、销售额、仓储能力、运输能力和客户结构等指标。其中，客户结构要求候选批发商必须具备一个较为完善的、有一定广度和深度的客户网络，网络中包括一定数量和一定层次的二级批发商或零售商，并且能较完善地覆盖一个区域市场。

其次，利用渠道成员优势，进行合理分工，确立相对比较平衡的合作关系。宝洁公司对其经销商进行互补性基础上的定向整合，而非各自独立的内部优化，从而大大避免了重复无效的工作，降低了经营成本。

宝洁公司每开发一个新的销售市场，一般只和一家批发商展开合作（大城市一般为 2～3家），并派驻一位厂方代表，全面开发管理该区域市场，管理经销商及经销商下属的销售队伍，其办公场所就设在经销商营业处，即宝洁公司员工的口头语"经销商即办事处"。宝洁公司以经销商为中心，视之为公司下属销售机构，负责一切终端铺货、陈列及促销工作，并组建宝洁产品专营小组，将终端市场控制权掌握在自己手中。

2. 实行一体化营销改造

经销商是独立的经济主体，与 P&G 有着不同的经济利益，甚至利益相悖，他们要求自主决定价格、延迟付款等。为了改变这种局面，宝洁对其经销商进行 P&G 式的改造，使经销商的营销职能部门有与 P&G 相似的组织机构与运作方式。

3. 经销商的激励措施多样化

通过组建宝洁产品专营小组，宝洁公司基本掌控了终端网络。为了确保厂方代表对专营小组成员的全面控制管理，专营小组成员的工资、奖金，甚至差旅费、电话费等全部由宝洁

公司发放。厂方代表依据销售人员的业绩以及市场抽查结果,确定其奖金额度。同时,宝洁公司还要求经销商配备专职文员及仓库人员,其工资、奖金也由宝洁公司承担。

为提高专营小组的工作效率,宝洁公司不定期地派专业销售培训师前来培训,内容涉及公司理念、产品特征、谈判技巧等多个方面。同时,厂方代表协助专营小组成员拜访客户,及时进行实地指导和培训。为改善卖场的商品陈列,宝洁公司一方面要求小组成员通过良好客情关系,免费争取产品的最佳陈列位与最多陈列面;另一方面给各大卖场提供专项陈列费、买位费以及进场费,以确保大卖场中的最佳陈列。

虽然拓展零售商的职能主要由经销商承担,但零售商直接与消费者打交道,掌握着大量消费者需求的直接信息,宝洁公司并不放弃与零售商的合作,并采用教育零售商的方式来加强对他们的管理与影响。P&G 不惜耗费大量的人力、财力与物力在各个销售区域雇用当地人作为促销员,负责定期拜访零售商,利用促销品向零售商宣传其产品特点,传授销售技巧以及 POP 张贴技巧,同时搜集宝洁产品的消费信息,并反馈给公司营销部门,从而可以与零售商保持密切连续,并共同分享信息。

讨论问题:

1. 宝洁公司采用了哪些分销渠道策略?
2. 评价宝洁公司"无缝营销渠道模式"。
3. 你认为宝洁公司的营销渠道还可以从哪些方面进行改进?

实训二:分销渠道设计

一、实训内容

针对前面任务中研究的真实企业及企业的产品进行分销渠道设计。

二、实训准备

1. 复习分销渠道的基本理论与渠道设计的主要内容;
2. 研究任务七、任务八的产品策略和定价策略;
3. 对企业产品原有的分销渠道进行分析。

三、实训组织

1. 以 4~5 人为一组,采用头脑风暴法进行讨论;
2. 每个同学提出个人设计方案,陈述理由;
3. 集中多数成员的意见,形成可供选择的多个方案;
4. 编写渠道设计方案书面报告,并制作成多媒体汇报形式;
5. 班内组织渠道设计方案答辩会;
6. 由学生组成评委小组进行评价。

四、实训评价

1. 课外准备充分，课堂讨论积极；（3分）
2. 原理运用正确，方案切实可行；（3分）
3. 组内分工明确，团结协作较好；（2分）
4. 报告格式规范，回答提问准确。（2分）

【附件】

你是营销者：索尼克公司的新产品营销计划

在任何制造商的营销计划中，分销渠道都是一个很基本的要素。通过分销渠道的设计、管理、评价和改进，制造商可以确保顾客方便地购买到本企业的产品。

作为索尼克的产品经理，你负责对索尼克公司的新产品 Sonic1000 掌上电脑的分销渠道进行设计和管理。考虑索尼克产品的特点及竞争产品的渠道设计情况，然后，回答下面的几个关于分销渠道的问题：

1. 索尼克公司对其主要竞争者的渠道及渠道管理做何评价？
2. 对索尼克公司的新产品的目标顾客的购买习惯，采取哪种渠道长度最恰当？
3. 在决定渠道成员的数量时，索尼克公司是否应该采取专营、有选择性的或密集式分销的形式？为什么？
4. 索尼克公司的顾客希望公司提供的服务达到什么水平？这些水平方面的要求对索尼克公司制定分销渠道战略有什么影响？
5. 公司应该如何激励和管理它的渠道成员？

仔细考虑你对以上问题的回答对公司营销行为的意义。然后，根据导师的指导，把你的渠道设计方案写入营销计划中的营销组合战略部分。

任务 十
制定促销组合策略

任务目标

知识目标

1. 了解促销组合的基本内容；
2. 掌握人员推销的特点与方法；
4. 掌握广告促销的基本内容；
5. 掌握公共关系的特点与方式；
6. 掌握营业推广的主要形式。

能力目标

1. 能正确运用促销组合策略；
2. 能正确设计促销组合方案；
3. 能掌握正确的人员推销技巧。

模块 一 理论指导

案例导入 欲擒故纵立普顿妙想卖奶酪

立普顿是风行世界的立顿红茶的开山祖师。立普顿原本是位农夫，当他有了一点积蓄后，便开设了一家小杂货店，贩卖各种食品，因为善于做各种心理宣传，小店逐渐建立起良好的声誉，立普顿很快就成了一个食品批发商。

有一年的圣诞节前，立普顿为了让自己代理的奶酪畅销，便依照欧美传统——"如果谁在圣诞节前后吃的苹果中有一枚 6 便士的铜币，则表示他一年随时都吉利如意"——想出了奇特的销售方法，在每 50 块奶酪中选择一块装进一枚金币，同时在街上散发传单，加强宣传并扩大声势，招徕顾客。

许多人获悉后，在立普顿的这种宣传攻势及金币的诱惑下，纷纷涌进立普顿奶酪的经销店。此涨彼消，立普顿的促销手段立即招来了同行的联合抑制，他们向有关方面控告立普顿的做法有赌博的嫌疑。

然而，聪明的立普顿并没有因同行的抑制与警察的干涉而退却，而是采取以退为进的方式在各经销店门前张贴了这样一则广告：

"亲爱的顾客，感谢大家享用立普顿奶酪，如果发现其中含有金币，请将金币送回，谢谢你的合作。"

结果，不出立普顿所料，顾客不但不退还金币，还更加踊跃地前往购买奶酪。不久，警方认为这纯粹是娱乐活动，便不再加以干涉。可是，立普顿的同行仍不罢休，他们又以安全理由要求当局取缔立顿奶酪的促销活动。

警方迫于压力，不得不再次介入调查。于是，立普顿奶酪又在报纸上刊登广告："由于警方又有新的指令，故请各位消费者在食用立顿奶酪时，注意里面的金币，不可匆忙食用，务请小心谨慎，以免误吞金币。"

立普顿的这则广告表面上看来是应付警方及同行的抗议，实际上却是一次更厉害的广告妙招，从而使得其他同行在立普顿的妙招下几乎无还手之力，眼睁睁地看着消费者从自己的经营圈子中渐渐流失。

"立普顿奶酪中有金币"这一促销活动策划巧妙，一次活动，两次高潮，全方位地把促销活动利用到了极致，吸引了消费者注意，很好地达到了促销活动的目的。这种以退为进、巧妙提醒的策略，既堵住了同行和警察的嘴，又制造处更大更多的新闻，使消费者更加踊跃购买。

思考：

1. 立普顿在这次营销活动中，运用了什么样的促销手段和促销策略？
2. 这种促销策略达到了什么样的效果？

前面三个任务已经讨论了营销组合的三大策略，即产品策略、价格策略和分销渠道策略。本任务将探讨营销组合的第四个策略，即促销策略。公司不仅应该为顾客生产满足其需要的产品、制定合适的价格、通过消费者喜欢获得的渠道来销售产品，还必须运用促销来清晰且有说服力地进行价值沟通，这样产品才能被消费者接受，并引起兴趣，产生购买行为。

本任务重点介绍促销组合工具中的人员推销、销售促进、广告和公共关系，在任务十一中介绍非人员推销的直销工具。

一、了解促销组合的内容

所谓促销，是指企业为了打开市场、扩大产品销售，通过相应的方式和手段，将有关本企业产品和服务的信息，向目标顾客传递，促使其了解、熟悉、信赖企业的产品和服务，从而达到激发顾客购买欲望、促成顾客购买行为的一系列活动。促销常见方式有人员促销和非人员促销两大类，具体包括人员推销、广告宣传、公共关系、营业推广、直复营销五种方式。

促销活动的实质是一种沟通、激发活动。在市场经济条件下，社会化的商品生产和商品流通决定了生产者、经营者和消费者之间客观上存在信息的分离，企业生产和经营的商品性能、特点顾客不一定知晓，从而要求企业将有关商品性能、特征等信息，通过声音、文字、图像或实物传播给顾客，增进顾客对其商品及服务的了解，引起顾客的注意和兴趣，帮助顾客认识商品或服务所能带给他们的利益，激发他们的购买欲望，为顾客最终做出购买决定提供依据。可以这样说，在市场日益广阔、供求关系日益复杂的社会主义市场经济条件下，促销活动体现了企业开拓市场、扩大销售、满足消费的主动精神、进取精神和创造精神。

促销的主要任务是将商品和服务的信息传递给顾客，以达到扩大销售、增加效益的目的。促销作为一种沟通工具，其帮助和说明消费者所采取的信息传递方式可分为两类：一类是单向传递，指单方向将商品或服务信息传递给消费者的方式，也就是从卖家向买家传递商品或服务信息。另一类是双向传递，就是双方沟通信息的方式，也就是卖家和买家双向传递商品或服务信息，这种方式的信息传递，一方面向消费者宣传介绍商品和服务，激发购买欲望；另一方面也可直接获得消费者的反馈信息，从而不断提高商品和服务的适销对路程度，更好地满足消费者的需要。

（一）促销的作用

1. 有助于生产者和消费者之间的信息沟通

一种商品进入市场以后，或将要进入市场的时候，为了使更多的消费者知道这种商品，就需要生产者或经营者及时提供商品信息，主动介绍商品的性能、特点、用途、价格、使用方法、保管知识及企业可能提供的服务等，引起社会各方面的关注，吸引顾客购买。否则，抱着"酒香不怕巷子深""皇帝女儿不愁嫁"的传统营销观念，必然自绝于市场，犹如作茧自缚。因此，沟通信息是争取顾客的重要环节，也是密切营销企业与生产者、经营者、顾客之间的关系，强化分销渠道中各个环节之间的协作，加速商品流通的重要途径。

2. 有助于刺激、创造需求，开拓市场

有效的促销活动不仅能够诱导和激发需求，而且能在一定条件下创造需求。当企业营销的某种商品处于低需求时，促销可以招徕更多的消费者，扩大需求；当需求处于潜伏状态时，促销可以起催化作用，实现需求；当需求波动时，促销可以起到导向作用，平衡需求；当需求衰退，销售量下降时，促销可以使需求得到一定程度的恢复。

3. 有助于突出企业和产品的特色

在激烈的市场竞争中，企业的生存与发展越来越需要强化自身的经营特色。许多同类商品仅有细微的差别，甚至假冒伪劣商品也达到了以假乱真的地步，消费者往往不易察觉和辨认。在这种情况下，企业通过促销，突出宣传本企业经营的商品不同于竞争对手商品的特点，以及它给消费者带来的特殊利益，显然有助于消费者加深对本企业商品的了解，帮助消费者进行正确的购买决策，采取相应的购买行为。

4. 有助于稳定和扩大销售

通过有效的促销活动来树立企业形象，可提高企业在消费者心目中的地位和影响，扩大所经营商品的知名度。特别是在竞争激烈的情况下，企业的有效促销活动在一定程度上可以抵御和击败竞争者的促销活动，使消费者增加购买本企业商品的信心，稳定销售形象。即使在企业商品销售下降时，强有力的促销活动也往往能够重新激发消费者对这些商品的需求，使销售重新回升，有时甚至超过原有水平。

案例启示

在淘宝的汱汱大海里，掌柜们一方面不清楚买家对自己的宝贝的需求情况；另一方面，广大的买家也不可能完全清楚什么商品由谁供应，何地供应，何时供应，价格高低，等等。正因为客观上存在着这种买家与卖家间"信息分离"的"产""销"矛盾，掌柜必须通过沟通活动，利用广告、宣传报道、上论坛发旺旺、满就送等促销手段，把生产、产品等信息传递给买家，以促进其了解、信赖并购买产品，达到扩大销售的目的。而特别是像在淘宝这样有着几亿宝贝和几千万买家的大平台上，随着竞争的加剧和宝贝的增多，买家对商品要求更高，挑选余地更大，因此卖家对买家的信息传递就变得更为重要，卖家更需加强促销，利用各种促销方式使广大买家加深对其宝贝的认识，以使买家愿多花钱来购买其宝贝。

促销是市场竞争过程中的一把利剑。市场上并非每一个公司都做广告，但是每一个公司都无一例外地会开展促销。所以，在我们拼命想要抓客户、抢流量的时候，不能忘记使用这一有力武器。

（二）促销组合方式

促销手段多种多样，其各自所起的作用不尽相同，为了提高促销效果，需要将若干个促销手段组合在一起使用。促销组合就是企业根据促销的需要，对人员推销、营业推广、广告宣传和公共关系等各种促销方式进行有计划、有目的的综合运用，使各种促销活动互相配合、取长补短，最大限度地发挥整体效果，以顺利实现企业目标。

促销组合的构成要素可以从广义和狭义两个角度来考察。

1. 广义组合方式

从广义而言，市场营销组合的各个因素都可以纳入促销组合，如产品质量、款式、包装、价格、品牌、分销渠道等，因为它们都从不同角度传播产品的相关信息，推动消费者对产品的需求。

2. 狭义组合方式

从狭义角度来说，企业促销组合方式主要有非人员促销和人员促销两种，非人员促销又有广告宣传、公共关系、营业推广、直复营销四种形式。

（1）人员推销，或称直接促销，指企业派推销员与一个或多个预期购买者面对面接触以进行介绍、回答问题并取得订单。有人认为，人员推销就是多磨嘴皮、多跑腿，把手里的商品卖出去而已，无需什么学问和技术。有人认为人员推销就是欺骗，推销技术就是骗术。这是由于个别不良推销员造成的恶劣影响，导致对人员推销的误解。其实，人员推销是一项专业性很强的工作，是一种互惠互利的推销活动，它必须同时满足买卖双方的不同需求，解决各自不同的问题，而不能只注意片面的产品推销。

人员推销不是推销产品本身，而是推销产品的使用价值和实际利益。顾客不是购买产品实体本身，而是购买某种需要的满足；推销员不是推销单纯的产品，而是推销一种可以解决某些问题的方案。人员推销要求推销员具备良好的政治素质、业务素质和心理素质，以及吃苦耐劳、坚韧不拔的工作精神和毅力。推销是一项磨炼人的意志品质的工作，许多成功的企业家，早期都是从事推销员工作的。快餐巨头麦当劳的董事长柯罗克（R·Kroc）做了 17 年的推销员，从顾客那儿发现了自己日后的"公司"；"索尼"的盛田昭夫，香港洋参大王庄永竞，华人首富李嘉诚都是从推销员做起的。

（2）广告宣传，是指企业通过一定的媒介物，公开而广泛地向社会介绍企业的营销形式和产品品种、规格、质量、性能、特点、使用方法以及劳务信息的一种宣传方式，任何企业要想使本企业的产品在市场与顾客心目中占据一定的位置，必须通过一定内容的广告宣传去影响市场与顾客。

（3）公共关系，是指企业通过各种活动使得社会各界公众了解本企业，以取得他们的信赖和好感，从而为企业创造一种良好的舆论环境和社会环境。公关的目的就是与企业内外公众搞好关系，在公众心目中树立良好的企业形象。

（4）营业推广，又称为销售促进，采用各种鼓励、试用或购买商品和服务的短期刺激。营业推广形式很多，大致可以归纳为三类：第一类是直接面对消费者的方式，如赠送促销、折价券、抽奖促销、现场演示、联合推广、知识竞赛、会议促销等；第二类是面对中间商的方式，如批发回扣、推广津贴、销售竞赛、扶持零售商等；第三类是面对推销人员的方式，如推销奖金、红利、免费提供人员培训、技术指导等形式。

（5）直复营销，又称直销，是借助现代信息技术和网络技术发展起来的新的沟通方式。如网络、电话、邮寄、电子邮箱等，借助这些数字工具与目标顾客进行直接联系，从而获取直接的回应，建立持久的顾客关系。

（三）促销组合策略

促销组合策略是指企业在促销中综合运用各种促销手段进行促销，通常有推式策略和拉式策略等两种策略。

1. 推式策略

推式策略是指利用人员推销和中间商促销，将产品推入销售渠道的策略。这一策略需要大量的推销人员来推销产品，它适应于生产者和中间商之间关系紧密，对产品的认识一致的情况。推式策略风险小、推销周期短、资金回收快，但其产品推广的范围小，对推销员的素质要求高，销售费用大，且要求中间商配合。推式策略适用于一些耐用的消费品，如农用拖拉机、电视机等产品的销售。

推式策略常见形式有企业派推销人员上门推销及提供各种售前、售中、售后服务来促进产品的销售。推式策略模式如图 10-1 所示。

图 10-1　推式策略

2. 拉式策略

拉式策略是企业针对最终消费者展开广告、宣传攻势，希望将产品信息传递给目标市场消费者，激起消费者强烈购买欲望，形成迫切的市场需求，然后拉引中间商纷纷经销这种产品的策略。同时，企业开展广泛公关活动，在消费者心目中树立良好形象，提高消费者的信任度。在市场营销过程中，经常会出现中间商与生产者对某些新产品的不同认识，对市场前景的不同看法，经销商往往对新产品的市场风险预计过高而不愿经销，在这种情况下，生产者必须直接向消费者推销产品，然后由消费者需求拉引中间商经销。拉式策略常见形式有价格促销、广告、展览促销、代销、试销等。主要适用于快速消费品，如宝洁通过电视、印刷广告、品牌网站和其他渠道，向目标消费者直接推销其洗发用品。拉式策略模式如图 10-2 所示。

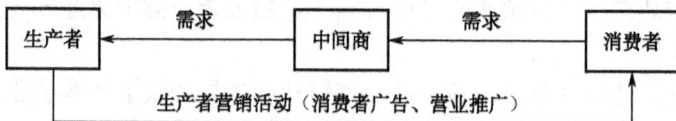

图 10-2　拉式策略

3. 各种促销方式的比较

促销的各种方式，各有其优点和缺点，列表分析如下（表 10-1）。

表 10-1　各种促销方式的比较分析

促销方式	优　点	缺　点
人员推销	直接沟通信息，反馈及时，可当面促成交易	占用人员多，费用高，接触面窄
广告宣传	传播面广，形象生动，节省人力	只能针对一般消费者进行，且难以立即促成交易
公共关系	影响面广，信任程度高，可提高企业知名度和声誉	花费力量较大，效果难以控制
营业推广	吸引力大，容易激发购买欲望，可促使消费者当即采取购买行动	接触面窄，有局限性，有时会降低商品身份

（四）影响促销组合的因素

由于不同的促销工具有不同的特点，企业要制定出最佳的组合策略，就必须对促销组合方式进行选择。企业在选择最佳促销组合方式时必须考虑以下因素：

1. 产品类型

产品类型不同，购买者的购买行为差别很大，经销商对不同类型产品的市场前景看法就会不同，因此，生产者应采取的促销策略也不一样。一般来说，生活资料主要依靠广告进行，然后是营业推广、公关活动和人员推销；生产资料主要依靠人员推销，然后是营业推广、广告和公关活动，如图 10-3 所示。

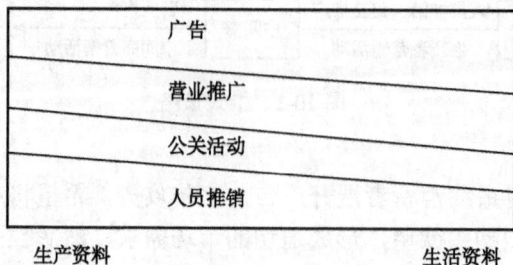

图 10-3　各种促销手段对不同类型产品的重要程度

2. 产品生命周期

处在产品生命周期不同阶段的产品，促销的目标和重点不同，所采取的促销组合方式也不同。从表 10-2 可以看出，在导入期广告促销和人员推销运用较多，在成熟期营业推广活动非常重要，而在衰退期则停止促销活动，以保证最后的利润收入。

表 10-2　产品生命周期与促销方式

产品生命周期	促销的主要目标	促销主要方式
导入期	让消费者了解产品，使经销商愿意经销	广告宣传，对中间商采取人员推销
成长期与成熟期	让消费者热爱产品，提高市场占有率，培养忠诚的顾客	针对性的广告宣传，开展营业推广
衰退期	保持市场占有率，保持老顾客	适当降价，不再进行大量促销
各阶段共同适用策略	让顾客满意	公共关系活动

3. 市场状况

市场需求情况及产品的市场范围直接影响促销组合方式的选择。市场范围小、潜在顾客少及产品的专用程度高的市场，通常适用于人员推销；而对于市场范围广泛、用户分散、市场差异小的市场状况，通常适用于广告宣传。

目标市场上不同类型顾客的购买情况也是选择促销方式的重要影响因素。对最早和早期购买者要进行针对性宣传，并通过广告以最快速度将商品信息告知购买者，扩大影响，对晚期和最晚购买者，要采取各种优惠措施，以吸引顾客，扩大商品销售。

4. 促销费用

促销费用多少，直接影响着促销组合方式的选择。有的促销方式费用较高，而有的则较低。一般来说，广告宣传费用较高，人员推销次之，营业推广花费较小，公共关系的费用最低，但它们在不同时期的促销效果是不同的，企业在选择促销方式时，要根据企业的资金状况，以能否支持某一促销方式的顺利进行为标准，同时，投入的促销费用要符合经济效益原则。

在实际中，企业究竟采取何种组合策略最佳，必须综合考虑产品类型、产品生命周期所处阶段及市场状况、企业促销费用等主要因素，除此之外，同行业竞争对手在某一时段采取何种促销组合策略，对消费者影响程度有多大等因素也必须考虑到促销组合方式的选择中来。

二、掌握人员推销的基本内容

（一）人员推销的特点

人员推销就是指企业派出推销人员直接与顾客接触、洽谈、宣传商品，提供服务，以达到促进销售目的的活动过程。人员推销是一种传统的促销方式，尽管市场营销手段不断创新，也有学者提出当营销发展到较高水平的时候推销将成为多余。但从促销的本质，即沟通信息这个角度来说，人员推销在现代企业市场营销活动中仍起着非常重要的作用。国内外许多企业在人员推销方面的费用支出占总促销费用的比重相当大。实践表明，人员推销与其他非人员促销相比具有不可替代性的特点。

1. 亲切感强

推销人员必须明确，满足顾客需要是保证销售成功的关键。因此，推销人员要多为顾客考虑，并提供多方位服务，帮助顾客解决难题。推销人员通过同顾客面对面的交流与沟通，消除顾客的疑虑，取得顾客的信任，通过长期交流还可能建立起良好的友谊。

2. 说服力强

推销人员通过现场示范，介绍产品功能和使用方法，回答顾客问题，并可以当场获得顾客的反应，适时调整自己的推销策略和方法，容易获得顾客的信任。

3. 针对性强

广告所面对的顾客范围十分广泛，其中很大一部分观众不可能成为企业的顾客。而人员推销则具有一定的目标性，针对性强，往往可以直达顾客，成功率高。

4. 竞争性强

推销人员之间形成相互竞争机制，可促使推销人员将工作做得更好，从而在消费者中创造良好的企业形象。

5. 双向沟通

与非人员促销相比，推销人员直接面对消费者，一方面可以将企业和产品信息及时、准确地传递给目标顾客，另一方面也能把市场信息、顾客的要求、建议反馈给企业，为企业调整营销方案提供依据和参考。

尽管人员推销有上述优点，但并不是说所有场合都适用人员推销这种方式。人员推销还存在如下不足：一是销售成本高，依靠推销员与顾客接触总是有限的，销售面窄，销售人员的费用高，产品销售成本大。对于市场范围广泛，而消费者分布又较分散的产品，很显然不宜采取人员推销。二是对推销人员的要求较高，人员推销的成效直接取决于推销人员素质的高低。尤其对于一些技术性较强的产品或新产品，需要推销人员有相应的产品知识和服务能力。

案例启示

日本索尼公司进攻美国彩电市场时，首先选定芝加哥市最大的电器销售商马希利尔公司为主攻对象。虽然该公司经理屡以"索尼电器知名度不够，不受消费者欢迎"为由拒绝销售，但是索尼外国部部长卯木肇并不灰心丧气。他召集30名工作人员每人每天打5次电话向马希利尔公司咨询有关索尼彩电的情况。当马希利尔公司经理终于有些动摇，同意试销2台索尼彩电之后，卯木肇立刻派出2名销售人员前往协助销售，并下了命令："如果一周内这2台彩电没有卖出去，那么你们就不要回公司了。"这2位推销人员自然全力以赴，当天下午便把这2台彩电售出。这样，索尼电器公司在美国市场，甚至在国际市场中迈出了关键的一步。

日本索尼公司成功进入美国彩电市场，除了其产品质优价廉、选择了较有影响力的中间商之外，与采取人员推销方式是分不开的。

（二）人员推销的方式

一般来说，人员推销主要有以下三种基本方式：

1. 上门推销

上门推销是最常见的人员推销方式。它是由推销人员携带产品的样品、说明书和订单走访顾客，推销产品的方式。这种方式由推销人员积极主动向顾客靠拢，有利于增进推销人员和顾客之间的情感联系。上门推销要掌握"开门"方法，即要选好上门时间，以免吃"闭门羹"，可以采用电话、传真、电子邮件等手段事先交谈或传送文字资料给对方并预约面谈的时间、地点；也可以采用请熟人引见、名片开道、与对方有关人员交朋友等策略，赢得客户的欢迎。

2. 柜台推销

它是指企业在适当地点设置规定的营业场所，由营业员接待顾客进入营业场所，并向其推销产品。柜台推销是一种非常普遍的"等客上门"的推销方式，这种方式的优点在于柜台的商品种类繁多，花色、式样丰富齐全，便于顾客挑选和比较。

3. 会议推销

它是指利用各种会议向与会人员宣传和介绍产品，开展推销活动。在订货会、交易会、展览会、物资交流会等会议上推销产品均属于会议推销，这种推销方式的特点是推销人员接触面广，推销集中，可以同时向多个推销对象推销产品，成交额较大，推销效果较好。

（三）人员推销的步骤

人员推销的历史非常古老，人员推销的技巧也十分丰富。成功的推销员是能够把基本的推销原理与自己的实际情况加以结合，总结出自己的准则加以充分发挥的那一部分推销员。在人员推销过程的不同阶段，对推销人员的要求不同，且必须运用相应的推销技巧。

1. 寻找潜在顾客并鉴定他们的资格

发现潜在的客户是整个推销过程的第一步。一般通过以下途径可以得到这方面的信息：

（1）查阅各种二手资料，包括各种工商名录、电话号码簿、专业杂志、先前的各种销售记录、走访报告等资料，从中去发现顾客。

（2）通过各种市场调查的手段去发现顾客，包括邮件、电话查询、实地访问等方法。

（3）通过各类人员的介绍，这些人员可以是你的亲戚朋友，也可以是你的上级主管或有经验的老推销员，还有可能是一些偶然向公司打听情况的人或其他类型的社会人士。通过各类人员介绍发现顾客，往往能为后面的推销工作打下较好的基础，与客户保持良好的关系。

（4）通过展示会、展览会、产品陈列等方法去发现潜在的顾客。

（5）通过对现有顾客的询问去发现潜在顾客。

（6）加入预期客户所在的组织和协会，并接触他们，如出版社加入各高等院校专业教学研究协会，就有可能找到编写教材的老师和订购教材的客户。

以上并非就是发现顾客的全部渠道，推销员还要在日常的工作中做有心人，注意平时的市场情况变化和许多细节。更为重要的是，推销员必须懂得如何淘汰那些没有价值的线索。对潜在的顾客，可以通过研究他们的财务能力、业务量、具体的需求、地理位置和连续进行业务的可能性，来衡量他们的资格，分为热线、温线和冷线预期顾客。热线预期顾客要派现场销售人员去访问，温线预期顾客用电话追踪。一般情况下，一个预期顾客需要访问 4 次才能完成交易。

2. 推销前的准备

为了提高推销的命中率，使效率更高，推销人员在实施推销计划之前，需要进行大量的准备工作。一般应包括以下几项内容：

（1）充分了解国家宏观环境对潜在顾客产生的影响。因此，推销员应仔细研究国家大环境中的各种因素，包括政治、经济、社会、科技、自然等环境，然后对这些因素可能引起的社会走向加以分析，从而对潜在顾客的可能行为做到心中有数。

（2）应尽可能多地了解潜在顾客的情况。首先，了解相关企业或公司，以及个人的总体情况，包括经济状况、经营状况和信誉状况等，并充分考虑发展的前景和潜力。其次，了解潜在顾客的购买决策程序和采购人员的背景，从而了解潜在客户的购买特点和风格。

（3）制定详细的推销策略和计划。在了解潜在客户背景的基础上，制定正确的推销策略，确定推销的目标。例如，确定哪些潜在客户可以作为自己重复的推销对象，其中哪些有希望在近期达成交易，又有哪些应从建立关系开始，逐步推进。同时必须制订详细计划，从中确定访问路线和方法，它可能是一种私人拜访、电话访问或信函访问。另外，还需要选择访问的时机，因为许多潜在客户在一定的时间内十分繁忙，时机可能对推销的成败有很大的影响。

3. 正式推销阶段

这是人员推销的实质性工作阶段，具体包括：

（1）试探性接触。推销人员要根据掌握的目标顾客的资料，从目标顾客感兴趣的问题入手打开话题，再了解顾客并根据顾客的反应，逐步引入推销产品的话题。

（2）介绍和示范。在对目标顾客已有充分了解的基础上，推销人员可以直接向目标顾客进行产品介绍，甚至主动地进行一些产品的使用示范，以增强目标顾客对产品的信心。

（3）应付异议。在推销过程中，推销人员经常会遇到顾客的异议。顾客的异议是成交的障碍，但它也表明顾客已经对推销人员的讲解给予了关注，对产品产生了兴趣，推销员只要克服了顾客异议，就能够达成交易。应付异议的有效办法是把握产生异议的原因，对症下药。

（4）达成交易。成交是推销的目标，当各种异议被排除之后，推销员应更密切地注意顾客发出的成交信号，如通过顾客的言语动作、表情等表露出的购买意向，并抓住成交的机会及时达到交易。

4. 做好交易后续工作

签订合同或达成交易之后，并不是推销工作的终点。推销员在达成交易后，应着手履约的各项具体工作有交货时间、购买条件及其他事项等。推销员应制定一个工作日程表，以保证顾客能适当地安装好产品，并且及时提供指导和服务。这种后续工作可以发现存在的问题，使客户相信推销员的承诺，减少可能出现的任何认识上的不一致，从而增加客户的满意程度。

（四）人员推销的策略和技巧

推销人员应根据不同的销售环境、推销气氛、推销对象和推销产品，审时度势，巧妙地采用不同的推销策略，吸引顾客的注意，激发顾客的购买欲望，促成交易。

1. 人员推销的策略

（1）试探性策略，又称"刺激—反应"策略，即推销人员利用刺激性较强的方法引发顾客购买行为的一种推销策略。在推销人员不了解顾客需求的情况下，事先设计能引起顾客兴趣、刺激顾客购买欲望的推销语言，投石问路，对顾客进行试探，观察其反应，然后根据其反应采取具体推销措施。例如，可重点提示产品的特点和优点，进行示范操作，出示图片资料，赠送产品说明书等，激起顾客的进一步关注并及时有效地处理顾客异议，排除成交障碍，促使顾客采取购买行为。试探性策略对于推销日用工业品效果较好。

（2）针对性策略，又称"配方—成交"策略，即推销人员利用针对性较强的说服方法，促使顾客发生购买行为的一种推销策略。推销人员在已经基本了解顾客有关需求的前提下，事先设计好针对性较强、投其所好的推销语言和措施，有的放矢地宣传、展示和介绍商品，说服顾客购买。在运用这一策略时，要使顾客感到推销员的确是自己的好参谋，是真心为自己服务的，从而产生强烈的信任感，愉快地成交。

（3）诱导性策略，又称"诱发—满足"策略，即推销人员运用能刺激顾客某种需求的说服方法，诱导顾客采取购买行为的一种推销策略。这种策略要求推销人员能唤起顾客的潜在需求。推销员要先设计出鼓动性、诱惑性强的购货建议，诱发顾客产生某方面的需求，并激起顾客迫切需要实现这种需求的强烈动机，然后抓住时机向顾客介绍商品的效用，说明所推销的商品能满足顾客的需要的地方，设身处地为顾客着想，恰如其分地介绍市场营销商品，真正起到诱导作用。

案例启示

亚力森是美国的著名推销员，他花了很大的力气，才卖了两台发动机给一家大工厂的工程师。他决心要卖给他几百台发动机，因此几天后又去找他。没想到那位工程师却说："亚力森，你们公司的发动机太不理想了，虽然我需要几百台，但是我不打算要你们的。"

亚力森大吃一惊，问道："为什么？"

"你们的发动机太热了，热得我们连手都不能放上去。"

亚力森知道，跟他争辩是不会有好处的，得采用另一种策略。他说："史密斯先生，我想您说得对。发动机太热了，谁都不愿意再买，您要的发动机的热度不应该超过有关标准，是吗？"

"是的。"亚力森得到了第一个肯定回答。

"电器制造工会规定：发动机的温度可以比室内温度高出 $72\,℉$，是吗？"

"是的。"亚力森得到了第二个肯定回答。

"那么你们厂房有多热呢？"

"大约 $75\,℉$。"

"这么说来，$72\,℉$ 加 $75\,℉$，一共是 $147\,℉$，是吗？"

"是的。"

"如果我们把手放入沸水中，一定会烫伤，是吗？"

"是的。"亚力森得到了第四个肯定回答。

紧接着，亚力森提议说："显然，我们不能把手放在发动机上。"

"嗯，我想你说得不错。"工程师赞赏地笑起来，他马上把秘书叫来，开了一张价值 35 000 美元的订单。

亚力森采用提问方式来分析顾客提出的问题，并让顾客在肯定中消除顾虑，引导顾客说"是"，这就是诱导性策略的关键。

2. 人员推销的技巧

推销人员在推销过程中，应注意运用适当的技巧，主要有自我介绍技巧、交谈技巧、应付顾客拒绝技巧、排除顾客异议技巧和成交技巧。

（1）自我介绍的技巧。推销产品之前要先推销自己，推销员与顾客初次见面时，应尽量消除顾客的紧张感和恐惧感，建立与顾客之间的亲密感和信任感，除了从仪表、举止上迎合顾客的情感之外，自我介绍也必须要切中顾客的口味。

自我介绍要坚持"五要"：第一，要镇定而且充满信心。一般人对于自信的人，都会另眼相看，产生好感；相反，如果你畏怯和紧张，可能会使对方产生相应的情绪反应，从而对你有所保留，使彼此之间的沟通产生隔阂。第二，要预先准备。在公共交际场合中，如果你想认识某一个人，最好预先获得一些关于他的资料，诸如性格、特长及个人兴趣等。有了这些资料，在自我介绍之后，便容易交谈沟通了，这使双方关系快速融洽。第三，要热诚地表示自己渴望认识对方。任何人都会觉得能够被人渴望结识是一种荣幸。如果你的态度热诚，别人也会回报你以热烈的响应和欢迎。第四，要善于用自己的眼神表达自己的友善、关怀及渴望沟通的心情。眼睛是心灵的窗户，真诚的眼神，有时会胜过千言万语，在一瞬间拉近彼此的距离。第五，要在自我介绍时掌握分寸，态度谦虚，先从自己的姓名、单位、身份开始，并恭敬地递上自己的名片。

（2）交谈技巧。在开始洽谈阶段，推销人员应巧妙地把谈话切入正题，做到自然、轻松、适时。可采取以关心的方式切题，以赞誉的方式切题，以请教的方式切题或以夸耀的方式切题，顺利地提出洽谈的内容，引起顾客的注意和兴趣。为此，在交谈时应做到：一要顾及对方的自尊心，不能说出让对方厌恶或忌讳的话；二要关注和兼顾对方的利益；三要交流互相感兴趣的信息和经验；四要给顾客说话的机会；五要直视顾客的脸和眼睛，真诚、尊敬地聆听顾客的谈话；六要附和、赞美顾客的谈话。总之，与顾客谈话，应以引起顾客注意为目的，以顾客为中心，以尊敬、重视顾客为准则，这样才能消除顾客心中的紧张与恐惧，才能为下一步商谈奠定良好的基础。

（3）应付顾客拒绝技巧。被拒绝是推销人员的家常便饭，不让顾客说"不"的方法和技巧很多，应因人而异地使用对策，并在实践中不断地总结和创新。常见的方法和技巧有以下几点：

一是暗示法，即用暗示的方式，引导顾客向你所希望的方向发展，以便顺利达成交易。例如，推销员小林在与顾客交谈中，设计了一些明知故问的问题。"好可爱的小狗，是金巴狗吧！"引导顾客说"是"。再将话题切入正题，同样暗示或把握让顾客说"是"的过程。

二是引导法，即让顾客由此及彼，按照你所指引的方向，认同你的观点。例如，我们在推销某种防紫外线的化妆品时，直接谈产品功能恐怕效果不好，可先从紫外线对皮肤的伤害及保护皮肤的重要性谈起，引导顾客认识到此种化妆品与其他化妆品的不同，进而引导顾客购买这种产品和使用这种产品。这样顾客根本没有说"不"的机会。

三是反客为主法，即把自己作为交易的主动方，把顾客当作为交易的被动方，自己掌握交易的主动权的一种方法。这种方法一般都用在与顾客产生了强烈的共鸣，交谈进入非常愉快的状态。这时，推销员可以反客为主，切入问题，明确指出产品或服务的优点，论据充分，论述翔实，让顾客连连称"是"，迅速达成交易。

四是假设成交法，即假设顾客购买了我们的产品或服务，将得到什么样的利益。这种方法的重点在于说明"利益点是顾客所需要的"。例如，推销"寿险"是典型的这种假设成交法的例子，如果你买了……寿险，将会得到三年一返利、二十年……这是典型的假设成交法，它的成功率会更高。

五是重新框定法。即当你看到顾客对你的推销产生了疑虑，或有成交的可能，这时你要迅速地把握状态的发展，重新框定你的话题、言语、状态，使之进入顾客解除拒绝状态的过程，坚决不能让顾客说"不"。

（4）排除顾客异议技巧。在推销活动中，如果不能有效地排除和克服所遇到的障碍，将会功亏一篑。因此，要掌握排除推销障碍的技巧：一是排除顾客异议障碍。如发现顾客欲言又止，推销人员应减少说话，直截了当地请顾客充分发表意见，以自由问答的方式真诚地与顾客交换意见和看法。对于顾客一时难以纠正的偏见和成见，可以将话题转移；对于恶意的反对意见，可以"装聋作哑"或用适当话语敷衍过去。二是排除价格障碍。对高价商品，应充分介绍和展示商品特色，使顾客感到"一分钱一分货"；对低价商品，应介绍定价低的原因，使顾客感到物美价廉。三是排除习惯势力障碍。实事求是地介绍顾客不太熟悉的商品，并将其与他们已经习惯购买的商品相比较，让顾客乐于接受新产品；还要通过相关群体的影响，使顾客接受新的消费观念。

案例启示

小黄是一名新型打印纸的推销人员，在他最初上门推销时，顾客总是以用惯了其他品牌的打印纸，没兴趣为买这点小东西而多比几家货为由拒绝他。一天，小黄来到一家公司，顾客同样以这种理由拒绝了他，小黄灵机一动，向顾客问道："我可以用你们的打印机吗？"得到了顾客的允许，小黄就把自己带来的打印纸夹到打印机里，然后在屏幕上输上"您用普通打印纸，能打出这么清晰的字吗？小黄把打印好的纸拿给顾客看："您不妨跟普通打印纸比较一下，您会相信我们的新型打印纸一定适合您。"客户仔细比较了一番，非常信服地看着小黄："你们的质量的确一流，但是价格有点贵啊。"小黄从包里拿出产品质量证书和获奖证书说："我们的质量是得到国家认可的，您看这是我们的证书，还有报纸的报道。您把文件印在我们的纸上给客户看，既放心又有面子。"顾客听完后，爽快地向小黄订购了一批为数不少的新型打印纸。

（5）成交技巧。在实际推销工作中，顾客往往不愿主动地提出成交，即使心里想成交，但为了压低价格或保证实现自己所提出的成交条件，顾客也不会首先提出成交，成交的意向一旦表露出来，推销人员就要不失时机地运用成交技巧，促成交易。及时促成交易的主要方法如下：

一是请求成交法，即推销人员直接要求顾客购买商品的一种技巧。这是一种最简单、最基本的成交方法。请求成交法一般适合老顾客、顾客已发出购买信号、在解除顾客存在的重大障碍后。这种推销方法要求推销人员具备较强的观察能力，把握好时机促成交易。

二是假定成交法，指推销人员假定顾客已经接受推销建议，只需对某一问题做出答复，进而要求顾客购买的一种成交方法。假定成交法的力量来自推销人员的自信心，同时要善于分析顾客。

三是选择成交法，即推销人员为顾客提供几种购买决策方案，并且要求顾客立即作出抉择的成交方法。

四是小点成交法，又称为次要问题成交法或避重就轻成交法，是指推销人员通过次要问题的解决来促成交易的一种成交方法。小点是指次要的、较小的成交问题。小点成交法利用了顾客的成交心理活动规律。小点成交法可以减轻客户成交的心理压力，利于销售人员主动地尝试成交。保留一定的成交余地，有利于销售人员合理地利用各种成交信号有效地促成交易。

五是从众成交法，是指推销人员利用顾客的从众心理，促使顾客立刻购买推销品的一种成交方法。

六是机会成交法，即推销人员向顾客提示有利的机会并促使成交的一种技巧。购买机会也是一种财富，也具有一定的经济价值，失去购买机会本身就是一种损失，有时还得支付一定的机会成本。推销人员利用顾客害怕错过购买机会的心理动机，向顾客提供成交机会，限制顾客的购买选择权和成交条件，施加一定的机会成交压力，促使顾客购买推销品，达成交易。

七是保证成交法，即推销人员向顾客提供成交的保证条件来促成交易的一种技巧。顾客在成交时难免会存在害怕错误成交而拒绝成交的心理。推销人员针对顾客的这种心理，可以向顾客提供一定的成交保证，消除顾客的成交心理障碍。

八是异议成交法，指推销人员利用处理顾客异议的时机直接向顾客提出成交要求，从而促成交易的一种成交方法。一般来说，只要推销人员能够成功地处理有关的顾客异议，就可以有效地促成交易。

案例启示

某办公用品推销人员到某办公室去推销碎纸机。办公室主任在听完产品介绍后摆弄起样机，自言自语道："东西倒是挺合适，只是办公室这些小年轻们毛手毛脚的，只怕没用两天就坏了。"推销人员一听，马上接着说："这样好了，明天我把货送来的时候，顺便把碎纸机的使用方法和注意事项给大家讲讲，这是我的名片，如果使用中出现故障，请随时与我联系，我们负责维修。主任，如果没有其他问题，我们就这么定了？"

这位推销员采用了怎样的推销方法，如果是你还可以选择哪几种推销方法？

（五）人员推销的组织形式

在整体促销中，人员推销组织形式要根据企业规模和营销商品的范围、结构、人员素质，按精简、统一、效率、效益的原则，慎重选择，合理组织。一般来说，可供选择的组织结构形式有以下几种。

1. **按地区结构设计**

它是指一个推销人员（组）负责一定地区的推销业务的推销组织结构，这是一种最简单的推销组织结构，如图 10-4 所示。这种组织结构有以下几点优势：

（1）结构清晰，便于整体部署；

（2）推销人员的活动范围与责任边界明确，有利于管理与调整销售力量，能激励推销员努力工作；

（3）推销人员的活动区域稳定，有利于与当地商界及其他公共部门建立良好关系；

（4）推销人员活动范围较小，相对可节省往返旅途费用。

图 10-4 地区销售组织

这种组织形式最适合产品组合关联性较强、产品的市场需求类似性大的企业。另外，在规划地理区域时，要充分考虑地理区域的某些特征，如各区域是否易于管理，各区域销售潜力是否容易估计，推销人员用于推销的全部时间是否可以缩短等。

2. **按产品结构设计**

它是指一个推销人员（组）负责某大类产品的推销业务的推销组织结构，这是一种按产品线来设计的推销组织结构，如图 10-5 所示，这种组织结构有以下几点优势：

（1）推销人员熟悉所负责产品的供销情况，有利于预测产品的销售趋势，及时组织货源；

（2）推销人员能够运用专业知识为顾客服务，有利于扩大顾客群；

（3）产品结构式组织形式对推销人员的产品专业知识提出了更高的要求，有利于促进推销人员不断学习，更新知识，提高素质。

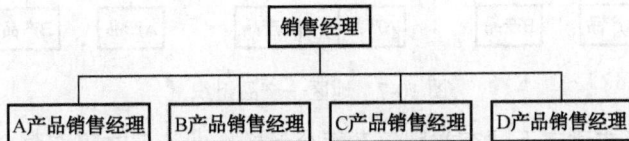

图 10-5 产品销售组织

这种组织形式一般适合产品技术性强、生产工艺复杂、营销技术要求高、产品品种多而买主又大不相同的企业。不同产品线的推销员应有专门知识，否则很难有效推销。

3. **按顾客结构设计**

它是指根据顾客的行业不同、规模不同、分销渠道不同、用户不同而分别配备推销人员的推销组织结构，这是一种按顾客类型设计的推销组织结构，如图 10-6 所示，这种组织结构的好处是：

（1）推销员与顾客直接打交道，有利于推销员深入了解特定顾客需求，在推销中有的放矢，提高工作效率；

（2）推销员与顾客在产品买卖中经常交往，有利于彼此间建立感情、增进友谊，从而建立稳定的购销关系。

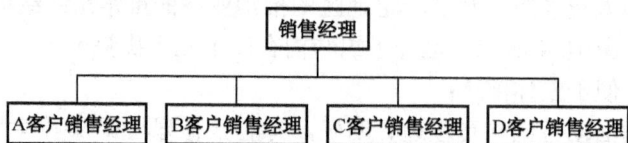

图 10-6 客户销售组织

这种组织形式只适应于产品销售范围较小，用户比较集中，用户规模较大，分销渠道比较稳定的企业。

4. 复合的推销组织形式

它是指将区域与产品、区域与顾客、产品与顾客三种组织形式混合运用，有机结合，按"区域—产品""区域—顾客""产品—顾客"或"区域—产品—顾客"来分配推销人员的推销组织形式。这里展示"地区—产品"复合组织结构，如图 10-7 所示。这种组织形式有以下几点优势：

（1）能够灵活地调度推销人员，全方位地发挥和运用推销人员的知识才能，有利于调动推销人员的积极性；

（2）推销人员能从企业整体营销效益出发开展营销活动，有利于扩大销售；

（3）推销人员能进入一个地区或某一单位，解决诸多商品推销的问题，有利于节省推销费用。

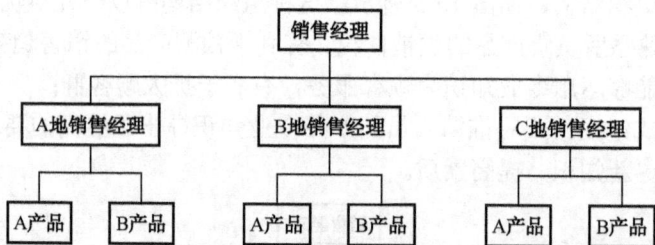

图 10-7 地区—产品组织

复合推销组织形式适宜于顾客类别复杂而分散的企业，但在采取复合推销组织形式的情况下，一个推销员往往要对几个产品经理或几个部门经理负责，容易造成多头领导、职责不清。特别是在不同部门配合不好时，会直接影响推销的效果。

（六）推销人员的挑选与培训

企业在确定了销售队伍的规模、结构之后，应着手推销人员的招聘、挑选、训练、激励和评价等工作，以对销售队伍进行科学管理，提高整个队伍的素质，提高推销效率。

1. 推销人员的基本要求

推销是一种职业，但并不是人人都可以成为一名成功的推销员。因此，让最适合搞推销的人干推销工作是对推销人员管理的第一步。那么，在营销行业中，什么样的素质能使优秀的推销员脱颖而出？什么样的素质能使干练的推销员不同于那些平庸之辈？菲利普·科

特勒认为，优秀的推销人员有四个方面的主要素质：思想素质、知识修养、推销能力以及个性素质。

（1）思想素质。一名优秀的推销人员应具有强烈的事业心和敬业乐业的精神，要具备创业精神和崇高的道德品质，要遵守国家的法律和有关政策，并切实从用户利益出发，为他们提供优良的服务。

（2）知识修养。推销人员经常要与各种各样的顾客打交道，需要具备较广的知识面和广泛的兴趣爱好，具备企业的生产技术和产品方面的基本知识，对市场营销的理论要充分予以掌握，另一方面也要有一定的经济和管理方面的知识、政治与法律知识，甚至还要懂得社会学和心理学等知识。

（3）推销能力。优秀的推销人员应具有较强的业务推销能力、人际关系处理能力、为顾客服务的能力以及较强的应变能力，要有团队协作能力，要善于收集及研究市场的信息情报，掌握市场的变化动态，提出自己的市场营销建议。

（4）个性素质。优秀的推销人员应该具有热情奔放、当机立断的外向型性格特征，仪表端庄、举止大方、态度和蔼、作风正派的外表条件，能给用户一种亲切、愉快和满意的感觉；要有较强的语言表达能力，善于针对不同的性别、年龄、文化、籍贯、职业等类型的用户，灵活地选用不同的语言和讲话技巧。

案例启示

日本的推销术是非常有名的，世界上许多伟大的推销人员都出自日本，被日本人称之为"推销之神"的原一平，身高仅 1.5 米，可他连续 15 年推销额居全国第一。当他 69 岁应邀演讲，有人问他成功的秘诀时，他脱掉袜子请人摸他的脚底，一层厚厚的脚茧。又有人问他，在几十年的推销生涯中是否受到过侮辱，他回答"我曾十几次被人从楼梯上踹下来，五十多次手被门夹痛，可我从未受过侮辱"。他每月用掉 1000 张名片，一定要访问几十位客户，从未间断。从原一平身上我们完全可以体会到做一个优秀的推销员应具备的品质。

2. 推销人员的招聘与选择

在确定了招聘人员的基本条件之后，企业管理层就可以开始着手具体的招聘和选拔工作了。招聘人员的途径很多：可以刊登广告诚招；可以接触相关的大专院校；可以委托就业辅导或其他中间机构；也可以通过各种途径的推荐；还可以从企业或公司的其他部门，甚至是在同行业中进行招聘。挑选推销人员的程序可简可繁，一般程序如下：

（1）初步面谈。销售人员要与顾客打交道，并且出差机会较多，健康的体魄、五官端正、口齿伶俐是最基本的要求。

（2）填写申请表。

（3）测验。许多企业挑选销售人员的要求十分严格，除了面谈之外，还要笔试测验，笔试测验重点考查被挑选对象的知识面、思维的灵活性和创造性，即对被挑选对象的综合素质进行全面评价。

（4）第二次面谈。通过第一次面谈留下较好印象的人员可接受第二次面谈，企业将深入了解被挑选对象的学历、工作经历及为什么选择推销职业等。

（5）体格检查。体格检查是决定是否录用的最后一道程序，被挑选对象必须按企业规定时间，到规定医院进行体检，将体检表返回企业，体检合格就被录用。

（6）决定录用。企业根据前面考察程序，决定录用之后，将委派工作和进行上岗前培训，推销人员没有经过培训就上岗，不了解企业经营理念和企业文化，对推销业务也不熟悉，不仅达不到促销目的，反而会损害企业形象。

3. 推销人员的培训

对推销人员的培训应包括以下内容：

（1）企业知识。推销员要了解企业各方面的情况，一般包括企业的历史和经营目标，组织机构设置和权限情况，主要的负责人员，公司的财务状况和措施，以及主要的产品和销售量。

（2）产品知识。推销员应学习和掌握产品的基本知识，这些知识包括产品的品质、性能和主要特点，以及使用和维护知识。

（3）市场知识。推销员要深入了解本公司各类顾客和竞争对手的特点，推销员要了解各种类型的顾客和他们的购买动机、购买习惯，要了解本公司和竞争对手的策略和政策。

（4）推销技巧。推销员要熟练地掌握销售技巧和展示技巧，他们要接受推销术的基本训练，要学会揣摩用户的心理，用最有效的手段去说服客户。

（5）工作责任。推销员要懂得日常推销工作的程序和责任，推销员要了解怎样在现有客户和潜在客户间分配时间，合理支配费用，撰写报告，拟定有效推销路线。

培训的方式包括课堂讲授、角色扮演、观看有关销售技术的录像带，以及参观和跟班实习等。在整个培训过程中，要特别强调理论与实践相结合，可以组织优秀的销售员现身说法，或者相互之间进行经验交流，来提高整个培训的效果。

三、掌握广告促销的基本内容

企业广告策略包括确定广告目标、广告预算、选择广告媒体、广告效果评价等内容。对每一个内容的管理，都必须把其置于广告策略系统中。

（一）了解广告目标

一个企业要实施广告决策，首先要确定广告活动的具体目标。没有具体有效的广告目标，企业就不可能对广告活动进行有效的决策、指导和监督，也无法对广告活动效果进行评价。

1. 确定广告目标的基本原则

（1）广告的目标要易于测定。1961年，美国广告学家罗素·赫·科利撰写了"制定广告目标以测定广告效果"的论文，提出了一条切实可行的广告目标确定方法，即从可以衡量的广告效果出发，拟定某个特定时间序列的广告目标，然后将广告效果测定结果同广告目标加以对比。

科利理论最重要的思想是，有效的广告目标是既明确又能测定的。测定广告效果的关键，也在于如何界定明确的广告目标。一般来讲，抽象的目标只能反映出目标的性质和方向，缺乏操作性，难以实施，因此，目标应尽量具体。

（2）广告目标要服从企业营销总目标。广告作为企业营销工作的一部分，必须有助于企业营销目标的实现，而不能脱离营销工作的方向；广告目标在进度、步骤方面必须服从整体工作的进程。

（3）广告目标的确定要获得有关部门同意。为了减少企业内部不必要的干扰，协调计划、财务、营销等部门关系，争取各方面的理解和支持，企业营销部门在制定广告目标时应征求多方面意见。

2. 了解广告目标类型

（1）产品销售额目标。在某些情况下，企业可以根据产品的销售情况来确定广告目标。但这种方式的采用必须建立在广告是促进产品销售增加的唯一因素或者至少是最主要因素的基础上。因此，以产品销售额为广告目标往往只适合少数产品，对于大多数以普通方式销售的商品，这种方式并不适用。

（2）创造品牌目标。这类广告目标在于开发新产品和开拓新市场，它通过对产品的性能、特点和用途的宣传介绍，提高消费者对产品的认知程度。广告目标的具体内容有：向市场传递有关新产品信息；通知市场有关价格的变化情况；说明新产品如何使用；描述所提供的各种服务；纠正错误的印象；树立公司形象。

（3）保牌广告目标。其目的在于巩固已有的产品市场，深入开发潜在市场和刺激购买需求，提高产品的市场占有率。主要方式是通过连续广告，加深消费者对已有商品的认识和印象，使现实消费者形成消费习惯，潜在消费者发生兴趣，并促成其购买行为。广告的诉求重点是保持消费者对广告产品的好感、偏爱，增强其信心。这类广告目标的具体内容有：建立品牌偏好；改变顾客对产品属性的知觉；保持知名度。

（4）竞争性广告目标。其目的在于加强产品的宣传竞争，提高产品的市场竞争能力。广告的诉求重点是宣传本产品比其他品牌产品的优异之处，使消费者认识到本产品的好处，以增强他们对广告的偏爱，提高认牌购买率。

（二）选择广告媒体

广告媒体的作用在于把产品的信息有效地传递到目标市场。广告的效用不仅与广告信息有关，也与广告主所选用的广告媒体有关。事实上，要使人们对某项产品产生好感，必须通过广告信息、广告信息的表现方式和适当的广告媒体来共同实现。同时，在广告宣传中，所运用的广告媒体不同，广告费用、广告设计、广告策略、广告效果等内容都是不同的。广告媒体的选择是广告活动的一个重要组成部分。

1. 媒体调查

媒体调查是为了掌握各个广告媒体单位的经营状况和工作能力，以便根据广告目标来选择媒体。

（1）报刊媒体调查主要包括以下几个方面：

① 发行量调查，报刊发行量越大，广告的接触传播面越广，同时，广告费用也相对降低；

② 发行区域调查，主要调查报刊发行区域及区域内发行比例，了解报刊在各地区的接触传播效果；

③ 读者层构成调查，了解报刊的主要读者年龄、性别、职业、收入和文化程度等不同构

成情况；

④ 发行周期调查，了解报刊发行的间隔期，如日报、周刊、月刊等；

⑤ 信誉调查，主要了解报刊在当地的权威性和大众对其信任度。

（2）广播电视媒体调查主要包括以下几个方面：

① 传播区域调查，广播电视播送所达到的地区范围及其覆盖面，如中央台、地方台；

② 视听率调查，在覆盖范围内收听收视的人数或户数，一般用社会所拥有的电视机和收音机量来估算；

③ 视听者层调查，主要是根据人口统计情况和电视机、收音机拥有情况，估算出有关视听者层的分布和构成。

其他广告媒介调查包括交通广告、路牌、霓虹灯广告、墙体广告等，主要是调查交通人流量、乘客人数，邮寄广告则通过发信名单进行抽查。

2. 选择媒体

企业选择媒体时主要考虑以下因素：

（1）目标顾客的媒体习惯。人们在接受信息时，一般是根据自己的需要、喜好来选择媒体的。如教育程度高的人，接受信息的来源往往偏重于互联网和印刷媒体；老年人则有更多的闲暇时间用于看电视和听广播；在校大学生偏爱上网和听广播。分析目标顾客的媒体习惯，能够更有针对性地选择广告媒体，提高广告效果。

（2）媒体特点。不同媒体的市场覆盖面、市场反应程度、可信度等均有不同的特点。报刊的覆盖面广、反应程度好且快，可信度高，具有保存价值，制作费用低，但信息量太多，不容易引起读者的注意；电视覆盖面广，反应程度好且快，可信度高，对目标客户吸引力大，但电视广告寿命短，不能保存，信息量小，制作成本高；互联网是现代社会的一个新型媒体，发展非常快，目前来说覆盖面还不是很大，但前景非常可观，信息量大，吸引力小。

（3）产品特性。不同产品在展示形象时对媒体有不同要求，如性能较为复杂的技术产品，需要一定的文字说明，较适合印刷媒体；服装之类产品，最好通过有色的媒体做广告，如电视、杂志等。

（4）媒体费用。不同媒体所需成本也是媒体选择所必须考虑的因素之一。考虑媒体费用不能仅仅分析绝对费用，如电视媒体的费用大、报纸媒体的费用低等，更要研究相对费用，即沟通对象的人数构成与费用之间的相对关系。

（三）评价广告效果

企业在实施广告促销决策之后，会产生一定的广告效果。这种效果主要表现在两个方面：一是广告销售效果；二是广告诉求认知效果。

1. 广告销售效果测定

（1）销售额衡量法。这种方法就是实际调查广告活动前后的销售情况，以事前与事后的销售额之差作为衡量广告效果的指数，其计算公式为：

$$R = \frac{S_2 - S_1}{A}$$

式中：R——每元广告费用的效益；

A——广告费用；

S_1——广告发布前的平均销额；

S_2——广告发布后的平均销售额。

这种方法比较简便易行，但公式中仅考虑了广告对销售额的影响，忽视了其他因素影响带来的销售额的变化，因此，存在较大误差，为了弥补这一缺陷，在实际销售效果测定中往往参照广告费用比率和广告效率进行综合评价。

$$广告费用比率 = \frac{广告费}{销售额} \times 100\%$$

$$广告效率比率 = \frac{销售额增加率}{广告费增加率} \times 100\%$$

（2）小组比较法。小组比较法是将相同性质的被检测者分为三组，其中两组各看两种不同的广告，一组未看广告，然后比较看过广告的两组效果之差，再与未看广告的一组进行比较。通常用频数分配技术来计算广告效果指数，其公式为：

$$AEI = \frac{1}{n}\left[a - (a+c) \cdot \frac{b}{b+a}\right] \times 100\%$$

式中：a——代表看过广告又购买该产品的人数；

c——代表看过广告并未购买产品的人数；

b——代表未看过广告而购买产品的人数；

n——代表被检测的人数；

AEI——广告效果指数。

例：假定共有150人进行了检测，对于产品的第一广告，其数据分别为 $a=30, b=20, c=20$，对于产品的第二种广告，其数据分别为 $a=32，b=18，c=20$。

则第一种广告的效果指数为：

$$AEI = 1/150[30-(30+20)\times20/(30+20)] \times 100\% = 6.67\%$$

第二种广告的效果指数为：

$$AEI = 1/150[32-(32+20)\times18/(32+18)] \times 100\% = 8.85\%$$

表明第二种广告的效果比第一种广告的效果显著。

上述公式只适用于同一地区、同一媒介的不同广告效果比较，其他情况不能简单搬用。

2. 广告诉求认知效果的测定

广告诉求认知效果测定的目的，在于分析广告活动是否达到预期的信息效果。测定广告诉求认知效果，主要有如下指标：

（1）接触率。这是指广告媒体的受众中，接触到该广告的人数占受众的百分比。假设某杂志共有读者50万人，其中只有30万人看到了封三封底的广告，则广告的接触率为60%。

（2）注目率。这是指看过该广告的人当中，能辨认出先前已看过这一广告的人数占看过这一广告人数的百分比。

（3）阅读率。这是指通过报刊、杂志来阅读广告的人数与报刊发行量的比率。阅读率越高，对广告的认识率越高，广告效果就越好。

（4）好感率。这是指在看过广告的人当中，对企业产品产生好感的人数占看过广告的人数的百分比率。

（5）知名率。这是指在被调查的对象中，了解企业产品的人数占被调查人数的百分比，知名率是通过广告前后对比进行测定的，如果广告后企业知名度大为提高，说明广告效果较好。

（6）综合评分。这是指由目标消费者的一组固定样本或广告专家来评价广告，并填写评分表。评分表中依广告的注意强度、阅读强度、认知强度、情绪强度等内容分别给出一定分数，最后对各项评价指标进行汇总便得综合评价。

案例启示

2013年11月9日晚，在恒大的亚冠夺冠庆典上，"恒大冰泉"的标识元素首次出现。当天，每一个用手机打开新浪微博客户端的用户也可以看到"恒大冰泉"的开启广告，在这个国内最火热的社交平台里，新浪微博当晚的最热话题不是"恒大夺冠"而是"恒大冰泉"。可以说，这是一次成功的广告宣传。

广告的作用是广而告之，恒大集团是一个明确的广告主，20天支付13亿的广告费，通过平面、电视广告针对恒大球迷（后深化为都市富裕人群）进行宣传。恒大夺冠，国内球迷数量也必然会达到一个顶峰，因此恒大集团以此为契机，传递了一个恒大出品的矿泉水上市的消息，将人们的视线转向了矿泉水新选择的诞生，激发人们特别是球迷的需求。

恒大冰泉的产品定位是宣称"恒大冰泉水才是真正的矿泉水，来自世界公认的三大黄金水源地（长白山深层矿泉）之一，因此水质中的矿物成分及含量相对稳定，水质纯净、零污染、口感温顺清爽"。它提出的广告口号是："不是所有大自然的水都是好水，恒大冰泉，世界三大好水，我们搬运的不是地表水，是3000万年长白山原始森林深层火山矿泉。"而农夫山泉的口号则是："水是生命之源，水的质量决定生命的质量，我们不生产水，我们只是大自然的搬运工。"显然作为国内第一的矿泉水品牌农夫山泉，广告口号更为深入人心，如此，恒大冰泉的口号更像是在向农夫山泉宣战般的宣言。

面市还不足一年的恒大冰泉正处于成长期。在它的引入期，首先在央视一台黄金时段播出的是春、秋、冬三个季节背景的5秒广告，如今其成长期在播放的是成龙和范冰冰的30秒广告，广告内容中规中矩，但却在其中反复强调天然弱碱性水，每天饮用对人体有益的概念。

在恒大冰泉的引入期，主张以广告迎合消费者心理，而到了成长期，改变了目标群体后，更是将广告诱导心理策略在广告中发挥得淋漓尽致。

恒大冰泉的广告策略到底是否成功了呢？我们可以通过市场调查以及目前成长期的销售情况来反映。据AC尼尔森最新统计数据显示，恒大冰泉销售份额持续增长，从2014年1月至今已经翻了8倍。当然，恒大冰泉的成功是多方面的因素共同作用的结果，但成功的广告策略也为其迅速打开市场起到了积极的作用。

（资料来源：燕赵都市报2013年11月21日进行改编整理）

四、掌握公共关系的基本内容

（一）公共关系的含义和作用

1. 公共关系的含义

公共关系是一个企业在运行过程中，为了使自己与公众相互了解、相互合作而采取的行为规范和进行的传播行为。这个定义说明了机构要在社会中生存与发展，必须科学地分析和处理它所面临的各种社会关系；企业开展这类活动的根本目的，是树立企业的良好形象，创造最佳的运行环境；企业在实现这个目的过程中，利用传播手段保持企业与公众之间的信息双向沟通，通过持久的努力，向公众及时、准确、有效地传递企业的相关信息，收集、整理、反馈公众的意见和要求，从而争取公众的理解、信任和支持，实现企业的运营目标。公共关系被广泛用于配合市场营销，尤其是开展促销活动。公共关系作为一种促销手段，对消费者而言具有真实感、新鲜感和亲切感，容易被消费者接受。

2. 公共关系的作用

（1）有助于树立良好的企业形象。良好的企业形象对企业的生存和发展具有重要意义。开展公共关系活动可以传播企业的信息，联络与内外公众的感情，通过支持和赞助公益事业，体现企业的社会责任感和企业实力，有助于在公众心目中树立良好的社会形象。

（2）有助于增进企业之间的交往与合作。企业的生存与发展，需要与其他企业进行交流和合作。开展公共关系活动可以增进企业之间的相互了解和友谊，使企业在相互信任和支持的基础上，相互合作、共同发展。

（3）有助于提高企业的经济效益。公共关系通过信息传播、形象竞争、感情联络等手段，可以吸引公众的注意力，赢得大量消费者的信任和认同，促进产品的销售，提高经济效益。

（二）公共关系的活动方式

公共关系从实质上来说，就是运用各种传播手段，来沟通企业与社会公众之间的信息联系，求得公众的了解、理解、支持与合作，以履行公共关系职能，实现公共关系塑造企业形象、促进商品销售的目标。其具体活动方式有以下几种：

1. 加强新闻宣传

企业可以争取一切机会与新闻媒介建立良好的关系，及时向媒介提供企业有价值的相关新闻，扩大企业的影响，加深顾客好的印象，激励推销人员及其他员工的工作热情。

2. 开展公益性活动

企业可以通过赞助和支持体育、文化教育、社会福利等公益活动，在公众中树立良好的社会形象。

3. 及时处理与反馈公众意见

企业应该建立顾客抱怨管理体系，收集消费者对企业产品和服务方面的意见，并及时进行处理，将处理结果通过大众媒介及时向社会公众公布，以求得公众的谅解和支持。

案例启示

2014 年 2 月 21 日，央视证券资讯频道执行总编辑兼首席新闻评论员钮文新发博文《取缔余额宝!》称，"余额宝是趴在银行身上的'吸血鬼'，典型的'金融寄生虫'。"他认为，余额宝冲击的是整个中国的经济安全。因为，当余额宝和其前端的货币基金将 2%的收益放入自己兜里，而将 4%到 6%的收益分给成千上万的余额宝客户的时候，整个中国实体经济，也就是最终的贷款客户将成为这一成本的最终买单人。

2 月 22 日凌晨，支付宝官方发长微博《记一个难忘的周末》幽默回应。支付宝表示，余额宝加上增利宝，一年的管理费是 0.3%、托管费是 0.08%、销售服务费是 0.25%，利润只为 0.63%，除此之外再无费用。并对吸血鬼一说加以调侃称，"老师您能别逗了吗?我查了下，2013 年上半年，16 家国内上市银行净利润总额达到 6191.7 亿元人民币，全年起码翻一番，12 000 亿吧?" 阿里小微金融服务集团首席战略官舒明称：即使与总规模约 10 万亿元的银行理财产品相比，货币市场基金也不到其总规模的十分之一。很难想象，规模如此之小的货币市场基金会对市场整体利率水平产生巨大的影响，会"严重干扰利率市场"。

你认为支付宝在此次取缔余额宝风波中的处理方式有何对与错呢?

4. 组织专题公关活动

企业可以通过组织或举办新闻发布会、展览会、联谊会、庆典、开放参观等专题活动，介绍企业情况，推销产品，沟通感情，增进了解，扩大宣传，强化形象。

5. 建立内部公关制度

企业面对的公众不光是社会的外部公众，其实企业内部的员工，企业内部的组织结构也是企业的公众，企业必须及时收集员工对企业的意见和建议，建立部门之间的联系制度，协调各部门之间的关系，只有内部和谐，企业才能在社会公众中树立良好形象。

五、掌握营业推广的基本内容

（一）营业推广的含义和特点

1. 营业推广的含义

营业推广又称销售促进，是指企业在特有的目标市场中，为迅速地刺激需求和鼓励消费而采取的策略。它是短时间的、刺激性强的手段。

2. 营业推广的特点

（1）刺激需求效果的显著性。营业推广以"机不可失，时不再来"的较强吸引力，给顾客提供了一个特殊的购买机会，打破顾客购买某一种产品的惰性，刺激需求效果显著，花费费用较小，在局部市场上能取得较大收益。

（2）营业推广形式的局限性。营业推广的形式较多，如提供咨询服务、举办展览会、现场示范、赠送纪念品等，但适合营业推广来促销的品种有限，在大多数情况下，品牌效果较好的产品不能过多采取营业推广，而是要依靠品牌形象来获得消费者的青睐。如果营业推广选择的产品和运用时机不当，不但起不到促销作用，反而会降低产品的品牌价值。与广告和

人员推销等促销手段相比，营业推广不能经常使用。营业手段只是用于解决一些短期的、具体的促销任务。

（二）营业推广的形式

营业推广的形式多种多样，按营业推广的对象来分，可以分为三类，即对消费者、对中间商和对推销人员进行的营业推广。每种类型又分为许多具体的形式。

1. 对消费者的营业推广

对消费者的营业推广工具很多，但往往需要与广告配合，否则很难在某种促销策略实施的有效时间内让更多消费获得这一信息，并立即做出反应，从而造成促销的效率损失。

（1）产品陈列与示范。制造商在零售店占据有利位置以进行橱窗陈列、货架陈列、流动陈列，有时同时进行操作使用示范，以展示产品的性能与特长，打消顾客疑虑。这种方法在新产品进入市场，以及在食品行业、家电、化妆品业等促销活动中广为应用。

（2）样品赠送。向消费者免费赠送样品，通过他们了解效果，传播信息来争取扩大销量。如纳爱斯在推出新产品"纳爱斯洗衣皂粉"前，将50克一袋的新样品作为赠品送给消费者试用，使顾客在试用商品过程中了解效果，传播信息，产生兴趣，引起购买欲望。这种方式适用于价值低廉的日用消费品。宜进行小包装、差异明显且目标客户群能区别的产品可以通过消费者亲身试用来提高接受度。

（3）有奖销售。有奖销售是采用发给奖券或号码中奖的办法，使顾客在购买时不仅得到产品，而且有额外收获的方式刺激顾客购买欲望。有奖销售是制造企业和零售商常用的一种营业推广方式，但采取这种方式必须得到有关部门的批准，得到法律保障。

（4）特价包装。制造商对其产品的正常零售价给予一定折扣优惠，并把原正常价格与限定优惠价标明在商品包装或标签上。特价包装的形式，可以是将同种商品包装起来减价出售，也可以采用两件或多件相关产品包装在一起组合销售，但价格比单独购买一件商品的价格之和要实惠。这种方式适用于非耐用性消费品、购买频繁、价格较低，短期促销效果明显。

（5）会员销售。会员销售又叫俱乐部营销，它是指企业以某种利益或服务为主题，将各种消费者组成俱乐部形式，开展宣传、促销和销售活动。加入俱乐部的形式多种多样，可以交纳一定会费，也可以将产品与特定消费者联系起来。会员营销易培养消费者的品牌忠诚度，缩短厂商与消费者之间的距离，加强营销竞争力。

面向消费者的营业推广方式很多，如折价券、退款优惠等，但目前许多企业的营业推广并没有真正带给消费者优惠，使消费者购买促销产品后有一种上当的感觉。

2. 对中间商的营业推广

（1）产品展销会和订货会。生产商利用展销会和订货会邀请中间商参加，在会上陈列产品，企业推销员介绍产品相关知识，同时可以现场操作演示。推销员在展销会和订货会上可以与前来参观的客户代表进行直接洽谈，接受咨询，引导其签订购货合同。

（2）销售竞赛。生产商为了激励中间商全力推销产品，完成规定的销售任务，而在中间商中开展的一项竞赛活动。在活动中，获胜者可以得到生产商的奖励。竞赛通常以销售额、销售增长率、货款回笼速度、售后服务质量等一系列指标为标准进行评价，而奖励的形式也是多种多样的，除可获得生产商的财务支持、福利支持外，还可获得更多的促销支持。

（3）价格折扣。价格折扣是经常用于促进中间商大量进货的方法，包括制造商给予中间商数量折扣或职能折扣两种基本形式。前者是指购货者在一定时期内进货到达一定批量就可享受一定价格折扣率，后者是指当中间商为产品作了广告宣传而给予其费用补贴或对中间商特意陈列产品而给予相应津贴。

（4）赠品。赠品不仅是刺激消费者的有力工具，对于中间商来说也是一种重要的刺激手段。首先，它表现为一种实际的利益；其次，它又表现为制造商与中间商之间稳定的合作关系。给中间商的赠品可以是有关产品销售的陈列货架、储藏设备、广告赠品等。

（5）列名广告。生产商在广告中列出中间商的名称、地址，告诉消费者前去购买，提高经销商的知名度。

3．对推销人员的营业推广

（1）销售提成。对销售人员的激励手段，长期以来最有效的就是销售提成。销售人员的报酬与其销售业绩挂钩可促使销售人员更主动、积极地工作，销售绩效会不断地体现销售人员的潜力。但问题是制造商一般对自己的销售人员实行提成制，而很少对中间商的推销人员采取这种形式。

（2）销售竞赛。销售竞赛是激励推销人员积极创造销售业绩，发挥销售潜力的有刺激性的措施，每年可以评比一次，也可以配合阶段性的促销活动而进行，无论是对制造商的推销员还是中间商的推销员，只要宣传深入、目标明确、评选公平，奖励富有吸引力，都是可行的。

（3）培训机会。制造商的推销人员非常重视培训机会，因为提供培训证明他受到肯定、受到重视以及富有发展潜力。推销员往往为了获得培训的机会而努力工作，争取更多的销售业绩。制造商有计划地设置培训课程，确立培训目标，并将此与推销人员的职位、薪水有机地结合起来，从而激励起推销人员极大的工作热情，不仅可以由此发现和培养优秀的推销员，而且也会给企业带来实际业务增长与稳定的客户关系。

小结

1．定义五种顾客价值沟通的促销组合工具

一个企业的营销沟通并不是只采用单一的形式，可能需要运用各种工具形成促销组合，即将广告、人员推销、营业推广、公共关系和直销工具组合在一起，用来有说服力地沟通顾客价值并建立顾客关系。广告是由特定的资助者出资，以非人员的方式对创意、产品或服务进行推广。公共关系注重通过有利的宣传树立良好的公司形象，从而与公司相关的各个群体建立良好的关系。

人员推销是由公司的销售人员介绍商品，以达到完成销售和建立顾客关系的目的。企业运用销售推广的短期激励行为来鼓励消费者购买产品或服务。企业运用非人员的直销工具来与消费者进行沟通，从经过认真限定的目标顾客那里获取直接的回应并培育顾客关系。

2．简述促销组合策略的内容。

营销人员可以选择两种基本的促销组合策略——推式策略和拉式策略——来进行促销。这两种策略对特定促销工具的相对重视程度不同。推式策略将产品通过分销渠道推给最终的消费者。在运用推式策略时，生产者的营销活动主要是人员推销和贸易推广，并针对渠道成员，引导它们持有产品并推销给最终消费者。在运用拉式策略时，生产者的营销活动主要是广告和营销推广，并针对最终消费者，引导他们购买产品。

3. 简述人员推销的基本内容

人员推销就是指企业派出推销人员直接与顾客接触、洽谈、宣传商品、提供服务，以达到促进销售目的的活动过程。人员推销的特点表现在：亲切感强、说服力强、针对性强、竞争性强和双向沟通。人员推销过程分为三个阶段：寻找潜在顾客并鉴定他们的资格、推销前的准备和正式推销。人员推销策略和技巧，主要包括试探性策略、针对性策略和诱导性策略，推销技巧则按推销流程包括自我介绍的技巧、交谈的技巧、应付顾客拒绝的技巧、排除顾客异议的技巧和促成交易的技巧。人员推销的组织结构可以分为以下几种形式：按地区结构、按产品结构、按顾客结构，以及以上三种的复合式结构设计销售团队，进行销售管理。推销人员的挑选和培训、推销人员必须具备的基本要求：良好的思想素质、知识修养、工作能力和个人素质。招聘推销员一般经过面试、填写申请表、笔试测验、二次面试、体检合格、正式录用。推销员培训的基本内容有企业知识、产品知识、市场知识、推销技巧和工作责任。

4. 简述广告促销的基本内容

广告促销的目标包括产品销售目标、创造品牌目标、保牌目标、竞争性目标。广告媒体选择包括媒体调查和媒体选择考虑因素分析。广告媒体调查主要是为了了解各种媒体的特点、媒体的辐射面，选择媒体时必须考虑如下因素：目标顾客的媒体习惯、产品特性、媒体费用等因素。广告效果评估指标分为广告销售效果指标和广告诉求认知效果指标两类。

5. 简述公共关系的基本内容

公共关系的作用主要是树立良好的企业形象，增进企业之间的交往与合作，提高企业长远经济效益。公关活动方式有许多，常见的活动主要有新闻宣传、公益性活动、及时处理与反馈公关意见、专题公关活动、内部公关制度。

6. 简述营业推广的基本内容

营业推广又称销售促进，其特点是：刺激需求效果的显著性和推广形式的局限性。销售促进能够在短期内迅速提升销量，活动立竿见影，但如果频繁通过销售促进活动来刺激销量上升，将会损害品牌形象，甚至整个企业形象。销售促进针对不同对象其形式不同，针对消费者一般采取产品陈列与示范、样品赠送、有奖销售、特价包装、会员销售。针对中间商的销售促进活动有：产品展销会和订货会、销售竞赛、价格折扣、赠品、列名广告。而针对推销人员的销售促进活动有：销售提成、销售竞赛和培训机会等。

复习与思考

1. 列出并简单描述五种主要的促销组合工具。
2. 分析"推式策略"与"拉式策略"的特点及适用的情况。
3. 人员推销有何优势？
4. 比较销售队伍结构的三种模式。
5. 理想的推销人员应具备哪些条件？
6. 如何理解推销人员应该具备"健康的心理"？
7. 如何评价广告效果？
8. 讨论公关在促销中的作用。
9. 简述营业推广的类型及各类的具体形式。

模块

实训操练

实训一：案例分析

一、实训内容

认识促销组合策略在企业营销中的作用。

二、实训准备

1. 授课老师提前布置相关案例；
2. 学生通过网络或实地了解案例的背景资料；
3. 学生独立熟悉案例的内容并进行分析。

三、实训组织

1. 以 4～5 人为一组，组织案例讨论；
2. 组长负责记录，每个同学发表个人观点；
3. 组长整理出讨论的核心观点并进行再讨论；
4. 每组由一名代表陈述讨论结果；
5. 老师总结学生的观点，在全班内再讨论；
6. 老师对本次讨论进行点评。

四、实训评价

1. 课后准备充分，课堂组织认真；（2分）
2. 个人参与积极，团队协作较好；（3分）
3. 陈述表达流畅，观点鲜明突出；（3分）
4. 运用原理正确，具有开放思维。（2分）

【案例分析】

卫康灵芝液促销组合

一、卫康制药厂概述

卫康制药厂是保健药品生产企业，于 1994 年初兴建，1995 年正式投产。卫康制药厂属于高新技术企业，他们与山东大学合作把科技成果转化为生产力，开发了"卫康灵芝液"。卫康制药厂的注册资本为 500 万元，在两年的时间内实际资本已达到 5000 多万元。

卫康制药厂不仅注重经济效益，更加注重社会效益。1995 年 5 月，公司向山东援藏干部捐赠了"卫康灵芝液"，帮助他们克服入藏后的高原反应。1995 年 10 月，公司向全国推出"帮

助瘫痪病人早日行走"的活动。1996年3月，北京国际公路长城友好接力赛中，山东卫康马拉松俱乐部获得第一名。1996年4月，他们向宋庆龄基金会捐赠20万元人民币及价值10万元的保健药品。1996年9月，卫康制药厂与宋庆龄基金会在山东泰安举办了"千名康复瘫痪病人登山"活动。1996年9月，在泰安举行了全国全民健身"卫康杯"康复瘫痪病人登泰山活动。

二、卫康灵芝液治疗疾病的依据

卫康灵芝液是采用现代生物工程技术，依据生态理论、仿生学手法研制生产的。药效学表明，它具有抗缺氧、耐疲劳、增强免疫力、降低血脂、抗衰老、抗肿瘤等作用，有效成分高于天然灵芝，故"卫康灵芝液"源于灵芝而优于灵芝。临床试验证明，该产品具有增强中枢神经的保护性抑制作用和调整植物神经功能的作用。

三、保健药品市场分析

随着我国人民生活水平的不断提高，人们已经从温饱型转向了寻求健康长寿。保健药品应运而生，得到了迅猛发展。巨大的消费市场刺激着这一行业的快速发展，人们的观念更新，从被动治疗到主动保健、预防为主，保健药品市场潜力更是不可估量。然而，近年保健药品市场存在许多不规范行为，假冒产品冲击市场，一些保健药品虽然完全符合质量要求，但消费者并没有得到预期效果，消费者对保健药品产生了怀疑，保健药品企业受到了挑战。

四、目标市场分析

据卫生部门统计，从1967年以来，一直位于十大死亡原因之首的是脑中风，中老年人因脑中风而死亡的人数高达21.47%，远比恶性肿瘤的14%高得多。近20年来，我国每年新发脑中风病例约150万人，其中3/4是由高血压导致，估计目前患者总数有8500万人，但目前药物控制高血压病的能力很低，在我国还不到13%，必须加强预防。积极预防，可有50%的患者免死于脑血管病。目前，我国因患脑中风而瘫痪病人有600多万人，每年以20%的速度递增，患者痛苦，而且深深地拖累家庭和社会。卫康灵芝液能使他们摆脱痛苦，恢复健康，自由地生活。卫康灵芝液虽定位于心脑血管疾病，但对神经官能症的治疗也有明显效果，有人提议扩大卫康灵芝液的定位范围，使更多的患者驱除病魔。

五、"卫康灵芝液"价格与包装

"卫康灵芝液"的包装为瓶装。每瓶出厂价为14元，批发价为50.6元，零售价为56元。由于该药属于保健药品，消费者必须自费购买。有人提议提供简易包装产品或为生活困难的病人打折，实行优惠价。为了送礼方便，有人建议可四瓶一盒，用礼品盒包装，携带方便，不易破损。

六、营销渠道

卫康制药厂销售部负责"卫康灵芝液"的销售工作，药厂下设若干销售公司和办事处，各地分公司和办事处实行独立核算，只上缴货款，不上交利润，它们是营销"卫康灵芝液"的基本渠道。各地分公司和办事处负责当地销售工作，主要把"卫康灵芝液"批发给药店、保健品商店和医院，销售情况不够理想，而且还存在着拖延货款的情况，影响药厂生产资金。药厂负责全国性和地区性广告宣传，配合各地销售工作。

七、促销手段

对于保健药品来说，广告无疑是非常重要的。过去两年来，卫康灵芝液的促销主要靠公共关系，今年主要通过电视台、报纸、广播等渠道进行宣传。药厂股票上市，融资成功，应采取什么样的广告组合以达到最佳效果呢？

1996 年，由北影厂制作的药厂展望专题片，在山东一些城市电影院放映了 20 分钟，散场时当场销售，销售额猛增。是否应加大拷贝量，将该产品扩大到全国范围呢？

八、决策

虽然市场上无同类产品竞争，但要提高"卫康灵芝液"的知名度，进而冲向世界市场，应该认真分析一下营销渠道是否合理、如何控制、是否把销售重点放在北京（辐射全国各地区市场）、采取怎样的促销组合、是否扩大定位范围、是否采取多种包装等问题。

讨论问题：

1. 卫康灵芝药厂采取了哪些促销组合策略？
2. 评价卫康灵芝液的公关活动及营业推广活动。
3. 卫康灵芝液应该确定怎样的目标市场？
4. 卫康灵芝液应如何调整促销策略？

实训二：促销组合策划

一、实训内容

在任务七～任务九的基础上选定的企业产品设计促销组合策略。

二、实训准备

1. 授课老师布置促销组合策划任务；
2. 学生以 4～5 人为一组组织策划团队；
3. 制定计划，明确小组内分工；
4. 进行策划前的市场调查，收集相关信息资料。

三、实训组织

1. 授课老师课堂指导策划方案设计；
2. 各组对收集的策划资料进行整理和分析；
3. 明确策划的主题，充分讨论达成一致；
4. 分头设计可行的方案，特别要有创意，又可行；
5. 小组对多个方案进行讨论，确定最终方案；
6. 将促销方案制作成 PPT，准备小组答辩；
7. 将促销方案打印成正式稿，交老师。

四、实训评价

1. 调查认真，资料全面真实；（2 分）
2. 促销工具运用得当，方案具有创新性；（3 分）

3. 促销方案主题明确，方案具有可操作性；（3分）

4. 答辩陈述清楚，团队合作较好。（2分）

【附件】

你是营销者：索尼克公司的新产品营销计划

营销战略包括营销组合策略，促销是营销组合策略的重要组成部分，每个营销计划中都必须有促销组合。促销将企业的产品、价格和渠道的相关信息传递给消费者，并与目标顾客进行互动。

你负责索尼克新产品上市时的促销组合方案。先回顾公司当前的情况，再看看你已经设计的营销战略和营销组合项目。然后，回答关于索尼克公司的促销组合的下列问题：

1. 索尼克应当选择什么样的目标受众？它应当为每个目标受众制定什么样的沟通目标？

2. 什么样的沟通方式（人员的或非人员的）与每个目标受众最一致的？为什么？

3. 索尼克应当如何建立它的促销组合预算？

4. 在索尼克的促销组合中，哪一种促销工具将最具影响力？为什么？

5. 你会使用广告去促销索尼克的产品吗？如果会，你将制定怎样的广告目标？选择什么样的媒体将最能为目标消费者接受？

6. 索尼克需要建立自己的销售团队吗？销售团队怎样支持索尼克的营销计划和目标？索尼克能从主要客户中获利吗？

7. 索尼克应当为它的销售代表提供什么培训？

在回答了上述系列问题后，相信你的促销组合方案能够支持你的营销战略，并与前面的产品策略、价格策略、渠道策略形成相互配合的营销组合策略。现在，根据导师的指导，将设计好的促销组合方案写入营销计划的营销组合的促销部分。

任 务 十 一
制定直销和网络营销策略

任务目标

知识目标

1. 了解直销的含义，讨论其给企业和顾客带来的好处；
2. 了解直销的主要形式及发展趋势；
3. 了解网络营销的主要形式；
4. 直销面临的公共政策和道德问题。

能力目标

1. 掌握主要的直复营销手段，为企业提供服务；
2. 能够为传统企业开展网络营销提供方案。

模块一 理论指导

案例导入　　移动电商的发展

网络行业的革命者，都是靠新技术、新载体、新模式颠覆现有秩序，从而迅速树立自己的有利地位的，以电子商务来说，亚马逊、中国淘宝，都是网络时代的成功案例。但网络技术革命是不断向前的，新载体也在不断涌现，智能手机的迅速普及给移动电子商务带来了巨大商机，目前，电子商务面临一场 PC 端电子商务向移动电子商务转变的挑战。

2014 年 1 月 16 日，中国互联网络信息中心（CNNIC）在京发布第 33 次《中国互联网络发展状况统计报告》显示，截至 2013 年 12 月，中国网民规模达 6.18 亿，互联网普及率为 45.8%。其中，手机网民规模达 5 亿，继续保持稳定增长。网民中使用手机上网的人群比例由 2012 年年底的 74.5%提升至 81.0%，远高于其他设备上网的网民比例，手机依然是中国网民增长的主要驱动力。

在 3G 网络进一步普及、智能手机和无线网络持续发展的背景下，视频、音乐等高流量手机应用拥有越来越多的用户。截至 2013 年 12 月，我国手机端在线收看或下载视频的用户

数为 2.47 亿，与 2012 年年底相比增长了 1.12 亿，增长率高达 83.8%，在手机类应用用户规模增长幅度统计中排名第一。用户上网设备向手机端转移，手机购物、手机在线支付、手机网上银行三类用户在手机网民中的比例均有所提升，这三类移动应用的用户规模增速超过了 80%。

10 年前，淘宝刚刚兴起时，主要瞄准的用户人群是 80 后，当时他们的年龄多在 18～25 岁之间，电脑是他们熟悉的工具，占上网人数比例最高。正是 80 后人群的网络行为，造就了购物的淘宝和京东、门户的雅虎和易趣、搜索的百度、社交的腾讯。

时过境迁，现在的 90 后已经长大，成为最新兴的用户族群。如果说 80 后一代是伴随电脑成长的，90、95 后人群则是智能手机的核心用户群体，移动上网显然是他们每日必修课。

这种从十个手指（电脑）到两根拇指（手机）的转变，带来的是商务形态的相应变革。一时间，手机购物、手机比价、手机闪购、手机导购成为年轻人的购物时尚和津津乐道的话题，智能手机在互联零售领域的运用正在迅速发展。移动电子商务的特点主要表现在以下方面：

（1）用户绑定。电脑端用户具有身份的不确定性，因此，需要有诸多密码、认证体系；移动端的情形则大不同，手机用户采取的是实名制，而且手机的唯一性也使得用户不会轻易更换其终端，所以用户的精准营销，定向分析具有极大的操作空间。当然，也因为实名制的原因，用户对于其隐私的顾虑也会大大高于电脑。

（2）定位功能。随着 GPS 的普及，几乎所有智能手机都具有自动定位功能，这就使以地域轴、时间轴为切入点的网络营销有更强的作用力。餐饮、酒店、娱乐休闲业利用移动电商比原来的 PC 端电子商务更加有效，吸引许多正在移动中寻找商家的客户。例如，现在已经开始有创业公司涉足移动端的本地生活类服务电商，也有企业在开发限时酒店特卖，它们都结合了移动终端的定位功能。

（3）碎片化的时间。与电脑运营更多趋于成段时间使用的特点不同，移动终端的随时随地、插空即用的优势，已经使得如游戏、新闻阅读、天气预报、交通状况指引等实用软件得到了大面积推广。碎片化时间特点，对于移动电商来说，将是一个新的商业运营模式。

2013 年，中国电子商务交易总额为 9.9 万亿，其中网络购物 1.85 万亿，比上年增长 42%，移动购物为 1676.4 亿，比上年增长 165.4%，移动端的电商销售接近网络零售 10%。由此可见，移动电子商务已成目前最具潜力的直销模式之一。许多电子商务企业已经看好了这一商业模式的机会，如淘宝、天猫、京东、当当、一号店等，都在大力推广其移动 APP。但至今为止，这个领域还没有一家占有绝对优势。腾讯的微信十分成功，被认为是拿到移动端第一张入场券的企业，目前已经有许多人在微信群里开出了微店。

思考：

1. 移动电商给 PC 电商带来的冲击是什么？
2. 手机作为直销工具拥有哪些优势？

任务十中我们已经讨论了促销组合策略中的四种工具，即人员推销、广告、公共关系和营业推广。而促销组合工具有五种，第五种工具就是直复营销，即本任务讨论的直销和网络营销策略。本任务中我们学习什么是直销，了解直销发展最迅速的形式——网络营销，以及网络营销中的新商务模式移动电子商务。事实上直销不仅仅是一种传播工具，它也是一种分销渠道，因此，我们把直销视为将分销渠道和传播完美结合的新营销方式。以下将探讨直销的特点及运用。

一、直销的基本概述

（一）什么是直销

直销是指通常在一对一沟通互动的基础上，与精心定位的目标顾客建立起直接联系的过程。传统的直销就是指企业的销售人员带着企业产品样本或产品说明上门进行面对面的推销，而现代的直销有许多形式，可能通过网络、电话、微信等沟通工具将产品信息传递给目标顾客，然后进行定制化营销。现代直销需要通过使用详尽的数据库，向精准的目标市场甚至是个体消费者提供定制的营销产品或传达他们需要的信息。

直销不仅能够帮助企业树立品牌形象和建立顾客关系，还可以帮助公司直接获得消费者的订单、反馈使用后的意见、甚至从顾客那里获得产品设计灵感。许多公司现在利用各种直销媒介与顾客建立联系。

早期的直销是指除人员推销外的目录购物、直接邮寄、电话营销，主要是通过邮件和电话收集顾客姓名并销售产品。现在，在数据库技术迅速发展和新营销媒体，特别是网络的推动下，直销已经有了许多新的模式。

在前面，我们将直销作为直接分销渠道，不包括中间商的营销渠道；我们也可将直销归结为营销沟通组合当中的一个要素，即直接与消费者沟通的方法。事实上，直销既是渠道，也是沟通手段，它是一种新技术背景下产生的综合营销新模式。

许多企业将直销当成是其营销产品的补充渠道或补充媒介，虽然也建立了自己的网站，但仅利用网站发布少量信息，电子商务渠道并不畅通。但是，对现在很多企业来说，直销已经不仅是补充渠道或宣传媒介，它构造了一个完整的商业模式。有的企业应用新的直销模式作为唯一的营销手段，如淘宝、当当、京东就是以直销作为唯一商业模式，快乐购则是以电话营销为商业模式，而苏宁则以实体零售和苏宁易购网络直销并行为商业模式。直销的迅速发展给传统企业营销带来了机会和挑战。

（二）直销对买卖双方的优势

直销已经成为一种增长最快的营销形式，而直销诸多形式中，又以网络销售发展最快，最为成熟。目前，我国主要直销模式是网络购物、移动购物和电视购物，根据公开的统计数据，2013 年，中国电子商务交易总额为 9.9 万亿人民币，其中网络购物为 1.85 万亿人民币，移动购物为 1676.4 亿人民币，在线旅游市场交易为 2204.6 亿人民币，BTOB 为 210.2 亿人民币，而 2012 年电视购物为 701.2 亿人民币。很显然，网络购物是目前我国最主要的直销模式。直销给买方和卖方都带来了许多优势。

1. 对买方的优势

（1）直销具有互动性和即时性。

消费者可以通过电话或卖方的网站进行互动，获得他们想要的信息、产品和服务，然后当场可以下订单。另外，直销为消费者提供了更强大的控制权，他们可以自行决定要看什么网站，关注哪些需要的信息。

（2）直销具有方便性和丰富性。

对于买方而言，直销方便易行，购买过程隐秘。直销商家 24 小时营业，消费者足不出户就可以购买到自己想要的任何商品。消费者可以不分昼夜地在网上购物，不需要占用销售人员的时间，就可以了解产品和服务。只要轻轻点击鼠标就可以完成选购、支付，接下来就是等待货物送上家门，你还可以通过网络随时查到你购买的商品到了什么地方，你可以与物流预约配送或在购买时约定送货的时间。

直销可以让顾客接触到丰富的产品信息，网络商家提供的巨量商品是传统实体店无法做到的。例如，当当网的书可能有上百万种，这是多少家书店也无法存储的。消费者还可以通过直销渠道购买到全世界的商品，只要开通了海外直销通道。例如，现在的跨境电子商务正迅速发展，将来我们可以购买到任何我们想买的进口商品。

（3）直销具有信息对称性。

直销渠道为买家提供了大量相关企业、产品和竞争卖家的比较信息。良好的销售目录或购物网站通常以更实用的方式提供更多的购物信息，这些甚至比最有经验的售货员所能提供的还要多。例如，亚马逊提供远远超出我们大多数人所能消化的大量信息，从排名前十的产品列表、广泛的产品说明和专家及用户对产品的评价，到基于顾客以往购买的推荐信息。这些信息为你选择商品提供参考，直销不再像去传统实体店购买一样，只听商家一面之言，许多信息是不对称的，甚至是商家虚构的。过去我们说要货比三家，而现在可以货比 30 家，甚至更多，可以从不同商家，以及其他消费者那里获得对称信息，为购买决策参考。

2. 对卖方的优势

（1）直销有利于建立顾客关系。

对于卖方来说，直销是建立顾客关系的有力工具。直销通过客户数据库，能够瞄准小的消费群，甚至是单个的消费者。直销是一对一进行营销，公司可以通过电话或者网络，了解顾客更多的需求，为特殊的消费者提供定制产品和服务。例如，当当网可以通过客户以往购书的信息，分析出客户职业、专业，然后，将新书的信息准确地发送到客户邮箱或手机上，当客户需要的书暂时缺货时，也可以登记信息，等到书到了时，就可以自动发送信息通知，建立良好的顾客关系。

（2）直销大大节约了销售成本。

直销为卖方大大节约了推销成本，现在可以通过电话、电视和网络来推销产品和服务，而且当场就可以完成交易，无需店面，没有租金，也不需要大量仓储，销售人员也不用上门拜访客户，只要通过电话或网络就可以轻松拿到订单，然后将订单直接发送到生产厂家，由厂家通过物流进行配送就可以了。

直销不仅渠道成本下降，同时沟通成本也大大节约，不再需要大量投入广告、海报，直接可以通过网络发布信息与顾客沟通，而且沟通效果更好，针对性更强。直销能够提供更大的灵活性，它允许营销者不断调整价格和促销，或作出即刻、及时而又个性化的信息发布。美国的西南航空公司以它标志性的亲民方式，使用高技术直销工具，包括一个桌面小程序（叮！）和一个博客（西南坚果），在客户允许前提下，将自己直接注入客户的日常生活中。

"叮！"是一个消费者可以下载到个人电脑桌面的应用程序。每当独家折扣报价出来，该程序就会发出类似飞行中安全带指示灯的铃音。深度折扣持续的时间只有 6 到 12 小时，并且只能通过点击该应用程序在线交付。"叮！"也可以作为手机应用程序，让西南航空绕过订票系统，直接给感兴趣的客户提供廉价机票。最终，它甚至允许西南航空根据每位客户的不同特征和旅行偏好定制不同价目。在运行的头两年，"叮！"软件被大约 200 万客户下载过，产生了超过 1.5 亿美元的售票额。这实际就是我们常用的网上订票软件，但它由于有促销功能，所以能够吸引价格敏感人群。

（3）直销加速了全球营销步伐。

直销为卖方提供了通过其他渠道所无法触及的买家通道。小规模公司可以给当地市场上的客户邮寄商品目录，以及开通免费电话来处理订单和询价。网络营销是真正的全球媒体，它使得买卖双方仅仅通过点击鼠标就可以在瞬间完成交易。即使是很小的商家，你也会发现它们已经站在通往全球市场的路口。卖家正在看好跨境电子商务的发展，我国速卖通是一个帮助企业打开海外市场的电子商务平台。

二、直销的主要形式

直销的主要形式包括人员推销、直接邮寄营销、购物目录营销、电话营销、电视直销、信息亭营销、新数字直销技术和网络营销。人员推销已经在任务十中介绍过，因此，这里只介绍其他的直销形式。直销的主要形式如图 11-1 所示。

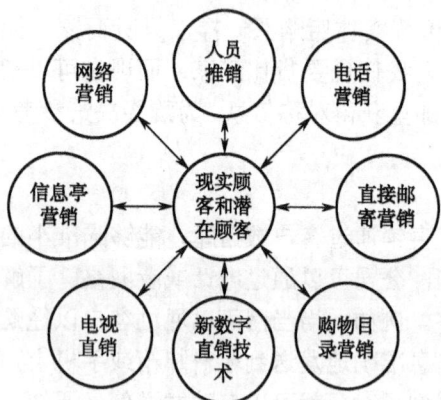

（一）直接邮寄营销

直接邮寄营销（DM）指向特定地址的人们发送产品、通知、提示或者其他东西，如信件、产品目录、宣传册、样品、CD 和 DVD 光盘等，从而获得对方直接反应的营销活动。美国把直邮比喻为"长着翅膀的销售员"。直邮是目前美国最大的直销媒体，美国直销协会（DMA）报道，2012 美国企业直邮支出达到 444 亿美元，其中包含目录和非目录邮寄，这占全部直销

图 11-1　直销的形式

支出的 32%。我国直邮发展还很不成熟，鲜有权威机构统计数据。

直接邮寄这种方式非常适合直接的一对一沟通。它可以较为精确地选择目标市场，可以实现个性化、非常灵活，并且结果也易于测量。尽管与电视或杂志这些大众媒体相比，直接邮寄需要花费更高的每千人送达成本，但邮件送达的人群是更理想的潜在顾客。直邮在促销各类商品上，从图书、光碟、保险、礼品、美食、服装及其他消费品一直到工业产品，都是非常成功的。

传统的直邮是直接同报纸一道送到邮箱的商品目录，如促销海报或者优惠券，但随着数字技术的发展，新的邮件递送形式日渐普及，如传真邮件、语音邮箱和电子邮件。电子邮件信息不再是传统的文本信息，新的电子邮件广告使用互动的链接和生动的视频、音频来吸引顾客注意。

直邮必须瞄准目标人群发送，如果发给没有接收兴趣的人，无论传统方式还是电子方式，都会被视为"垃圾邮件"，遭遇拒收。因此，营销人员必须小心谨慎地瞄准直邮目标，以免浪费自己的金钱和接收者的时间。许多公司设计了许可程序，仅给那些愿意接受的人发送信件、电子邮件和手机广告。试回顾一下，哪些公司在发送电子邮件前，需要你查看同意收件的协议。

（二）购物目录营销

学校教务处图书采购中心、系办、教研室或是专业任课老师每年的 12 月和 7 月都会收到来自不同教材出版社或书商邮寄过来的教材出版目录和样书，这就是春季和秋季的订书目录，目前这是我们接触最多的购物目录营销之一。购物目录营销，是运用目录作为传播商品和服务信息载体，并通过直邮渠道向特定目标顾客发送，从而获得对方直接反应的营销活动。

随着科技的迅速发展，一对一的个人化营销趋势的出现，购物目录营销已经发生了巨大变化。过去购物目录可能会将成千上万种商品罗列到直接订购的至少 7~8 页、装订成册的印刷品上，如今，谁还愿意收到这样的购物目录。顺手拿出手机，想要购买哪类商品，只需轻轻划动，立即有包含上万种图文并茂的商品目录任你查阅。

随着网络的迅速发展，越来越多的购物目录正在电子化；同时，大部分印刷购物目录商已经把网上购物目录加进了自己的营销组合。网络目录消除了印刷和邮寄成本。如果说印刷目录空间有限，在线目录空间则是无限的。最后，在线购物目录允许即时更新商品信息，可随时删除和增加产品、价格和促销等信息，促销作用更强。

尽管网上购物目录优点很多，但为什么仍有公司坚持发送印刷目录呢？因为印刷目录的许多优点是电子目录无法实现的。首先，纸质目录能与消费者产生网络销售空间所无法传递的感情纽带。美国一位分析人士说"具有光泽质感的目录纸张仍以某种方式吸引着购物者，这是电脑画面所无法替代的"。他进一步的研究发现，美国那些主要依赖直邮销售的零售中，62%的企业认为它们大量的收入引擎是纸质购物目录。我国的那些品牌服装、高档家具以及电子产品仍在采用纸质印刷目录营销。

印刷销售目录不仅可在线下直接拿订单，同时也是促进线上销售的方式之一。美国最近的一项研究表明，70%的网络消费是印刷销售目录引发的，另一项研究发现，从零售商那里收到印刷销售目录的消费者在零售网站的花费，要比没有收的高出 28%。因此，即使仅专注于在线方式的零售商，如一些电子商务公司，已经开始印刷销售目录，以期带动在线销售。试想如果当当网印刷精美的新书目录、京东印刷精美的高档服装类目录，是否会带动在线销售呢，这是值得国内营销者研究的课题。

案例启示　　　　　　　　　　　**宜家的目录营销**

对于家居巨头宜家而言，向锁定的消费群散发目录手册，远比铺天盖地的广告廉价和有效得多。宜家的目录手册制作精美，融家居时尚、家居艺术为一体，可以说是宜家自我包装的巅峰之作；而对于无暇上街购物的忙碌人群来说也十分适合，他们不用往商店去挤，可供选择的范围广泛，能以最低的价格购物，受到很多新中产阶层的喜爱。

1999 年，宜家试探性地印刷了一本 32 页的产品目录，此种营销方式就在其营销战略中占据很重要的位置。为了与中国当地竞争对手竞争，争夺以对价格敏感而闻名的中国消费者，宜家努力降低成本并不断扩展在华业务，宜家的许多产品全球最低价格都出现在中国。宜家1999 年出版的产品目录，可以理解为是一本降价促销手册。

所以，宜家 2003、2004 年版的产品目录中，降价和创意作为两面大旗，高高树了起来。2005 年版的产品目录中，降价大旗立得更高了，第一页的短文中，中国红经理写道"在中国，我们更是一直致力于降低产品价格"。产品目录中，降价的向下的箭头比比皆是。

宜家不仅通过目录营销促进销售，更重要的是，通过精美的目录手册进一步巩固品牌形象，提升品牌美誉度和顾客忠诚度。

据权威调研机构统计估计，中国不断增长的个人家装市场目前已经达到 150 亿美元的规模，宜家在这一市场的占有率为 43%。随着宜家在中国的业务进一步向内陆城市渗透，该公司承受降价的压力更大。但目前的宜家目录手册已经成为时尚生活价值观念的演绎者和记录者，其只能在当前的目录上创新并继续"发扬光大"。

[资料来源：《市场营销原理与实务》（第 292 页）宋或主编，清华大学出版社]

（三）电话营销

电话营销是指使用电话直接向消费者和商业用户销售。我国电话营销目前发展迅速，许多公司除了网络营销之外，最早开发的新营销方式就是电话营销，据公开报道，人寿保险公司今年上半年电话营销业绩达到了 59.1 亿元人民币，目前从事电话营销的人寿保险公司已经有 33 家。

电话营销在国外发展更快，几年前，美国电话营销规模就占到所有直销销售额的 19%以上。除了针对消费者个人进行电话营销之外，现在企业间也开始广泛使用电话营销，这个比例占到所有电话营销的 55%以上。营销者使用电话直接向消费者和企业销售。而拨入的免费电话号码则用于接收来自电视和印刷广告、直邮或者购物目录的订单。

电话营销如果设计得当、定位准确，可以给商家带来许多好处。一是带给消费者和企业方便的购物过程，二是能够传送更丰富的产品和服务信息。但现在电话营销也让人讨厌，不请自来的电话营销活动会让人每天都感觉生活在"垃圾电话"中。

目前，电话直销的挑战是未经许可的呼出式电话营销。一些企业正在开发"选择性加入"呼叫系统，该系统提供有用的信息，并只给那些邀请公司运用电话进行联系的客户打电话，以免未经许可的"垃圾电话"令消费者反感。

（四）电视直销

电视直销，有两种形式，一种是广告直销。直销商买下电视广告的时长，通常是 60～120 秒，然后在这段时间里介绍产品并劝说人们购买，同时向顾客提供一个免费的订购电话号码。有时也会出现关于某一产品的 30 分钟的广告节目或者商业信息。电视直销广告经常会伴随喧嚣或疑问的语调，如叫卖清洁设备、去污剂，杀虫剂、厨具和无须努力也能保持体型的秘诀。那些充满激情的电视直销导购员，带有煽动性的推荐话语，会激发电视机前的观众，做出冲动性的购买决策。那些电视上叫卖去污剂或床上用品的不起眼的导购，可能一年能够完成上亿元的销售额，有的电视导购甚至成为了电视购物粉丝们追捧的偶像，他推荐的任何产品都会受到粉丝们的支持。

家庭购物频道是另一种电视直销的营销形式，即所有电视节目或整个频道都专门用来销售产品和服务，如湖南卫视的快乐购电视频道、上海东方购物频道。这是一种典型的家庭购物频道，这个频道全天播放，只有产品推荐广告和促销信息以及订购方式。节目主持人可以可以通过电话与观众聊天，所提供的产品从珠宝、灯具、床上用品和服装到消费电子类产品应有尽有。

目前，电视直销的国内大型电视购物平台有七星电视购物（http://www.cntvs.com）、橡果国际（http://www.chinadrtv.com）、东方电视购物（http://www.ocj.com.cn/main/indx.jsp）、CEL 国际购物（http://www.celtvgo.com.cn）、中视购物（http://www.igocctv）、快乐购（http://www.happigo.com）

（五）信息亭营销

现在，消费者越来越习惯用数字技术和触摸屏技术购物，许多公司把输入信息和取得这些信息的信息亭，放在商店、机场、旅店和大学校园，甚至公园内，这些信息亭并不同于简单的老式自动售货机。它们可以提供自动搜寻预订酒店、机票或取款等工作，也可以通过身份确认，自动取得预订机票、预订酒店房号等。

柯达、富士和惠普信息亭允许顾客通过记忆棒、手机和其他数字储存设备上传图片，进行编辑，并完成高质量的彩色打印。希尔顿酒店大堂的信息亭允许客人查看预订、获取房间钥匙、查看预约信息、办理入住和退房手续，甚至可以更改飞机航班座位安排以及打印登机牌。在纽约肯尼迪机场的捷蓝航空公司的 5 号候机楼，超过 200 个显示屏允许旅客预订餐饮，并送达他们各自的登机门。美国一家叫红盒子的光碟出租公司在麦当劳、沃尔玛和其他零售网点经营着 2.4 万台 DVD 租赁终端机。顾客在触摸屏上作出选择，然后刷信用卡或借记卡租赁光碟，一天一美元。顾客甚至可以在网上预约光碟，以确保来到终端机不会空手而归。

（六）新数字直销技术

新兴数字技术的发展，使得直销商能够随时随地地触及顾客并与之进行互动。下面我们来讨论几种新兴的数字直销技术：手机直销、播客和互动电视。

1. 手机营销
手机营销，又称移动营销，许多商家认为移动电话将成为继 PC 网络之后下一个潜能巨大的直销媒体。中国互联网络信息中心（CNNIC）在京发布第 33 次《中国互联网络发展状况统计报告》显示，截至 2013 年 12 月，中国网民规模达 6.18 亿，互联网普及率为 45.8%。其中，手机网民规模达 5 亿，并继续保持稳定增长。网民中使用手机上网的人群比例由 2012 年年底的 74.5%提升至 81.0%，远高于通过其他设备上网的网民比例，手机依然是中国网民增长的主要驱动力。

最近研究预计，全球手机广告开支将从目前的每年 31 亿美元增长到 2013 年的 288 亿美元。大约 30%的各类营销组织，从百事公司到美国防止虐待动物协会这类非赢利组织，再到当地银行或超级市场，都在将移动电话整合到它们的直销当中。许多商家已经创立了手机网络，为特定的手机和移动服务供应商提供优化服务。其他一些公司则开发了实用或娱乐性的应用程序，吸引客户建立品牌关系并帮助他们进行购物。

手机微信是最新发展起来且比较有效的一种移动营销方式，借助微信朋友圈，企业可能通过正式营销人员一些朋友圈大的意见领袖在微群内发布相关信息进行营销，因为针对性强，可信度高，所以微营销效果明显。2014 年 8 月，创维集团湖南分公司，与家电超市通程电器和苏宁电器联合促销 4 色 4K 新产品，采取以旧换新的促销政策，公司发动区域销售业务代表、销售顾问、普通公司员工（包括实习生），利用手机微信向朋友圈发送编辑好的促销活动宣传，许多顾客收到微信息后纷纷向朋友询问活动情况，有的直接要朋友为其订购产品并送货到家。

在移动商务和手机营销领域，旅游酒店行业的应用始终走在前列。例如，国内知名连锁酒店 7 天连锁酒店的手机 WAP 网站不仅发布较早，而且便于使用。对于其他行业可以不必建设专用的 WAP 网站，但是企业官网设计适应手机浏览模式是很有必要的，至少保证部分重要信息可以通过手机浏览。

案例启示

手机报是一种重要的移动营销媒介，我国手机报于 2004 年中国移动推出彩信技术之后出现的。2004 年 7 月 18 日，《中国妇女报》第一个推出了《中国妇女报·彩信版》，它标志着中国手机报的正式诞生。之后，报纸媒体和移动通信运营商通过合作不断推出各种手机报形式。据有关数据，截至 2008 年年底，全国报业整体已推出手机报约 1500 种，包括中央大报、都市报、行业报乃至地市级报社。

从手机报的整体营收状况看，手机报目前虽然用户数量不大，但营收效益惊人。中国新闻出版总署《2007 年中国新闻出版业情况统计公报》的数据显示，2007 年，纸质报纸销售额为 4 亿元。中国出版科学研究所《2007—2008 中国数字出版产业年度报告》的统计显示，2007 年，数字报纸的营收规模高达 10 亿元，是纸质报纸的 2.5 倍。手机报是目前营收情况最好的数字出版物媒体。

现阶段我国手机报收费形式主要有两种：一是对彩信定制用户收取包月订阅费，如《新华手机报》现在每月的包月费用为 5 元。二是对 WAP 网站浏览用户采取按时间计费的手段，如重庆联通对其手机报用户制定的最低价为 5 元看 40 分钟（600K）。从整体上看，手机报的资费呈下降趋势，并且已经接近底部。

另外，目前全国的 300 多份彩信手机报的内容，绝大多数为综合新闻资讯。各类专业资讯手机报数量极少。

通过以上对手机报发展基本情况的分析，我们可以看出手机报这一新兴媒体在我国发展速度迅猛，市场前景巨大，面临着由导入期进入高速成长期的边界。但是，一些问题和瓶颈也明显存在。其中既有无线通信和手机接收终端的技术瓶颈、政策监管缺失问题等外部因素制约，也有盈利模式、媒体内容、营销推广等经营困境。

手机报受众分析，2009 年，手机报的累积用户已超过 5000 万，从目前手机报拥有的用户类型上看，其读者可定位为社会上知识水平高、经济基础好、年龄层次在 25～45 岁、对新闻信息敏感的特定人群。但地区间差异较大，中国互联网络信息中心（CNNIC）2009 年年初发布的《中国手机上网行为研究报告》显示，在北京、上海、广州和深圳四个发达城市，手机报用户比例最高的为学生，达到了 35.9%，其次是企业和公司的普通工作人员，比例占到了 23.9%。手机报的受众在地域上不平衡，目前我国手机报在经济发达地区的受众覆盖率相对较高一点，但在一些二、三线城市和广大农村地区，对手机报的认知度和使用率普遍较低。

受众数量是衡量媒体价值的重要指标之一。手机报作为一个新兴媒体，要想获得突破式的发展，目前最迫切的任务还在于培育广泛的受众市场，提高其受众覆盖率。

在当前情况下，手机报提供商一方面应该进一步加大手机报的宣传和推广力度，运用大众媒体广告和多种宣传方式来提高社会大众对手机报的认知度，从而开发出多种层次的受众群体；另一方面要改变营销观念，创新营销方式，除捆绑营销、数据库营销、体验营销、精准营销外，还应该以建造手机报品牌为中心进行整合营销传播，以品牌力量带动受众市场稳步扩大、成熟。

（资料来源：网络资料整理 http://xwcb.100xuexi.com/view/otdetail/20110713）

2. 音频播客和视频播客

音频播客和视频播客是最新的在线点播技术。播客的名称来自于苹果公司的畅销产品 iPod。有了播客，消费者可以通过互联网将音频文件或视频文件下载到 iPod 或其他手持设备上，然后可以随时随地收听或观看。消费者可以通过像 iTunes 这样的网站或播客网络，如 Podtrac、Podbridg、酷我音乐盒、优酷等搜索播客节目。消费者可以下载大量不同主题的音频或视频播客节目，从自己最喜爱的广播节目、体育赛事到最新的音乐视频。

音乐播客的听众往往来自高收入阶层。为了进入这个细分市场，营销人员可能通过支持广告播客、可下载的广告、信息功能以及其他促销活动，将音频播客和视频播客纳入企业直销计划。目前，企业越来越重视多媒体的营销策略，利用视频网站做广告营销的商家也越来越多。2014 优酷、土豆网视频内广告刊例报价如表 11-1 所示。

3. 互动电视

互动电视让观众利用遥控器与电视节目和广告进行互动。互动电视让营销人员有机会以一种互动、参与度更高的方式与目标顾客接触，如宝马公司最新推出互动广告，让观众使用遥控器来请求获得产品目录和其他有价值信息。请求数超过了宝马公司预期数量的 10 倍。同样，索尼公司运用互动电视与美国的用户进行互动。

表 11-1 2014 年优酷网、土豆网视频内广告刊例（2014 年 1 月 1 日起执行）

广告形式	市场类型	区域描述	15 秒贴片价格（元/CPM）			30 秒贴片价格（元/CPM）			加收政策
			多屏	PC	PAD	多屏	PC	PAD	
贴片广告	Key	北京/上海	100	120	165	200	240	330	● 5 秒价格为 15 秒价格÷10% ● 互动值贴加收 30% ● 位置（前、中、后）指定加收 10% ● 5 次以下（含 5 次）频次控制加收 10% ● 指定时间段投放加收 10% ● 指定内容二级分类投放加收 10%
	A	广州/深圳/成都/重庆/武汉/南京/长沙/沈阳/杭州/天津	65	75	100	130	150	200	
	B	其他城市或全省	45	50	65	90	100	130	
	—	全国	35	40	60	70	80	100	

广告形式	市场类型	区域描述	价格（元/CPM）			加收政策
			多屏	PC	PAD	
暂停广告	Key	北京/上海	70	85	110	● 互动暂停加收 20%（多屏使用需要提前沟通） ● 5 次以下（含 5 次）频次控制加收 10% ● 指定时间段投放加收 10% ● 指定内容二级分类投放加收 10%
	A	广州/深圳/成都/重庆/武汉/南京/长沙/沈阳/杭州/天津	50	55	75	
	B	其他城市或全省	35	40	50	
	—	全国	30	35	40	

广告形式	区域描述	价格（元/CPM）移动墙通投	售实政策
移动端开机图	全国	40	● 按天售卖 ● 按 CPM 量核算当天售卖打包价 ● 每季度按流量调整按天售卖的打包价

附注：

1. 以上多屏价格为在优酷网、土豆网、各移动终端上投放的价格。

2. 互动贴片和互动暂停的多屏投放需要提前与网站沟通

3. 关于各种形式广告素材的要求详见《2014 年优酷网土豆网广告素材规范》。

4. 合一信息技术（北京）有限公司、上海全土豆文化传播有限公司拥有本刊例的最终解释权

（资料来源：http://wenku.baidu.com/link）

互动电视使商家有机会在交互式的、参与度更高的方式下接触目标受众。美国一个家庭购物网站发起了一个"远程购物"互动电视服务，允许观众直接通过遥控器购买该网站上的任何商品。在家庭购物网站完成注册的观众可以在 30 秒内完成一次购物。

移动电话营销、播客和互动电视为直销带来了激动人心的机遇，但是营销人员必须谨慎明智地使用这些新式直销工具。和其他直销形式一样，应用这些营销方式的商家有可能陷入侵犯消费者隐私的泥沼中。营销者必须精心定位他们的直销形式，为顾客带来真正的价值，而不是仅仅侵犯其生活空间。

三、网络营销

（一）网络营销的发展现状

网络营销是增长最快的直销方式。互联网的广泛应用已经对消费者和企业都产生了深远影响。今天全世界的许多生意往来都是通过数字网络实现的。互联网既是一个巨大的计算机网络公用平台，连接世界各地各种各样的用户，又是一个不可思议的大型信息存储库。互联网已经从根本上改变了消费者对便利性、速度、价格、产品信息服务的认识观念。因此，它给营销者一种全新的方式去为客户创造价值并与之建立关系。

互联网的使用和影响在继续增长。根据中国信息中心（CNNIC）第 34 次调查报告公布结果，截至 2014 年 6 月，我国网民规模已经达到 6.32 亿，半年共计新增网民 1442 万人，互联网普及率已经达到了 46.9%，比 2013 年年底提升了 1.1 个百分点（图 11-2），网民上网时长平均每周达到了 25.9 小时，相比 2013 年下半年增加了 0.9 小时（图 11-3）。另外，美国调查发现互联网已经超过电视，成为人们生活中最为看重的媒体。

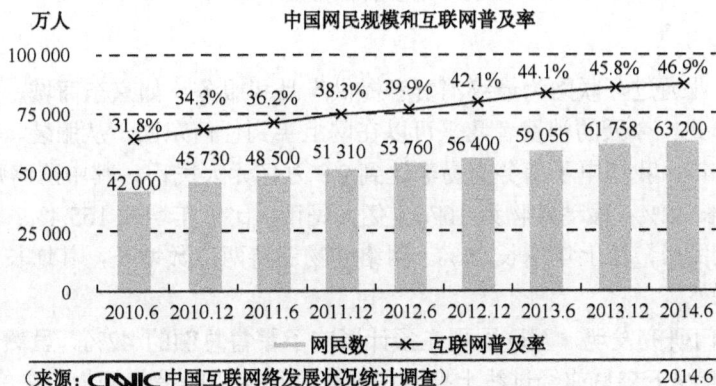

图 11-2　中国网民规模及互联网发展趋势

现在所有类型的公司都在网上经营。"鼠标型"公司只在互联网上经营。国内像当当、京东商城、天猫、唯品会、聚美优品、1 号店这样的公司直接利用网络把产品和服务卖给最终顾客的电子零售商。许多"鼠标型"网络公司正在互联网上蓬勃发展。

网络公司的成功引发了现有的传统"砖头+水泥"型实体制造商和零售商重新考虑如何服务于市场。现在，几乎所有这些传统公司都已经建立了自己的网上销售和传播平台，成为"鼠标+水泥"型公司。如果今天还有公司没有自己的展示网页，那就意味着落伍了，要想在更大的范围发展则不太可能。

实际上，"鼠标+水泥"型公司现在比那些纯"鼠标"型公司获得了更大的成功。最近一项全球前十位在线零售网站排名中，只有一家"鼠标"型零售商（亚马逊排名第一），其余都是多渠道零售商，像海尔、创维这样的制造企业以及苏宁、国美这样的零售企业都在线上、线下同时销售，相得益彰。其中，苏宁易购不仅在网上销售电器，还拓展到了服装、图书等多领域，可以预见不久的将来苏宁易购的销售额会大大超过苏宁电器实体店销售额。

图 11-3 中国网民人均周上网时长

（二）网络营销模式

图 11-4 展示了网络营销的四种典型模式，即俗称的 B2C（Business to Consumer）、B2B（Business to Business）、C2C（Consumer to Consumer）、C2B（Consumer to Business）。

	瞄准消费者	瞄准企业
由企业发起	B2C	B2B
由消费者发起	C2C	C2B

图 11-4 网络营销的四种模式

1. B2C 模式

B2C 是指企业通过互联网为最终消费者提供产品和服务，如京东商城、天猫、易购网，都就属于 B2C 模式。今天的消费者几乎可以在网上买到任何东西，从服装、餐具、机票到电脑、汽车。2013 年，我国电子商务交易额达到 9.9 万亿元人民币，其中网络购物 1.85 万亿人民币，比上年增长 42%；移动购物为 1676.4 亿人民币，比上年增长 165.4%；在线旅游市场交易为 2204.6 亿人民币，比上年增长 29%。网络购物保持两位数增长，其增长速度大大超过了零售总额增长速度。

美国有关部门研究发现，互联网现在预计影响了零售总额的 42%。虽然线上交易的销售额没有这么高，但线下交易前经过线上搜索和调查进行购买的销售额加起来的数额就比较大。大约有 97%的网民在购物之前会使用互联网搜索产品。因此，企业必须运用多渠道整合战略，以网络带动其他营销渠道的销售。

网络买家在购买方式和对营销的反应方面，不同于传统线下消费者。在网络交换过程中，消费者发起并控制着接触过程。传统营销的目标顾客是有些被动的受众。相比之下，网络营销的目标人群则主要通过登录的网站，找寻他们愿意接收的有关产品的营销信息，并主动选择获取信息的环境。因此，网络营销需要新的营销方法。

现在人们上网订购商品的范围非常广泛，可以到当当网订购书籍，到国美网上商城购买电器，到京东商城、天猫订购服装、书籍和家居，到一些教育网站订购课程，网上银行可以直接进行转账和支付各种费用，随着互联网功能的增强，几乎没有什么事情需要面对面处理了。

2. B2B 模式

虽然 B2C 模式吸引了更多大众媒体的关注，但 B2B 网络营销的发展也非常兴旺。B2B营销使用网站、电子邮件、在线产品目录、在线交易网络，以及其他在线资源吸引新客户，能更有效地服务现有客户，并可获得更好的购买效率和购买价格。

大多数 B2B 商家现在在网上提供产品信息、顾客购买，以及客户支持服务。例如，企业购买者可以访问网络设备和软件制造商思科公司的网站（www.cisco.com），选取思科产品和服务，索要销售和服务信息，参加活动和培训研讨会，观看话题广泛的视频，与思科员工即时聊天，并下达订单。一些大公司几乎在网上处理其所有业务。例如，思科有 80%的订单来自互联网。

除了单纯在线出售产品和服务，企业还可以使用互联网与重要商业客户建立更稳固的业务关系。例如，戴尔为全球 10 万家商业和机构客户创建了定制化网站。这些个性化的"Premier.Dell.com"网站能帮助商业客户更有效地管理它们采购和获取戴尔电脑过程的所有环节。每个客户的戴尔站点都包括定制化在线电脑商店、采购和资产管理报告及工具、系统专业技术信息、戴尔综合网站的全部有用信息的链接等。这个网站可以让一个顾客随地获取与戴尔公司打交道所需的全部信息。

3. C2C 模式

许多 C2C 网络营销和沟通发生在对大量不同产品和主题感兴趣的在线群体之间。在某些情况下，互联网为消费者提供了很多便利，帮助他们直接购买或交换产品和信息。例如，eBay（易拍）网提供了广受欢迎的市场空间，可以展示和销售几乎任何产品，从艺术品和古董、硬币和邮票、珠宝一直到计算机和电子消费品。

eBay 的 C2C 在线社区在全世界拥有 9000 多万活跃的用户，2012 年交易额约为 600 亿美元。在任何给定时间，公司的主页上都会有超过 5 万种物品等待拍卖。与当地的跳蚤市场和报纸分类广告栏相比，这类 C2C 网站使人们可以触及更广大的受众。有趣的是，由于 eBay在 C2C 市场的巨大成功，吸引了超过 50 万 B2C 厂家，有出售常规货品的小企业，也有清算过量库存、进行拍卖的大公司。

另外，C2C 还通过网上论坛吸引某些特殊利益集团进行信息交互传播。这类活动有些出于商业目的，有的则不是。网络博客是一种在线日志，允许人们上传他们的想法，通常是某一小范围定义的话题。在博客里，可讨论的话题很多，可以是政治、日常生活、汽车维修，也可以是最新热播的电视剧。自 2002 年以来，美国博客已经超过 1.33 亿个，它们在全球由81 种不同语言写成。目前，有 77%的在线消费者在积极阅读。这些数字赋予了博客，尤其那些有大量忠实粉丝的博客以巨大的影响力。许多营销人员现在也开始涉足博客领域，将其作为接近精心选择的目标消费者的一种媒介。例如，运动鞋制造商万斯创建了几个博客，从"奇幻世界"到"万斯女郎"，在那里消费者能读到与万斯品牌有关的时尚艺术、运动和音乐等方面的新闻或评论。同样，一位沃尔玛分析师说，由员工撰写的博客"已经成为一个无所不包的论坛，下到对小产品毫无掩饰的痛骂和对新款电动游戏的极力夸奖，上至对环境友好型可持续食品的选择建议"。"博客还提供了一个窥探发帖人个人生活的窗口。"

公司也可以在已有的博客做广告，或影响上面的内容。例如，它们鼓励有影响力的博主"发起话题讨论。"

案例启示

作为松下公司"生活在高清晰格式"活动的一部分，该公司期望在近期的拉斯维加斯消费电子产品展中，建立其品牌的口碑传播。松下没有借助通常使用的科技记者参加展示，而是招募了五个有影响力的博主，包括网上流行人物克里斯·布洛根和视频博客之父史蒂夫·加菲尔德。松下不仅负担了他们参加整个活动全过程的费用，且赞助其使用数码摄像和照相机。作为回报，这些博主也同意用博文、微博和视频的形式在他们自己颇具影响力的网络平台上，分享他们对电子产品展的印象，包括对松下产品的反馈。而这一切，松下并没有要求他们的客人发表什么信息。为了维持公信力，松下保持了一定距离，这些博主们也充分披露了该品牌的赞助。尽管松下没有规定评论内容，也不想这么做，这场"被赞助的对话"使得品牌被置于网络热议的浪潮当中。"当你给博主推荐设备，同时他们也喜爱的时候，他们就像其他任何消费者一样去颂扬产品。"一位松下的发言人说，"我们并不想让他们鼓吹宣传或来当托儿。"松下只想引发一场关于其品牌的谈论。

作为营销工具，博客具有一定优势。它们可以带来新鲜、原创、个性化以及低廉的与消费者进行网络沟通的方式。然而，博客领域鱼龙混杂难以控制。博客始终主要是一个 C2C 媒体。虽然公司有时可以通过影响博客来吸引更多有价值的客户关系，但消费者仍然占据主要控制权。

不论是否愿意主动加入到博客领域，公司都应当展示、监督并倾听博客的声音。例如，星巴克不仅发起了自己的博客（www.MystarbucksIdea.com），而且密切追踪消费者在其他第三方在线网站上的有关该品牌的讨论，并通过所有这些从潜在顾客和第三方博客上获得的客户洞察去调整自己的营销活动。

总之，C2C 意味着网络购买者不仅仅是产品信息使用者，同时也是产品信息创造者。最终结果是网络评价作为重要的购买影响因素，已经成为口碑的重要组成部分。

4. C2B 模式

最后一种网络营销模式是 C2B。通过互联网，今天的消费者发现在和企业的沟通上越来越容易了。许多公司现在都邀请潜在顾客和消费者通过公司网站提出建议和问题。并且，消费者不再是等待企业的邀请，他们在网上搜索产品卖家，了解产品，购买产品，然后利用网络给出反馈。使用网络，消费者甚至能够主动与企业交易，而不是一贯地由企业去带动。例如，使用"Priceline.com"，潜在购买者可以竞标机票、旅馆房间、租车、游艇和旅行指南等，让卖家决定是否接受自己的报价。

（三）网络营销的方法

今天，大多数公司都在通过直接或间接方式进行互联网营销，营销人员可以采取多种途径实施网络营销。常见的网络营销方法包括创建网站、网络广告和促销、病毒营销、微博营

销等，针对不同的网站，可使用不同的网络营销组合手段。

1．创建网站

对于许多公司来说实施网络营销的首要任务就是要建立一个属于自己公司的网站。然而，创建网站并不是很简单的工作，营销者必须设计出有吸引力的网站，能够招徕顾客围观，让顾客留下来并成为常客。

网站在目的和内容方面差异很大，最基本的类型就是公司或者品牌网站。设计这些网站的目的在于让消费者产生好感，收集顾客反馈意见，且辅助其他的销售渠道，但并不直接销售公司产品。公司网站一般都提供种类丰富的信息以及其他一些特色服务，以便回答顾客的问题，与顾客建立更加紧密的关系，并发布关于公司或品牌的新闻、大事记等重要信息。

例如，你可以打开海尔官网（http://www.haier.net/cn/），在这个网站上你购买不到任何产品，但你可以了解海尔的企业文化、发展战略、主要产业、研发创新、海外市场、人才需求、品牌活动以及企业的发展历程及重大事记。

海尔商城（http://www.ehaier.com/?ebi=ref-ixv5-1-hdv-3-a-1）网站则展现了所有商品，有商品分类、个性定制、新品首发、团购、特卖场，在首页设有互动社区，海尔极客社区内有创客故事、科学八卦、潮这儿看及微信问答等栏目，可以让消费者获得许多除家电之外的知识、话题和乐趣，并通过这种形式吸引顾客关注海尔企业、海尔品牌，树立良好公司形象。

一些公司建立了营销网站，设计这些网站是为了让消费者加入到互动当中，使他们更贴近直接购买或者实现其他营销目的。例如，MINI USA 公司运营着一个营销网站（www.miniusa.com），一旦潜在客户点击进入，汽车制造商会立刻试图将询问转变为销售，并建立长期客户关系。该网站提供了一个装满有用信息和交互式销售特色的车库，包含详细有趣的最新 MINI 车型的介绍、用来设计自己的 MINI 的工具说明、关于经销商地点及服务的信息，甚至还有你新购的 MINI 产品从工厂到销售渠道的追踪情况。

建立网站的目的，就是为了让大家来访问这个网站，为了吸引访客，公司会通过线下的印刷品广告和广播广告以及其他网站上的广告和链接，积极主动地推广其网站。而对于那些名不副实的网站，精明的网络用户很快就会失去耐心并将其抛弃。所以，最关键的是要创建足够的价值和兴奋点，以促使消费者登录网站、长期逗留并不断回访。最起码，一家网站应当便于使用，外观专业，并且形式主动。若一家网站设计前卫，花架子很多，但没有有效的信息，或使用不方便，没有便于买家寻找及评价产品的互动工具、与其他相关网站的链接较少，缺乏变换的促销方式，也没有令人兴奋的娱乐功能，这样的网站就没有营销功能。

2．网上广告和促销

随着消费者上网花费的时间越来越多，公司也将更多的营销预算投入到了网络广告上，以建立品牌或吸引访客登录网站。网络广告已经成为一种主要媒体形式。艾瑞咨询机构报告显示，2013 年，我国网络广告规模达到 1100 亿元，同比增长 46.1%，当网络广告突破千亿大关后，市场趋于成熟，网络广告营业额保持平稳增长，从而成为仅次于电视，但领先于报纸和杂志的第二大媒体。现在，我们来讨论网络广告和促销的形式及其未来发展。

网络广告的主要形式包括搜索广告、陈列式广告和在线分类广告。陈列式广告可能会出现在网络用户屏幕的任何位置，经常还会和当前正在观看的信息相关联。例如，在浏览旅游城市网站的旅行指南时，你可能会看到一个关于汽车租赁公司租赁汽车的陈列式广告；当你

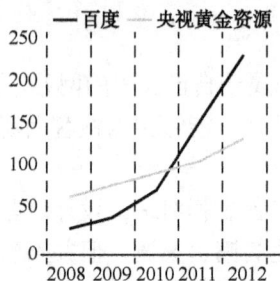

注：央视黄金资源广告招标收入不等于广告总收入，一般约为广告总收入的一半左右。

图 11-5 百度广告收入与央视历年黄金资源广告招标金额对比图（单位：亿元）

访问东方财经网站的时候，闪烁的某投资公司广告可能承诺，如果你开一个新账户将免费获得一款小米智能手机。网络陈列式广告近几年在吸引并抓住消费者眼球方面有长足的发展，丰富的新媒体广告融合了动画、视频、声音，并具有交互性。

最大的在线广告形式是搜索广告（或内容关联广告），它占到全部网络广告支出额的绝大比重。在搜索广告当中，基于文本的广告和链接与搜索引擎结果一起出现在百度的网站上。例如，用百度搜索"数码相机"，在搜索结果列表的顶部和侧面，你将看到不太显眼的 10 个或更多广告商家。百度公司 2013 年广告收入达到了 250 亿人民币，超过了央视黄金资源广告收入，如图 11-5 所示。

搜索引擎是一个从不间断的媒体形式。搜索广告客户从搜索网站购买搜索关键词，当消费者点击进入其网站时才需要付费。例如，可口可乐公司在美国，利用谷歌搜索引擎做广告，在谷歌搜索引擎上输入"可乐""可口可乐""软饮料"或"奖励"，几乎总能让"我的瓶盖兑奖活动"出现在首要选项之列。这并不是巧合，可口可乐公司主要就是以搜索购买方式支持其广受欢迎的在线客户忠诚计划的。这家软饮料巨头一开始使用传统电视和印刷广告，但很快发现搜索引擎是最为有效的把顾客带到瓶盖兑奖活动网站去注册的方式。现在，购买的数十个搜索关键词都会使瓶盖兑奖计划网站位于搜索列表的顶部或接近顶部位置。

其他的网络促销形式包括内容赞助和病毒广告。使用内容赞助，公司通过赞助不同网站上的专项内容，如新闻或财经信息或特殊兴趣的主题内容，使公司名称获得展示。例如，丰田坦途品牌赞助了与皮卡相关的网页，同样万豪酒店赞助了与旅游相关的网站。赞助活动最好精心设定在可以为受众提供相关信息和服务的网站里。

为什么有如此之多的大广告主的目光游离于电视之外，转而投向互联网呢？

因为相对于传统的电视媒体，新媒体有着如下诸多的优势：

首先，人们的注意力正在全面从电视向互联网转移。根据国外媒体分析机构 eMarketer 的研究，中国城市用户在电视上消耗的时间已经少于互联网，19～30 岁的年轻居民，他们每天上网的时间已经是看电视的两倍！

讲求投资回报的广告主们注意到了这个趋势，为他们提供广告投放服务的中介机构们当然也不敢落后。"当客户的目光从电视转向互联网、从其他媒体转向线上之后，我们也要跟随媒体的脚步，提出更具整合性、更优化的解决方案。"群邑中国互动营销总裁陈建豪说道："我们在三四年前就预测互联网媒体的广告投放将会占到全部媒体的 15%以上，这个目标 2012 年已经实现了。"2012 年，全部媒体广告总营收突破 4000 亿人民币，而网络广告收入达到 1100 亿人民币。

与此同时，互联网带来的信息大爆炸和大数据，也让消费者第一次获得了产品购买的主导权；如今，电视等传统媒体那种单向、说教式的广告已无法打动他们的心了。美国西北大学教授唐·舒尔茨提出过著名的整合营销理论，他认为随着互联网大数据时代的到来，企业的营销和广告必须转变为以消费者为中心，重点解决购买的四个关键要素，这四个要素分别

为：消费者寻求解决问题的方案（Solutions）、消费者寻找与解决方案相关的信息（Information）、消费者衡量各种解决方案的价值（Values）、消费者解决问题的入口（Access）等。

在这方面，互联网媒体显然占据了优势。如今，当消费者对著名奢侈品牌 Burberry（博柏利）感兴趣并用百度搜索之后，首页上出来的第一条结果是模特的走秀视频，视频右边则是一些最新款产品的样图。视频的下面则直接显示出博柏利的新浪官方微博，消费者能够在此看到最新的信息并转发和评论。再往下一行，则分别是博柏利的在线商店、店铺分布、春季礼品、优酷空间和豆瓣小站的链接。

从效果上来看，百度为博柏利量身定制的这个"品牌专区"，相当于博柏利的迷你官方网站。消费者不仅能够通过这里获取很多信息，还能够通过微博等工具与博柏利实时互动。而宝马等汽车厂商甚至还在自己的"品牌专区"中推出了预约试驾这样的互动活动。这样丰富的交流方式，显然比那些干巴巴的、单向传播的 15 秒电视广告要更吸引消费者。因此，当百度在 2012 年对"品牌专区"升级并加入视频、微博等复合媒体和互动媒体之后，受到了广告主们的热烈欢迎。2012 年，百度的"品牌专区"这款产品"取得了三位数的增长"。

互联网媒体基于大数据的分析能力也颇受广告主的青睐。据宝洁公司数字媒体与创新平台经营部市场总监回忆，2012 年，百度帮助宝洁对旗下重点品牌"玉兰油"做了一次大数据分析，结果发现与竞品相比，消费者在"玉兰油"关键词后跟着"适合几岁"的比例明显偏高。结合其他数据，宝洁最终得出结论：玉兰油产品的年龄定位比较模糊。为此，宝洁及时调整了营销策略，还顺势推出了一款针对 25 岁人群的细分产品，结果市场反响非常好。

虽然互联网媒体的增速惊人，但营销专家们并不认为其他媒体将会就此消失。他们认为互联网媒体虽然很好，但是不能够单独只用一种媒体进行广告或营销，而应当进行跨媒体整合宣传。2011 年，在为伊利舒化奶做整合营销的时候，群邑团队就通过将电影、电视广告、百度搜索、百度新闻以及网络视频结合起来，收到了最好的效果。

3. 病毒式营销

病毒营销，即互联网上的口头传播营销。病毒营销通过创建一个非常具有感染力的网站，制作一段视频或广告，发一封电子邮件或一条手机短信，使消费者乐意把它传递给自己的朋友。因为是由顾客向他人传递这些信息或进行促销，所以病毒营销的成本很低。而且，由于信息是来自朋友，因而接收者更愿意查看和阅读。

有时一则制作精良的常规广告可能无须公司的帮助就可以像病毒一样广泛传播。例如，麦当劳的"给我麦香鱼"广告，描述一只在墙上高声歌唱的机器猫，抓住了 78 万 You Tube 观众的目光，在短短三个月内获五星级评价；另外，它还促使消费者纷纷自发地在 You Tube 上发布人们在点菜时唱这首歌的视频。

病毒式营销最为典型的例子就是电子邮件营销。这种营销方式能将信息快速地传递到数万个潜在用户的邮箱中，当然，现在的邮箱都有垃圾过滤机制，方法不当，效果会很差。但是，好的内容，仍然会被用户接受和喜爱，从而给网站带来不错效益。比较经典的成功案例当属微软的 Hotmail 推广。Hotmail 邮箱的病毒式推广战略其实很简单，概括起来有 6 个要素：①提供免费 E-mail 地址和服务；②在每一封免费发出的信息底部附加一个简单标签：Get your private, free email at http://www.hotmail.com；③利用免费 E-mail 向朋友或同事发送信息；④接受收邮件的人将看到邮件底部的信息；⑤这些人会加入使用免费 E-mail 服务的行列；

⑥Hotmail 提供免费 E-mail 的信息将在更大的范围扩散。

正所谓一石激起千层浪，一个认真设计的病毒性营销战略可以很快向外扩散。一个有效的病毒性营销战略的基本要素有：①提供有价值的产品或服务；②提供无须努力的向他人传递信息的方式；③信息传递范围很容易从小向很大规模扩散；④利用公共的积极性和行为；⑤利用现有的通信网络；⑥利用别人的资源。

一个病毒性营销战略不一定要包含以上所有的要素，但是，包含的要素越多，营销效果可能越好。Hotmail 的邮箱推广正是完全符合了这六个要素，才成为了病毒营销成功的经典案例。

"病毒营销"最核心的工作就是"病毒"的制造。不管"病毒"最终以何种形式来表现，它都必须具备基本的感染基因。"病毒"必须是独特的、方便快捷的，而且必须"酷"，并能让受众自愿接受而且获益匪浅。"病毒营销"必须是"允许式"而不是"强迫式"的，要让受众能够自愿接受并自愿传播。

4. 微博营销

中国互联网已经全面进入微博时代，据《2012—2013 年微博发展研究报告》调查研究表明，2013 年上半年，新浪微博注册用户达到 5.36 亿，2012 年第三季度腾讯微博注册用户达到 5.07 亿，而国内网民约为 5.91 亿人，微博成为中国网民上网的主要活动之一。同时，微博用户群又是中国使用互联网的高端人群，他们是城市中对新鲜事物最敏感的人群，也是中国互联网上购买力最高的人群。

微博是一种高链式的传播，用户的高粘性是其重要特点。用户自己创建内容，互相转发形成群体，给传统门户网站经营模式带来了很大的威胁，几大门户网站纷纷加入微博争夺战。2009 年，最早进入微博的新浪具有先发优势，来自中国互联网数据中心调查显示，2010 年，新浪微博以六成用户的使用量高居榜首，从活跃的用户量来看，已形成新浪、腾讯和搜狐三大微博平台。

微博营销是指通过微博平台为商家、个人创造价值而执行的一种营销方式。该营销方式注重价值的传递、内容的互动、系统的布局、准确的定位，微博的火热发展也使其营销效果尤其显著。微博营销涉及的范围包括认证、粉丝、话题、名博、开放平台、整体运营等；当然，微博营销也有其缺点，目前，微博网站几乎汇聚了各类信息，信息过剩和泡沫化导致垃圾信息泛滥，无意义的海量信息传播很容易造成信息获取效率低下，削弱人们的判断和理性思考能力。

尽管，微博可以直接面向数以亿计的网民隔空喊话，进行核裂变式的传播，但也正因如此，微博也常常被个别人用作散布谣言的通道。"微博造谣行为误导网民，污染了网络环境，也不利于社会的稳定。非理性宣泄，在网络上迅速蔓延和误导，造成恶劣的社会影响。"相关数据显示，2012 年 3 月至 10 月，互联网信息内容主管部门已经累计查处各类假冒身份的微博账号 6000 多个。

网络营销的方法非常多，除以上四种途径外，比较流行的还有网络社区营销和相对较早使用的电子邮件营销，都是非常重要而且有效的网络营销方法。

四、直销面临的公共政策与道德问题

直销者及客户通常乐于建立一种互惠互利关系。然而，有时，直销会表现出较为黑暗的一面。有些直销者采取侵犯性甚至卑劣的策略打扰或伤害消费者，使整个行业背上黑锅。直销滥用的范围可从简单的过度骚扰消费者到不公平交易甚至是彻底的欺诈。直销行业侵犯消费者隐私的问题日益严重。

（一）直销的不道德行为的表现

过度直销有时会激怒甚至冒犯消费者。大多数人都不喜欢喧闹、漫长、没完没了的电视购物广告、塞满电子邮箱的无用的垃圾邮件、电脑屏幕上闪烁烦人的陈列式广告和弹出式广告。

除了激怒消费者之外，一些直销人员被指控从冲动型或缺少经验的购买者处获取不正当利润。购物频道和漫长的商业信息节目算得上是罪魁祸首，它们专门瞄准那些对电视成瘾的购物者，通过巧舌如簧的主持人、精心编排的表演展示、郑重声明的跳楼价格、最后的时间限制和煽动那些免疫力差的消费者的"必杀技"等行径欺骗消费者。

欺骗案，如投资诈骗或虚假慈善捐助，在近几年也开始成倍增长。网络欺诈，包括身份盗用和金融诈骗，已经成为非常严重的问题。根据中国互联网协会发布的数据，在国内近 6 亿网民中，2013 年有 13.4%的网民遭遇各种网络欺诈，保守估计，总共损失达到 1491.5 亿元人民币。

一种常见的网络欺诈形式是网络钓鱼，即利用假冒邮件和网站欺骗用户泄露个人信息，从而盗用其身份。例如，消费者可能会收到一封貌似来自银行或信用卡公司的电子邮件，说他们的账户安全受到威胁。发送方要求他们登录到一个网站地址，确认他们的账户、密码，甚至要他们的社会保险号。如果他们按照指示做了，他们实际上就把这些重要信息透露给了骗子们。网络钓鱼对那些深陷其中的人来说，可能会付出高昂的代价。它也破坏了那些在网络和电子邮件交易中树立用户信心的合法网络营销者的品牌形象。

许多消费者也担心网络安全性，他们害怕在自己进行网上交易时，会被不道德的偷窥者窃取个人信息或截取信用卡和借记卡账号。尽管网上购物已经迅猛发展起来，但在一项调查中，75%的受访者说他们仍然不喜欢通过网络发送个人信息或信用卡信息。网上购物者也对恶意骚扰或有害的病毒、间谍软件和其他恶意软件表示担忧。

另一个网络营销的关注点是易受侵害性或未经授权群体的访问。例如，成人题材的营销者和网站发现很难限制未成年人的访问，而这些未成年人进入成年题材的网站可能就会受到不好的或暂不能触及的一些事情的伤害，从而影响青少年的健康成长和正常发展。

（二）侵犯个人隐私

今天，侵犯隐私可能是直销行业面临的最严重的公共政策问题。消费者经常会受益于数据库营销，他们会收到更多与其兴趣高度相关的产品和服务。然而，许多批评家担心营销者因此会知道太多有关消费者生活的信息，他们有可能利用这些信息以不公平对等的方式对待消费者。在某种程度上，他们声称，数据库的广泛使用侵害了消费者的个人隐私。

如今，几乎每次消费者参与抽奖、申请信用卡、登记网站，或通过邮寄、电话或网络订购产品，他们的姓名都会进入到一些公司早已膨胀的数据库。使用复杂的计算机技术，直销人员可以运用这些数据库"微定位"销售活动，在线引发一些特殊问题。大多数网络营销者已经具有收集和分析消费者详细信息的高超技能。随着网络跟踪技术的日渐复杂，数字隐私专家担心，某些商家会凭借这些信息，侵害无辜消费者的正当权益。

（三）应对措施

为抑制过度直销，美国各政府机构不仅会调查"请勿来电"名单，而且还有"请勿邮寄"名单、"请勿跟踪"名单和"垃圾邮件"法规。为消除消费者网络隐私和安全方面的担忧，美国联邦政府已经在考虑通过立法来管理网络运营商如何获得和使用消费者的信息。例如，美国国会正在起草法律，还将会给消费者更多使用网络信息的控制权。同时，美国联邦贸易委员会在监控盗窃消费者网络隐私方面发挥着更积极的作用。

对于所有这些要求，营销人员应当严格自律，防止侵犯消费者隐私的活动。例如，四大广告团体组织（美国广告代理协会、全国广告商协会、美国直销协会、美国互动广告局）最近发布了新的网站指导方针，指导方针要求网络营销者在消费者被追踪的时候提前警示消费者。广告行业已经同意设定一个"广告选择图标"，三角形中一个字母"i"，该图标将添加到大多数在行为上有针对性的网络广告中，告诉消费者为什么他们会看到某个特定广告，并且允许消费者选择退出。

特别受到关注的是儿童隐私权，2000 年，美国国会通过了《儿童网上隐私保护法》，它要求针对儿童市场的网站运营者必须在其网站上发布隐私保护政策。这些网站在收集任何 13 岁以下儿童的个人信息之前，必须告知其父母，并获得其父母同意，随着在线社交网络、手机和其他新技术的相继出现，隐私保护组织正在敦促美国参议院拓展《儿童网上隐私保护法》，将这些新技术的青少年也纳入其中。

许多企业已经开始用自己的行动应对消费者隐私和安全问题。还有一些公司在执行行业办法。例如，非营利自律组织 TRUSTe（电子信任），审计企业隐私安全保护措施，帮助消费者安全上网。这个组织获得了许多大公司的赞助，其中包括微软、雅虎、美国电报电话公司、脸书、迪斯尼和苹果公司等。该组织主页上写着："TRUSTe 相信，互信开放的环境有助于把互联网营造成为一个自由舒适、丰富多样的社区。"为了使消费者放心，该组织授予符合其隐私和安全标准的网站隐私权标章。

直销行业作为一个整体也需要应对公共政策问题。例如，为了重塑消费者对直接购物的信心，美国有关直销、数据库营销和互动营销等方面的企业组成美国直销协会，发起了一个"美国消费者隐私保护承诺"。该举措要求所有直销协会成员必须恪守一整套严格订立的消费者隐私保护规范。它要求会员在出租、出售或其联系资料被转让给其他商家时，协会成员还必须尊重消费者的"选择退出"的请求。最后，它们必须遵守直销协会的特选服务要求，即把不希望收到邮件、电话或电子邮件宣传的消费者名字删除。

直销人员知道，如果不加管制，直销滥用将会导致越来越多的消费者的负面态度、更低的响应率，以及对更多限制性立法的呼吁。大多数直销商将只针对那些愿意接受直销并会作

出反应的消费者进行诚实的、精心设计的营销服务。直销的成本如此高昂，不能浪费在没有需求的消费者身上。

以上是美国针对消费者网络隐私保护的相关对策，我国关于网络隐私保护还处于政策探讨阶段，目前，还没有出台相关政策，国内直销行业协会也还没有制定相关直销政策规范个人隐私保护的相关行规。

小结

直销和网络营销既可以作为渠道，也可以作为沟通与传播方式，是一种整合营销方式。随着科学技术的不断发展，直销的方式越来越多，目前主要包括人员推销、购物目录营销、电视直销、直接邮寄营销、新数字技术、信息亭营销、电话营销、网络营销等。

1. 定义直销，并讨论它对消费者和公司的优势

直销是指直接与精心定位的细分市场或单个顾客进行联系。直销对于买方来说，具有互动性和即时性，消费者可以通过电话或卖方的网站进行互动，获得他们想要的信息、产品和服务，然后当场就可以下订单。直销具有方便性和丰富性，直销商家 24 小时营业，消费者足不出户几乎就可以购买到自己想要的任何商品。直销具有信息对称性，直销渠道为买家提供了大量有关企业、产品和竞争卖家的比较信息。

直销对卖方的优势：直销有利于建立顾客关系，直销通过客户数据库，能够瞄准小的消费群，甚至是单个的消费者。直销大大节约了销售成本，可以通过电话、电视和网络来推销产品和服务，而且当场就可以完成交易，无须店面，没有租金，也不需要大量仓储，销售人员也不要上门拜访客户，只要通过电话或网络就可以轻松拿到订单，然后将订单直接发送到生产厂家，由厂家通过物流进行配送就可以了。直销加速了全球营销步伐，直销为卖方提供了通过其他渠道所无法触及的买家通道。网络营销是真正的全球媒体，它使得买卖双方仅仅通过点击鼠标就可以在瞬间完成从一国到另一国的交易。

2. 直销的主要形式

直接邮寄营销是指企业把产品、宣传材料、备忘录或者其他东西寄送给特定地址的某个人。其中，包括新式的邮寄方式，如电子邮件和移动营销等。一些营销商采用购物目录营销，把购物目录寄给顾客、在商店里面放置购物目录，或在网上陈列购物目录。

电话营销是指通过电话直接向消费者销售。电视营销有两种形式：直销广告或商业信息片以及家庭购物频道。信息亭是直销商在商店、机场、酒店和其他地方放置的提供信息的机器。新的数字技术包括移动营销、播客和互动电视、网络营销。

3. 网络营销的发展

网络营销是发展最快的直销方式。互联网使消费者和企业通过点击鼠标就能获取和分享巨量的信息。反过来，互联网赋予营销者一种全新方式来创造客户价值并建立客户关系。今天很难找到一家没有网络营销行为的公司。

网络营销的模式包括 B2C、B2B、C2C、C2B 四种，在线购买量在持续增长，中国网民数量已经达 6.32 亿，其中使用网络购物的人数越来越多。因此，企业营销者正在整合多种渠道战略，利用网络来推动其他营销渠道的销售。

4. 网络营销的方法

企业可以以下四种方式开展网络营销：创建网站，在线广告和促销，病毒式营销和微博营销，企业必须保证网站容易使用并有用，这样才能吸引到消费者并留住他们，获得他们经常性的访问。

网络营销者能够使用多种形式的在线广告和促销建立网上品牌或吸引访问者登录网站。网络促销方式包括在线陈列广告、搜索广告、内容赞助和病毒营销、网络版的口碑营销。

病毒营销就是利用网络传播速度快、传播范围广的特点，将一个有价值、方便传播的内容利用他人资源进行传播，形成品牌影响。

微博是一种高链式的传播，用户的高粘性是其重要特点。用户自己创建内容，互相转发形成群体，给传统门户网站经营模式带来了很大的威胁，几大门户网站纷纷加入微博争夺战。微博营销是指通过微博平台为商家、个人创造价值而执行的一种营销方式。该营销方式注重价值的传递、内容的互动、系统的布局、准确的定位，微博的火热发展也使其营销效果尤其显著。

5. 直销面临的公共政策和道德问题

直销者与他们的客户一般会建立一种互惠互利的关系，但也有直销会表现出较为黑暗的一面。直销滥用的范围可从简单的过度打扰消费者到不公平交易甚至是彻底的欺诈。有些直销者采取卑劣策略打扰消费者，使整个行业背上黑锅。直销行业侵犯隐私的问题日益严重，行业协会和政府要出台相应的行规和法律法规来遏制直销滥用行为。

复习与思考

1. 直销有哪些主要形式？
2. 直销带给买者与卖者的利益是什么？
3. 网络营销的四种模式是什么，并分别给出实例。
4. 网络营销方法有哪些？你在网上购物时最常遇到的网络营销方法有哪几种？
5. 什么是网络钓鱼？它是如何伤害消费者和营销者的？
6. 网络存在一些欺诈消费者和不道德的行为，你认为应当怎么对待这些不道德行为呢？

模块二 实训操练

实训一：案例分析

一、实训内容

认识网络给消费者和营销者带来的影响。

二、实训准备

1. 授课老师提前布置网络营销案例；
2. 学生课后熟悉案例内容并了解案例背景资料；
3. 各小组组织案例讨论，收集相关资料；

4．记录讨论的过程及每位同学的发言。

三、实训组织

1．在授课老师指导下，按小组讨论形式布置座次；
2．每组将课后讨论结果进行再讨论，形成最终观点；
3．每组由一名代表陈述讨论的最终观点，其他同学补充；
4．授课老师引导各组之间进行观点的辩论，激发创新思维。

四、实训评价

1．课堂准备充分，团队意协作好；（2分）
2．讨论的结论观点明确，陈述清晰；（4分）
3．积极参与辩论，有创新思维。（4分）

【分析资料】

淘宝和 eBay 中国

易趣最早把美国 C2C 在线销售的概念引到中国，创立了易趣网。2002 年，eBay 收购易趣，改为 eBay.cn，成为当时中国刚刚兴起的电商市场的先行老大，大约占有全国网购市场的 2/3。淘宝是 2003 年 5 月成立的，用了大约两年多的时间，到 2005 年，淘宝网购市场的规模超过中国 eBay，两家公司好比坐标图上的两条线，横轴为时间，纵轴为市场占用率，一条上扬，而另一条下降，双方在 2005 年时间点交汇，此后，淘宝继续一路高飞猛进，直到占用全国市场份额的 80%以上。而 eBay 一路下滑到个位数，最终选择把公司转手出让，退出中国 C2C 市场。

网络和电商业对于淘宝打败 eBay 有很多描述，其中最主要的是淘宝免费交易的大旗。在一个市场培育的早期阶段，在网络上做生意的很多都是个人卖家，免费模式无疑是杀伤对手、赢得用户最有利的武器。

都说网络购物是"隔山买牛"，尤其是在 C2C 这种没有品牌信誉作为支撑的前提下，买卖双方都不放心，谁都不知道交易的对方是什么情况。网络的信用体系没有建立，这是网络交易最大的阻力。

在这方面，eBay 自然有些保护机制，但对于如何保障素不相识的双方顺利交易，eBay 的关注度是远远不够的。淘宝一开始就推出了在线聊天工具旺旺，给予买卖双方即时沟通的便利，并作为日后纠纷产生时解决的凭证。

旺旺的推出一下子拉近了陌生双方沟通的距离。根据抽样调查，当时大约 90%以上的交易都是先旺旺后下单的，可见这个工具受欢迎的程度。

淘宝推出了支付宝，这个概念来自 PayPal（国际贸易支付工具），但支付宝并不仅仅充当支付媒介，更多是起到了保护买卖双方正当权益的功能，它很好地解决了买卖双方因为对风险的顾虑，谁都不愿意把货、款付出去的问题。买卖双方谈好价格以后，买方把钱汇给支付宝，支付宝把该款项压住，通知卖方款已到账，卖方发货，买方收到货后确认无误，同意放款，或者过了一定时间周期，支付宝才把货款解冻进入卖家户头。这样一种担保交易的设计，完全解决了买卖双方是先付款还是先发货这个在线交易的最大难题。

支付宝担保功能的建立，虽然在实际操作中总会有个别意外，但从方向上解决了在线支付信任问题。这么多年来，淘宝每天有几百万上千万张订单，支付纠纷和交易欺诈却低于行业平均值，其中，旺旺沟通和支付宝货款担保起了很大的作用。

淘宝的评价体系源于 eBay，但设计得比 eBay 更充分更突显，它把 eBay 百分制的好评率改进成星、钻、皇冠和金冠的台阶式，把一个比较模糊的百分制修改成金字塔式的等级制，这样一来卖家就有了向上发展的压力和动力，而买家不仅仅青睐好评率高的商家，更喜欢和有良好销售历史的商家打交道。道理很简单，好评率相当的情况下，一家有五笔和一家有五百笔交易记录的商家，各自信誉的含金量是不同的。这套评价体系后来演变成行业标准，以至于有刷星刷钻的代理公司出现，专门替商家抬高等级，这当然是不合法的歪门邪道，但也可以看出该体系受欢迎的程度。

天下没有免费的午餐，虽然在淘宝集市，交易双方无须支付交易费用，但如果从行业发展的角度看，这远比每个人 100 多元的新客户的获得成本低得多，或者从淘宝平台运营商家角度看，免费带来巨大的流量，有了流量，就能生成很多货币化的价值，很多收费的项目，例如，直通车、硬广告、钻石展位等，也都应运而生。就好比，我可以免费给你白米饭，但你还是得花钱租个碗，至少点两个菜下饭吧，这和超市的免费班车、美容院的免费面膜是一个道理。淘宝把免费武器在网络零售业运用到了极致，最终成为平台电商的行业霸主。

思考：

1. 分析淘宝战胜中国 eBay 的主要法宝是什么？
2. 免费模式的优势是什么？存在的问题又是什么？
3. 讨论网络零售与传统零售的异同点在哪里？

实训二：整合产品营销计划

一、实训内容

1. 接任务十，为选定的产品设计直销和网络营销策略；
2. 整合任务三~任务十一的内容，形成完整的产品营销计划书。

二、实训准备

1. 认真分析上次实训收集的资料；
2. 调查所研究的企业现有的直销和网络营销开展情况；
3. 针对选定的产品重新设计合理、有效的直销和网络营销策略；
4. 针对设计的直销和网络营销策略进行可行性分析。

三、实训组织

1. 小组成员先单独进行策略设计；

2．采取头脑风暴法，进行最终设计方案讨论；

3．将直销和网络营销策略与 4P 策略整合考虑；

4．设计出可行、有创意的直销和网络营销方案；

5．整合任务三～任务十一的实训内容，形成完整的产品营销计划书。

四、实训评价

1．产品营销计划书的要素齐全，内容完整；（2 分）

2．数据资料经过了企业和市场调查，可靠、可信；（2 分）

3．撰写的产品营销计划书格式规范，表述专业；（3 分）

4．最终以 PPT 形式展示项目成果，团队合作好。（3 分）

【附件】

你是营销者：索尼克公司新产品营销计划

随着数字技术的不断发展，沟通的方式发生了巨大的变化，渠道也越来越多，越来越个性化，微信、微博、博客、视频、社区网站、交友网站等都可以影响买方和卖方的营销决策。

若你是索尼克公司的产品经理，负责制订新产品营销计划。你再回顾一下前面已经确定的营销目标、制定的营销战略和目标市场定位、制定的营销组合策略。然后，回答以下有关为索尼克公司设计直销和网络营销策略的问题：

1．如果索尼克公司暂时还没有建立一个完善的数据库系统，但它需要了解有关顾客和经销商的哪些方面的信息？它将如何收集这些信息？

2．索尼克公司如何利用直接营销或网络营销来支持对消费者的促销和交流？它如何利用直接营销或网络营销支持对产业用户的促销和交流？

3．对于购买索尼克公司产品的消费者们，哪些信息和渠道是最适合发送给他们的？对于购买索尼克公司产品的零售商，又有哪些信息和渠道是最适合发送的？

4．索尼克如何利用其网站与消费者和零售商进行交流？

考虑一下你所建议的网络营销和直接营销活动将如何和索尼克公司的其他活动相配合，并且支持公司的目标和战略的实现。根据导师的指导，总结你的建议，把它写入营销计划的营销组合策略中。在导师的指导下，再次回顾任务三至任务十一所做出的营销计划的各部分的内容，按表 2-3 营销计划构成要素，进行整合，形成完整的产品营销计划。

范例：索尼克公司的新产品营销计划

Sonic 公司新产品营销计划书

一、概述

索尼克（Sonic）是一家创业公司，由两位对 PC 市场很有经验的创始人于 18 个月前创立，该公司的第一个新产品是一款多功能的个人数字助理（Personal Digital Assistant ,PDA）——Sonic1000，也就是我们常说的掌上电脑。索尼克准备进入一个日渐成熟的 PDA 市场，与著名 PDA 品牌奔迈（Palm）、惠普（HP）、联想（Lenovo）等实力强大的厂商竞争。中国 PDA 市场虽然没有绝对的领导者，但基本被几大品牌占领。由于索尼克公司的新产品具有独特的产品特性和增值的价格，因此，仍然具有竞争力。索尼克公司的主要目标群体是针对要求使用方便、通信功能强大的无线 PDA 产品的高端产业用户和消费者。作为索尼克公司的产品经理，需负责制定一个新产品中国市场年度营销计划。

这个计划的营销目标是：第一年取得中国市场 3%的份额以及 24 万台产品销量。第一年销售收入 2.88 亿人民币，亏损控制在 6000 万以下。 第二年实现盈亏平衡。新产品上市要加大广告、促销力度，第一年营销预算为销售收入 5%，即 2000 万元。

二、当前的营销环境

Sonic 即将进入由联想主宰的中国 PDA 市场。现在 PDA 的总体销量增长十分迅速，产品的赢利性较高，但中国 PDA 市场竞争激烈，去年的十大品牌排名为：惠普、华硕、奔迈、宏碁、戴尔、联想、宇达电通、名人。多功能 PDA 和智能手机的出现使竞争更为激烈。多功能 PDA 和智能手机市场规模估计为 4000 亿元，并且这一市场在 4 年中预期增长了 50%。在这种环境里为了获得市场份额，Sonic 必须谨慎地瞄准特定的目标市场。

1．市场描述

Sonic 的市场主要由那些需要在移动中方便地储存、沟通和交换信息的消费者和企业用户所构成。在第一年中所瞄准的具体细分市场包括专业人员、学生、公司、企业家以及医疗用户。

Sonic1000 如何服务目标消费者和企业细分市场的需要见下表。

顾客需求和 SonicPDA 相应的产品特征/利益

瞄准的细分市场	顾客需求	相应的产品特征/利益
专业人士 （消费者市场）	在移动中保持联络	在任何地方可收发信息的无线电子邮件系统；在任何地方进行语言交流的手机功能
学生 （消费者市场）	在移动中录入信息； 无须携带多种小玩意即可运行多种功能； 表达风格和个性	声音识别，无须手写录入； 与众多应用软件和外部设备相兼容，从而方便、划算地执行多种功能； 不同颜色和式样的可更换外壳，用户表达时尚观点
公司用户 （产业市场）	在移动中输入和查找关键数据； 用于公司的专用任务	与广泛使用的软件兼容； 可定制以适应不同的公司任务和网络
医疗用户 （产业市场）	更新、查找和更改医疗记录	无须手写输入，无线记录和交换信息，以减少文书工作并提高生产效率
企业家 （产业市场）	组织和查找联系人，安排日程表细节	无须手写输入，无线上网查找日程表和地址簿，轻松查看约会与人联络

PDA 购买者们可以在基于两种不同的操作系统的各个款式中选择，一种是由 Palm 建立的，另一种是微软建立的。 Sonic 采用了占市场主导地位的 Palm 系统，因为数以万计的软件程序和外围硬件设备与这个系统兼容。产品的广泛使用和日益增加的竞争已经导致了更低的价格和更低的利润率。更低的价格有助于实现 PDA 在低端消费市场中的销售，但降低了毛利润。拥有第一代 PDA 的顾客正在购买新的、高端的多功能产品，因而重新进入市场。

2．产品总述

第一款产品 Sonic PDA 1000，提供了以下标准性能：

（1）语音识别功能，可以不用手持发出指令和进行沟通；

（2）内置式手机功能；

（3）无线上网和电子邮件功能；

（4）MP3 音乐下载和播放器功能；

（5）全面的组织和沟通功能，包括日历、地址簿、记事本、互联网浏览器、电子邮件程序、文本和即时信息程序；

（6）可容纳所有与 Palmone 兼容的外围设备的连接器；

（7）运行所有与 Palmone 兼容的应用程序的能力；

（8）更精细的颜色显示；

（9）输入键盘；

（10）用于和 PC 同步数据的设备；

（11）可更换的不同颜色和式样的壳体。

依据 Sonic1000 第一年 24 万套的销量，每套产品 250 美元的批发价，第一年的销售收入预计为 6000 万美元。第二年，计划生产具有以下标准特征的更高端产品 Sonic2000：

（1）可识别地点、获取方向的全球定位系统；

（2）内置式数字照相机；

（3）将英语文本化为西班牙语文本的翻译功能。

3．竞争总述

越来越多的计算机和手机厂商的进入对产业成员形成了压力，使它们不断地增加产品特色并削减价格。来自专门进入文本和电子邮件服务的设备的竞争也是一个因素。关键的竞争者包括：

（1）Palm。 Palm 已经有一些财务上的困难，部分是因为为了竞争而压低价格。它对 Handspring 公司的兼并推动了其产品开发的优势并扩展了它的产品组合。作为 PDA 产品最知名的厂商，Palm 几乎每个渠道都已经有了很好的分销，并且正在从美国移动电话服务供应商中取得分销渠道。当前，Palm 产品缺乏在 Sonic1000 中所具备的某些语音识别软件。其价格分为中、低两个层次，中端价格为 2999 元，而低端仅为 1199 元。

（2）惠普。惠普公司以它的 IPAQPocket PC 系列设备瞄准了商务市场，该系列产品有很多都集成了无线功能，以配合公司用户。为了加强安全性，有一款产品允许通过指纹匹配和密码来访问。惠普公司有很好的分销渠道，而且其产品的定价低至 1999 元以下，高至 3999 元以上。

（3）戴尔。戴尔公司的基本型号 PDA 定价为 1189 元，然而该产品比与其竞争的 Palm 公司的产品大，而且它的标准特征性中缺少无线功能。这个向顾客直销的低价竞争者，每隔一段时间都发布新的、更小的型号。

（4）联想。联想是国内 PC 专家，多年专注于个人电脑领域，在消费者心目中享有良好信誉和品牌知名度。其开发的联想 ET280 是一款集掌上电脑与 MP3 播放，录音功能为一体的新型掌上电脑。它功能强大、造型美观，作为掌上电脑，不仅具备掌上电脑的常用功能，而且还能够扮演"手机伴侣""互联网伴侣"和"电脑伴侣"的重要角色。可作为台式电脑的手写输入板，还可以与电脑轻松实现资料的互换，进而实现"移动"便携式"电子书"的功能；它可将网上资讯、电脑中的工作文件及阅读资料随身携带，加上其友好易用、丰富完备的 PDA 功能，可称为掌上电脑的精华，其定价当然也比较高，可达到 3999 元，联想还有中低价格产品，仅售 1299 元。

任务十一

尽管有激烈的竞争，Sonic 可以塑造一个明确的形象并得到所在细分市场的认可。和 Cellport Systems 公司签订的许可协议使得公司可以独家提供非手持情况下的声音识别功能，这是竞争优势的一个关键区分点。下表列出了一些竞争的 PDA 产品和价格。

选择的 PDA 产品与定价

竞 争 者	型 号	特 征	价格（元）
Palm	TungstemC	PDA 功能、无线上网、彩屏、微键盘	2999
Palm	M130	PDA 功能、彩屏、功能可扩展	1199
Handspring	Treo270	PDA 和手机功能、彩屏、微键盘、扬声器、无扩展槽	2899
联想	ET280	PDA 功能、MP3 播放、微键盘、电子书、无线上网	3999
戴尔	Axim X5	PDA 功能、电子邮件、彩屏、录音、扬声器、可扩展	1189
索尼	Clie PEG-NX73V	PDA 功能、数码相机、游戏、展示软件、MP3 播放器、录音功能、微键盘	2999

4．分销总述

Sonic 品牌的产品将通过精选的店面和无店面零售商网络在全国前 100 名的市场上销售。其中联系的最重要的渠道伙伴有：

（1）销售办公用品的大型超级市场。实体店及销售目录和网站都有 Sonic 的产品。

（2）销售计算机的商店。电脑城、专卖店将会有 Sonic 的产品。

（3）专业销售电子产品的商店。国美电子产品专柜和智能手机专店将会有 Sonic 的产品。

（4）在线零售商。Amazon.com 、京东商城、淘宝商城、苏宁、国美网上商城上将会有 Sonic 的产品，而且在支付一定费用后，在推广期它将把 Sonic 放到首页的突出位置上。

虽然分销最初仅限于美国范围内，但将来根据需要，可有计划地将它扩展到更远的地方。在第一年将注重贸易促销。

三、SWOT 分析（优势/劣势、机会/威胁分析）

Sonic 有一些强有力的优势，主要劣势在于缺少品牌知名度和形象，主要的机会是对有通信性能的多功能 PDA 的不断增长的需求。将面临越来越激烈的竞争和不断下降的价格的威胁。下表总结了 Sonic 公司面临的主要优势、劣势、机会和威胁。

Sonic 公司的优势、劣势、机会和威胁

优势： 　声音识别能力和顾客看重的多种功能； 　价值定价法； 　与 Palm 系列配套产品兼容	劣势： 　缺乏品牌知名度和形象； 　比大多数竞争型号更重
机会： 　对多种通信手段的需求日益增长； 　各种辅助产品不断出现； 　适于消费者与企业用户应用的软件不断出现	威胁： 　竞争日益激烈； 　降价压力； 　产品生命周期缩短

1．优势分析

Sonic 有以下三个重要的优势：

（1）创新性的产品。Sonic1000 包含了能简单化使用和允许无手控操作的声音识别系统。它也提供了诸如内置式手机、无线通信和 MP3 等功能。

（2）兼容性。目前有数以千计的与 Palm 操作系统兼容的外围设备和应用软件。我们的 PDA 可以与它们配合使用。

（3）定价。索尼克的产品的定价低于竞争者品牌的其他多功能 PDA 的价格，而且竞争产品都缺少声音识别功能，这使得我们对价格敏感的顾客具有优势。

2．劣势分析

直到 PDA 市场竞争者经历了淘汰和整合后，Sonic 才进入该领域，因而从其他人的成功和错误中吸取了经验，但索尼克还是有两个主要劣势：

（1）重量更重。为了容纳更多功能的特性，Sonic1000 比其他的机型略重些。为了应对这个问题，索尼克强调多功能特性及增值性的定价这两个有竞争力的优势。

（2）缺乏品牌知名度。作为初创企业，Sonic 还没有在市场上建立品牌知名度或者形象，而其他竞争者已经有了较强的品牌认可度。

3．机会分析

Sonic 可以利用三个主要的市场机会。

（1）不断增加对多功能通信方式的需求。对具有无线上网附带移动电话功能的 PDA 的市场需求，预计将比无天线上网功能的机型更快。在用户使用 PDA 进行工作以及学习方面，认为有更好的前景，这是推动发展的主要需求。而且，购买了入门级机型的顾客正在换购更高级的 PDA。

（2）追加的外周设备。使用 Palm 操作系统的 PDA 可以使用更多的外设设备，比如说数字相机和全球定位系统。那些对外周设备感兴趣的消费者和商务用户，将看到 Sonci1000 作为一个根据价值定价的设备，能够方便而且快捷地扩展以获得更多的功能。

（3）各种各样的应用。用于家庭和商务用途的与 Palm 兼容的各类软件，使 Sonic 的 PDA 可以满足通信和信息需求。

4．威胁分析

在将 Sonic1000 引入市场时，我们面临三个主要威胁：

（1）升级的竞争。越来越多的公司正在进入美国 PDA 市场，而且它们的产品或多或少地提供 Sonic 的 PDA 所提供的特征和好处。因此，Sonic 的营销沟通必须强调清晰的差异化以及增值的定价。

（2）价格不断降低的压力。升级的竞争和市场份额策略压低了 PDA 的价格。但是，虽然 PDA 市场的利润率较低，我们的基本机型在第二年的销售中实现 10%利润率的目标仍是现实的。

（3）产品生命周期缩短。PDA 会比早期的技术产品更快地到达它的生命周期的成熟阶段。我们公司应急计划以通过增加新的特征、瞄准其他细分市场以及调整价格来保持销售目标。

四、目标与问题

对于刚进入市场的第一年和第二年，我们已经制定了富于进取性但又可以实现的目标。

1．总目标

第一年的目标，在 Sonic1000 进入市场的第一年，目标是获得中国 PDA 市场份额的 3%，也就是产品销售数量达到 24 万套。

第二年的目标，销售两款机型以取得 6%的市场份额，并在这一年的年初实现盈亏平衡。

2．存在的问题

我们的主要问题在于必须建立一个广受尊敬的品牌以及一个有意义的市场定位。因此，我们将在营销上大量投资以创建一个突出创新、品质和价值的难忘且与众不同的品牌形象。我们也必须测量品牌知名度和反应，从而对应地根据需要调整营销策略。

五、营销战略

Sonic 的营销战略建立在产品差异化的定位基础上。我们主要针对的目标消费者是中高收入的专业人员，他们需要一个便携式设备来协调自己忙碌的行程，以及和家人、同事沟通。我们的第二大目标消费者是那些需要多功能设备的高中生、大学生以及研究生。这个细分市场可以年龄（16～30 岁）和教育情况等人口统计学指标来描述。

我们主要针对的企业客户是那些想帮助管理者和雇员在忙碌的活动中接触、输入或使用关键数据的大中型公司。这个细分市场由那些销售额 2 亿以上，雇员人数超过 100 的公司组成。第二个商业目标是企业家和小企业主。 我们还瞄准了那些医疗用户，他们希望减少文书工作，更新或使用病人的医疗记录。

1．目标市场定位

利用产品差异化，将 Sonic 的 PDA 定位为适合个人和专业用户使用的功能最多、最方便、最具增值潜力的机型。营销战略会将专注于声音识别系统，这是 Sonic1000 与众不同的主要方面。

2．营销组合战略

（1）产品战略。Sonic1000 销售时将有一年保质期。我们将在下一年度引进一种更紧凑、更强大的高端机型（Sonic 2000），带有 GPS 功能和其他一些特征。建立 Sonic 的品牌是我们构建产品战略时不可缺少的一部分。品牌和标志将在产品及其包装上展示，并且在推广性营销活动中进行强化。

（2）定价战略。Sonic1000 预计以每台 1200 元的批发价和每台 1800 美元的零售价销售。我们预计在通过启动 Sonic2000（批发价每台 1800 美元）来扩大产品线后，降低第一款机型的价格。这些价格反映了以下策略：①吸引合适的渠道合作伙伴；②从竞争对手中夺取市场份额。

（3）分销渠道战略。我们的渠道是利用精心选择的分销渠道，通过著名的商店和网络零售商将 Sonic 的 PDA 卖出去。第一年我们将增加渠道合作伙伴，直到我们覆盖了在整个美国的主要市场，并且产品出现在主要的电子产品邮购目录和网站上为止，我们还会考察是否可以在由西格力电信这样的运营商掌控的手机销售点中进行分销。作为我们渠道合作伙伴的支持，Sonic 将提供展示样品、详细的专业操作手册以及描述产品的全彩图片和景象。我们还为那些大额订单的零售商制定专门的贸易交款。

（4）营销沟通战略。通过整合所有媒体的所有信息，我们将强化品牌名称和产品差异化的主要亮点，尤其是我们独一无二的声音识别功能。关于媒体消费模式的调查，将有助于我们的广告代理商在产品引进之前和推出过程中选择媒体安排时间。随后广告将分次集中投放，以保持品牌知名度，沟通不同类型的信息。

六、行动方案

Sonic1000 将在 2 月上市。下面是我们在接下来一年的前六个月将要采取的行动方案。

1 月

我们将启动贸易性销售促进活动来培训分销商，为 2 月份推出产品营造氛围。我们将在家用电子设备贸易展览上展示，向那些选定的商品评论者、意见带头人提供样品，并进行一些庆祝活动，以此作为我们公共关系战略的一部分。我们的培训部门将配合大型零售连锁店的销售人员，解释 Sonic1000 的特征、好处和竞争性优势。经销商促销主任莫里斯负责此项活动，计划费用 400 万元。

2 月

我们将针对专业人员和消费者启动一项整合印刷品、广播和互联网三种媒体的广告运动，这项运动将显示 Sonic1000PDA 的用户如何通过语音识别迅速地完成任务。我们将在销售点摆放招牌和在网上发布特殊广告，来补充这项多媒体广告运动。消费者促销主任琼斯负责，计划费用 200 万元。

3 月

随着多媒体广告运动的开展，我们将增加一些消费者促销活动，如派发便携式皮包作为赠品。我们也将分配新的购买点展板给我们的分销商。泰勒负责这项活动，计划费用 200 万元。

4 月

我们将开展一个行业销售竞赛，并奖励那些在四个星期中卖出最多的 SonicPDA 的销售员和零售商。莫里斯负责此活动，计划费用 400 万元。

5 月

这个月我们计划推出一项新的全国性广告运动。广播中将会播放名人"用语音识别系统来操作 SonicPDA"的广告。印刷广告则会展示这些手持 SonicPDA 的名人。琼斯负责此活动，计划费用 600 万元。

6 月

我们的广播中将增加新的画外音来促销 SonicPDA，宣传它是一种很好的毕业礼物。我们也将在每半年举行一次的电子产品贸易展上做展示，并给渠道合作伙伴提供新的比较性宣传材料，作为一种销售帮助。此外，我们将记录和分析顾客满意度调查的结果，以便在将来促销中使用，并为产品和销售活动提供反馈。罗伯特负责此活动，计划费用 200 万元。

七、财务预算

Sonic1000 第一年的销售额预计为 2.88 亿元，其中，批发单价为 1200 元，单位可变成本为 800 元，总销量为 24 万单位。我们预计 Sonic1000 第一年的最大亏损为 800 万元。盈亏平衡分析 Sonic1000 将在销量超过 26.75 万单位后赢利，大约是第二年。估计第一年的固定成本是 1.04 亿元。基于以上假定，盈亏平衡计算是：104 000 000÷（1200-800）=267 500 单位。

八、计划控制

我们计划了严格的控制措施来密切监控质量和顾客服务满意度，这将使我们能够迅速地对任何可能发生的问题作出反应，其他早期的预警信号也会被监控。例如，监控每月销售额和每月开支，以便判断是否偏离了计划。

[资料来源：（美）菲利普·科特勒《市场营销原理》（第 11 版）清华大学出版社]

参 考 文 献

1. 汤定娜，万后芬. 中国企业营销案例. 北京：高等教育出版社，2002.

2. 方光罗. 市场营销学. 大连：东北财经大学出版社，2002.

3. 江占民. 现代企业营销渠道. 北京：中国时代经济出版社，2004.

4. 韩德昌. 市场营销基础. 北京：中国财政经济出版社，2005.

5. 胡占友. 现代企业营销文案范本. 北京：都经济贸易大学出版社，2004.

6. 谢桂华，施斌. 市场营销学. 北京：中央民族大学出版社，2003.

7. 柳思维，邹乐群. 市场营销学. 湖南：湖南师范大学出版社，2001.

8. 陈水芬，余丽，叶枫. 现代市场营销学. 浙江：浙江大学出版社，2001.

9. 保罗·彼得，杰里·C.奥尔森. 徐瑾，王欣双，吕作良，等，译. 消费者行为与营销战略. 大连：东北财经大学出版社，2002.

10. 王方华. 市场营销学. 上海：上海人民出版社，2003.

11. 吴宪和. 市场营销学. 上海：上海财经大学出版社，2002.

12. 王妙. 市场营销学实训. 北京：高等教育出版社，2003.

13. 黄彪虎. 市场营销原理与操作. 北京：北京交交通大学出版社，2008.

14. [美]菲利普·科特勒. 梅汝和，等，译.《营销管理》（第十版）. 北京：中国人民大学出版社，2001.

15. [美]菲利普·科特勒. 郭国庆，等，译. 市场营销原理（第十四版）. 北京：清华大学出版社，2013.

16. 彭世普. 市场营销原理与实训教程. 北京：高等教育出版社，2006.

17. 黄若. 我看电商. 北京：电子工业出版社，2014.

18. 杨顺勇. 市场营销案例. 上海：复旦大学出版社，2006.

19. 宋彧. 市场营销原理与实务. 北京：清华大学出版社，2013.

20. 梁青山. 消费者心理学. 北京：北京交通大学出版社，2008.